원각경·현담

규봉 종밀 현담

신규탁 역주

운당문고

보은의 향을 사루오니

한 소리는 법성교해의 삼보님께로

또 소리는 시방 국토와 그곳 중생들에게로

마지막 소리는 사부 故월운 강백께 올라 퍼져지이다.

역자 합장

개 경 게
開 經 偈

무상심심미묘법
無上甚深微妙法

백천만겁난조우
百千萬劫難遭遇

아금문견득수지
我今聞見得受持

원해여래진실의
願解如來眞實義

높고깊은 부처님법
만나옵기 어렵건만
제가이제 받아지녀
참된의미 깨치리다

‖ 추천사 ‖

『원각경』과 처음 마주한 것은 『초발심자경문』을 마치고 열반하신 은사 스님을 따라 상가에 시다림 나가서였다. 무언지는 모르지만 한문 옆에 달린 한글 토를 읽는 것이 죽은 자를 위한 염불이려니 하고 읽은 것이 『원각경』「보안장」이었다.

두 번째로 마주친 것은 선암사 강원에서다. 경반에 있던 스님이 청아하게 읽던 것이 『원각경』「보안장」이었다. 『원각경』을 공부하던 것이 아니고 그분도 어떤 공덕을 위해 아니 공덕이 된다하니 무진 읽으셨던 것이다. 막상 내가 경반에 올라 『원각경』을 공부하게 되었을 때는 태고 조계 간의 갈등이 심해 제대로 공부하지 못하고 제목만 해석하는 수준에서 마치고 간간이 읽고 해석해보는 것으로 만족해야 했다.

세 번째로 마주친 것은 성주암 '거사림 법회'에서였다. 교재로 봉선사의 월운 강백께서 주해하신 『원각경주해』(동국역경원)를 선택하여 처음부터 끝까지 법회를 이끌었다. 배우는 것보다 가르치기 위해 보는 『원각경』은 또 다른 공부였고 이때서야 비로소 『원각경』

의 참맛을 알게 되었다.

'원각(圓覺)'에 이르는 길을 너무도 간명하게 제시하시는 부처님의 금구는 마음 공부하는 수많은 단체가 난립한 이 시대 공부하는 사람들이 교본으로 삼아야 할 교재 중의 교재였고, 부처님께서 우리에게 설하신 말씀은 결코 어려운 말이 아니라는 것을 다시금 일깨워주는 말씀이었다.

신규탁 교수님과의 첫 만남은 부처님의 가르침을 실천 위주로 해보자고 여러 스님이 결사를 만들어 수행했던 '보현도량' 시절이었다. 일본 불교를 탐방하기 위해 오오사카에 갔을 때, 당시 일본 동경대학에 유학 중이던 교수님을 모셔 일본 불교에 대한 개론을 들었다. 그런데 일본 임제종 본사에서 그곳 신도들과 같이 아침 예불과 선 수행에 참석했는데, 그것이 너무 체계적이고 열심이어서 그들의 수행 모습이 신선하고 충격이 컸던 관계로, 그렇게 큰 기억은 없었다.

두 번째 만남은 교수님이 동경에서 유학을 마치고 연세대학교 철학과 교수로 재직하시던 때였다. 벽제 대자사에서 회원 스님들과 선학 특강을 듣게 되었는데, 막연하게만 알고 있던 화두가 그 당시에는 어떤 뜬구름 잡는 이야기가 아니고 바로 알아들을 수 있는 정곡을 찌르는 것이라는 것을 알게 되었다. 이때 우리는 얼마나 왜곡된 불교와 접하고 있는지를 생각해 보지 않을 수 없었다.

이렇게 시작된 교수님과의 만남은 성주암 '거사 법회'와 직장인들을 위한 '금강회 법회'로 10년 성상을 넘겨 지금도 계속되고 있다. 그동안 수많은 대승 경전을 강의 하셨지만 유독 『원각경』을 좋아하셨다. 그 강의에는 유독 신심이 넘쳤다. 『원각경』 보급을 위해 손 안에 들어오는 작은 책자로 번역서를 만들었고 신도들과 같이 독송하고 강의하니, 모두가 환희심이 가득했다.

이제 규봉 종밀 선사께서 지으신 『원각경 현담』을 번역하시니, 지금까지 『원각경』을 번역하고 신도들과 독송하며 강의했던 그 운율이 있어 더욱 간결하고 알기 쉽게 번역했음은 물론, 대중이 함께 독송하기에도 더 없이 편하다. 여러 독자님들과 수지하고 독송하는 공덕을 함께하기를 바라면서 추천사에 대신한다.

2013년 1월 5일

관악산 성주암 주지

지암 재홍(智巖 才弘)

‖ 역자 서문 ‖

1.

인도의 출가 수행자 석가모니 부처님으로부터 시작된 '부처의 가르침[佛教]'은 긴 세월 동안 여러 지역으로 전파되었고, 이 과정에서 각 지역의 언어로 기록되었다. 물론 석가모니 부처님 입멸 후 꽤 오랜 동안은 동서를 막론하고 고대 문헌은 다 그랬듯이 암송으로 전해졌다. 공자의 『논어』도 그렇고, 소크라테스의 『대화』도 그렇고, 기독교의 『성경』도 그렇듯이 말이다. 문헌 생성의 이런 생태적 배경 때문에, 이 분야에 종사하는 연구자들은 '진짜'와 '가짜'를 구별하려고 부단히 노력하고 있다.

이렇게 '진짜'와 '가짜'를 구별하려는 의도의 내면을 깊이 들여다보면, 거기에는 크게 두 가지 바람이 깔려 있다. 첫째는 '가짜'를 버리고 '진짜'를 받들어 따르려는 마음이고, 둘째는 해당 문헌에 담긴 내용이 어느 시대 또 누구의 생각인지를 분명히 하려는 의도이다. 말한 자의 권위를 높이 치는 사람일수록 첫째의 마음이 강하고, 인간의 생각 그 자체에 관심이 많은 사람일수록 둘째의 경향이 강하다. 이런 분류라면, 필자는 둘째에 속한다.

2.

고문서를 읽을 때, 필자는 언제나 거기에 담긴 내용이 어느 시대 어느 지역 사람들의 발상인지에 주목한다. '인간들은 무슨 생각을 또 어떤 방식으로 생각하면서 살아왔는가?'라는 궁금함이 해결되길 기대하면서 말이다. 그리하여 이렇게 해서 알려진 생각들이 과연 나에게, 또는 오늘을 사는 우리들에게는 무슨 '의미'가 있는지도 고민한다. 의미 있고 또 가치 있는 것이라고 확신이 생기면, 나도 그렇게 되어보려고 노력하고 또 남에게 권하기도 한다.

이런 필자로서는, '참', 즉 '진리'에 대해 깊이 생각하지 않을 수 없었다. 사람들의 생각을 담은 주장이라고 해서 모두 의미 있고 가치 있는 것은 아니기 때문이다. '참'인 지식과 주장만이 궁극적으로 의미 있고 쓸모 있기 때문이다. 그래서 '참'과 '거짓'을 판별할 수 있는 '방법'이 필자에게는 무엇 보다 중요했다. 철학자인 필자에게는 '부처님의 가르침'이라는 이유만으로, 그것 자체가 진리를 담보할 수는 없었다. '부처님의 가르침' 보다도 더 근원적이고 필연적인 근거가 요구되었다. 믿음의 차원을 넘어서서 진리의 차원에서 세상의 모든 이론들을 논할 수밖에 없는 것이, 철학의 길로 들어선 나의 운명이다.

진리에 대한 다양한 입장이 있을 수 있다. 내적 '일관성'으로 이루어진 수학적 진리도 '참'인 진리이고, 대상과의 '일치성' 여부로 해당 명제의 '참'을 판별할 수도 있다. 그런가하면 "진리가 너희를 자유롭게 하리라"(요8:32)에 나오는 '성서적 진리'도 역시 '참'일 수 있다. 그 밖에도 여러 진리관이 있다. 진리에 대한 기존 학설의 '빛'과 '그림자'를 수용·보완하고 또 그것을 넘어서기 위해, 필자는 부단히 독서하고 사색하고 토론하고 집필하는 연구 활동을 계속하고 있다. 현 단계, 필자가 도달한 참된 지식과 거짓된 지식의 판별 기준은 '경험 가능한 효과성(empirical effectiveness)'의 유무(有無)이다. 이것이 있으면 그 지식이나 명제는 '참'이다. 시간이 흐른 뒤에 그것이 설사 '거짓'으로 판명되더라도, 그 지식이나 명제가 '경험 가능한 효과'를 발휘하는 동안은 참인 진리이다. 이런 주장에는 매우 복잡하고 또 많은 단계의 논증이 첨부되어야 한다. 자세한 것은 필자의 『화엄의 법성철학』에 미룬다.

3.

여기에 번역하여 독자들에게 소개하는 『원각경』은 7세기 경에 비로소 한자불교문화권에 등장한다. 이 『경』은 인도의 '석가모니'가 한 말이라고 둘러대지도 않는다. 석가모니는 화신(化身)이기 때문에 그의 말만으로 진실을 담보할 수는 없다. 동어반복적이지만, 오직 진리를 몸으로 하는 법신(法身)만이 참이다.

『원각경』의 설주(說主)는 '바가바(bhagavat)', 즉 '세상 사람들로부터 존경받을만한 분'이다. 게다가 역사적인 시간도 공간도 아닌, '신묘하고도 막힘이 없고 광명이 가득한 곳'에서 설해진다. 그런데 이곳은 '중생들이 본래부터 간직한 깨끗한 깨침의 자리'이다. 즉, 모든 생명체들이 보편적으로 공유한 참인 진리에 기초하여, 여러 이야기가 전개된다. 대승경전과 소승경전에 나오는 여러 이야기가 소재로 등장한다. 형태로 드러나는 것은 '가르침[敎: śāsana]'의 차림새를 띠고 있으면서도, 그 '가르침'을 통해서 드러내고자 하는 것은 '이치[法: dharma]'와 그것의 내용인 의(義: artha)이다. 이것들이 '참'일 수 있는 근거는, 거기에는 '경험적인 효과성'이 있기 때문이다.

『원각경』의 글 양은 매우 짧다. 이 짧은 경전에 대하여 당시 중국 최고의 지성이자 수행자인 규봉 종밀(圭峰宗密, 780~841) 선사는 다양한 각도에서 철학적인 문제를 제시하여 정리한다. 그것이 바로 『원각경대소』, 『원각경대소초』, 『원각경약소』, 『원각경약소초』, 『원각도량수증의』이다. 이런 저술을 통해 규봉 선사는 '인지작용[知]'에 대한 철저한 분석과 반성, 그리고 실존적 삶의 태도와 실천 방법을 제시한다.

이번 번역에서는 규봉 선사의 경안(經眼)을 빌어 『원각경』의 본문 전체를 번역 주석하고, 또 『원각경대소』「현담」 부분을 발췌하여 번역하고 주석했다. 강경(講經)할 경우 독송용으로도 활용하게 하려고 이번에는 이렇게 했지만, 기회를 보아서 『원각경대소』 전체를 출판할 것이다. 만약 독송한다면 시작 전에는 이 책의 맨 앞에 붙은 '개경게'를 읽고, 독송이 끝나면 맨 뒤의 '수경게'로 마치시기를 바란다. '개경게'는 전래되어 온 것이고, '수경게'는 사부 월운 노사(月雲 老師)께서 찬(讚)하신 것이다. 이렇게 하면 수미가 호응할 것이다.

4.

『원각경』은 해동의 독서계에는 일찍이 고려시대부터 널리 읽혀졌고, 조선 세종 때에 '훈민정음'이 만들어지자 간경도감에서 언해되기도 했다. 임진왜란을 지나면서 강원의 이력과정이 정비되자, 『원각경』에 관한 주석을 비롯하여 규봉의 각종 저술은 승려교육의 교과서로 채택되었다. 그러고 보면 고려 이후 지금껏 우리나라 불교계의 선·교 양 방면에 종밀의 영향은 절대적이었다. 필자는 이번 한글 번역을 통하여 『원각경』이 전하려는 사상은 물론, 『원각경』을 해설하는 종밀의 사상도 드러내보려고 했다.

규봉 종밀의 『원각경』 주석은 우리의 역사 속에서 워낙 긴 세월 읽혀왔기 때문에, 유독 전문가들이 많이 계신다. 한자 원문을 함께 실어, 번역이 빗나갔더라도 그분들이 발견하실 수 있게 했고, 또 구결 토를 달아서 그 잘못이 더욱 눈에 두드러지게 했다. 이미 지난 시대의 번역 방법의 하나였던 구결 토를 고집하는 이유는, 이 또한 한문 불경을 해석하는 우리 선조들의 긴 역사이기 때문이다. 아니 어쩌면 한문 불경의 원 뜻을 현대 한글 보다 더 정확하게 해석하는 방법인지도 모르겠다. 경학의 스승들께서 읽어주시고 지적해주시기를 바란다.

워낙 글 실력이 짧아서, 시간을 좀 더 많이 쏟으면 좀 풀릴까 하여 여름 내내 밤낮없이 원고를 붙들고 있었다. 미안하면서도 언제나 그렇듯 한결같이 살림 사는 아내가 고맙다.

2012년 9월 말일

신 규 탁

‖목 차‖

제1편 원 각 경

제2편 현 담

‖ 일러두기 ‖

1. 이 책의 대본은 『大方廣圓覺修多羅了義經(대방광원각수다라요의경)』(K. 0400)과 『大方廣圓覺經大疏(대방광원각경대소)』(卍新纂續藏經 第九冊)에 실린 「懸談(현담)」이다.

2. 자구의 교감을 위해 『大方廣圓覺經大疏(대방광원각경대소)』(金陵刻經處, 宣統元年: 1909년 刊本, 이하 「금릉본」으로 약칭)와, 조선 세조 성화 원년(1465)에 간경도감에서 훈민정음으로 언해한 『대방광원각수다라요의경』(이하 「언해본」으로 약칭)을 사용했다.

3. 한자 원문을 현토하여 번역문 밑에 붙여서, 번역자가 지나치게 의역했거나 오역했더라도 확인할 수 있게 했다.

4. 문단 나누기와 과목 이름 붙이기는 규봉 종밀(圭峰宗密: 780~841) 선사의 설을 참조했다.

5. 번역에 사용한 약호는 다음과 같다.

“ ” : 인용문
‘ ’ : 중요 개념 및 용어, 또는 그것을 한글로 풀어 번역한 경우
( ) : 번역자가 임의로 보충한 어구, 한자의 소리 값
[ ] : 소리값이 다를 경우
< > : 종밀 자신의 할주(割注)
『원각경』 : 『大方廣圓覺修多羅了義經』
『대소』 : 『圓覺經大疏』
『대소초』 : 『圓覺經大疏鈔』
『약소』 : 『圓覺經略疏』
『약소초』 : 『圓覺經略疏鈔』
『대정장』 : 大正新修大藏經
『신찬속장』 : 卍新纂大日本續藏經
『고려장』 : 『高麗大藏經』

대방광원각수다라요의경
大方廣圓覺修多羅了義經

중국 당나라 시대 카슈미르 출신
삼장 법사 불타다라 번역
唐 罽賓 沙門 佛陀多羅 譯

Ⅰ. 서 분(序分)

1. 법문을 들은 사람, 법회가 열린 때, 법사

어느 날 바가바(bhagavat)[1] 께서 다음과 같이 하시는 것을 제가[2] 보고 들었습니다.

如是我聞하사오니 **一時**에 **婆伽婆**께서

---

1 바가바(bhagavat): 고대 한어(漢語)로는 소리로 번역하여 '바가바(婆伽婆)', 뜻으로 번역하여 '世尊(세존)'이라 했고, 한글로는 '부처님'이라 한다. 부처님은 3종의 덕을 갖추셨는데, 첫째로 법신 부처님은 단덕(斷德)을 갖추셨으니 번뇌를 끊어야 출현하시기 때문이고, 둘째로 보신 부처님은 지덕(智德)을 갖추셨으니 알음알이를 지혜로 전환해야 출현하시기 때문이고, 셋째로 화신 부처님은 은덕(恩德)을 갖추셨으니 남을 위하는 보살행을 충족하고 교화할만한 인연이 성숙되면 중생들이 볼 수 있기 때문이다. 『원각경』에 나오시는 부처님은 단덕(斷德)을 갖춘 법신 부처님이시다. 그런데 예부터 화엄종에서는 법신 비로자나불과 보신 노사나불을 별도로 나누지 않는다. 왜냐하면 이(理)와 지(智)를 구별하지 않기 때문이다. 아무튼 『원각경』은 천 백억으로 변화의 몸을 나타내시는 화신 석가모니 부처님의 설법은 아니다.

2 제가: 아난을 지칭. 대승경전을 아난이 결집할 수 있었던 이유에 대해서는 바로 뒤에 나오는 주 6 참조.

2. 법회가 열린 장소

(그 분께서는) 신묘하고도 막힘이 없고 광명이 가득한 곳[3]으로 들어가셔서 오로지 삼매[4]에만 몰두하시어 수많은 여래들과 함께 찬란한 빛으로 서로서로를 비추시며 계셨다. 이곳은 모든 중생들이 본래부터 간직한 '깨끗한 깨침의 자리[淸淨覺地]'로서, 몸이니 마음이니 하는 일체의 겉모양이 완전히 사라져 평등하고 끝이 없어 온 세계에 꽉 차 있다. 그곳에서 둘이 아님[不二]을 수순하시며,[5] 둘이 아닌 상태에서 여러 종류의

3 신묘하고도 막힘이 없고 광명이 가득한 곳: 『보성론』에서는 '법계장(法界藏)'이라 했고, 『대승기신론』에서는 '심진여(心眞如)'라 했으니, 모든 중생과 부처님들에게 공통적으로 간직되어 있는 '본원(本源) 자리'이다. 유식종에서 법성토(法性土)라고 하고, 천태종에서는 상적광토(常寂光土)라 한다.

4 삼매: 범어 'samādhi'를 한어로는 '삼매(三昧)'로 표기했다. 마음이 조용하게 통일되어 안락하게 된 상태. 한어로는 정수(正受), 정(定), 등지(等持), 정사(正思)로 번역. 원효 스님은 『금강삼매경론』에서 삼매를 정사(正思)로 해석하면서, 그 뜻을 "선정에 들어갔을 때에 의식에 떠오르는 표상을 섬세하게 모두 다 헤아리고 관찰하는 것"이라고 풀이한다.

5 둘이 아님[不二]을 수순하시며: 원문은 "不二隨順"이다. 중국어의 어순으로 하면 "隨順不二"라고 해야 한다. 여기서 말하는 '둘'이란 여러 상대적인 개념이나 현상들을 지칭한다. 예를 들면, 생사에 윤회하는 길과 열반을 이르는 길이 따로 있다고 생각하는 것도 '둘'이다. 범부들은 생사윤회에 순응하며 살고, 성문승과 연각승들은 열반으로 나아가려고 한다. 그런데 지금 여기서는 생사

정토를 드러내셨다.[6]

入於神通大光明藏하사 三昧正受하사 一切如來와 光嚴住持하시니 是諸衆生의 清淨覺地니 身心이 寂滅하사 平等本際하사 圓滿十方하사 不二를 隨順하사 於不二境에 現諸淨土하사

3. 법회에 모인 대중들

그 정토에 큰 보살마하살[7] 10만 명과 함께 자리를

와 열반 어디에도 안주하지 않는 것을 말한다. 그 밖에도 정토와 예토를 나누고, 중생과 부처를 나누고, '능(能)-소(所)'를 나누는 것 등도 '둘'이다.

6 여러 종류의 정토를 드러내셨다: 불교의 국토는 법신 부처님이 머무는 법성토, 보신 부처님이 머무는 수용토, 화신 부처님이 머무는 변화토, 이렇게 3종이 있다. 이 모든 국토는 '일심(一心)' 위에 세워진다. 『원각경』은 법신 부처님이 법성정토에서 설법하신 것으로 화엄종에 의하면 52지위 중에서 초지(初地) 이상의 보살을 위한 것이다. 따라서 초지에 오르지 못한 수행자들이 보면 화신불이 예토에서 설하는 것처럼 보인다. 다문제일의 아난 존자는 화신불이 예토에서 설하는 내용을 결집한 것으로서, 예부터 법성종의 철학에서는 이렇게 이해했다. 역사적으로 동북아시아의 화엄종과 선종과 정토종이 이런 철학에 입각해왔다.

7 보살마하살: '보살'과 동일한 뜻이지만, '보살' 중에서는 10지(地)의 지위에 아직 오르지 못한 '보살'도 있으므로 10지 이상의 '보살'과 구별하기 위하여 '마하살'로 표기했는데 이는 'mahā-sattvā'를 음역한 것으로 '대보살(大菩薩)'로 한역한다. '보살'은 '보리살타'의 줄인 말로 범어는 'bodhisattvā'이다. 한어로는 '각유정(覺

하셨다. 그중 대표적인 보살들의 이름을 들면, 문수사리보살, 보현보살, 보안보살, 금강장보살, 미륵보살, 청정혜보살, 위덕자재보살, 변음보살, 정제업장보살, 보각보살, 원각보살, 현선수보살 등이다. 이런 등등의 보살과 그 보살을 따르는 권속들도 함께하였다. 이들은 모두가 삼매에 들어가 여래의 평등한 법회에 함께 자리하였다.

與大菩薩摩訶薩十萬人과 俱이더시니 其名曰호대 文殊師利菩薩과 普賢菩薩과 普眼菩薩과 金剛藏菩薩과 彌勒菩薩과 清淨慧菩薩과 威德自在菩薩과 辯音菩薩과 淨諸業障菩薩과 普覺菩薩과 圓覺菩薩과 賢善首菩薩等이 而爲上首하사 與諸眷屬과 皆入三昧하사 同住如來의 平等法會하시니

有情)'으로 번역하기도 했다.
대승불교 경전에서는 재가와 출가를 통틀어 발심 수도하는 남녀 모두를 '보살' 또는 '불자'라 호칭한다. 그러나 수지(受持)하는 계(戒)의 품수(品數)가 다르기 때문에, 그에 따르는 공동체의 생활 양식과 율법에 구별이 있다.

Ⅱ. 정종분(正宗分)

제1장 부처된 이유를 묻는 문수보살

1. 부처님께 드리는 질문[8]

이에 문수사리[9]보살이 대중 속에서 있다가 얼른 자리에서 일어나 부처님 발에 이마를 대고 절을 올린 뒤에 오른쪽으로 세 번 돌고 두 무릎을 꿇고 합장하고 부처님께 말씀드렸다.

"대비하신 세존이시여! ①이 법회에 모여든 여러 대중들을 위하여 여래께서 최초에 마음을 내어 실천하신 청정한 수행법을 말씀해 주시기를 바랍니다. ②그리고 보살들이 대승의 가르침에 대하여 청정한 마음을 내어 모든 병을 멀리할 수 있도록 말씀해 주시

8 문수보살이 세 가지 질문을 하는데 본문에 ①, ②, ③으로 표시해 두었다. 세존께서 어느 부분에서 어떻게 대답하시는지를 주목하면, 이 또한 『경』을 읽는 맛이 될 것이다.

9 문수사리: manjusri의 음역. 한어로 묘수(妙首), 묘길상(妙吉祥)으로 번역. 대승경전, 특히 『화엄경』에서 지혜가 제일 뛰어난 보살로 묘사된다.

기를 바랍니다. ③또 말세 중생 가운데 대승을 구하는 이들이 잘못된 이론에 빠지지 않도록 해주십시오."

이렇게 말씀드리고 오체를 땅에 대어 절했다. 이렇게 하기를 세 번 거듭하였다.

於是에 文殊師利菩薩이 在大衆中하사 卽從座起하사 頂禮佛足하시고 右繞三匝하시고 長跪叉手하사 而白佛言하시되 大悲世尊하 願爲此會에 諸來法衆하사 說於如來의 本起하신 淸淨한 因地에 法行하시며 及說菩薩이 於大乘中에 發淸淨心하여 遠離諸病하사 能使未來末世衆生으로 求大乘者가 不墮邪見케하소서 作是語已하시고 五體를 投地하사 如是三請하사 終而復始하시다

2. 대답해 주실 것을 허락하심

그때 세존께서 문수사리에게 말씀하셨다.

"훌륭하구나, 선남자여. 그대는 여러 보살들을 위하여 여래가 최초에 마음을 내어 실천한 수행법을 물었고, 나아가 또 말세 중생 가운데 대승을 구하는 이들이 바르게 마음 써서 수행할 수 있도록 하여 잘못된 이론에 빠지지 않게 하는구나. 그대는 이제부터 자세히 들어라. 그대를 위하여 말하리라."

爾時에 世尊이 告文殊師利菩薩言하시되 善哉善哉라 善男子야 汝等이 乃能爲諸菩薩하여 諮詢如來의 因地法行하며 及爲末世에 一切衆生의 求大乘者가 得正住持하여 不墮邪見케하니 汝今諦聽하라 當爲汝說하리라

3. 조용히 말씀을 기다림

그러자 문수사리보살은 부처님의 가르침을 받들어 기뻐하며 여러 대중들과 함께 조용히 들었다.

時에 文殊師利菩薩이 奉敎歡喜하사와 及諸大衆과 黙然而聽하시다

4. 핵심을 알려주고 깨닫는 지름길을 터주심

1) 핵심을 대답하심

"선남자여, 위없는 진리의 임금께서는 원각이라고 하는 커다란 다라니(dhāranī)[10] 관문을 가지고 있다. 그 임금께서는 이 원각의 다라니 관문을 통하여 온갖 청정한 진여[11]와 깨달음과 열반과 바라밀[12]을 흘려보내

10 다라니(dhāranī): 총지(摠持)로 한역. 원각의 본바탕 속에는 무수히 많은 덕의 작용이 있는데 항상 이것을 간직하여 유실하지 않는다.

어 보살을 지도한다.

일체 여래들께서 하신 근본적인 수행은 모두가 다 이 청정한 원각의 기능을 총체적으로 관조하는 방법[13]에 의지한다. 이런 수행을 해서 무명을 영원히 끊어야 마침내 불도를 완성한다.

善男子야 無上法王이 有大陀羅尼門하니 名爲圓覺이니 流出一切淸淨한 眞如와 菩提와 涅槃과 及波羅蜜하여 教授菩薩하나니 一切如來本起因地가 皆依圓照淸淨覺相하여 永斷無明하여야 方成佛道하니라

2) 어디에서 잘못이 생겼나

무명이란 무엇인가? 선남자여. 착각을 일으킨 사람이 동서남북을 착각한 것처럼 모든 중생들은 멀고 먼 예부터 전도되어 4대[14]가 제 몸인 줄로 잘못 알고,

---

11 진여: 원각의 본바탕은 본래 거짓되거나 허망하거나 변하거나 소멸하지 않는다. 진실하기 때문에 '진(眞)'이요 항상 변함이 없기 때문에 '여(如)'이다.

12 바라밀: pāramitā의 음역, 到彼岸(도피안)으로 한역. 열반에 도달한다는 뜻. 여기서는 열반에 도달하기 위하여 닦아야 하는 방법을 지칭.

13 청정한 원각의 기능을 총체적으로 관조하는 방법: '청정한 원각의 기능'과 그것을 '관조하는 행위'가 따로 있는 것이 아니라 하나이다. 화엄종에서는 지(智)와 조(照)를 둘로 보지 않는다. 관조하는 주체와 관조되는 대상이 하나이다.

6진[15]의 그림자가 제 마음인 줄로 잘못 안다. 이런 착각은 비유하면 눈병이 난 탓에 허공에 꽃이 보이기도 하고 혹은 달이 두 개로 보이기도 하는 것과 같다. 선남자여. 허공에는 실제로 꽃이 없는데도 병든 사람이 잘못 집착한다. 잘못된 집착으로 인해서 허공의 본래 모습을 잘못 알 뿐만 아니라, 또한 실은 꽃이 생긴 근원을 잘못 파악한다. 이와 같이 허망하게 생사의 온갖 번뇌에 얽매이게 되는데 이것을 바로 무명이라 한다.

선남자여, 이 무명이란 실체가 정말 있는 것이 아니다. 예를 들면 꿈속에 나타난 사람이 꿈을 꿀 때에는 분명히 있으나, 꿈을 깨고 나면 꿈속에서 본 사람은 사라지는 것과 같다. 또 눈병이 나으면 허공에 보이던 꽃이 허공 속에서 사라진다. 그렇다고 사라진 장소가 반드시 있다고 말할 수는 없다. 왜냐하면 난 곳이 없

---

14 4대: 4대종(大種)의 약칭. 물질계를 구성하는 4대 요소. 지(地)·수(水)·화(火)·풍(風)을 말한다. 대종(大種)이란 4대의 체(體)·상(相)·용(用)이 모두 커서 물질계를 내는 원인이 된다는 뜻. 자세한 것은 「보안장」의 「(a) 아공을 밝힘」 부분(49~50쪽) 참조.

15 6진: 색·성·향·미·촉·법 등 6경(境)을 말한다. 6경은 6근(根)을 통하여 우리의 몸 속에 들어가서 내 안의 청정한 마음을 더럽히고 참된 성품을 덮어 흐리게 하기 때문에, 한자로 '먼지 진(塵)' 자를 사용해서 번역했다. 자세한 것은 「보안장」의 「(1) 진공절상관」 부분(54~55쪽) 참조.

기 때문이다. 일체 중생들이 생겨남이 없는 가운데서 괜히 생성과 소멸이 있다고 보기 때문에 생사의 고통에서 윤회한다고 한다.

云何無明고 善男子야 一切衆生이 從無始來로 種種顚倒함이 猶如迷人이 四方을 易處인듯하여 妄認四大하여 爲自身相하며 六塵緣影으로 爲自心相하니 譬彼病目이 見空中華와 及第二月인듯하니 善男子야 空實無華이거늘 病者가 妄執하나니 由妄執故로 非唯惑此虛空自性이며 亦復迷彼實華生處하나니 由此로 妄有輪轉生死할새 故名無明이라 善男子야 此無明者는 非實有體이여 如夢中人이 夢時엔 非無하다가 乃至於醒하얀 了無所得인듯하니 如衆空華가 滅於虛空하니 不可說言有定滅處이니 何以故오 無生處故이라 一切衆生이 於無生中에 妄見生滅할새 是故로 說名輪轉生死라 하니라

3) 잘못을 고쳐주심

선남자여, 여래가 최초로 마음먹은 수행의 방법에 의해 원각을 수행하는 사람이 만일 이것이 허공 꽃[空華]인 줄 '알아차리기'만 하면 바로 윤회에서 벗어나고, 또한 몸과 마음이 생사의 고통을 받지도 않는다. 그런데 그 고통이란 인위적으로 없애서 사라지는 게 아니다.[16] 왜냐하면 (생사에 윤회하는 고통은) 본성이 없기 때문이다.

그런데 그 '인지하고 지각하는 작용[知覺]'[17]도 허공처럼 실체가 없고, (그런 작용이) 허공처럼 실체가 없는 줄 아는 '인지작용[知]' 역시 허공에서 생긴 꽃처럼 실체가 없다. 그렇다고 해서 또한 '인지하고 지각하는 작용'이 없다고 말할 수 없다. 있다느니 없다느니 하는 생각을 둘 다 버릴 때 청정한 원각과 하나가 된다.[18]

왜 그런가? 원각은 허공처럼 본성이 없기[19] 때문이며, 항상 움직이지 않기 때문이다. 여래장(如來藏)[20] 속

---

16 인위적으로 없애서 사라지는 게 아니다: 관행(觀行)을 닦아서 심신이 공해지는 것이 아니라, 본래가 공적해서 실체가 없는 것이다.

17 '인지하고 지각하는 작용[知覺]': 중생은 마음의 반연에 의해서 '인지작용[知: cognition]'을 하고, 신체의 접촉에 의해서 '지각작용[覺: perception]'을 한다.

18 이 대목을 규봉 종밀은 '전전불적(展轉拂跡), 석성정인(釋成正因)'이라고 과목을 붙였으니, 즉 "자취나 흔적을 계속해서 털어내어 수행의 바른 출발점이 무엇인지를 밝혀주시는 대목"이라 하였다. 첫 문장에서는 허망함을 지각하는 주체를 털어내었고, 둘째 문장에서는 털어내는 마음 그 자체를 털어내었고, 셋째 문장에서는 이전의 둘 다를 털어내었다. 이렇게 첫째, 둘째, 셋째 과정을 거쳐 무심해야 원각을 증득한다.

19 허공처럼 본성이 없다: '허공(虛空)'은 '택멸(擇滅)'과 '비택멸(非擇滅)'과 더불어 무위법의 범주에 속한다.

20 여래장(如來藏): 규봉 종밀은 세 가지 측면에서 여래장을 설명한다. 첫째는 '은복의(隱覆義)'이니 그 속에 여래의 씨앗을 간직하는 의미, 둘째는 '함섭의(含攝義)'이니 여래의 법신 속에 일체

에는 생성과 소멸이 없기 때문이고 '인지작용'과 '지각작용'이 없기 때문이며, 법계의 성품[21]처럼 궁극적이고 완전하게 모든 시간 속에 항상 존재하여 시방에 가득하기 때문이다.

善男子야 如來因地에 修圓覺者가 知是空華하면 卽無輪轉하며 亦無身心이 受彼生死하니 非作故無이라 本性이 無故이니라 彼知覺者가 猶如虛空하며 知虛空者도 卽空華相이니 亦不可說無知覺性이니 有無를 俱遣하면 是則名爲淨覺隨順이니 何以故오 虛空性故며 常不動故이며 如來藏中에 無起滅故이며 無知見故이며 如法界性하여 究竟하며 圓滿하여 徧十方故이니라

현상과 작용을 다 간직하는 의미, 셋째는 '출생의(出生義)'이니 여래의 법신 속에 온갖 덕상(德相)을 머금고 있어서 법신을 깨쳐서 거기에 들어가기만 하면 그에 상응하여 갖가지의 공덕과 오묘한 작용이 나온다는 의미이다.

한편, 이 문단의 앞부분은 여래장 속에 있는 공한 요소를 설명하고 있고, 뒷 부분은 공하지 않은 요소를 설명하고 있다.

21 법계의 성품: '여래장심'과 '법계성'은 의미는 같지만, 사용되는 문맥이 다르다. 다른 것 둘만 들어보면, 첫째로 여러 유정물의 마음에 간직된 것을 지칭할 때에는 '여래장심'이라 하고, 무정물에 간직된 것을 지칭할 때에는 '법계성'이라 한다. 둘째로 중생과 중생들이 사는 환경 세계가 서로서로 연관을 맺고 또 인식 주관과 인식 대상이 둘로 쪼개지 않은 상태를 서술하는 문맥에서는 '법계성'이라는 용어를 쓰지만, '여래장심'의 경우는 유정물 속에 간직된 자성청청 본원심을 지칭하는 문맥에서 사용된다.

4) 이야기의 마무리를 지으심

이것이 여래가 최초에 마음을 내어 실천한 수행법이다. (너희) 보살들도 이런 방법에 의하여 대승의 가르침 가운데 청정한 마음을 일으켜라. 말세 중생들도 이 방법대로 수행하면 삿된 견해에 떨어지지 않는다."

是則名爲因地法行이니 **菩薩**이 **因此**하여 **於大乘中**에 **發淸淨心**하며 **末世衆生**이 **依此修行**하면 **不墮邪見**하리라

5. 게송으로 요약하심

이 때에 세존께서 이상의 뜻을 거듭 알리기 위하여 게송[22]으로 말씀하셨다.

[23]문수보살이여 그대는 반드시 알아야 하리니
모든 여래께서는
수행을 작정한 처음부터

---

22 게송: 게에는 두 종류가 있다. 하나는 풍송(諷誦)이고 또 하나는 응송(應頌)이다. 전자가 장행(長行)에 없는 내용이 게송에 나옴에 반하여, 후자는 장행에 있는 내용을 송한다. 응송을 함에는 다섯 종류의 대구(對句) 형식이 쓰인다. '유(有)-무(無)', '광(廣)-략(略)', '이(離)-합(合)', '선(先)-후(後)', '은(隱)-현(顯)', 『원각경』의 게송은 모두 응송이다.

23 『원각경』에 나오는 게송의 문단 나누기는 규봉 종밀의 『원각경대소』를 기준으로 했다. 이하에도 동일.

모두가 지혜를 활용하여 깨닫는다는 사실을.

무명을 깨쳐서
무명이 허공 꽃과 같은 줄을 알면
대뜸 윤회를 면하리니
이것은 마치 꿈속에 나타난 사람이
깨고 나면 사라지는 것과 같다.

깬다는 행위도 결국은 실체가 없어서
평등하여 요동함이 전혀 없나니
깨침의 본성이 시방에 두루한 줄을 알기만 하면
누구나 불도를 이룰 것이다.
모든 무명이 사라지면 흔적도 없듯이
불도를 완성하는 것도 역시 그러니
청정한 본성이란 어디에나 있기 때문이네.

보살은 이런 방식으로
깨침의 마음을 내나니
말세 모든 중생들도 이렇게 수행하면
잘못된 이론에 빠지지 않으리.

爾時에 世尊이 欲重宣此義하사 而說偈言하시되 文殊야 汝는 當知하라 一切諸如來가 從於本因地하사 皆以智慧로 覺하시나니 了達於無明하여 知彼如空華하면 卽能免流轉하리라 又如夢中人이 醒時에 不可得하니라 覺者도 虛空하여 平等不動轉하니

覺徧十方界하면 卽得成佛道하리라 衆幻이 滅無處하며 成道도 亦無得하니 本性이 圓滿故이니라 菩薩이 於此中에 能發菩提心하며 末世諸衆生도 修此하면 免邪見하리라

제2장 수행의 방편을 묻는 보현보살

1. 부처님께 드리는 질문

이에 보현보살[24]이 대중 속에 있다가 얼른 자리에서 일어나 부처님 발에 이마를 대어 절을 올린 뒤에 오른쪽으로 세 번 돌고 두 무릎 꿇고 합장하고 부처님께 말씀드렸다.

於是에 普賢菩薩이 在大衆中하사 卽從座起하사 頂禮佛足하시고 右繞三匝하시고 長跪叉手하사 而白佛言하시되

1) 수행을 하기는 해야겠는데

"크게 자비하신 세존이시여! 이 모임의 여러 보살들과, 또 말세의 모든 중생들 중에 대승을 수행하는 이

24 보현보살: 범어로 samantabhadra. 수행의 실천을 대표하는 보살로 대승경전 특히 『화엄경』에서 중요한 역할을 한다. 40권본 『화엄경』의 마지막 부분에 실린 「보현보살을 만나다」는 단독으로 '별행'되어, 동북아시아 한자 불교권에서는 『보현행원품』이라는 이름으로 널리 알려졌다. 조선에서도 많이 읽혀졌는데, 특히 조선 철종 1855년 강남 봉은사에서 개판(開版)한 『대방광불화엄경보현행원품』(청량 징관 소)는 지금도 제방에 돈다. 이 책의 한글 번역은 『불천강경법회요람』(신규탁 편저, 경기도: 도서출판 깃발, 2009)에 실렸으니 참조 바람.

들을 위하여 말씀해 주십시오. 이 원각의 청정한 경계에 관한 이야기를 듣고 난 뒤에는 어떻게 수행해야 합니까?

大悲世尊하 願爲此會의 諸菩薩衆하시며 及爲末世의 一切衆生하소서 修大乘者가 聞此圓覺淸淨境界하삽고 云何修行하리잇고

2) 두 가지의 모순에 대하여

세존이시여! 중생들이 무명이 허망한 것임을 알기만하면 무명에서 벗어난다고 하셨는데, 실은 허망함을 아는 제 자신의 몸과 마음도 허망한데 어떻게 허망한 주체가 허망한 대상을 닦아 없앨 수 있습니까?[25]

또, 만일 허망한 성품이 다 없어졌다면 곧 마음이라고 할 것도 없을 것입니다. 그렇다면 수행의 주체는 누구이기에 도리어 '일체를 허망하다고 알아차리는 수행'[26]을 하라고 하십니까?[27]

25 규봉 종밀은 이 대목을 '환환하수문(幻幻何修問)'이라고 과목을 내었다.

26 일체를 허망하다고 알아차리는 수행: 다음 쪽에 나오는 '허망한 삼매'를 지칭.

27 규봉 종밀은 이 대목을 '단멸수수문(斷滅誰修問)'이라고 과목을 내었다.

世尊하 若彼衆生이 知如幻者도 身心이 亦幻이니 云何以幻으로 還修幻이리잇고 若諸幻性이 一切滅盡인댄 則無有心커니 誰爲修行이완되 云何復說修行如幻하라 하시니잇고

3) 수행을 안 할 수도 없는 노릇

그렇다고 중생들이 아예 수행하지 않는다면, 생사윤회하며 허망한 경계에 안주하면서도 그것이 허망한 것인 줄 끝내 알아차리지 못할 거고, 그렇게 되어서는 망상이 들끓는 마음에서 어찌 벗어날 수 있겠습니까?[28]

若諸衆生이 本不修行하면 於生死中에 常居幻化하여 曾不了知如幻境界하리니 令妄想心으로 云何解脫하리잇고

4) 수행의 방법을 말해 주옵소서

말세의 여러 중생들을 위하여 말씀해 주시길 바랍니다. 무슨 방법을 써서 점차적으로 수행해야 중생들이 여러 허망함[幻]에서 벗어날 수 있겠습니까?"

이렇게 말씀드리고 오체를 땅에 대어 절했다. 이렇게 하기를 세 번 거듭하였다.

---

28 규봉 종밀은 이 대목을 '차불수지실(遮不修之失)'이라고 과목을 내었다.

願爲末世一切衆生하소서 **作何方便**하여 **漸次修習**하여야 **令諸衆生**으로 **永離諸幻**케하리잇고 **作是語已**하시고 **五體投地**하사 **如是三請**하사 **終而復始**하거늘

2. 대답해 주실 것을 허락하심

이때 세존께서 보현보살에게 말씀하셨다.

"훌륭하구나, 선남자여. 그대들이 모든 보살과 말세 중생들을 위하여 보살이 '허망한 삼매[如幻三昧]'[29]를 수행하는 방편과 순서를 물어서 중생들이 모든 허망에서 벗어나게 하는구나. 이제 자세히 들어라 그대를 위하여 말하리라."

爾時에 **世尊**이 **告普賢菩薩言**하시되 **善哉善哉**라 **善男子**야 **汝等**이 **乃能爲諸菩薩**과 **及末世衆生**의 **修習菩薩如幻三昧方便漸次**하여 **令諸衆生**으로 **得離諸幻**케하니 **汝今諦聽**하라 **當爲汝說**하리라

29 허망한 삼매[如幻三昧]: 몸과 마음이 모두 실체가 없는 공한 것임을 통달하면 곧 본각진여와 하나가 되니, 이런 삼매수행을 말한다. '삼매' 자체가 허망하다는 뜻으로 새겨서는 안 된다. 일체 모든 존재가 인연으로 임시 조합된 '환(幻)'인 줄을 관찰하는 삼매를 말한다. 「변음장」의 「1) 본래는 닦을 게 없으나 방편은 여럿」(125쪽의 주143)에서는 "幻力修習"으로 사용.

3. 조용히 말씀을 기다림

그러자 보현보살이 가르침을 받들어 기뻐하면서 대중들과 함께 조용히 들었다.

時에 **普賢菩薩**이 **奉敎歡喜**하사와 **及諸大衆**과 **黙然而聽**하시더니

4. 핵심을 알려주고 깨닫는 지름길을 터주심

1) 무명도 결국은 원각에서 생기는 것임

"선남자여, 모든 중생들의 갖가지 허망한 것이 모두 여래의 원각묘심(圓覺妙心)[30]에서 나오는데,[31] 그것은

30 원각묘심(圓覺妙心): 규봉 종밀은 일체의 상(相)을 떠났기 때문에 '원(圓)'이요, 공적하지 않기 때문에 '각(覺)'이요, 번뇌와 관계를 맺더라도 오염되지 않기 때문에 '묘(妙)'요, 그 속에 참되고 신기로운 이해 작용이 있기 때문에 '심(心)'이라 했다. 『대승기신론』에서는 이를 '본각(本覺)' 또는 '본각묘심(本覺妙心)'이라 표기했는데, 내용은 동일하다.
모든 경론에서 '만법귀일(萬法歸一), 삼계유심(三界唯識)'을 말하지만 그 행상을 분명하게 알아야 한다. ① 성문소승교에서는 '일심'을 실유(實有)로 보고 외경(外境)을 '일심'의 소산으로 본다. ② 대승권교에서는 이숙식인 아뢰야식을 '일심'으로 본다. ③ 대승실교에서는 여래장을 '일심'으로 본다. ④ 일승돈교에서는 염·정(染淨)의 대립을 모두 쓸어 제거한 상태를 '일심'이라 한다. ⑤ 일승원교에서는 이(理)와 사(事)를 나누지 않기 때문에 그 속에 일체의 모든 것을 다 간직한 것을 '일심'이라고 한다. 뒤로 갈수록 심오한 것으로 화엄종에서는 이상과 같이 교판한다.

마치 허공 꽃이 허공[32]에서 생기는 것과 비슷하다. 허공 꽃은 사라지더라도 '허공 자체'[33]는 사라지지 않는다.[34]

善男子야 一切衆生의 種種幻化가 皆生如來圓覺妙心호미 猶如空華가 從空而有인듯하니 幻華雖滅하나 空性은 不壞하나니

2) 무명이 사라지면 원각이 충만해짐

중생의 허망한 마음도 허망한 마음에 의해 사라지나 모든 허망함이 사라지더라도 '본각의 마음은 변동

31 원각묘심이 인(因)이 되고, 근본불각이 연(緣)이 되어 '3세(細)'가 생기고 계속하여 '6추(麤)'가 생긴다. 자세한 것은 『현담』 「제4문 경문에 담긴 교리 범위가 매우 깊음」 중 '3세'와 '6추'를 설명하는 부분(374~384쪽) 참조.

32 허공: 허공을 비유로 사용할 경우 두 가지 용례로 사용됨을 알 수 있다. 첫째는 상주불멸을 비유하는 것이고, 또 하나는 실체가 없는 공한 그 무엇을 비유하는 것이다. 그런데 잘 생각해 보면 이 둘이 결국은 같은 것임을 알 수 있다.

33 '허공 자체': 원문은 '空性'이다. 다음 문단에 나오는 '본각의 마음[覺心]'과 서로 호응한다. '공성'은 '비유[喩]'이고, '각심'은 '법[宗]'이다. 인명(因明)의 5지(支)를 갖추어 종(宗)·인(因)·유(喩)·합(合)·결(結)을 모두 갖추어야 하지만, 번거로움을 피해 종(宗)과 유(喩)만으로 생략하는 경우가 많다.

34 파도가 바다에서 일어났다 가라앉다 하더라도 본래의 바닷물은 그대로인 것처럼, '원각'에서 번뇌가 생겼다 사라졌다 하더라도 '원각'은 그대로인 거와 비슷하다.

이 없다.' 허망한 마음을 가지고 깨달음을 말하는 것도 역시 허망한 것이며, 만일 깨달음이 있다고 말하더라도 그것은 아직 허망함을 떨치지 못한 것이다. 그렇다고 깨달음이 없다고 말하는 것도 역시 마찬가지이다. 그러므로 허망이 사라지는 것을 두고 '본각의 마음은 변동이 없다'고 말한다.[35]

衆生幻心도 還依幻滅하니 諸幻이 盡滅하면 覺心이 不動하나니 依幻說覺도 亦名爲幻이며 若說有覺하여도 猶未離幻하며 說無覺者도 亦復如是하니 是故로 幻滅을 名爲不動이라 하니라

3) 번뇌가 사라지면 깨침이 드러남

선남자여, 일체의 보살과 말세 중생들은 일체 부질없는 허망한 대상을 멀리 여의어야 한다. 한편 (허망한 대상을) 멀리 여의려는 마음을 강하게 집착하면 안 되기 때문에 그런 허망한 마음도 또한 멀리 여의어야 한다. 나아가 멀리 여의려는 것도 허망한 것이니 그런 생각마저도 또한 멀리 여의어서, 더 여읠 것이 없게

35 '능(能)-소(所)'를 모두 털어버려야만 '원각'에 계합할 수 있다. 일체의 번뇌를 모두 끊어버리고 제거하여 어디에도 기댐이 없어 언어와 사유에 의한 분별이 사라지면 원각 진심은 스스로 드러난다. '원각'의 자리에는 본래 허망함이 없었기 때문에 '본각의 마음은 변동이 없다'고 한다.

되면 모든 허망이 사라진다.

비유하면 불을 피울 때 나무를 서로 비벼 불이 붙어 나무가 타서 없어지면 재도 날아가고 연기까지도 모두 사라지는 것과 같다. 허망함으로써 허망함을 제거하는 것도 이와 같아서, 비록 모든 허망함이 사라지더라도 (원각은) 사라지는 것은 아니다.

善男子야 一切菩薩과 及末世衆生이 應當遠離一切幻化虛妄境界니 由堅執持遠離心故로 心如幻者를 亦復遠離하며 遠離한 爲幻을 亦復遠離하며 離遠離한 幻을 亦復遠離니 得無所離하면 卽除諸幻하리라 譬如鑽火하니 兩木이 相因하여 火出木盡하면 灰飛煙滅하나니 以幻修幻도 亦復如是하여 諸幻이 雖盡하여도 不入斷滅하나니라

4) 돈오하면 될 뿐 점수는 필요 없음

선남자여, 허망한 줄 알아차리면 곧 허망함은 사라진다. (허망을) 없애기 위한 조작이 필요 없다. 허망함만 사라지면 그게 바로 부처이니 점차적인 과정이 있을 수 없다. 모든 보살과 말세의 중생들도 이렇게 수행하라. 그래야만 모든 허망을 완전히 떨쳐낼 수 있다."[36]

---

36 「보현장」의 「4) 수행의 방법을 말해 주옵소서」(37쪽)에 대한

善男子야 知幻하면 卽離라 不作方便하며 離幻하면 卽覺이라 亦無漸次하니 一切菩薩과 及末世衆生이 依此修行하여 如是라사 乃能永離諸幻하리라

5. 게송으로 요약하심

그때 세존께서 이 뜻을 거듭 알리기 위하여 게송으로 말씀하셨다.

보현보살이여 그대는 반드시 알아야 하리니
일체 모든 중생들이
예부터 가지고 있는 허망한 무명은
모두가 여래의 원각묘심이라는
토대[37]에서 일어난다.

마치 허공 꽃이
허공에 의하여 형상이 나타났다가

대답을 이 부분에서 하신다. 돈오(頓悟)면 어떤 방편도 필요 없고 점차도 필요 없다고 말씀하신다. 이것이 바로 수행이라는 말씀이다. 이하에서는 돈오가 안 되는 사람들을 위해서 점수의 친절을 베푸신다.

37 토대: 원문은 '건립(建立)'이다. 게송에 나오는 "皆從諸如來, 圓覺心建立"의 현토를 "皆從諸如來의 圓覺心으로 建立하니"로 할 수도 있다. 이렇게 현토하면, "모두가 여래의 원각심으로 부터 생긴다"로 번역된다. 무명의 유래가 무엇인가를 규명하는 대목이다.

만일 허공 꽃이 사라지게 되더라도
허공은 원래 사라지지 않는 것처럼 말이다.
허망함이 원각묘심에서 생겨났지만
허망함이 사라지면 깨달음은 분명하게 남나니
원각묘심은 변동 없기 때문이다.

모든 보살과 말세 중생은
항상 허망함을 아주 없애야 하니
모든 허망함을 없애면
마치 나무에서 불이 일어나서
나무가 다 타면 불도 꺼지는 것과 같다.

깨닫기만 하면, 점차로 닦을 필요가 없으며
방편도 역시 없다.

爾時에 世尊이 欲重宣此義하사 而說偈言하사대 普賢아 汝는 當知하라 一切諸衆生의 無始幻無明이 皆從諸如來의 圓覺心建立하니 猶如虛空華가 依空而有相하다가 空華가 若復滅이라도 虛空은 本不動인듯하니 幻從諸覺生하였다가 幻滅하면 覺이 圓滿하나니 覺心이 不動故이라 若彼諸菩薩과 及末世衆生은 常應遠離幻해야 하니 諸幻을 悉皆離하면 如木中生火에 木盡하면 火還滅인듯하니라 覺則無漸次하며 方便도 亦如是하나니라

제3장 점차적 수행을 묻는 보안보살

1. 부처님께 드리는 질문

이에 보안보살이 대중 속에 있다가 얼른 자리에서 일어나 부처님 발에 이마를 대고 절을 올린 뒤에 오른쪽으로 세 번 돌고 두 무릎을 꿇고 합장하고 부처님께 말씀드렸다.

"대자대비하신 세존이시여! 이 법회의 모든 보살들과 말세 중생들을 위하여 보살이 수행하는 순서를 말씀해 주십시오. 어떻게 명상[思惟]하며 어떻게 닦아 익혀야[住持]합니까?[38] 중생들이 깨닫지 못하면 무슨 방편을 써야만 널리 깨칠 수 있습니까?

세존이시여, 만일 중생들이 바른 방편과 바른 생각이 없으면 부처님께서 삼매를 설하시는 것을 듣고도 마음이 미혹하거나 번민만하고 원각에 들어가지 못할

---

38 '명상'은 원문의 사유(思惟)를 번역한 것인데, 규봉 종밀은 "진여를 관찰하는 것으로 사혜(思慧)이다"고 했다. 또 '닦아 익힘'은 원문의 주지(住持)를 번역한 것인데 역시 "오묘한 경지를 깨달아서, 그런 깨달음에 안주하여 그 경지를 유지하여 잃어버리지 않는 것으로 수혜(修慧)이다"고 했다. 이렇게 해서 앞의 「보현장」의 문혜(聞慧)와 함께 '문·사·수(聞思修)' 세 지혜가 갖추어졌다.

것입니다. 바라오니 자비를 베푸시어 저희들과 말세 중생들을 위하시어 말씀해 주십시오."

이렇게 말씀드리고 오체를 땅에 대어 절했다. 이렇게 하기를 세 번 거듭하였다.

於是에 普眼菩薩이 在大衆中하사 卽從座起하사 頂禮佛足하시고 右繞三匝하시고 長跪叉手하사 而白佛言하시되 大悲世尊하 願爲此會의 諸菩薩衆하시며 及爲末世一切衆生하사 演說菩薩修行漸次하소서 云何思惟하며 云何住持하리잇고 衆生이 未悟이거든 作何方便하여야 普令開悟하리잇고 世尊하 若彼衆生이 無正方便과 及正思惟하면 聞佛如來의 說此三昧하삽고도 心生迷悶하여 卽於圓覺에 不能悟入하리니 願興慈悲하사 爲我等輩와 及末世衆生하사 假說方便하소서 作是語已하시고 五體投地하사 如是三請하사 終而復始하시니

2. 대답해 주실 것을 허락하심

이때 세존께서 보안보살에게 말씀하셨다.

"훌륭하구나, 선남자여. 그대가 여러 보살과 말세 중생들을 위하여 여래에게 수행하는 순서와 명상과 마음 씀과 나아가 여러 방편을 말해줄 것을 요구하는구나. 그대는 이제 자세히 들어라. 그대를 위하여 말해주리라."

爾時에 世尊이 告普眼菩薩言하시되 善哉善哉라 善男子야 汝等이 乃能爲諸菩薩과 及末世衆生하여 問於如來修行漸次와 思惟住持와 乃至假說種種方便하니 汝今諦聽하라 當爲汝說하리라

3. 조용히 말씀을 기다림

그러자 보안보살이 가르침을 받들어 기뻐하면서 대중들과 함께 조용히 들었다.

時에 普眼菩薩이 奉敎歡喜하사와 及諸大衆과 黙然而聽하시더니

4. 수행의 방법을 자세하게 일러주심

1) 방편을 세워라

"선남자여, 새로 공부를 시작하는 보살과 말세 중생들이 여래의 청정한 원각의 마음을 회복하기를 원한다면 반드시 바른 생각[39]으로 모든 허망함[幻]을 멀리 떨쳐내야 한다.

39 바른 생각: 원문의 '정념(正念)'을 번역한 것으로, 규봉 종밀은 이를 '무념(無念)'으로 해석하면서, 『대승기신론』을 그 근거로 인용하고 있다. 즉 모든 중생들이 깨치지 못하는 이유는 매 순간마다 계속하여 생각[念]을 쉬지 못하기 때문이라고 한다. 바른 생각이란 무념무상을 말한다.

善男子야 **彼新學菩薩**과 **及末世衆生**이 **欲求如來淨圓覺心**인댄 **應當正念**하여 **遠離諸幻**해야 하니

2) 관행(觀行)을 하라

가) 계율과 선정을 지킬 것

우선 무엇보다 여래께서 일러준 (마음을 고요하게 하는) 사마타 수행에 의지하여 범해서는 안 될 계율[40]을 단단히 지키고, 도반들[41]과 함께 살면서, 고요한 방에 조용히 앉아서 다음과 같이 생각[念]하거라.[42]

先依如來의 **奢摩他行**하여 **堅持禁戒**하고 **安處徒衆**하며 **宴坐靜室**하고 **恒作是念**호되

---

40 범해서는 안 될 계율: 계율은 그 종류가 많으나 크게 세 범주로 분류된다. 첫째는 살·도·음·망(殺盜淫妄) 등 네 가지 무거운 금계(禁戒)를 근간으로 하는 '섭률의계(攝律儀戒)', 둘째는 6바라밀을 근간으로 하여 이타행을 실천하는 '섭선법계(攝善法戒)', 셋째는 구호중생을 근간으로 하는 '섭중생계(攝衆生戒)'이다.

41 도반들: 원문의 '도중(徒衆)'을 번역한 말이다. 즉 함께 살면서 같은 목표로 수행하는 사람을 말한다. 수행하는 업력이 같기 때문에 서로를 탁마하며 또 토론을 하면서 도를 완성하는 인연을 오래도록 같이 한다. 도를 이루려면 이런 도반들과 함께 살아야 한다.

42 생각[念]하다: 관(觀)하는 것이다.

나) 관법과 지혜를 활용하라

① 공관(空觀)을 밝힘

(ㄱ) 집착을 타파해 주심

(a) 아공을 밝힘

즉, '나의 이 몸은 흙·물·불·바람의 '네 가지 성질을 가진 요소[四大]'가 모여서 만들어진 것이다. 이른바 머리카락·털·손톱·치아·가죽·살·힘줄·뼈·골수 등으로 이루어진 더러운 몸뚱이는 모두 흙으로 돌아간다. 침·콧물·고름·피·진액·점액·가래·눈물·호르몬·대소변은 모두 물로 돌아간다. 따뜻한 기운은 불로 돌아간다. 움직이는 작용은 바람으로 돌아간다. 이런 '네 가지 요소'가 각각 분리되면 지금의 허망한 몸은 어디 있겠는가?' 이렇게 말이다.

다음의 사실을 알아라. 이 몸은 결국 실체가 없고 (그런 요소들이) 화합해서 형상이 이루어진 것이니 참으로 환상이나 허깨비와 같다.

我今此身은 **四大和合**이니 **所謂髮毛瓜齒**와 **皮肉筋骨**과 **髓腦垢色**은 **皆歸於地**하고 **唾涕膿血**과 **津液涎沫**과 **啖淚精氣**와 **大小便利**는 **皆歸於水**하고 **暖氣**는 **歸火**하고 **動轉**은 **歸風**하나니 **四大**가 **各離**하면 **今者妄身**이 **當在何處**이어뇨 **卽知**하라 **此身**은 **畢竟無體**이고 **和合**하여 **爲相**이니 **實同幻化**이로다

네 가지 성질의 인연[43]이 임시로 화합하여 6근이 허망하게 나타나고, 6근과 4대가 안이 되고 밖이 되어[44] 합성된다. 그러는 가운데에 허망하게 '인연의 기운[緣氣]'이 쌓여서 흡사 '인연 기운의 작용[緣相]'이 실재하는 듯한데 이것을 지목하여 '마음[心]'이라고 임시적으로 이름을 붙였다. 선남자여, 이 '허망한 마음[虛妄心]'은 만일 6진이 없으면 있을 수 없으며, 4대가 흩어지면 6진도 있을 수 없다. 그리고 네 가지 인연과 6진이 제각각 흩어져 없어지면 마침내 '인연의 기운으로 뭉친 마음[緣心]'도 찾을 수 없다.

四緣이 假合하여 妄有六根하니 六根과 四大가 中外에 合成이거늘 妄有緣氣가 於中에 積聚하여 似有緣相하니 假名爲心이라 善男子야 此虛妄心이 若無六塵이면 則不能有하리니 四大가 分解하면 無塵可得이라 於中緣塵이 各歸散滅하면 畢竟無有緣心可見이니라

43 네 가지 성질의 인연: 원문은 '四緣', 즉 '四大'이다.
44 6근과 4대가 안이 되고 밖이 되어: 4대가 '안'이고, 6근이 '밖'이다. 이렇게 안팎이 화합하여 '내 몸'이 임시적으로 이루어진다. 규봉 종밀에 의하면, 4대가 '바탕 질료[體質]'가 되기 때문에 이를 '안'이라고 했고, 6근은 그 '바탕 질료'에 근거하여 외부 세계로 향하는 통로가 되기 때문에 '밖'이라고 한다고 했다. 그런데 일반적으로는 6진이 '밖'이 되고, 6근이 '안'이 되고, 6식이 '중간'이 된다고 한다. 『원각경』의 이 점은 『금강삼매경』과 유사하다.

(b) 법공을 밝힘

선남자여, 중생들의 무상한 육신이 소멸하기 때문에 무상한 마음도 소멸한다. 무상한 마음이 소멸하기 때문에 무상한 6진도 소멸된다. 무상한 6진이 소멸하기 때문에 그렇게 '소멸하는 작용'도 역시 소멸한다.[45]

善男子야 彼之衆生이 幻身이 滅故로 幻心도 亦滅하며 幻心이 滅故로 幻塵도 亦滅하며 幻塵이 滅故로 幻滅도 亦滅하며

(ㄴ) 진리를 드러냄

그렇게 '소멸하는 작용'이 소멸하기 때문에 무상한 것이 아닌 (원각의 마음)은 소멸하지 않는다. 비유하면 때 묻은 거울을 닦을 경우 때가 사라지면 밝음이 드러나는 것과 같다.

幻滅이 滅故로 非幻은 不滅하나니 譬如磨鏡호매 垢盡明現듯하니라

45 '사량분별하는 번뇌의 마음'으로 보면 무상한 것들이 '생겨남'을 보지만, 그러나 '관찰하는 지혜'로 보면 무상한 것들이 '사라짐'을 보게 된다. '사량분별하는 번뇌의 마음'과 '관찰하는 지혜', 허망함의 '생겨남'과 '사라짐', 이런 대대(對待) 관계는 한 쪽이 있으므로 상대 쪽이 있는 것이다. 이런 대대 관계는 결국은 모두가 인연의 조합에서 생기는 소위 연생(緣生)의 산물이다. 이런 연생은 무상한 것이어서 모두가 허망한 것이므로 결국에는 소멸한다.

② 법계관(法界觀)을 밝힘

(ㄱ) 공함을 밝혀 법계를 드러냄

선남자여, 몸과 마음이 모두 인연의 모임에 의해서 만들어진 '허망한 때[幻垢]'임을 알아야 한다. 이 허망한 기능이 아주 사라지면 (밝음이) 시방 법계에 두루 청정하게 드러난다.

선남자여, 비유하면 청정한 마니 보배 구슬이 5색에 비쳐져서 각 방향에 따라 그 색이 드러나면 어리석은 이들은 마니 구슬 속에 실제로 5색이 있다고 여기는 것과 같다.

선남자여, 원각의 청정한 성품이 몸과 마음에 드러나 중생들의 부류[46]를 쫓아서 응하면, 저 어리석은 이들은 청정한 원각에 그와 같은 몸과 마음의 '본모습[自相]'이 실제로 있다고 여기는 것과 같다.

善男子야 當知하라 身心이 皆爲幻垢이니 垢相이 永滅하면 十方에[47] 清淨하리라 善男子야 譬如清淨摩尼寶珠가 映於五色하여 隨方各現하면 諸愚痴者는 見彼摩尼에 實有五色이라 하니라 善男子야 圓覺淨性이 現於身心하여 隨類各應하면 彼愚痴者는

46 중생들의 부류: 「미륵장」에 나오는 「나) 윤회하는 중생의 다섯 종류」(88~91쪽) 참조.

47 에: 이 부분의 토가 주격조사 '이'가 아님을 주의할 것. '이' 토를 붙이면 『원각경』 전체의 문맥과 통하지 않는다.

說淨圓覺에 實有如是身心自相이라호미 亦復如是하나니라

(ㄴ) 인위적 조작을 털어 없애 무심으로 돌아감

그런 까닭에 허망함을 아주 떨쳐버리지 못한다. 그래서 몸과 마음은 '허망한 때[幻垢]'라고 내가 앞에서 말했던 것이다. '허망한 때[幻垢]'를 대처하여 없애버린 이를 두고 보살이라고 한다. 그런데 '허망한 때[幻垢]'도 사라지고 그것을 대처하여 없애는 지혜조차도 사라지면, 허망함을 물리치는 과정에 있는 보살도 또 그것을 설하는 부처님도 모두 있을 수 없다.

由此로 不能遠於幻化일새 是故로 我가 說身心幻垢라 하니라 對離幻垢하면 說名菩薩이니 垢가 盡하고 對가 除하면 卽無對垢와 及說名者하니라

(ㄷ) 법계관법을 말씀하심

(a) 총체적인 하나의 완전한 법계

선남자여, 이 보살과 말세 중생들이 모든 허망한 것을 깨달아 허망한 것을 소멸시키면, 이때 단박에 어떤 곳이든 다 청정해진다. 끝없는 허공[48]이 깨달음에서 발현한다.

善男子야 此菩薩과 及末世衆生이 證得諸幻하여 滅影像故로 爾時에 便得無方淸淨하리니 無邊虛空이 覺所顯發이니

(b) 3종의 법계관

(1) 진공절상관(眞空切相觀)

깨달음이 뚜렷하고 밝은 까닭에 마음[心][49]에 청정함이 드러나며, 마음이 청정한 까닭에 견진(見塵: 色)이 청정하고, 견진이 청정한 까닭에 안근이 청정하고, 안근이 청정한 까닭에 안식이 청정하며, 안식이 청정한 까닭에 문진(聞塵: 聲)이 청정하고, 문진이 청정한 까닭에 이근이 청정하고, 이근이 청정한 까닭에 이식이 청정하고, 이식이 청정하기 때문에 각진(覺塵: 觸)도 청정하다. 이렇게 비(鼻)·설(舌)·신(身)·의(意)도 역시 마찬가지이리라.

---

48 끝없는 허공: 원문은 '무변허공(無邊虛空)'. 이 부분은 해석이 분분한 부분이다. 규봉 종밀은 이 부분을 '卽此眞如, 離諸障碍, 故名虛空.'이라 했으니 '즉 이 진여에서 모든 장애가 사라졌기 때문에 허공이라고 한다'고 했다. 즉 일체의 번뇌가 사라진 상태를 허공에 비유한 것이다. 번뇌가 사라지고 청정원각이 드러나며[顯], 허망한 것이 모두 사라져 본각진심(本覺眞心)이 까발려져[發] 드러난다.

49 마음[心]: 염·정(染淨)이 화합되어 있는 아뢰야식 즉 제8식을 말한다.

覺圓明故로 顯心淸淨하며 心淸淨故로 見塵淸淨하며 見淸淨故로 眼根淸淨하며 根淸淨故로 眼識淸淨하며 識淸淨故로 聞塵淸淨하며 聞淸淨故로 耳根淸淨하며 根淸淨故로 耳識淸淨하며 識淸淨故로 覺塵淸淨하여 如是乃至히 鼻舌身意가 亦復如是하리라

선남자여, 근(根)이 청정하기 때문에 색진(色塵)이 청정하고, 색진이 청정하기 때문에 성진(聲塵)이 청정하며, 향(香)·미(味)·촉(觸)·법(法)도 그러하리라.

善男子야 根淸淨故로 色塵淸淨하며 色淸淨故로 聲塵淸淨하며 香味觸法도 亦復如是하리라

선남자여, 6진이 청정하기 때문에 지대(地大)가 청정하고, 지대가 청정하기 때문에 수대(水大)가 청정하며 화대(火大)와 풍대(風大)도 역시 청정하리라.

善男子야 六塵淸淨故로 地大淸淨하며 地淸淨故로 水大淸淨하며 火大風大도 亦復如是하리라

선남자여, 4대가 청정하기 때문에 12처(處)[50]·18계(界)[51]·25유(有)[52]가 청정하리라. 그것들이 청정하기 때문에 10력(力)[53]과 4무소외(無所畏)[54]와 4무애지(無碍

50 12처(處): 6根과 6境(혹은 塵)이 6식을 낳는 곳[處]이므로 이렇게 이름을 붙였다. 즉 12곳에서 6식이 생긴다는 발상이다. 역경사들은 그래서 '곳[處]'이라는 번역 용어를 택했다.

51 18계(界): 6근의 각 근마다 근·진·식의 3곳이 각각 고유한 영역[分界]이 있으므로 3×6=18종의 계(界)라고 한 것이다.

52 25유(有): 4주·4악취·4선·4공·무상천·정거천·범왕천·6욕천에 사는 모든 생명을 총칭한 것으로, 색계·욕계·무색계를 더 세분화 한 것이다. 이들 모든 세계의 생명체는 업보에 제약을 받는 것으로 바른 지견 축에는 못 든다.

53 10력(力): 부처님이 가진 10종의 능력. (1) 처비처지력(處非處智力: 도리에 맞고 안 맞음을 아는 힘), (2) 업이숙지력(業異熟智力: 업과 그 과보의 관계를 아는 힘), (3) 정려해탈등지등지지력(靜慮解脫等持等至智力: 각종 선정을 아는 힘), (4) 근상하지력(根上下智力: 중생의 근기를 아는 힘), (5) 종종승해지력(種種勝解智力: 중생들이 좋아하는 것을 아는 힘), (6) 종종계지력(種種界智力: 중생이나 모든 법의 본성을 아는 힘), (7) 편취행지력(遍趣行智力: 중생들이 윤회하는 곳을 아는 힘), (8) 숙주수념지력(宿住隨念智力: 전생을 아는 힘), (9) 사생지력(死生智力: 죽어서 태어나는 곳을 아는 힘), (10) 누진지력(漏盡智力: 열반과 그에 도달하는 방법을 아는 힘).

54 4무소외(無所畏): (1) 정등각무외(正等覺無畏: 최고의 진리를 체득함에 있어 남의 비판을 두려워하지 않음), (2) 누영진무외(漏永盡無畏: 번뇌를 소멸시킴에 있어 남의 비판을 두려워하지 않음), (3) 설장법무외(說障法無畏: 깨달음을 장애하는 것을 말함에 있어 남의 비판을 두려워하지 않음), (4) 설출도무외(說出道無畏: 윤회를 벗어나는 길을 말함에 남의 비판을 두려워하지 않음).

智)[55]와 부처님의 18불공법(不共法)[56]과 37조도품(助道品)[57]이 청정하며 나아가서는 8만 4천 다라니 문이 모

---

55 4무애지(無碍智): (1) 법무애(法無碍: 진리에 막힘이 없음), (2) 의무애(義無碍: 의미에 막힘이 없음), (3) 사무애(辭無碍: 언어에 막힘이 없음), (4) 변무애(辯無碍: 가르침에 막힘이 없음).

56 18불공법(不共法): 부처님에게만 있는 18종의 특징. (1) 몸에 실수가 없고, (2) 말에 실수가 없고, (3) 생각에 실수가 없고, (4) 다른 생각이 없고, (5) 불안정된 마음이 없고, (6) 다 알기 전까지는 그만 두는 일이 없고, (7) 중생을 제도하려는 욕망을 버리지 않고, (8) 정진 수행을 줄이지 않고, (9) 3세의 부처님 법을 앎에 있어 기억력이 줄지 않고, (10) 지혜가 줄지 않고, (11) 해탈이 줄지 않고, (12) 해탈을 바로 아는 지견이 줄지 않고, (13) 온갖 몸의 업이 지혜에 의해 이루어지고, (14) 온갖 입의 업이 지혜에 의해 이루어지고, (15) 온갖 마음의 업이 지혜에 의해 이루어지고, (16) 지혜로서 과거의 일을 아는 데에 걸림이 없고, (17) 지혜로서 미래의 일을 아는 데에 걸림이 없고, (18) 지혜로서 현재의 일을 아는 데에 걸림이 없다. 이상은 대승불교에서 말하는 18불공법이다. 소승은 이와 다르다.

57 37조도품(助道品): 4념처(念處)+4정근(精勤)+4신족(神足)+5근(根)+5력(力)+7각지(覺支)+8정도(正道).

(1) 4념처(念處)는 신(身)·수(受)·심(心)·법(法)을 관찰하는 것.

(2) 4정근(精勤)은 생긴 악은 없애고, 생기지 않은 악은 나오지 못하게 하고, 생긴 선은 늘려가고, 생기지 않은 선은 나오게 하는 것.

(3) 4신족(神足)은 네 종류의 신통한 능력을 얻을 수 있는 근거라는 뜻으로 욕(欲)·근(勤)·심(心)·관(觀)을 실천하는 것.

(4) 5근(根)이란 해탈에 이르기 위한 5가지의 근력으로 믿음, 정진, 기억, 선정, 지혜를 실천하는 것.

(5) 5력(力)이란 5근이 자라나서 생기는 힘.

두 청정하리라.

善男子야 四大清淨故로 十二處와 十八界와 二十五有가 清淨하리라 彼清淨故로 十力과 四無所畏와 四無礙智와 佛十八不共法과 三十七助道品이 清淨하여 如是乃至하여 八萬四千陀羅尼門이 一切清淨하리라

선남자여, 모든 (존재의) 실상이 자성이 청정하기 때문에 한 몸이 청정하고, 한 몸이 청정하기 때문에 여러 중생의 몸이 청정하고, 여러 중생의 몸이 청정하기 때문에 나아가서는 시방 중생들의 원각이 청정하리라.

善男子야 一切實相이 性清淨故로 一身清淨하며 一身清淨故로 多身清淨하며 多身清淨故로 如是乃至 十方衆生의 圓覺이 清淨하리라

(6) 7각지(覺支)는 1. 택법(擇法: 법의 실상을 잘 아는 것), 2. 정진(精進: 실상을 알고서 실천하는 것), 3. 희(喜: 마음이 상쾌하고 거뜬한 것), 4. 제(除: 거친 번뇌를 버리는 것), 5. 사(捨: 탐욕과 근심을 완전히 버리는 것), 6. 정(定: 선정에 의하여 업을 바꾸는 것), 7. 염(念: 생각을 한 곳에 집중)을 말한다.

(7) 8정도(正道)란 정견(正見), 정사(正思), 정어(正語), 정업(正業), 정명(正命), 정정진(正精進), 정념(正念), 정정(正定).

선남자여, 한 세계가 청정하므로 여러 세계가 청정하고, 여러 세계가 청정하기 때문에 이와 같이 허공계에 이르며 3세를 완전하게 안으로 머금어 일체의 모두가 똑같이 청정함에는 본래 변함이 없으리라.

善男子야 一世界清淨故로 多世界清淨하며 多世界清淨故로 如是乃至하여 盡於虛空하며 圓裏三世하여 一切平等하여 清淨不動하리라

선남자여, 허공이 이렇듯이 언제나 변함이 없기 때문에 깨달음의 성품도 평등하여 변함이 없는 줄을 알아야 한다. 또 4대가 변함이 없으므로 깨달음의 성품도 평등하여 변함이 없는 줄을 알아야 한다. 이렇게 점점 나아가 8만 4천 다라니 문이 평등하여 변함이 없기 때문에 깨달음의 성품도 평등하여 변함이 없다는 사실을 알아야 한다.

善男子야 虛空이 如是平等不動할새 當知하라 覺性이 平等不動이며 四大不動故로 當知하라 覺性이 平等不動이며 如是乃至八萬四千陀羅尼門이 平等不動할새 當知하라 覺性이 平等不動이니라

(2) 이사무애법계관(理事無碍法界觀)

선남자여, 본각(本覺)의 성품[58]이 두루 가득하고 청정하여 변함이 없으며 원융하고 끝이 없기 때문에, 6근이 법계(法界)[59]에 두루 가득한 줄을 알아야 한다. 6근이 온 법계에 두루 가득하기 때문에 6진이 온 법계에 두루 가득한 줄 알아야 한다. 6진이 두루 가득하기

---

58 본각(本覺)의 성품: 원문은 '覺性'인데 월운 강백의 『원각경 주해』(동국역경원, 1974, 43쪽) 번역에 따랐다. 그 책에서 강백은 "본각(本覺)의 성품이 곧 만법(萬法)이니, 본각의 성품이 두루 차서 끝이 없으면 6근·6진·4대 내지는 다라니 문까지도 두루 원만치 않을 수 없다. 이와 같이 현상계(現象界)의 만법과 본체계(本體界)의 성품은 어느 하나 빠짐없이 모두가 법계에 두루 하여 모자람이 없으며, 따라서 공존(共存)하되 서로가 아무런 장애(障碍)를 주지 않는다"고 해설한다. 매우 중요한 대목이다.

59 법계(法界): 여러 측면에서 해석이 가능하나 화엄교학에서는 '법성(法性)' 또는 '진여(眞如)'와 같은 뜻으로 사용. 화엄의 교학을 이해하기 위해서는 매우 중요한 개념이므로 규봉 종밀의 해석을 소개한다. "법계란 모든 중생들의 몸과 마음의 본바탕이다. 이것은 본래부터 신령스럽고 밝고 뚜렷하면서도 텅 비고 고요하니 그저 하나의 참된 경계일 뿐이다. 이것은 형체나 모양이 없으면서도 대천세계에 가득하고, 테두리가 없으면서도 온갖 존재들을 그 속에 모두 품고 있다. 이것은 중생의 마음속에서 환하게 드러나지만 그 모양을 볼 수가 없으며 번뇌의 세계 속에서 빛나지만 그 이치는 쪼개지지 않는다. 그렇기 때문에 진리를 뚫어보는 지혜로운 눈과 망념을 여읜 밝은 지혜가 아니고서는 제 마음 속에 있는 신통한 능력을 결코 알지 못한다." 『注華嚴法界觀門』(대정장45, 683b)

때문에 4대가 온 법계에 두루 가득한 줄 알아야 한다. 이렇게 나아가 다라니 문이 온 법계에 두루 가득한 줄을 알아야 한다.

善男子야 覺性이 徧滿하여 淸淨不動하여 圓無際故로 當知六根이 徧滿法界며 根徧滿故로 當知하라 六塵이 徧滿法界며 塵徧滿故로 當知하라 四大가 徧滿法界며 如是乃至陀羅尼門이 徧滿法界니라

(3) 주변함용관(周邊含容觀)

선남자여, 저 '오묘한 본각[妙覺]'의 성품이 두루 하기 때문에, 근(根)의 성품과 진(塵)의 성품이 무너짐도 없고 섞임도 없다. 근과 진이 무너지지 않기 때문에, 이렇게 나아가서는 다라니 문도 무너짐도 없고 섞임도 없어서, 마치 10만 개의 등불의 빛이 한 방에 비치면 그 빛이 두루 하여 무너짐도 없고 섞임도 없는 것과 같다.

善男子야 由彼妙覺이 性徧滿故로 根性塵性이 無壞無雜하며 根塵이 無壞故로 如是乃至陀羅尼門이 無壞無雜하여 如百千燈이 光照一室호매 其光이 徧滿하여 無壞無雜인듯하니라

3) 부처님의 경계와 단박에 같아짐

가) 마음 씀씀이가 같아짐

선남자여, 깨달음이 성취되었기 때문에, 보살은 불법에조차 속박되지 않고 해탈을 구하지도 않으며, 생사를 싫어하지도 않고 열반을 좋아하지도 않으며, 계율 지키는 것을 공경하지도 않고 금계를 범하는 것을 미워하지도 않으며, 오래 수행한 이를 특별히 여기지도 않고 처음 배우는 이를 가벼이 여기지도 않는 줄을 알아라. 왜냐하면 모두가 '깨달음'이기 때문이다.[60] 비유하면 안광(眼光)[61]으로 눈앞의 경계를 볼 때에 그 빛이 원만하여 미워할 것도 좋아할 것도 없다. 왜냐하면 눈빛의 본바탕은 둘이 아니어서 미워하거나 좋아함이 없기 때문이다.

善男子야 覺成就故로 當知하라 菩薩이 不與法縛하고 不求解脫하며 不厭生死하고 不愛涅槃하며 不敬持戒하고 不憎毁禁하며 不重久習하고 不輕初學이니 何以故오 一切覺故이니라

60 위에서 4가지의 경우마다 대립하는 짝을 2개씩 들어서 그것들이 차이가 없다고 주장했다. 여기에서는 그렇게 주장할 수 있는 근거로써 8개의 경우가 모두 원각묘심에서 생겼기 때문이라는 것이다.

61 안광(眼光): 여기에서 말하는 안광(眼光)은 안식(眼識)을 의미한다. 무매개적인 직접 경험 판단[現量]이기 때문에 '좋음'·'싫음'의 심리작용이 수반되지 않는다.

譬如眼光이 曉了前境호매 其光이 圓滿하여 得無憎愛듯하니 何以故오 光體無二하여 無憎愛故이니라

나) 보는 경계가 같아짐

선남자여, 이 보살과 말세 중생들이 이 마음을 닦아 익혀서 (원각을) 성취하면, 거기에는 닦을 것도 없고 익혀 얻을 것도 없게 된다. 원각은 두루두루 널리 비추어 적멸과 서로 다르지 않다. 그 속에 백 천 만억 불가설 항하사 아승기(阿僧祇)[62]의 모든 부처님 세계가 마치 허공 꽃이 어지러이 피었다가 어지러이 사라지는 거와 같아서 (원각과) 붙어있지도 않고 그렇다고 떨어져 있지도 않으며 속박되어 있지도 않고 해탈되어 있지도 않다. 그러므로 중생이 본래 부처였고[63] 생사

---

62 아승기(阿僧祇): 범어의 asaṃkhya를 소리 번역한 것. 무량수(無量數)로 뜻 번역도 한다. 인도에서 수를 세는 단위의 일종인데 10의 59제곱을 의미한다.

63 중생은 본래 부처였다: 규봉 종밀의 해석에 따르면, 중생들이 '관찰수행[觀行]'을 완성하면 '시각(始覺)'을 체험하게 되고, 부처님은 본래 '구경각(究竟覺)' 즉 '본각(本覺)'이지만, 『대승기신론』에서 밝혔듯이 '시각'과 '본각'은 본래 둘이 아니므로 '중생은 본래 부처였다'고 할 수 있다고 한다. 그리고 또 규봉 종밀은 '중생은 본래 부처였다'는 사상은 『원각경』과 『화엄경』 등의 돈교의 가르침에만 나온다고 보았다. 중생과 부처의 관계에 대하여 규봉 종밀은 모든 경전의 주장을 6가지의 경우로 분류한

와 열반이 마치 지난밤의 꿈과 같은 줄을 비로소 안다.

善男子야 此菩薩과 及末世衆生이 修習此心하여 得成就者가 於此에 無修하며 亦無成就하리니 圓覺이 普照하여 寂滅이 無二라 於中에 百千萬億 阿僧祇 不可說 恒河沙 諸佛世界가 猶如空華가 亂起亂滅인듯하여 不卽不離하며 無縛無脫하니 始知衆生이 本來成佛이며 生死涅槃이 猶如昨夢이로다

다) 법계의 진실성과 같아짐

선남자여, 지난밤의 꿈과 같기 때문에 생사와 열반이 일어남도 없고 멸함도 없으며, 옴도 없고 감도 없는 줄을 알아야 한다. 체험해야 하는 대상이 되는 경계란 획득하는 것도 아니고 잃는 것도 아니며, 취하는 것도 아니고 버리는 것도 아니다. (뿐만 아니라, 뒤에 나

다. 즉, ①소승 유부의 주장으로, 고타마 싣달타 태자 한 분만이 유일하게 일생동안 수련하여 부처가 되었다. ②대승시교의 주장으로, 3아승기겁에 걸친 긴 세월 동안 수행을 해서 부처가 된다. ③대승종교의 주장으로, 아뢰야식 속에 작용하는 생멸심이 다 사라지고 진여자성이 드러나면 부처가 된다. ④『화엄경』에서 말씀하시듯이, 10신(信)의 수행이 완성되어 초발심주(初發心住)에서 부처가 된다. ⑤돈교의 주장으로 한 생각 깨치면 바로 부처가 된다. ⑥일승원교의 주장으로 중생은 본래 부처이다.

오는 「보각보살장」에서 자세하게 설명하겠지만) 체험하는 당사자가 작(作)할 것도 지(止)할 것도 임(任)할 것도 멸(滅)[64]할 것도 없다. 이 체험 속에는 능(能)－소(所)가 없어서 필경에는 체험해야 하는 대상도 없고 체험하는 주체도 없어서, 일체 법성(法性)[65]이 (어느 경우에나) 똑같아서 변동됨이 없다.

善男子야 如昨夢故로 當知하라 生死와 及與涅槃이 無起無滅하며 無去無來하며 其所證者가 無得無失하며 無取無捨하며 其能證者가 無作無止無任無滅하며 於此證中에 無能無所하여 畢竟無證하며 亦無證者하여 一切法性이 平等不壞니

4) 마무리 대답을 해주심

선남자여, 저 보살들이 이렇게 수행하며, 이렇게 점차로 하며, 이렇게 명상하고, 이렇게 마음을 쓰고, 이렇게 방편을 쓰고, 이렇게 깨달아서, 이렇게 법을 구하면, 결코 미혹하거나 번민함이 없을 것이다."

64 작(作)·지(止)·임(任)·멸(滅): 「보각장」의 「2) 스승의 조건」 부분(166~169쪽) 참조.

65 법성(法性): 범어 dharmatā의 한역어. 항상 변하지 않는 법의 법다운 성(性). 모든 법의 체성(體性). 곧 만유의 본체(本體). 진여(眞如)·실상(實相)·법계(法界) 등이라고도 한다. 「정업장」의 「1. 부처님께 드리는 질문」 부분(144쪽)에서 다시 설명된다.

善男子야 彼諸菩薩이 如是修行하며 如是漸次하며 如是思惟하며 如是住持하며 如是方使하며 如是開悟하여 求如是法하면 亦不迷悶하리라

5. 게송으로 요약하심

이때에 세존께서 이 뜻을 거듭 알리기 위하여 게송으로 말씀하셨다.

보안보살이여 그대는 반드시 알아야 하리라
일체 중생의
몸과 마음이 다 무상하다.
몸의 기능은 4대에 속하고
심성(心性)은 6진으로 돌아가니
4대의 바탕이 각각 흩어지면
그것이 모여서 만드는 주체가 어디에 있겠는가.

이렇게 점차로 수행하면
일체가 청정해지지만
(청정 각성은 원래) 변함없고 법계에 두루 하리라.

지음도 그침도 맡김도 멸함도 없고
깨닫는 주체도 없으며
모든 부처님 세계가

마치 허공 꽃과 같아서
3세가 모두 그러하니
필경에는 오고 감이 없다.

처음 발심한 보살 내지는
말세의 중생들이
불도에 들어가기를 원하면
반드시 이렇게 닦아 익혀라.

爾時에 世尊이 欲重宣此義하사 而說偈言하사대 普眼아 汝는 當知하라 一切諸衆生이 身心이 皆如幻하니 身相은 屬四大하고 心性은 歸六塵하나니 四大體가 各離하면 誰爲和合者오 如是漸修行하면 一切悉清淨하여 不動이 徧法界하리라 無作止任滅하며 亦無能證者하며 一切佛世界가 猶如虛空華인듯하여 三世悉平等하여 畢竟無來去하니 初發心菩薩과 及末世衆生이 欲求入佛道인댄 應如是修習이니라

제4장 미혹과 깨침의 본질을 묻는 금강장보살

1. 부처님께 드리는 질문

이에 금강장보살이 대중 속에 있다가 얼른 자리에서 일어나 부처님 발에 이마를 대고 절을 올린 뒤에 오른쪽으로 세 번 돌고 두 무릎을 꿇고 합장하고 부처님께 말씀드렸다.

"대비하신 세존이시여! 진실로 모든 보살들을 위하여 여래의 원각인 청정하고 커다란 다라니의 문에 들어가는 '근본이 되는 수행법[因地法行]'과 점차와 방편을 선양하시어 모든 중생들에게 몽매함을 일깨워 주시니, 모임에 온 법회 대중들에게 부처님의 자비로운 가르침을 입혀 허망한 장애를 말끔히 없애서 지혜의 눈이 청정하게 해주셨습니다.

세존이시여! 그런데 ① 중생들이 본래 부처였다면 왜 다시 갖가지 무명이 있습니까? ② 만약 모든 무명을 중생이 본래 간직한 것이라면 무슨 까닭에 여래께서는 (중생이) 본래 부처였다고 말씀하십니까? ③ 온 세상의 모든 중생들이 본래는 부처였지만 뒤에 다시 무명을 일으키신 것이라면, 일체 여래는 언제 다시 번뇌를 내시게 됩니까?[66]

오직 원하오니 가림이 없는 대자대비의 마음을 버리지 마시고 모든 보살을 위하여 비밀스런 가르침을 열어주시며, 말세 일체 중생들이 궁극적인 가르침[了義敎][67]을 설하는 이 경전의 말씀을 듣고 영원히 의심을 끊게 해주소서."

이렇게 말씀드리고 오체를 땅에 대어 절했다. 이렇게 하기를 세 번 거듭하였다.

於是에 金剛藏菩薩이 在大衆中하사 卽從座起하사 頂禮佛足하시옵고 右繞三匝하시고 長跪叉手하사 而白佛言하사되 大悲世尊하 善爲一切諸菩薩衆하사 宣揚如來의 圓覺清淨大陀羅尼因地法行과 漸次方便하사 與諸衆生에게 開發蒙昧하사 在會法衆이 承佛慈誨하사와 幻翳朗然하여 慧目이 清淨케하시니 世尊하 若諸衆生이 本來成佛인댄 何故로 復有一切無明이니잇고 若諸無明을 衆生이 本有인댄 何因緣故로 如來가 復說本來成佛이시니잇고 十方異生이 本成佛道하고 後起無明인댄 一切如來는 何時에 復生一切煩惱하시리잇고 惟願不捨無遮大慈하사

66 이상의 세 질문에 대하여 부처님께서 어떻게 대답을 하시는 지를 주목해 봅시다.

67 궁극적인 가르침[了義教]: 어리석은 중생들을 인도하기 위하여 방편적으로 과정상에서 지시하는 가르침이 아니고, 표현된 액면 그대로 궁극적으로 드러낸 가르침. 상대어로 불요의교(不了義教)가 있다. 「제10문 제목 해설」 중 「ㄴ) '요의'의 의미」 (473~480쪽) 참조.

爲諸菩薩하사 **開秘密藏**하시며 **及爲末世一切衆生**이 **得聞如是修多羅教了義法門**하삽고 **永斷疑悔**케하소서 **作是語已**하시고 **五體投地**하사 **如是三請**하사 **終而復始**하시니

2. 대답해 주실 것을 허락하심

그때 세존께서 금강장보살에게 말씀하셨다.

"훌륭하구나, 선남자여. 그대들이 능히 모든 보살들과 말세 중생들을 위하여 여래의[68] '아주 깊고 비밀스럽고[69] 궁극적인 방법'을 묻는구나. 이는 모든 보살들의 최상의 가르침인 궁극의 대승이다. 능히 시방세계에서 수행하는 보살과 모든 말세의 일체의 중생들에

68 여래의: 규봉 종밀의 입장에 따라 의주석(依主釋)으로 해석했다. '여래에게'로 해석하지 않았다는 말이다. 즉 '아주 깊고 비밀스럽고 궁극적인 방법'을 여쭙는 장면인데, 다른 사람이 아닌 '여래의', 즉, 여래께서 체험하신 '아주 깊고 비밀스럽고 궁극적인 방법'을 여쭙는 장면이다.

69 비밀스럽고: 비밀스러움에 대하여 규봉 종밀은 두 종류로 나누어서 설명한다. 첫째는 여래께서 비밀로 하신 것이니, 즉 일불승에서 말하는 '여래의 지견'을 점교를 설하실 때에는 잠자코 감추어두셨다는 점에서 비밀이다. 둘째는 여래께서 체험하신 작용과 그 작용[能]에 의해서 체험된 내용[所]을 모두 지칭한다. 소위 신·구·의 3밀(密)이 여기에 해당한다. 규봉 종밀의 해석에 따르면, 여기에서 말하는 것은 둘째의 경우 중에서도 여래께서 체험한 내용[所證]을 특히 지목한다고 했다.

게 결정적인 믿음을 얻게 하여 영원히 의심을 끊게 할 테니, 그대는 자세히 들어라. 반드시 그대를 위하여 설하리라."

爾時에 世尊이 告金剛藏菩薩言하사대 善哉善哉라 善男子여 汝等이 乃能爲諸菩薩과 及末世衆生하여 問於如來의 甚深秘密究竟方便하나니 是諸菩薩의 最上敎誨하는 了義大乘이니 能使十方修學菩薩과 及諸末世의 一切衆生으로 得決定信하여 永斷疑悔케하리니 汝今諦聽하라 當爲汝說하리라

3. 조용히 말씀을 기다림

그러자 금강장보살이 가르침을 받들어 기뻐하면서 모든 대중들과 조용히 들었다.

時에 金剛藏菩薩이 奉敎歡喜하사와 及諸大衆과 默然而聽하시니

4. 미혹의 생성과 소멸을 분석해주심

1) 의심의 근본을 바로 잡아주심

"선남자여, 모든 세계[70]의 처음과 끝,[71] 생성과 소멸,[72] 앞서고 뒤서고,[73] 있고 없고,[74] 모이고 흩어지고,[75] 일어나고 멈춤[76]이 잠깐 사이에도 계속하여 순환

70 모든 세계: 여기에서는 3종 세간 중, 생명체들이 사는 환경인 '기세간(器世間)'과, 그곳에 사는 생명체를 총칭하는 '중생세간(衆生世間)'을 지칭한다. 부처님의 세계인 '지정각세간(智正覺世間)'은 제외된다.

71 처음과 끝: 만약 염연기(染緣起)의 측면에서만 말하면, '무명 업식(無明業識)'이 전변하여 '능견상(能見相)'을 낳고, 그것이 다시 전변하여 '경계상(境界相)'을 낳는 것이 '처음'이고, '끝'이란 수행의 지위를 모두 닦아 마쳐서 이숙식(異熟識)이 떨어진 상태에 해당한다. 또 만약 염연기와 정연기(淨緣起)의 대립적 측면에서 말하면, 깨달음을 얻는 것이 '시작'이고 번뇌를 끊어 없애는 것이 '끝'이다. 또 만약 정연기의 측면에서만 말하면 '시작'은 있지만 '끝'은 없다. 그런데 원각(圓覺)의 상태와 하나가 되어 염연기나 정연기 어디에도 머물지 않으면 마침내는 '시작'도 '끝'도 없다.

72 생성과 소멸: 새록새록 생각이 일어나는 것을 '생성'이라 했고, 순간순간 변해가는 것을 '소멸'이라 했다.

73 앞서고 뒤서고: 지나간 과거를 '앞서고' 라고 했고, 다가올 미래를 '뒤서고' 라고 했다.

74 있고 없고: 주겁(住劫)을 '있고'라 했고, 공겁(空劫)을 '없고'라 했다.

75 모이고 흩어지고: 성겁(成劫)을 '모이고'라 했고, 괴겁(壞劫)을 '흩어지고'라 했다.

왕복한다. 갖가지로 취했다 버렸다 하는 것이 모두 윤회이다.

윤회를 벗어나지 못한 채로 원각을 파악하려 하면 원각의 성품도 따라서 흔들린다. 이렇게 하고도 윤회를 벗어나려 한다면 옳지 못하다. 비유하면 눈을 껌벅이면 잔잔한 물도 움직이는 것처럼 보이는 것과 같고, 불 깡통을 휘휘 돌리는 것을 둔한 안식(眼識)으로 보면 불의 수레바퀴처럼 보이는 거와 같고, 구름이 흘러가면 달이 움직이는 거와 같고, 배가 가면 언덕이 움직이는 것과도 같다. 선남자여, 빙빙 돌아감을 멈추지 않으면 (그 속에 있는) 사물이 먼저 정지할 리가 없다. 그런데 더구나 생사에 윤회하는 때 묻는 마음을 아직 깨끗하게 하지도 못한 상태에서 부처님께서 말씀하신 원각을 본다면, 빙빙 돌지 않을 수가 있겠는가?

그래서 그대가 세 가지 미혹[77]을 일으켰던 것이다.

善男子여 一切世界의 始終과 生滅과 前後와 有無와 聚散과 起止가 念念相續하여 循環往復하나니 種種取捨가 皆是輪

---

76 일어나고 멈춤: 업의 '종자(種子: bīja)'가 '현행(現行: adhyācarati)' 하는 것을 '일어나고'라 했고, 업의 종자를 조복(調伏)하는 것을 '멈춤'이라 했다.

77 세 가지 미혹: 「금강장」의 「1. 부처님께 드리는 질문」에 나오는 ①, ②, ③을 지칭(68쪽).

迴이니 未出輪迴하고 而辨圓覺하면 彼圓覺性이 卽同流轉하리니 若免輪迴하려 하면 無有是處이니라 譬如動目이 能搖湛水인듯하며 又如定眼이 由迴轉火하며 雲駛月運하고 舟行岸移함도 亦復如是하니라 善男子야 諸旋未息이면 彼物이 先住하여도 尙不可得이온 何況輪轉生死垢心을 曾未清淨하여 觀佛圓覺함에 而不旋復가 是故로 汝等이 便生三惑하니라

2) 비유를 들어서 의심을 풀어주심

가) 허공 꽃의 비유

선남자여, 비유하면 눈병 때문에 까닭 없이 허공 꽃을 본다. 그러다가 만약 눈병이 치료되면 이미 눈병이 없어졌으므로 그 눈병이 언제 다시 생길까 하는 염려는 필요 없다. 왜냐하면, 눈병과 허공 꽃이라는 이 두 현상은 서로가 서로를 기다리지 않기 때문이다.[78] 또 허공 꽃이 허공에서 소멸할 때에 허공에서 어느 때에 다시 허공 꽃이 생길까 하는 의심을 내지 말라. 왜냐하면, 허공에는 본래 꽃이 없고 (허공은) 본래 생기거

78 눈병은 허공 꽃이 있기를 기다리지도 않고, 반면에 허공 꽃은 눈병에 수반되어 생기는 것도 아니다. 다만 눈병 때문에 실제로 꽃은 없지만 그게 생겼다고 착각하는 것이다. 눈병과 허공 꽃이라는 두 현상은 서로가 서로의 존재를 알지 못한다. 허공 꽃은 공한 것이고 눈병은 있는 것이다. 그래서 위의 본문에서 "이 두 현상은 서로가 서로를 기다리지 않기 때문이다"고 했다.

나 멸하지 않기 때문이다. 생사와 열반도 그와 같아서 생겼다가 소멸했다 하지만, 뚜렷하게 비추는 묘한 깨달음에는 허공 꽃도 눈병도 전혀 없다.

선남자여, 꼭 알아라. 허공이란 어느 때는 있다가 어느 때는 사라지는 게 아니다. 하물며 여래가 말하는 원각은 온갖 현상에 따라주되 (그것의 본성이 되어주니) 심지어는 허공의 평등한 본성까지도 되어주니, 말해 무엇 하겠는가?

善男子야 譬如幻翳로 妄見空華하다가 幻翳가 若除하면 不可說言此翳가 已滅하니 何時에 更起一切諸翳리요 何以故오 翳華二法이 非相待故이라 亦如空華가 滅於空時에 不可說言虛空에 何時에 更起空華이니 何以故오 空本無華하며 非起滅故이라 生死涅槃이 同於起滅하나 妙覺圓照는 離於華翳하니라 善男子야 當知하라 虛空은 非是暫有이며 亦非暫無이니 況復如來圓覺隨順이 而爲虛空의 平等本性이여

나) 금광석의 비유

선남자여, 비유하자면 광석을 녹여서 정금(正金)을 뽑아내지만 금의 성분은 그 속에 본래 있는 것이지, 녹이는 작업을 했기 때문에 비로소 (금의 성분이) 만들어진 것은 아니다. 그리고 한 번 정금이 되고 나면 다

시 광석으로 되돌아가지 않는다. 아무리 오랜 세월이 지나도 정금의 본성은 없어지지 않는다. 그렇다고 아예 제련되는 것이[成就] 아니라고 해서는 안 된다. 여래가 말한 원각도 역시 그와 같다.[79]

善男子여 如鎖金鑛인듯하여 金非鎖有이니 旣已成金하면 不重爲鑛하여 經無窮時하여도 金性은 不壞하나니 不應說言本非成就니 如來圓覺도 亦復如是하니라

3) 성문들은 여래의 깊은 생각을 알 수 없음

가) 바른 생각

선남자여, 일체 여래가 말한 묘한 원각의 마음에는 본래 보리와 열반도 없으며, 또한 성불함과 성불하지 못함도 없으며, 허망하게 윤회함과 윤회하지 않음도 없다.

善男子야 一切如來의 妙圓覺心엔 本無菩提와 及與涅槃하며 亦無成佛과 及不成佛하며 無妄輪廻와 及非輪廻하니라

79 이 부분은 금의 성분은 본래 있음을 밝히는 대목이다.

나) 잘못된 생각

선남자여, 그러나 모든 성문들이 궁극적으로 도달한 소위 몸과 마음과 말이 다 끊어진 경지라고 할지라도,[80] (보살이) 친히 체험한 열반에는 결코 미치지 못한다. 그런데 하물며 사유가 있는 마음으로 여래가 말하는 원각의 경계를 헤아릴 수 있겠는가?

마치 반딧불로 수미산을 태우려면 결코 그럴 수 없는 것처럼, 윤회하는 마음으로 윤회의 견해를 내어 여래의 대적멸 바다에 들어가려는 것은 전혀 불가능하다.

그러므로 내가 말하기를,[81] '모든 보살들과 말세 중생들은 먼저 시작 없는 윤회의 근본[82]을 끊어라.'라고 했던 것이다.

선남자여, 인위적 작위가 있는 사유는 유위의 마음

---

80 대승의 입장에서 보면, 성문승들은 공(空) 도리에 빠지고 적멸(寂滅)에 얽매여 회신멸지(灰身滅智)를 추구하기 때문에 하열하다.

81 가까이는 앞 문단의 내용 즉 「가) 바른 생각」을 지칭하고, 멀리는 「문수장」의 「1) 핵심을 대답하심」(26~27쪽) 부분에서 "무명을 영원히 끊어야 마침내 불도를 완성한다"고 말한 부분을 지칭하신다고도 볼 수 있고, 혹은 여러 경전에서 하신 말씀을 지칭하신다고도 할 수 있다.

82 윤회의 근본: 생·주·이·멸하는 마음을 지칭. 이 마음을 쉬라고 하셨다.

[有心][83]에서 일어나는 것으로, 이는 모두 6진의 허망한 생각이 반연하는 기운일 뿐, 참마음 그 자체는 아니다. 이미 허공 꽃과 같으니 사유하는 마음을 가지고 부처님의 경계를 헤아리면, 마치 허공 꽃이 다시 허공 과일을 맺는 것과 같아서 망상만 점점 더할 뿐 옳지 않다. 선남자여, 허망하고 들뜬 마음은 잔꾀가 많아서 결코 원각에 이르는 방법이 되지는 못한다.

善男子야 但諸聲聞의 所圓境界는 身心語言이 皆悉斷滅하여도 終不能至彼之親證所現涅槃하나니 何況能以有思惟心으로 測度如來圓覺境界아 如取螢火하여 燒須彌山하여도 終不能著인듯하여 以輪迴心으로 生輪廻見하여 入於如來大寂滅海하여도 終不能至하리니 是故로 我說하되 一切菩薩과 及末世衆生은 先斷無始의 輪廻根本이라 하니라

善男子야 有作思惟는 從有心하여 起하니 皆是六塵의 妄想緣氣언정 非實心體라 已如空華하니 用此思惟하여 辯於佛境함은 猶如空華에 復結空果인듯하여 展轉妄想이라 無有是處하니라

善男子야 虛妄浮心이 多諸巧見이라 不能成就 圓覺方便하니라

83 유위의 마음[有心]: 식(識)을 말한다.

4) 질문이 부당하다고 결론지으심

그러니 위와 같은 질문[84]은 잘못된 것이다."

如是分別은 非爲正問이라

5. 게송으로 요약하심

이때에 세존께서 이 뜻을 거듭 알리기 위하여 게송으로 설하셨다.

금강장보살이여 그대는 반드시 알아야 하니라
여래의 적멸한 성품은
시작도 끝도 없으니
만약 윤회하는 마음으로
사유한다면 더불어 윤회하여
윤회하는 굴레에 들어 갈 뿐이요
결코 깨달음의 바다에는 들어가지 못한다.

비유하면 금광석을 녹이는 거와 같으니
금의 본성은 녹인 까닭에 생긴 게 아니다.
그러나 비록 금의 본성이 본래 있더라도
결국은 제련해야 순금이 된다.

84 위와 같은 질문: 금강장보살이 질문한 ①, ②, ③(68쪽)을 지칭.

이렇게 한번 순금이 되면
다시는 광석으로 되돌아가지 않는다.

생사와 열반
범부와 여러 부처님
모두 허공 꽃과 같을 뿐이다.

사유 자체도 이미 허깨비와 같은데
사유의 대상들의 허망한 것을
따져 무엇 하겠는가?

만약 이런 마음을 완전히 알면
그런 뒤에야 원각을 얻을 수 있다.

爾時에 世尊이 欲重宣此義하사 而說偈言하사되 金剛藏아 當知하라 如來寂滅性은 未曾有終始하니 若以輪廻心으로 思惟하면 卽旋復하리니 但至輪廻際요 不能入佛海하리라 譬如鎖金鑛하여 金非鎖故有이니 雖復本來金이나 終以鎖成就니 一成眞金體하면 不復重爲鑛하나니라 生死與涅槃과 凡夫及諸佛이 同爲空華相이라 思惟도 猶幻化이온 何況詰虛妄가 若能了此心하면 然後에 求圓覺이니라

제5장 윤회의 본질을 묻는 미륵보살

1. 부처님께 드리는 질문

이에 미륵보살이 대중 속에 있다가 얼른 자리에서 일어나 부처님 발에 이마를 대고 절을 올린 뒤에 오른쪽으로 세 번 돌고 두 무릎을 꿇고 합장하고 부처님께 말씀드렸다.

"대비하신 세존이시여! 널리 보살들을 위하여 비밀스런 창고를 여시어 여기 모인 대중들에게 깊이 윤회를 깨닫게 하시고, 잘 잘못을 구별해주셔서 말세에 사는 중생들에게 두려움 없는 도안(道眼)[85]을 베푸시어, 완전한 열반에 들겠다는 굳은 마음을 내어 다시는 거듭 윤회에 순환하는 견해를 일어나지 않게 하셨습니다.

세존이시여! 만약 보살과 말세 중생들이 여래의 대적멸 바다에 노닐고자 한다면 어떻게 윤회의 근본을 끊으며,[86] 그 뭇 윤회에는 몇 종의 부류가 있으며, 부

85 도안(道眼): 5안 중 혜안과 법안을 말한다. 5안이란 육안(肉眼), 천안(天眼), 혜안(慧眼), 법안(法眼), 불안(佛眼).

86 앞의 「금강장」(73쪽)에서는 윤회의 근본을 끊으라고만 했지, 그 방법에 대해서는 아직 말씀해주시지 않았다. 여기 「미륵장」

처님 보리를 닦는 데는 몇 가지 차별이 있으며, 중생들이 사는 번뇌의 세상에 들어가서는 어떤 종류의 교화 방편을 베풀어 저들을 제도해야 합니까?

오직 바라옵건대, 세상을 구제하시는 대비를 버리지 마시고 수행 과정에 있는 모든 보살과 말세 중생들이 지혜의 눈이 맑고 깨끗해져서 마음 거울[87]을 밝게 되비추어 여래의 위없는 지견을 뚜렷이 깨닫게 하소서."

이렇게 말씀드리고 오체를 땅에 대어 절했다. 이렇게 하기를 세 번 거듭하였다.

於是에 彌勒菩薩이 在大衆中하사 卽從座起하사 頂禮佛足하시고 右繞三匝하사 長跪叉手하사 而白佛言하사대 大悲世尊하 廣爲菩薩하사 開秘密藏하사 令諸大衆으로 深悟輪廻케하시며 分別邪正하사 能示末世一切衆生의 無畏道眼하사 於大涅槃에 生決定信하여 無復重隨輪廻境界하여 起循環見케하시니 世尊하 若諸菩薩과 及末世衆生이 欲游如來의 大寂滅海인댄 云何當斷輪廻根本하며 於諸輪廻에 有幾種性이며 修佛菩提가 幾等差別이며 廻入塵勞한댄 當設幾種教化方便하여 度諸衆生하리잇고 惟願不捨 救世大悲하사 令諸修行 一切菩薩과 及

에서는 윤회를 끊는 방법에 대해서 여쭙고 있다.

87 마음 거울: 마음을 거울에 비유한 사례는 육조 스님의 게송을 통해 우리에게 많이 알려졌다. "心如淸明鏡, 身如明鏡臺." 즉, "마음은 맑고 밝은 거울과 같고, 몸은 거울 지지대와 같다."

末世衆生으로 慧目肅清하여 照曜心鏡하여 圓悟如來의 無上知見케하소서 作是語已하시고 五體投地하사 如是三請하사 終而復始하시니

2. 대답해 주실 것을 허락하심

이때 세존께서 미륵보살에게 말씀하셨다.

"훌륭하구나, 선남자여. 그대들이 능히 여러 보살들과 말세 중생들을 위하여 여래의 깊고 오묘하며 비밀스럽고 미묘한 속성을 물어서, 여러 보살들로 하여금 지혜의 안목을 청결하게 하고, 또 말세의 모든 중생들에게 윤회를 영원히 끊고 실상을 마음으로 깨쳐서 무생인(無生忍)[88]을 갖추게 하는구나. 그대는 자세히 들어라. 마땅히 그대를 위하여 설하리라."

爾時에 世尊이 告彌勒菩薩言하사 善哉善哉라 善男子야 汝等이 乃能爲諸菩薩과 及末世衆生하여 請問如來의 深奧祕密微妙之義하여 令諸菩薩로 潔淸慧目케하며 及令一切末世

88 무생인(無生忍): 진성(眞性)은 인연에 의해서 만들어지는 것이 아니고 본래 청정한 것이라는 진리를 분명하게 확신하는 것. 중생들이 실상을 알지 못하여 허망하게 진여자성이 생기는 것이라고 착각한다. 만들어지는 것은 반드시 소멸한다. 무생법인(無生法忍)으로도 사용. '忍'은 '認可' 또는 '認知'의 의미로 진실로 그렇다고 확신하는 지혜의 작용을 말한다.

衆生으로 **永斷輪廻**하여 **心悟實相**하여 **具無生忍**케하니 **汝今諦聽**하라 **當爲汝說**하리라

3. 조용히 말씀을 기다림

그러자 미륵보살이 가르침을 받들어 기뻐하면서 모든 대중들과 조용히 들었다.

時에 **彌勒菩薩**이 **奉敎歡喜**하사와 **及諸大衆**과 **默然而聽**하시니

4. 윤회의 근본을 밝혀주심

1) 윤회에 대하여 말씀해주심

가) 윤회의 근본과 곁가지

① 끊어야 할 대상[89]을 보여주심

"선남자여, 모든 중생들이 예부터 여러 가지[90] 은애

89 끊어야 할 대상: 이 대목은 모두 4문단으로 이루어진다. ①은애(恩愛)가 근본 원인임을 밝히는 대목, ②탐욕(貪欲)이 보조 원인임을 밝히는 대목, ③근본 원인과 보조 원인이 서로 서로 상호 작용함을 밝히는 대목, ④가지가지의 업보가 생기는 것을 밝히는 대목. 행을 바꾸어 문단을 달리 했으니, 독자들은 잘 살펴 읽기 바람. 또 「④가지가지의 업보가 생기는 것을 밝히는 대목」은 다시 세 경우로 구성된다. (1)악업을 지어 고통을 받는 경우, (2)선업을 지어 복을 받는 경우, (3)부동업(不動業)을 지어 색계와 무색계에 태어나서 수승한 복을 받는 경우. 셋째의 경우라도 결국은 윤회에서 벗어나지 못한다.

와 탐욕이 있는 까닭에 윤회한다. 모든 세계의 일체 종성인 난생·태생·습생·화생이 다 음욕으로 말미암아 성품과 목숨을 부여받는다.[91] 분명히 알아라. 윤회의 근본은 애욕이다.

온갖 탐욕이 있어서 그것이 갈애의 종자(種子)가 생기도록 도와서 생사윤회가 이어지게 한다.

탐욕은 갈애 때문에 생기고, 목숨은 탐욕 때문에 존재한다. 중생들이 목숨에 애착하여 또 다시 탐욕의 근본에 의지한다. 애욕은 원인이 되고 목숨을 사랑하는 것은 결과이다.

대상에 대한 탐욕 때문에 모든 좋고 싫음이 일어난다. 그 대상이 제 마음에 거슬리면 미워하고 질투심을

---

90 여러 가지: 여러 가지라함은 천부적으로[天屬之恩] 가지고 있는 것으로 부모에 대한 애욕도 있고, 혹은 어떤 사안에 대하여[感事之恩] 느끼는 것으로 은혜로움을 입었을 때에 느끼는 애욕도 있고, 혹은 생활하면서[任運生愛] 느끼는 애욕으로 자신이나 명리 또는 육친에 대한 것도 있고, 혹은 공경함으로[因敬成愛] 인해서 생기는 애욕이나 은혜를 입어서 생기는 애욕 등등이 있다. 근본적인 것은 음욕이다.

91 음욕으로 말미암아 성품과 목숨을 부여받는다: 원문은 "개인음욕(皆因淫欲)하여 이정성명(而正性命)하나니"이다. "而正性命"이 해석하기 까다로운 부분이다. '정(正)'은 '유지(由之)'의 뜻이니, '말미암는다'로 번역할 수 있고, "性命"은 "수성품명(受性稟命)"의 뜻이니, "성품과 목숨을 받는다"로 해석할 수 있다.

내어 갖가지 업을 짓기 때문에 다시 지옥·아귀에 떨어진다. 탐욕이란 멀리해야 할 것임을 알고 윤회의 업도(業道)를 끔찍이 싫어하여,[92] 악을 버리고 선을 즐겨하면, 다시 하늘이나 인간에 태어난다. 설사 모든 애욕이란 멀리하고 미워해야 되는 것인 줄 알아서 탐욕을 버리고 마음의 평정[捨][93]을 좋아하더라도, 이것은 도리어 애욕의 근본을 도와서 유위법의 범주에 드는 최고의 과보[94]를 받을 뿐이다. 이 모든 것이 윤회이므로 결코 거룩한 도를 이루지 못한다.

---

92 윤회의 업도(業道)를 끔찍이 싫어하여: 원문은 '애염업도(愛厭業道)'이다. 규봉 종밀의 『대소』에 따르면 "愛厭業道者, 怖彼惡道, 不造惡因, 於離惡法門<人天教>, 深生愛樂."라 되어 있다. 즉 "愛厭業道란 저 3惡道(악도)를 싫어하여 악의 원인을 짓지 않고, 악한 가르침<인천교를 말함>을 멀리하기를 마음으로 깊이 좋아하고 즐거워하는 것이다." < > 괄호 안은 규봉 종밀 자신의 할주(割注)이다. 한편 "업(業)을 싫어하는 도(道)를 좋아하여"라고 번역하는 학자도 있다. 본 번역에서는 '업(業道)'을 '3악도'로 보고, '愛厭'을 '끔찍이 싫어하다'로 번역했다. 「정업장」의 「1) 미혹이 생긴 이유」 부분(147쪽)에 나오는 '업도(業道)'도 같은 용례이다.

93 마음의 평정[捨]: 사물에 대하여 선도 악도 아닌 중립적인 마음을 내는 것으로 아비달마에서는 대선지법(大善地法)의 범주로 분류하고, 유식에서는 선법(善法)의 범주로 분류한다. 범어 upekṣā의 한역어이다.

94 유위법의 범주에 드는 최고의 과보: '색계'와 '무색계'에서 누리는 수승한 '정보(正報)'와 '의보(依報)'를 말한다.

善男子야 一切衆生이 從無始際로 由有種種恩愛貪欲할새 故有輪廻하니 若諸世界의 一切種性인 卵生과 胎生과 濕生과 化生이 皆因淫欲하여 而正性命하나니 當知하라 輪廻는 愛爲根本이니라 由有諸欲하여 助發愛性할새 是故로 能令生死相續케하나니 欲因愛生하고 命因欲有커든 衆生愛命하여 還依欲本하나니 愛欲爲因이오 愛命爲果니라 由於欲境하여 起諸違順하나니 境背愛心하면 而生憎嫉하여 造種種業하나니 是故로 復生地獄餓鬼하며 知欲可厭하여 愛厭業道하여 捨惡樂善하면 復現天人하며 又知諸愛가 可厭惡故로 棄愛樂捨하면 還滋愛本하여 復現有爲增上善果하나니 皆輪廻故로 不成聖道하니라

② 끊기를 권함[95]

그러므로 중생이 생사를 벗어나고 모든 윤회를 면하고자 한다면, 먼저 탐욕을 끊고 나아가서는 갈애를 없애야 한다. 선남자여, 보살이 변화하여 세간에 나타나는 것은 애욕이 근본이 되어서 그런 것은 아니고, 다만 자비로써 중생들이 애욕을 버리게 하려고 방편으로 온갖 탐욕을 꾸려서 생사윤회 속으로 들어간다.

95 이 문단은 모두 세 문장으로 구성되어 있다. ①끊기를 바로 권하시는 부분 [그러므로~갈애를 없애야 한다], ②혹시나 오해하지 않도록 풀어주시는 부분 [보살이 변화하여~생사윤회 속으로 들어간다], ③어떤 이익을 얻는지를 보여주시는 부분 [만약 모든 말세의~얻으리라]. 규봉 종밀은 이 부분을 ①정권(正勸), ②통방(通防), ③현익(顯益)이라고 각각 과목을 내셨다.

만약 모든 말세의 일체 중생들이 능히 온갖 탐욕을 버리고 나아가 미움과 사랑을 없애고, 윤회를 영원히 끊어 여래의 원각경계를 열심히 구하면 청정한 마음에서 문득 깨달음을 얻으리라.

是故로 衆生이 欲脫生死하여 免諸輪廻인댄 先斷貪欲하며 及除渴愛이니라 善男子야 菩薩變化하여 示現世間은 非爲愛本이라 但以慈悲로 令彼捨愛하여 假諸貪欲하여 而入生死하나니라 若諸末世의 一切衆生이 能捨諸欲하며 及除憎愛하여 永斷輪廻하고 勤求如來 圓覺境界하면 於淸淨心에 便得開悟하리라

나) 윤회하는 중생의 다섯 종류

선남자여, 일체 중생들이 본래 탐욕 때문에 무명을 일으켜 5성[96]의 차별이 있어 다르게 드러나며, 두 종류 장애에 의하여 깊고 얕음을 나타낸다. 두 종류 장애란 무엇인가? 하나는 '이장(理障)'[97]이니 바른 지견을

96 5성: ①무성(無性: 불도를 이룰 수 없는 중생), ②성문, ③연각, ④보살, ⑤부정성(不定性: 어찌 될지 결정되지 않은 중생)을 말하는 것이 일반적인데, 여기에서는 ①성문성(聲聞性), ②연각성(緣覺性), ③보살성(菩薩性), ④부정성(不定性), ⑤외도성(外道性)으로 나누었다.

97 이장(理障): 근본 무명. 진여법계의 성(性)과 상(相)을 통달하지 못하여 이로 인하여 바른 지견이 장애를 받기 때문이다. 규봉 종밀은 『대승기신론』의 입장에서 이 부분을 해석하고 있다. 일

장애하는 것이고, 둘째는 '사장(事障)'[98]이니 모든 생사 윤회를 상속하게 하는 것이다.

5성이란 무엇인가? 선남자여. 만약 이 두 가지 장애를 끊지 못하면 성불하지 못했다 한다. 만약 모든 중생들이 영원히 탐욕을 버리되 일차적으로 '사장'은 제거했으나 '이장'을 끊지 못하면 단지 성문이나 연각의 경지는 되지만 아직 보살의 경지에는 들어가지 못한다.

선남자여, 만약 말세 일체 중생들이 여래의 대원각의 바다에 노닐고자 한다면 먼저 마땅히 발원하여 부지런히 두 가지 장애를 끊어야 한다. 두 가지 장애가 이미 극복되면 곧 보살의 경계에 들어간다. 만약 '사장'과 '이장'을 영원히 끊어버리면 곧 여래의 미묘한 원각에 들어가서 보리와 대열반의 경지를 모두 완성한다.

선남자여, 일체 중생들이 모두 원각을 깨닫는다.[99]

반적으로는 '소지장(所知障)'이라는 명칭으로 사용된다.

98 사장(事障): 역시 규봉 종밀은 『대승기신론』의 6종 염심(染心)으로, 이 부분을 해석하고 있다. 일반적으로는 '번뇌장(煩惱障)'이라는 명칭으로 사용된다. 견도위(見道位)에서 끊어야 할 혹(惑)과 수도위(修道位)에서 끊어야 할 번뇌[惑]를 지칭.

99 일체 중생들이 모두 원각을 깨닫는다: 원문은 "一切衆生, 皆證圓覺."이다. 이 부분에 대하여 규봉 종밀은 번역자의 오류라는

선지식을 만나서 그가 닦은 '근본적인 수행의 방법[因地法行]'에 의지하라. 이 경우 닦아 익힘에는 단박에 하는 방법도 있고 점차로 하는 방법도 있지만, 만약 여래의 최고가는 보리의 바른 수행의 길을 만나면 근기에 상관없이 모두 부처가 된다.

만약 중생들이 비록 착한 벗을 구하려고 하지만 삿된 견해를 가진 자를 만나면 바른 깨달음을 얻지 못한다. 이를 두고 외도의 종성이라고 한다. 이런 경우는 삿된 스승의 잘못이지 중생의 잘못은 아니다. 이상을 중생의 5성 차별이라고 한다.

善男子여 一切衆生이 由本貪欲하여 發揮無明하여 顯出五性差別不等하나니 依二種障하여 而現深淺하나니라 云何二障고 一者는 理障이니 礙正知見하고 二者는 事障이니 續諸生死하나니라 云何五性고 善男子야 若此二障을 未得斷滅하면 名未成佛이라 若諸衆生이 永捨貪欲하여 先除事障코 未斷理障하면 但能悟入聲聞緣覺이오 未能顯住菩薩境界하리라

善男子야 若諸末世 一切衆生이 欲泛如來 大圓覺海인댄

견해를 내놓으면서, "一切衆生이 皆有圓覺"이라고 즉 "일체 중생들이 모두 원각을 간직하고 있다"고 해야 한다고 제안한다. 본 번역자도 규봉 종밀의 의견에 동감이다. 게송에서 "不因差別性하여 皆得成佛道"라고 한 부분이 규봉 종밀의 제안에 힘을 실어준다고 생각한다. 규봉 종밀이 이 부분을 5성 중에서 부정성에 배치시키는 것도 위의 입장과 관련되어 있다.

先當發願하여 勤斷二障이니 二障이 已伏하면 卽能悟入 菩薩境界하리라 若事理障을 已永斷滅하면 卽入如來 微妙圓覺하여 滿足菩提와 及大涅槃하리라

善男子야 一切衆生이 皆證圓覺하노니 逢善知識하여 依彼所作 因地法行할새 爾時修習에 便有頓漸커니와 若遇如來 無上菩提 正修行路하면 根無大少히 皆成佛果하리라 若諸衆生이 雖求善友하나 遇邪見者는 未得正悟하리니 是則名爲 外道種性이니라 邪師過謬이언정 非衆生咎이라 是名衆生의 五性差別이라

2) 대비와 지혜를 말씀하심

선남자여, 보살이 오직 대비의 방편으로써 모든 세간에 들어가서 깨닫지 못한 이를 개발시키고, 나아가서는 여러 가지 형상을 나타내어 그들의 마음에 드는 상황이나 혹은 그렇지 않은 상황에서 그들과 함께 행동을 하면서 성불하게 하는데, 이것은 모두 오래전에 세운 청정한 원력 때문이다.

만약 말세의 중생들이 대원각에로 나아가겠다고 마음을 먹었거든 우선 보살의 청정한 큰 대원을 세워 이렇게 말하라.

원하옵나니, 제가 이제 부처님의 원각에 머물러서
선지식을 구하오니 외도와 2승은
만나지 않게 하소서.

서원에 의지하여 수행해서 점차 모든 장애를 끊으면, 장애가 사라져 서원이 완성되어 곧 해탈의 청정한 궁전에 올라 대원각의 오묘하고 멋진 강토를 획득한다."

善男子여 菩薩이 唯以大悲方便으로 入諸世間하여 開發未悟하여 乃至示現 種種形相하여 逆順境界에 與其同事하여 化令成佛케함은 皆依無始한 淸淨願力이니라 若諸末世一切衆生이 於大圓覺에 起增上心인댄 當發菩薩 淸淨大願하여 應作是言호대 願我今者에 住佛圓覺하여 求善知識하고 莫値外道와 及與二乘하여지어다 依願修行하여 漸斷諸障하면 障盡願滿하여 便登解脫 淸淨法殿하여 證大圓覺 妙莊嚴域하리라

5. 게송으로 요약하심

이때에 세존께서 이 뜻을 거듭 알리기 위하여 게송으로 말씀하셨다.

미륵보살이여 그대는 반드시 알아야 하리니
일체 모든 중생들이

완전하게 해탈하지 못하는 것은
모두 탐욕이 원인이 되어서
생사에 빠진다.

만약 미움과 사랑
그리고 탐·진·치를 끊으면
차별된 종성에 관계없이
모두 불도를 이룰 수 있다.
두 가지 장애를 아주 끊고
스승을 만나 바른 깨달음을 얻어서
보살의 서원을 실천하면
완전한 열반에 도달하리라.

시방의 보살들이
모두 대비의 서원으로 인하여
생사의 윤회에 드나드는 모습을 보이는데
현재 수행하는 이와
말세 중생들이
모든 애견을 부지런히 끊어 가면
대원각에 곧 돌아갈 것이다.

爾時에 世尊이 欲重宣此義하사 而說偈言하사대 彌勒아 汝는 當知하라 一切諸衆生이 不得大解脫은 皆由貪欲故로 墮落於生死하니 若能斷憎愛와 及與貪嗔痴하면 不因差別性하여

皆得成佛道하리라 二障永鎖滅하고 求師得正悟하여 隨順菩薩願하면 依止大涅槃하리라 十方諸菩薩이 皆以大悲願으로 示現入生死하나니 現在修行者와 及末世衆生이 勤斷諸愛見하면 便歸大圓覺하리라

제6장 체험의 단계를 묻는 청정혜보살

1. 부처님께 드리는 질문

이에 청정혜보살이 대중 속에 있다가 얼른 자리에서 일어나 부처님 발에 이마를 대고 절을 올린 뒤에 오른쪽으로 세 번 돌고 두 무릎을 꿇고 합장하고 부처님께 말씀드렸다.

"대비하신 세존이시여! 저희들을 위해 이처럼 '불가사의한 일'[100]을 널리 설해주시니, 아직 보지 못했던 것이며 아직 듣지 못했던 것입니다. 저희들이 이제 부처님의 훌륭하신 가르침을 받고 몸과 마음이 편안해져서 큰 이익을 얻었습니다.

---

100 '불가사의 한 일': 불가사의란 용어의 뜻은 언어나 사유로 접근할 수 없다는 뜻이다. 무엇이 불가사의 하다는 말인가? 앞의 「미륵장」에서 설명한 내용을 말한다. 구체적으로 설명하면, 모든 중생들이 차별 없이 공통적으로 청정한 원각을 갖추고 있으면서도 5성(性)으로 차별이 있는 현상을 말한다. 유식 계통에서는 염법(染法)과 정법(淨法)을 확연하게 구별하고, 또 반야 계통에서는 염법과 정법을 모두 공(空)하다고 부정한다. 그렇지만 법성종에서는 각성(覺性: 원각의 자성)을 바탕으로 염법과 정법을 융섭(融攝)한다. 법성종의 이와 같은 교설을 저들은 일찍이 들어보지 못했기 때문에 "불가사의 한 일"이라고 말씀하셨다.

원하오니 이 법회에 온 대중들을 위하여 법왕께서 말씀하신 완전하고 충만한 깨달음의 본성을 다시 말씀해주시옵소서. 일체 중생들과 나아가 모든 보살들과 여러 세존께서 증득하시는 것이 서로 어떻게 다릅니까? 말세 중생들이 이 성스러운 가르침을 듣고 그것을 수순하고 깨쳐서 점차적으로 거기로 들어가게 하소서."

이렇게 말씀드리고 오체를 땅에 대어 절했다. 이렇게 하기를 세 번 거듭하였다.

於是에 淸淨慧菩薩이 在大衆中하사 卽從座起하사 頂禮佛足하사 右繞三匝하시고 長跪叉手하사 而白佛言하사대 大悲世尊하 爲我等輩하사 廣說如是不思議事하시니 本所不見이며 本所未聞이니 我等이 今者에 蒙佛善誘하사와 身心泰然하여 得大饒益하사오니 願爲諸來一切法衆하사 重宣法王의 圓滿覺性하소서 一切衆生과 及諸菩薩과 如來世尊의 所證所得이 云何差別이니잇고 令末世衆生으로 聞此聖教하고 隨順開悟하여 漸次能入케하소서 作是語已하시고 五體投地하사 如是三請하여 終而復始하시니

2. 대답해 주실 것을 허락하심

이때에 세존께서 청정혜보살에게 말씀하셨다. "훌륭하구나, 선남자여. 그대들이 모든 보살과 말세 중생을 위하여 여래에게 점진적인 차별을 묻는구나. 그대는 이제 자세히 들어라. 마땅히 그대를 위하여 설하리라."

爾時에 世尊이 告淸淨慧菩薩言하사대 善哉善哉라 善男子야 汝等이 乃能爲末世衆生하여 請問如來의 漸次差別하니 汝今諦聽하라 當爲汝說하리라

3. 조용히 말씀을 기다림

그러자 청정혜보살이 가르침을 받고 기뻐하면서 대중들과 조용히 들었다.

時에 淸淨慧菩薩이 奉敎歡喜하사와 及諸大衆과 黙然而聽하시니

4. 수행의 경지를 단계별로 말씀해주심

1) 원각 자체에는 보살과 중생의 차별이 없음

"선남자여, 원각의 자성은 (차별된) 자성[101]이 아니지만, (중생들의 차별된 다섯 부류 및 윤회하는 일체 중생의) 성품 속에는 (원각의 자성이 모두) 들어 있다. 원각의 자성은 모든 (중생들의 다섯 부류의) 성품을 따라 일어나지만,[102] 그렇다고 해도 (유위의 방법으로는) 취할 수도 없고 증득할 수도 없다.[103] 실상 속에는 실로 보살이니 중생이니 하는 구별이 없다.

왜냐하면 보살이니 중생이니 하는 것이 모두 허망한 것[幻化]이다. 허망함[幻化]이 소멸했기 때문에 취하고 증득할 주체도 없다.

비유하면 눈이 자기 눈을 보지 못하는 것과 같다. 원각의 본성은 본래 평등[104]한 것이지, 평등하게 하는

---

101 (차별된) 자성: 앞 장에서 말한 차별된 5성, 또는 탐욕과 은애 등으로 인해 윤회 속에 들어 있는 본성을 지칭.

102 원각은 자성을 고집하지 않고 인연에 따라서 차별된 다른 모양으로 드러난다. 『법성게』의 '不守自性隨緣性: 자신의 고유한 본성만을 고집하지 않고, 인연에 따라 다양한 형태로 활용됨'과 서로 상통하는 이치.

103 유위법이나 '알음알이[情]'로 인식할 수 있는 대상이 아니기 때문이다. 왜냐하면, 원각의 자성은 무위법(無爲法)이기 때문이다.

주체가 있어서 그렇게 되는 것도 아니다.

善男子야 圓覺自性이 非性이나 性有하니 循諸性起언정 無取無證하니 於實相中에 實無菩薩과 及諸衆生하니라 何以故오 菩薩衆生이 皆是幻化이니 幻化滅故로 無取證者하니 譬如眼根이 不自見眼인듯하여 性自平等하며 無平等者하니라

2) 중생의 근기 때문에 수행의 차별이 있을 뿐

중생이 어리석고 전도되어[105] 일체 허망함을 없애지 못하여, 없앴느니 못 없앴느니 하며 괜스레 애쓰는 속에서[106] 문득 수행의 차별[107]이 있다는 어리석은 생각을 한다. 만약 여래의 적멸에 수순[108]하면 적멸의 상태도 또 적멸하게 하는 주체도 실은 없다.

104 본래 평등: 안광(眼光)으로 만물을 비추어 볼 때에, 보이는 대상은 천차만별이다. 그렇지만 '보는 주체[見]'는 하나이다. 그래서 '평등'하다고 하는 것이다. 차별된 대상을 바라보는 주체가 평등함은 물론, 역시 평등하게 조작하는 주체가 없다는 측면에서도 평등하다고 할 수 있다.

105 어리석고 전도되는 원인은 『기신론』의 표현을 빌면, '근본 무명'과 '3세'와 '6추' 때문이다.

106 괜스레 애쓰는 속에서: 제7지 이전에 하는 수행들은 모두 꿈속에서 수도하는 거와 같다. 『화엄경』에서 꿈속에서 큰 강물을 건너는 거와 같다는 비유가 여기에 해당한다.

107 수행의 차별: 매우 복잡한 이론이 있다. 이 이론을 마스터해야 교학을 이해할 수 있다. 여기에 간단하게 도표로 표시한다.

衆生이 迷倒하여 未能除滅一切幻化하여 於滅未滅과 妄功用中에 便顯差別하나니 若得如來寂滅을 隨順하면 實無寂滅과 及寂滅者하니라

2乘	5敎	典　據	수행의 단계
소승	小乘	『아함경』(4향4과)	수다원향(과)►사다함향(과)►아나함향(과)►아라한향(과)
대승	始敎	『유식론』(5位)	資糧位►加行位►通達位►修習位►究竟位
		『섭론』(4地)	勝解行地►見地►修地►無學地
		『유가론』(7지)	種性地►勝解行地(3賢)►淨勝意樂地(初地)►行正行地(2지~7지)►決定地(8지)►決定行地(9지)►究竟地(10지+여래)
	終敎	『인왕경』(5忍)	伏忍►信忍►順忍►無生忍►寂滅忍
		『영락경』(5性)	習種性►性種性►道種性►聖種性►等覺性►妙覺性
		천　태(6卽)	理卽►名字卽►觀行卽►相似卽►分眞卽►究竟卽
	頓敎	『원각경』	本來平等, 同一覺.
	圓敎	『화엄경』	10信(제2회)►10住(제3회)►10行(제4회)►10回向(제5회)►10地(제6회)►等覺(제7회의 1~6품)►妙覺(제7회의 7~9품)

108 수순(隨順): 근본과 하나가 되어 어그러짐이 없는 것이지, 마음을 인위적으로 내어서 별도로 적멸을 구하는 것이 아니다. 또한 '여래의 적멸(寂滅)'을 수순해야지 '외도의 회신멸지(灰身滅智)'를 수순해서는 절대 안 된다.

가) 지위에 따른 점차적 수행

① 신위(信位)[109]

"선남자여, 모든 중생이 옛날부터 '나'라는 존재가 실체로서 실재한다는 망상을 피우고 나아가 그런 '나'를 애착하기 때문에, '나'란 존재는 순간순간에 생·주·이·멸(生住異滅)을 반복하는 줄을 전혀 스스로 알지 못한다. 그런 까닭에 미워하고 사랑하는 감정을 일으켜서 5욕을 즐기고 집착한다.

만약 (밖으로는) 좋은 친구를 만나 깨우침을 받고,[110] (안으로는 자신에게 간직된) 청정한 원각에 힘을 입어,[111] (번뇌가) 생겼다가 사라지는 이치를 분명하게 알게 되면, 삶이란 제 깜냥으로 스스로 노심초사했다는 것을 알게 된다.

만약 어떤 사람이 노심초사하는 짓이 영원히 끊어지면[112] (스스로) 온 법계가 청정해지는 경지를 체험한

---

109 『기신론』에서는 이를 '범부각'이라 한다. 1찰나에 법(dharma)이 '생·주·이·멸'의 과정을 거칠 때에 '생·주·이·멸'의 일기(一期)가 끝난 다음 단계에서 자각한다.

110 외훈(外熏)이니, 문훈습(聞熏習)이다.

111 내훈(內熏)이니, 자신의 내면에 간직된 진여자성으로부터 훈습 받는다.

112 노심초사하는 짓이 영원히 끊어지면: 번뇌 망상 속으로 나아가지 않겠다고 단단히 작심하는 것이지, 아직 그것이 모두 사

다.[113] 그런데 (그 사람은) 도리어 청정해졌다는 견해가 장애가 되어 원각에 자유자재하지 못하고 거기에 얽매인다. 이런 것을 두고 범부가 원각의 자성에 수순하는 것이라고 한다.

善男子야 一切衆生이 從無始來에 由妄想我와 及愛我者하여 曾不自知念念生滅하여 故起憎愛하여 耽着五欲하나니 若遇善友가 敎令開悟케하며 淨圓覺性으로 發明起滅하면 卽知此生이 性自勞慮하리라 若復有人이 勞慮永斷하면 得法界淨하리니 卽彼淨解가 爲自障碍하여 故於圓覺에 而不自在하니 此名凡夫의 隨順覺性이라

라진 것은 아니라는 뜻이다.

113 '이법계(理法界)'의 경우라면 법계의 바탕에 일체의 번뇌 망상이 끊어져서 번뇌스런 대상 경계가 생기지 않는 것을 두고 '청정'하다고 하고, '사법계(事法界)'의 경우라면 언어로 분별하고 사고하는 마음과 각종 차별된 대상 경계가 본바탕에 생기지 않는 것을 두고 '청정'하다고 한다. 왜 그런가하면 법계가 청정해지고 더러워지고 하는 것은 모두가 자신의 마음으로 인해서 그렇게 된다. 마음이 더러우면 법계도 더러워지고 마음이 청정해지면 법계도 청정해진다.

② 현위(賢位)[114]

선남자여, 모든 보살은 (위의 신위에서 말한) '자신이 청정해졌다는 견해'가 장애가 되는 줄을 알아서 비록 그[115] 장애는 끊었으나, 도리어 원각을 깨치려는 데에 안주하여 깨달으려는 장애에 걸려 자유자재하지 못하니, 이것은 (10지의) 지위에 들어가지 못한 보살이 원각의 자성에 수순하는 것이다.

善男子야 一切菩薩이 見解爲礙하여 雖斷解礙하나 猶住見覺하여 覺礙爲礙하여 而不自在하니 此名菩薩未入地者의 隨順覺性이라

③ 성위(聖位)[116]

선남자여, 마음을 움직이거나 어떤 자각이 있는 것을 모두 장애라 한다.

---

114 현위(賢位): 화엄이나 천태에서는 수행 정도가 10주(住), 10행(行), 10회향(廻向)의 과정에 있는 보살을 말한다. 『기신론』에서는 이를 '상사각(相似覺)'이라 한다. 1찰나에 법(dharma)이 '생·주·이·멸'의 과정을 거칠 때에 '이'의 단계에서 자각한다.

115 그: '자신이 청정해졌다는 견해'를 지시하는 대명사.

116 성위: 『기신론』에서는 이를 '수분각(隨分覺)'이라 한다. 1찰나에 법(dharma)이 '생-주-이-멸'의 과정을 거칠 때에 '주'의 단계에서 자각한다.

그러므로 보살은 '머물지 않음을 항상 깨달아'[117] 마음의 움직임과 움직이려는 주체를 동시에 없앤다. 비유하면 어떤 사람이 스스로 그 머리를 끊는 것과 같아서, 머리가 이미 끊어졌기 때문에 머리를 끊는 주인공마저도 없어진다. 곧 장애가 되는 마음으로 스스로 모든 장애를 소멸하여, 장애가 이미 소멸하면 장애를 소멸하는 주체도 없다.

경전의 가르침이란 달을 가리키는 손가락과 같으니 만일 다시 달을 보면, 가리킨 것은 필경 달이 아님을 분명히 아는 것과 같다. 일체 여래가 갖가지 언설로 보살들에게 열어 보임도 이와 같다.

이것을 보살로서 이미 지위에 들어간 자가 원각의 성품에 수순하는 것이라 한다.

善男子야 有照有覺이 俱名障礙니 是故菩薩은 常覺不住하여 照與照者가 同時寂滅하나니 譬如有人이 自斷其首듯하여 首已斷故로 無能斷者하니 則以礙心으로 自滅諸礙하여 礙已斷滅하면 無滅礙者하리라 修多羅教가 如標月指하니 若復見月하면 了知所標가 畢竟非月하리라 一切如來가 種種言說[118]로 開示

117 '머물지 않음을 항상 깨달아': 『대소』에서 규봉 종밀은 "念念知無所得"이라 했으니, 얻을 것이 없는 줄을 매 순간마다 알아차린다는 뜻이다. "항상 깨달음에도 머물지 않아"로 번역해서는 안 된다.

菩薩도 亦復如是하니 此名菩薩已入地者의 隨順覺性이라

④ 과위(果位)[119]

선남자여, 일체 장애가 곧 궁극적인 깨달음이다.[120] 바른 관찰[念][121]이나 그렇지 못한 관찰이나 모두 해탈

118 說: 「언해본」에는 '敎' 자로 표기.

119 『기신론』에서는 이를 '구경각'이라 한다. 그런데 4상이 구시(俱時)이기 때문에 『원각경』에서는 이를 따로 따로 나누지 않는다. 구시(俱時)란 생(生) 속에도 생·주·이·멸이 있고, 또 주(住) 속에도 생·주·이·멸이 있고 나아가 멸(滅) 속에도 생·주·이·멸이 있다는 뜻이다. 이런 수행의 경지가 되면, 일념이 생(生)하는 그 순간 그것이 허망한 것인 줄을 단박에 알아차린다. 이런 현상을 『기신론』에서는 다음과 같이 설명한다. "보살의 지위에서 닦아야 할 일체의 수행 단계를 모두 완성하여, 모든 수행 방법을 다 수료한다. 진여(眞如)인 일념(一念)만이 계속 유지된다. 허망한 생각이 발생하는[生] '첫 순간'을 알아차리지만, 그렇다고 하더라도 '첫 순간'의 형상조차도 없다. 왜냐하면, 이 단계에서는 일체의 미세한 망상이 모두 사라졌기 때문이다."

120 이하에서는 10가지의 대립 항을 설정하여, 그 대립이 원천적으로 성립되지 않음을 밝힌다. 사실 원각(圓覺)의 지혜가 작동되면 일체의 분별심이 사라지기 때문이다. 10가지 대립 항은 ①분별[識]-지혜[智], ②인연법의 긍정[成]-연연법의 부정[破], ③알음알이로 분별하는 어리석음[愚]-그렇지 않는 총명[智], ④삿됨[邪]-바름[正], ⑤본심[眞]-망상[亡], ⑥오염[染]-청정[淨], ⑦중생이 사는 국토[依]-그 속에 사는 중생[正], ⑧괴로운 세계[苦]-즐거운 세계[樂], ⑨불성이 있건[有性]-없건[無性], ⑩ 속박[縛]-자유[脫].

의 길이며, 인연이 모여서 된다는 주장[法]이나 그렇지 않다는 주장이나 모두 열반의 길이며, 지혜와 어리석음이 모두 반야의 길이며, 보살과 외도가 성취한 법이 똑같은 보리이며, 무명과 진여가 다른 경계가 아니며, 모든 계·정·혜와 음탕·화냄·어리석음이 모두 청정한 수행이며, 중생과 국토가 모두 법성(法性)에서 나온 것이며, 지옥과 천궁이 다 정토이며, (부처가 될) 성품이 있는 이나 없는 이나 모두 불도를 이루며, 일체 번뇌가 끝내는 해탈이다.

바다 같은 법계(法界)의 지혜로, 모든 현상을 비추어 다 아는 것이 마치 허공과 같다.[122]

이것을 두고 여래가 원각에 수순하는 것이라고 한다.

善男子야 **一切障礙**가 **卽究竟覺**이니 **得念失念**이 **無非解脫**이며 **成法破法**이 **皆名涅槃**이며 **智慧愚癡**가 **通爲般若**이며 **菩薩外道**의 **所成就法**이 **同是菩提**이며 **無明眞如**가 **無異境界**이며 **諸**

121 바른 관찰[念]: 법상종(法相宗)에서 말하는 5별경(別境)의 심소(心所)의 하나로서의 '기억'을 말한다. 여기 법성종(法性宗)에서는 오로지 진여에 마음을 집중하여 그것과 하나가 되어, 그런 상태가 한결같이 유지되는 심적 상태를 말한다.

122 법계가 넓고 깊음을 바다에 비유한 것이다. 또 인식하는 '주체[能]'와 그것에 의해서 알려지는 '대상[所]'의 구별이 없는 상태를, 허공이 분리되지 않은 것에 비유.

戒定慧와 及淫怒癡가 俱是梵行이며 衆生國土가 同一法性이며 地獄天宮이 皆爲淨土이며 有性無性이 齊成佛道하며 一切煩惱가 畢竟解脫이니 法界海慧로 照了諸相이 猶如虛空하니 此名如來隨順覺性이라 하니라

나) 사량분별을 끊고 단박에 체험[123]

선남자여, 다만 보살과 말세 중생 중에는 어느 순간에도 허망한 생각을 일으키지 않고, 또한 모든 허망한 생각을 쉬려는 마음도 내지 않고, 허망한 대상을 마주하면서도 그것을 알려고 (인위적인 노력을) 가하지도 않고, 이렇게 알려고 하지도 않으므로 진실이네 아니네를 나누지도 않는 이가 있다.[124] 그 중생들이 이 법문을 듣고서 믿고 이해

123 앞의 「가) 지위에 따른 점차적 수행」 단락에서는 교리를 다양하게 제시하여 수행의 단계를 설명했고, 이 단락에서는 근본을 단도직입적으로 지칭하여 단박에 원각을 체험하게 한다. 이것은 마치 『화엄경』에서 처음에는 '차별인과(差別因果)'로 수행단계의 지위(地位)를 설하시고, 나중에는 '평등인과(平等因果)'로 회통하는 거와 같다.

124 이상의 문단은 모두 네 마디로 나눌 수 있다. 쉼표를 찍어서 각 마디를 나누어 표기했으니 독자는 살펴 읽기 바란다. 첫째와 둘째와 넷째는 잘 생각해 보면 이해할 수 있다. 셋째 마디도 그렇지만, 설명을 좀 보탠다. '대상'이란 '마음의 작용성'에 의해서 만들어진 것으로써 '사안 그 자체'는 아니다. 그래서 '허망한'이라는 수식어를 붙인 것이다. '허망한 대상'을 알려고 애를 쓰면, 결국은 직접적인 지각 판단[現量]을 못하는 오류를

하고 받아가져 두려움을 내지 않으면, 이것이 곧 원각의 성품을 체험하는 것이다.[125]

선남자여, 그대들은 이러한 중생들은 이미 일찍이 백천만억 항하사 모든 부처님과 보살들에게 공양하여 온갖 공덕의 근본을 심었음을 알아라.

부처님께서는 이런 사람을 두고 일체종지를 성취했다고 하신다."

善男子야 **但諸菩薩**과 **及末世衆生**이 **居一切時**에 **不起妄念**하며 **於諸妄念**에 **亦不息滅**하며 **住妄想境**하여 **不加了知**하며 **於無了知**에 **不辯眞實**이니 **彼諸衆生**이 **聞是法門**하고 **信解受**

범한다. 이런 상황은 『기신론』에서는 "마음이 마음을 보지 못한다"고 했다. 그저 알음알이를 내지만 않으면 깨끗한 거울에 상이 맺히듯이, '사안 그 자체'가 나의 인식의 거울에 드러난다. 우리들의 마음의 바탕에는 본래부터 그런 지각(知覺) 기능이 갖추어졌다. 그런데 괜스레 알려고 인위적인 노력을 보탤 필요가 없다.

125 이 문장은 조건절로 이루어져 있다. 즉, 위의 네 마디 법문을 듣고 그것을 받아들이는 조건[因]이 선행(先行)하면, 그러면 후속적 결과[果]로 원각의 성품을 체험한다. 선인후과(先因後果)가 『원각경』의 입장이다. 그런데 『화엄경』에서는 조건[因]과 결과[果]의 선후(先後)를 구별하지 않는다. 조건[因]이 무수한 결과[果]를 열어놓고 있고, 또 결과[果]가 미세한 조건[因]들을 포섭하고 있다. 그렇기 때문에 법성종에서는 『화엄경』의 교리가 『원각경』의 교리보다 범위가 넓다고 교상판석하니, 『화엄경』이야말로 일체 모든 경론의 교리와 논리를 포괄하고 있음을 알 수 있다.

持하여 不生驚畏하면 是則名爲隨順覺性이라 善男子야 汝等은 當知하라 如是衆生은 已曾供養 百千萬億 恒河沙諸佛과 及大菩薩하여 植衆德本이니 佛說是人을 名爲成就 一切種智니라

5. 게송으로 요약하심

이때 세존께서 이 뜻을 거듭 알리기 위하여 게송으로 말씀하셨다.

청정혜보살이여 그대는 반드시 알아야 하리니
원만한 보리의 성품은
취할 것도 없고 증득할 것도 없으며
보살과 중생도 없으나

깨닫거나 깨닫지 못할 때에는
점차 차별이 있으니

중생은 견해가 장애가 되고
보살은 깨쳐야겠다는 생각을 여의지 못하며
지위에 들어간 이는 영원히 적멸하여
모든 현상에 머물지 않고
부처님은 실로 원만하니
이를 두고 완전하게 수순한다고 하네.

말세의 중생들이
마음에 허망함을 내지 않으면
부처님께서 이 사람을
현세에 곧 보살이라 하신다.
항하사 부처님께 공양하여
공덕이 이미 원만해졌기 때문이네.

비록 방편은 다양하게 있으나
이 모두를 수순하는 지혜라 한다.

爾時에 世尊이 欲重宣此義하사 而說偈言하사대 淸淨慧야 當知하라 圓滿菩提性은 無取亦無證하며 無菩薩衆生컨마는 覺與未覺時에 漸次有差別하니 衆生爲解礙하고 菩薩未離覺하고 入地永寂滅하여 不住一切相하고 大覺悉圓滿하니 名爲徧隨順이라 末世諸衆生이 心不生虛妄하면 佛說如是人을 現世卽菩薩이라 하니 供養恒沙佛하여 功德已圓滿하니 雖有多方便하나 皆名隨順智라 하니라

제7장 관법 수행을 묻는 위덕자재보살

1. 부처님께 드리는 질문

이에 위덕자재보살이 대중 속에 있다가 얼른 자리에서 일어나 부처님 발에 이마를 대고 절을 올린 뒤에 오른쪽으로 세 번 돌고 두 무릎을 꿇고 합장하고 부처님께 말씀드렸다.

"대비하신 세존이시여! 널리 저희들을 위하여 이렇게 원각의 성품에 수순함을 분별하시어, 여러 보살들이 마음의 광명을 깨달아 부처님의 완전한 말씀을 친히 입어, (저희들 스스로가) 닦아 익히지 않았는데도 좋은 이익을 얻게 하셨습니다.

세존이시여, 비유하면 큰 성에는 밖으로 네 문이 있어 방향을 따라 들어오는 이가 한 길에 그치지 않는 것과 같아서, 일체 보살이 불국토를 장엄하고[126] 보리를 이루는 것도 한 가지 방법만은 아닌 줄 알고 있습

---

126 보살이 불국토를 장엄함: 중생들이 사는 세계를 '국토'라 한다. 그런 모든 국토에는 부처님이 상주하시면서 중생을 교화하시기 때문에 '불국토'라 한다. 문제는 '장엄'의 의미인데, 훌륭하게 배치하고 꾸민다는 뜻이다. 보살들은 중생들이 사는 세상을 훌륭하게 건설한다는 뜻이다.

니다. 오직 바라오니, 세존께서 널리 저희들을 위하여 모든 방법과 점차를 잘 말씀해주소서. 아울러 수행하는 사람이 모두 몇 종류가 있습니까?

이 모임의 보살과 말세의 중생들 중에 대승을 구하는 이들에게 빨리 깨달음을 얻어서 여래께서 체험하신 깊고 무한하며 완전한 열반을 누리게 하소서."

이렇게 말씀드리고 오체를 땅에 대어 절했다. 이렇게 하기를 세 번 거듭하였다.

於是에 威德自在菩薩이 在大衆中하사 卽從座起하사 頂禮佛足하시고 右繞三匝하시고 長跪叉手하사 而白佛言하사대 大悲世尊하 廣爲我等하사 分別如是 隨順覺性하사 令諸菩薩로 覺心光明하여 承佛圓音하사와 不因修習하여 而得善利케하시니 世尊하 譬如大城에 外有四門커든 隨方來者가 非止一路인듯하여 一切菩薩이 莊嚴佛國하며 及成菩提가 非一方便이니 唯願世尊이 廣爲我等하사 宣說一切 方便漸次하시며 幷修行人이 總有幾種하니잇고 令此會菩薩과 及末世衆生의 求大乘者가 速得開悟하여 遊戲如來 大寂滅海케하소서 作是語已하시고 五體投地하사 如是三請하사 終而復始하시니

2. 대답해 주실 것을 허락하심

이때 세존께서 위덕자재보살에게 말씀하셨다. "훌륭하구나! 선남자여, 그대들이 보살과 말세 중생들을 위하여 여래에게 이와 같은 방편을 물으니, 자세하게 들어라 그대들에게 말해주리라."

爾時에 世尊이 告威德自在菩薩言하사대 善哉善哉라 善男子야 汝等이 乃能爲諸菩薩과 及末世衆生하여 問於如來의 如是方便하니 汝今諦聽하라 當爲汝說하리라

3. 조용히 말씀을 기다림

그러자 위덕자재보살이 가르침을 받들어 기뻐하면서 모든 대중들과 함께 조용히 들었다.

時에 威德自在菩薩이 奉敎歡喜하사와 及諸大衆으로 默然而聽하시더니

4. 수행에는 크게 세 종류의 관법이 있음

1) 도착 지점은 하나이나 가는 길은 여럿

"선남자여, 최고로 높은 묘각이 시방에 가득하여 여래를 낳는다. 그리고 그 묘각은 일체의 모든 법(法)과

평등하게 한 몸을 이룬다.[127] 때문에 모든 수행에 있어 실제로 다름이 없건만 방편으로 실천하는 데에는 그 종류가 무량하다. 그런데 귀결되는 바를 모두 요약하면, 수행자의 성향에 따라 세 종류로 나눌 수 있다.

善男子야 無上妙覺이 徧諸十方하여 出生如來하나니 與一切法과 同體平等하여 於諸修行에 實無有二언마는 方便隨順은 其數無量하니 圓攝所歸컨댄 循性差別하여 當有三種하니라

2) 세 종류의 관찰하는 수행

가) 사마타[寂靜]: 일체의 이미지를 없애 정신을 맑히는 관찰 수행

선남자여, 보살들이 먼저 청정한 원각을 깨닫는다.[128]

---

127 모든 법(法)과 평등하게 한 몸을 이룬다: '색법(色法)'이나 '심법(心法)'을 차별하지 않고, 또 범부와 성인을 차별하지 않고, 모든 법이 '원각의 본성'에 의지하기 때문에 '평등하다'고 한다. '원각의 본성'이 생명체들 속에 들어있을 때에는 '불성(佛性)'이라고 호칭하고, 생명이 없는 무생물 속에 들어있을 때는 법성(法性)으로 호칭할 뿐 내용은 동일하다.

128 청정한 원각을 깨닫는다: 이때의 깨달음은 '이론적 깨달음[解悟]'으로 '체험된 깨침[證悟]'은 아니다. 그런데 발심수행해서 깨침을 얻으려면, 반드시 먼저 본래부터 자신에게 간직되어 있는 청정한 원각의 본성을 이치적으로 깨달아서, 그것을 수행의 근본으로 삼아야 한다. 근본이 있는 수행만이 진정한 수

그런 다음에, 그 청정한 원각의 마음을 사용해서 고요함을 취하는 수행을 하면,[129] 모든 망념이 맑아지기 때문에 마음이 번거롭게 흔들렸음을 자각한다. 그 결과 고요한 지혜가 생겨나서 몸과 마음의 번뇌가 이로 인해 영원히 소멸하게 되어 문득 마음이 편안하고 안정되고 거뜬해짐이 생긴다. 편안하고 안정되어서 시방세계의 모든 여래의 마음[130]이 그 속에 나타나는데 마치 거울에 영상이 맺히는 것과 같다.

이런 방편을 사마타(śamatha)라고 한다.

善男子야 **若諸菩薩**이 **悟淨圓覺**하여 **以淨覺心**으로 **取靜爲行**하여 **由澄諸念**하여 **覺識煩動**하여 **靜慧發生**하여 **身心客塵**이 **從此永滅**하여 **便能內發寂靜輕安**하여 **由寂靜故**로 **十方世界**의

행이다.

129 원각을 사용해서 사마타 수행을 해야 한다. 수식관에 의지해서 사마타 수행을 해서도 안 된다. '백골관(白骨觀)' 등 형상의 관찰에 의지해서도 안 된다. 그 밖에 허공 또는 지수화풍(地水火風)의 4대(大)나 견문각지(見聞覺知)의 '알음알이[識]'에 의지해서도 안 된다. 『대승기신론』에서 말한다. "若修止者. 住於靜處. 端坐正意. 不依氣息. 不依形色. 不依於空. 不依地水火風. 乃至不依見聞覺知. 一切諸想. 隨念皆除. 亦遣除想. 以一切法. 本來無相. 念念不生. 念念不滅. 亦不得隨心. 外念境界後. 以心除心. 心若馳散. 卽當攝來. 住於正念. 是正念者. 當知唯心. 無外境界. 旣復此心. 亦無自相. 念念不可得."(대정장32, 582a).

130 여래의 마음: 참된 청정한 마음을 말한다. 즉 법신(法身)이다.

諸如來心이 於中에 顯現호미 如鏡中像하리니 此方便者를 名奢摩他라 하니라

나) 삼마발제[如幻]: 자성 없는 법으로 번뇌를 녹이는 관찰 수행

선남자여, 보살들이 먼저 청정한 원각을 깨닫는다. 그런 다음에, 그 청정한 원각의 마음을 사용해서, 마음[心性]과 감각기관[根]과 감각대상[境]이 모두 '자성이 없는 결합체임[幻化]'[131]을 지각(知覺)하고는, '모든 것이 허망하여 자성이 없다고 관찰하는 지혜[幻智]'를 곧 바로 발휘하여, (자기 자신의) 근본무명[幻者]을 제거하고, (각 중생의 취향에 걸맞도록 다양하게) '모든 것이 허망하여 자성이 없다고 관찰하는 지혜[幻智]'들을 발휘하여 무수한 자성 없는 중생들[幻衆]을 깨우쳐 교화한다. 자성 없다고 관찰하는 지혜들을 발휘하는 까닭에, 마음속에는 남의 일을 내 일처럼 생각하는 대비심과 편안함[132]이 생긴다. 모든 보살들이 이런 상태에서 수

131 자성이 없는 결합체임[幻化]: '원각묘심(圓覺妙心)'의 본바탕 위에, 다양한 미혹을 일으켜 일정한 인연들의 조건 속에서만 기능하는 것일 뿐이다.

132 편안함: 이 편안함은 관찰 수행하는 선정의 힘에서 나온 것으로, 애욕의 성취에서 나온 것과는 다르다.

행을 점차로 해 간다. 자성 없음[幻]을 관찰하는 그 주체[者]는 자성이 없지 않기 때문에, 또 그렇다고[133] 관찰하는 행위도 역시 자성이 없기 때문이다. 그리하여 자성이 없는 것들의 기능이 완전히 사라진다. 이것이 보살이 완결시킨 오묘한 수행[134]이니, 비유하면 마치 흙이 싹을 자라게 하는 것[135]과 같다.

이런 방편을 삼마발제(samāpatti)라 한다.

---

133 그렇다고: 앞 문장에서 말한 즉, "자성 없음[幻]을 관찰하는 그 주체[者]는 자성이 없다"고 관찰하는 그것을 지칭한다. 이렇게 해서 자취를 계속 지워가려는 것이다. 규봉 종밀은 "불환지(拂幻智)"라고 해석하고 있다. 잘 생각해보면 무슨 말인지 알 수 있을 것이다. 불타는 집에서 자식을 구하려고 선물을 사왔다는 거짓말로 애들을 밖으로 나오게 했지만, 정작 나오고 나니 그런 선물은 없다. 아이들에게 주어진 것은 무엇일까? "보소불원(寶所不遠: 보배 있는 곳이 멀지 않다)"이라고 말씀하시지만, 가보면 그곳은 언제나 저만치 있다.

134 보살이 완결시킨 오묘한 수행: 원문은 "是諸菩薩, 所圓妙行"이다. 이를 좀 더 세밀하게 현토하면 "이(是)는 제보살(諸菩薩)이 소원(所圓)한 묘행(妙行)이니" 즉, '원(圓)한 바'로 해석해야 한다. 한글 번역에 오류가 많이 생기는 부분이니, 살펴서 읽으시기 바람.

135 대지가 식물이 자라게 하는 것: 종자가 흙에 의지하여 싹을 틔우고, 그 싹에서 열매가 맺힐 때에는 싹과 흙을 모두 버린다. 종자는 '원각묘심', 흙은 자성이 없는 '근본 무명', 싹은 '자성이 없는 지혜'를 각각 비유한다.

善男子야 若諸菩薩이 悟淨圓覺하여 以淨覺心으로 覺知心性[136]과 及與根塵이 皆因幻化하여 卽起諸幻하여 以除幻者하고 變化諸幻하여 而開幻衆하니 由起幻故로 便能內發大悲輕安하리니 一切菩薩이 從此起行하여 漸次增進하니라 彼觀幻者는 非同幻故이며 非同幻觀도 皆是幻故로 幻相을 永離할새 是諸菩薩의 所圓妙行이니 如土長苗하니 此方便者를 名三摩鉢提라 하니라

다) 선나[寂滅]: 일체를 초월하여 원각성과 하나 되는 관찰 수행

선남자여, 보살들이 청정한 원각을 깨닫는다.

그런 다음에, 그 청정한 원각의 마음을 사용해서, (삼마발제 수행에 의해서 체험한) 자성이 없음과 (사마타 수행에 의해서 체험한) 각종 고요한 작용, 이 모두를 취하지 않고, 몸과 마음이 다 걸림이 되는 줄 분명히 알며; '지각작용과 인지작용이 없는 밝음[無知覺明]'[137]은 온갖

136 覺知心性: 「언해본」에는 '知覺心性'으로 표기.

137 지각작용과 인지작용이 없는 밝음[無知覺明]: 『화엄경』과 『원각경』 등에 등장하는 법성의 교학을 이해하는 데에 매우 중요한 개념이다. 중생은 신체의 접촉에 의해서 지각작용(覺: perception)을 하고, 마음의 반연에 의해서 인지작용(知: cognition)을 한다. 이 두 작용이 없는 그 무엇을, 밝음[明]이라고 했다. 그럼 그것이 무엇인가? 규봉 종밀은 중생의 마음 속에 작용하는 '신령하고 오묘한 본바탕[靈妙之體]'이라 했다.

장애에도 걸리지 않아서 장애와 장애 없는 경계를 완전히 초월하는 줄을 알며; 자신이 살아가는 세계와 그 속에 사는 자신의 몸과 마음이 번뇌에 물든 세상에 처해 있으면서도, 마치 그릇 속의 종소리[138]가 밖으로 울려 나가는 것처럼, 번뇌에도 열반에도 어디에도 걸림이 없는 줄을 안다.

이렇게 되면 마음이 고요해지는 거뜬해짐을 느끼는데, 이렇게 묘각과 하나가 된 적멸의 경지는, (오직 스스로만이 명료하게 알 수 있는 체험이지) 본래 타인은 알 수 없는 체험이며, 그렇다고 자기의 감각 기관이나 알음알이로도 절대로 도달할 수 없으며, 나아가 중생(衆生)이니 수명(壽命)이니 하는 것 등은 (모두 실체가 없는 것으로) 부질없는 생각의 산물이다.

이런 방편을 선나라 한다.

善男子야 **若諸菩薩**이 **悟淨圓覺**하여 **以淨覺心**으로 **不取幻化**와 **及諸淨相**하고 **了知身心**은 **皆爲罣礙**하며 **無知覺**한 **明**은

138 그릇 속의 종소리: 원문은 "器中鍠聲"이다. 이 부분의 해석에 대해 규봉 종밀은 세 경우로 분석하고 있다. 첫째는 '鍠' 자를 문자 그대로 볼 경우는 '횅-'하는 의성어이다. 둘째는 '鐄' 자로 볼 경우는 '큰 종'의 뜻이 된다. 셋째는 '篁' 자로 볼 경우는 생황 같은 관악기의 일종이다. 결론적으로 큰 그릇 속에서 악기 소리를 울렸을 경우, 그 소리가 그릇 밖으로도 울려 퍼지는 것을 나타낸다. 막힘 없음을 비유한다.

不依諸礙하여 永得超過礙無礙境하며 受用世界와 及與身心이 相在塵域호미 如器中鍠聲이 出於[139]外인듯하여 煩惱涅槃이 不相留礙하면 便能內發寂滅輕安하니 妙覺에 隨順한 寂滅境界는 自他身心의 所不能及이며 衆生壽命이 皆爲浮想이리니 此方便者를 名爲禪那라 하니라

3) 모든 부처님과 보살도 세 종류의 명상을 하심

선남자여, 이 세 가지 수행 방법은 모두 원각을 친근히 하면서 닦아가는 것이다. 시방의 여래는 이로 인하여 성불하시며, 시방 보살들의 갖가지 방편이 같기도 하고 다르기도 한 까닭은 일체가 모두 다 이 세 가지 사업(事業)[140] 때문에 그런 것인데, 만일 (세 수행법 중 한 방법만이라도) 완전하게 체험하면, 곧 완전한 깨달음을 성취한다.

善男子야 此三法門이 皆是圓覺親近隨順이니 十方如來가 因此成佛하시며 十方菩薩의 種種方便과 一切同異가 皆依如是三種事業하나니 若得圓證하면 卽成圓覺하리라

139 於: 「언해본」에는 '于' 자로 표기.
140 사업(事業): 수행하는 사람이 일생 경영해야 할 업무라는 뜻.

4) 위의 명상법에 견줄만한 수행법은 없다

선남자여, 가령 어떤 사람이 거룩한 도를 닦아, (그 힘으로) 백천만억 (중생이) 아라한 및 벽지불의 과위(果位)를 얻도록 교화를 했다고 하더라도, (그렇게 해서 얻은 힘은) 어떤 사람이 이 원각의 무애 법문을 듣고 한 찰나에 수순하고 닦아 익힌 것만 못하다."

善男子야 假使有人이 修於聖道하여 教化成就百千萬億阿羅漢辟支佛果하여도 不如有人이 聞此圓覺無礙法門하고 一刹那頃을 隨順修習하니라

5. 게송으로 요약하심

이때 세존께서 이 뜻을 거듭 알리기 위하여 게송으로 말씀하셨다.

위덕보살이여 그대는 반드시 알아야 하니라
위없는 대각의 마음은
본바탕에 두 모습이 없으나
온갖 방편에 따라서
그 수가 무량하니
여래가 모두 열어 보임에
바로 세 종류가 있다.

고요함을 닦는 사마타는
거울에 모든 영상이 비치는 것과 같고
모두를 환상으로 보는 삼마발제는
흙이 싹을 자라게 하는 거와 같고
선나의 철저한 적멸은
그릇 속의 소리가 막힘없이
밖으로 퍼지는 것과 같다.

세 가지 묘한 법문이
다 원각을 수순하는 것이다.
시방의 모든 여래와 대보살들이
이로 인해 도를 이루나니
세 가지 일을 빠짐없이 증득하므로
궁극적인 열반이라 한다.

爾時에 世尊이 欲重宣此義하사 而說偈言하사대 威德아 汝는 當知하라 無上大覺心이 本際無二相컨만 隨順[於][141] 諸方便하야 其數卽無量하니 如來總開示에 便有三種類하니라 寂靜奢摩他는 如鏡照諸像하고 如幻三摩提는 如苗漸增長하고 禪那唯寂滅은 如彼器中鐘[142]하니 三種妙法門이 皆是覺隨順이니 十方諸如來와 及諸大菩薩이 因此得成道하나니 三事圓證故로 名究竟涅槃이라 하니라

141 於: 「언해본」에는 '於' 자가 더 들어있다.
142 鐘: 「금릉본」에는 '鍠(굉)' 자로 표기.

제8장 관법 수행의 순서를 묻는 변음보살

1. 부처님께 드리는 질문

이에 변음보살이 대중 속에 있다가 얼른 자리에서 일어나 부처님 발에 이마를 대고 절을 올린 뒤에 오른쪽으로 세 번 돌고 두 무릎을 꿇고 합장하고 부처님께 말씀드렸다.

"대비하신 세존이시여! 이와 같은 (3관의) 수행 방법[法門]은 매우 희유합니다. 세존이시여, 일체 보살이 이 세 방법을 활용하여 원각의 법문에 들어가기 위해서는 어떤 순서로 닦아 익혀야 됩니까? 바라옵건대 여기 대중과 말세 중생들을 위하여 방편을 열어보이시어 실상을 깨닫게 하소서."

이렇게 말씀드리고 오체를 땅에 대어 절했다. 이렇게 하기를 세 번 거듭하였다.

於是에 辯音菩薩이 在大衆中하사 卽從座起하사 頂禮佛足하시고 右繞三匝하시고 長跪叉手하사 而白佛言하사대 大悲世尊하 如是法門이 甚爲希有하시니 世尊하 此諸方便이 一切菩薩이 於圓覺門에 有幾修習이닛고 願爲大衆과 及末世衆生하사 方便開示하사 令悟實相케하소서 作是語已하시고 五體投地하사 如是三請하사 終而復始하시니

2. 대답해 주실 것을 허락하심

이때 세존께서 변음보살에게 말씀하셨다.

"훌륭하구나! 선남자여, 그대들이 모든 중생과 말세 중생들을 위하여 여래에게 이렇게 수행해서 체험하는 법을 묻는구나. 그대는 이제 자세히 들어라. 마땅히 그대를 위하여 설하리라."

爾時에 世尊이 告辯音菩薩言하사대 善哉善哉라 善男子여 汝等乃能爲諸大衆과 及末世衆生하여 問於如來에게 如是修習하니 汝今諦聽하라 當爲汝說하리라

3. 조용히 말씀을 기다림

그러자 변음보살이 가르침을 받들어 기뻐하며 대중들과 조용히 들었다.

時에 辯音菩薩이 奉敎歡喜하사와 及諸大衆과 默然而聽하시니

4. 세 관법을 닦는 순서를 밝혀주심

1) 본래는 닦을 게 없으나 방편은 여럿

"선남자여, 일체 여래의 원각은 청정하기 때문에 본래 수행해서 체험할 것도 없고 또 그렇게 할 주체도

없다. 그런데 일체 보살과 말세 중생이 깨닫지 못했기 때문에, (그런 중생은) '환(幻) 같은 노력[幻力]'[143]에 의지해서 수행하여 체험을 하게 되니, 이럴 경우에 25종류의 청정한 선정(禪定)의 결합이 있다.

善男子야 一切如來의 圓覺이 清淨하여 本無修習과 及修習者이언만 一切菩薩과 及末世衆生이 依於未覺하여 幻力修習하니 爾時에 便有 二十五種의 清淨定輪하니

2) 25종의 방법으로 결합되는 관법

가) 3관을 홑으로 닦는 방법 세 가지

만일 보살들이 오직 지극히 고요함만을 취하면, 고요함의 힘[靜力] 때문에 번뇌를 영원히 끊고 마침내 깨달음을 성취하여, 자리[144]에서 일어나지 않고 곧 바로 해탈에 든다. (이럴 경우) 이 보살은 홑으로 사마타를 닦는다고 한다.[145]

---

143 '환 같은 노력[幻力]': '환(幻)'이란 실체가 없다는 뜻이고, 공하다는 뜻이고, 인연 속에서 만들어진다는 뜻이다. 노력을 통해서 원각을 체험한다고 했지만, 이 경우에 실천하는 노력이란 '환' 같다는 말씀이다.

144 자리[座]: 이 자리를 규봉 종밀은 '법공(法空)의 자리'라고 해석한다.

145 규봉 종밀은 이 단락에 '징혼식용관(澄渾息用觀)'이라고 제목을 달았다. 그 뜻은 '혼탁함을 맑히고 (일체의) 작용을 쉬는

만일, 보살들이 오직 모든 것을 허망하게 보는[如幻] 관찰법을 닦고, 부처님의 힘을 빌려 세상에 여러 모습으로 자신을 드러내어 갖가지 신통한 작용을 보이고, 보살이 실천하는 청정하고 미묘한 만행을 구비하여, 원각의 큰 다라니에 수순하여 '조용한 생각'과 온갖 '청정한 지혜'를 잃지 않으면 (이럴 경우) 이 보살은 홀으로 삼마발제를 닦는다고 한다.[146]

만일, 보살들이 오직 허망한 모든 것에 대하여 생각을 끊고[滅][147] 세상을 구제하는 일체의 행위조차도 하지 않고,[148] 오로지 번뇌만을 끊으려고 수행하면 마침내 번뇌가 끊어지고 실상을 체험하면, (이럴 경우) 보살은 홀으로 선나를 닦는다고 한다.[149]

관찰 법'이다.

146 규봉 종밀은 이 단락에 '포정해우관(庖丁解牛觀)'이라고 제목을 달았다. 그 뜻은 중국의 고전 『장자』「양생주」에서 빌려온 것으로, 소를 잘 잡는 포정이라는 백정이 있었다. 그 사람은 소를 살과 뼈 사이의 틈에 칼날을 넣어서 소를 해체하기 때문에, 19년 동안 수많은 소를 잡았어도 칼날이 상하지 않아 한 번도 연마하지 않았다 한다. 보살은 중생을 이롭게 하기 위하여 여러 모습을 보이고 사안에 따라 세속 일을 하지만, 자신이 간직한 지혜를 조금도 상하게 하지 않는다.

147 생각을 끊고[滅]: 이 때의 '멸(滅)'이란 '절념(絶念)', 즉 '일체의 생각을 끊음'을 뜻한다.

148 세상을 구제하는 일체의 행위조차도 '선의 고요함[禪寂]'에 방해가 되기 때문이다. 그래서 원문에 '불취(不取)'라고 했다.

若諸菩薩이 惟取極靜하여 由靜力故로 永斷煩惱하여 究竟成就하여 不起於座하여 便入涅槃하면 此菩薩者는 名單修奢摩他라 하니라 若諸菩薩이 惟觀如幻하여 以佛力故로 變化世界하여 種種作用하여 備行菩薩의 淸淨妙行호대 於陀羅尼에 不失寂念과 及諸靜慧하면 此菩薩者는 名單修三摩鉢提라 하니라 若諸菩薩이 惟滅諸幻하며 不取作用하여 獨斷煩惱하며 煩惱斷盡하여 便證實相하면 此菩薩者는 名單修禪那라 하니라

나) 3관을 조합해서 닦는 방법 21가지

① 사마타 – 삼마발제

만일, 보살들이 먼저 지극히 고요함을 취하여 고요한 지혜의 마음[靜慧心]으로 무상한 모든 것을 비추어 보고, 문득 이 가운데서 보살행을 일으키면, 이 보살은 먼저 사마타를 닦고 후에 삼마발제를 닦는다고 한다.[150]

149 규봉 종밀은 이 단락에 '정음출애관(呈音出礙觀)'이라고 제목을 달았다. 앞의 「위덕장」 게송(122쪽)에 나오는 종소리[鍠聲]가 일체의 그 무엇에도 걸림이 없이 울려 퍼지는 것에 비유한 것이다.

150 규봉 종밀은 이 대목을 '운주겸제관(運舟兼濟觀)'이라고 이름을 붙였다. 그 뜻은 '배를 띄워, 물에 빠진 자를 건져내는 관법'이다. 배가 가라앉으면 남은커녕 제 몸 조차 구제하지 못한다.

若諸菩薩이 先取至靜하여 以靜慧心로 照諸幻者하여 便於是中에 起菩薩行하면 此菩薩者는 名先修奢摩他하고 後修三摩鉢提라 하니라

② 사마타 – 선나

만일, 보살들이 고요한 지혜[靜慧]로 지극히 고요한 성품을 증득하고, 다음에 번뇌를 끊어서 영원히 생사를 벗어나면, 이 보살은 먼저 사마타를 닦고 뒤에 선나를 닦는다고 한다.[151]

若諸菩薩이 以靜慧故로 證至靜性하여 便[152]斷煩惱하여 永出生死하면 此菩薩者는 名先修奢摩他하고 後修禪那라 하니라

③ 사마타 – 삼마발제 – 선나

만일, 보살들이 고요한[寂靜] 지혜를 닦고, 다시 '환 같은 노력[幻力]'으로 갖가지 변화를 나타내어 중생들을 제도하고 후에 번뇌를 끊어서 적멸에 들면, 이 보살은 먼저 사마타를 닦고 중간에 삼마발제를 닦고 뒤

151 규봉 종밀은 이 대목을 '담해징공관(湛海澄空觀)'이라고 이름을 붙였다. 그 뜻은 '파도를 잠 재워, 맑은 물의 본성이 드러나게 하는 관법'이다.

152 便: 「금릉본」에서는 '後' 자로 표기. 본 번역은 「금릉본」을 따름.

에 선나를 닦는다고 한다.[153]

若諸菩薩이 以寂靜慧로 復現幻力種種變化하여 度諸衆生하고 後斷煩惱하여 而入寂滅하면 此菩薩者는 名先修奢摩他하고 中修三摩鉢提하고 後修禪那라 하니라

④ 사마타 – 선나 – 삼마발제

만일, 보살이 지극히 고요한 힘을 닦는 수행을 하고, 그리고 번뇌를 끊고, 그런 다음에 보살의 청정하고 미묘한 행을 일으켜 모든 중생을 구제하면, 이 보살은 먼저 사마타를 닦고 중간에 선나를 닦고 나중에 삼마발제를 닦는다고 한다.[154]

若諸菩薩이 以至靜力으로 斷煩惱已하고 後起菩薩清淨妙行하여 度諸衆生하면 此菩薩者는 名先修奢摩他하고 中修禪那하고 後修三摩鉢提라 하니라

---

153 규봉 종밀은 이 대목을 '수라삼일관(首羅三日觀)'이라고 이름을 붙였다. 그 뜻은 '마혜수라 얼굴에 세 태양이 있는 것과 같은 관법'이다. 마혜수라는 대자재천(大自在天)을 주재하는 신.

154 규봉 종밀은 이 대목을 '삼점제수관(三點齊修觀)'이라고 이름을 붙였다. 그 뜻은 '실담의 이(伊)자처럼(∴) 3관을 모두 닦는[具修] 관법'이다. 규봉 종밀은 이 대목을 이름 붙이면서 '제수(齊修)'라고 한 것은 동시(同時)에 3관을 수행하는 것이 아님을 드러내기 위함이다.

⑤ 사마타 – (삼마발제와 선나를 동시)

만일, 보살이 지극히 고요한 힘을 닦는 수행을 하고, 그리고 마음의 번뇌를 끊으면서 동시에 중생을 구제하여 갖가지 경계를 보이면, 이 보살은 먼저 사마타를 닦고 삼마발제와 선나를 동시에 닦는다고 한다.[155]

若諸菩薩이 以至靜力으로 心斷煩惱하고 復度衆生하여 建立世界하면 此菩薩者는 名先修奢摩他하고 齊修三摩鉢提禪那라 하니라

⑥ (사마타와 삼마발제를 동시) – 선나

만일, 보살들이 지극히 고요한 힘을 닦는 수행을 하면서 동시에 중생을 구제하는 방편을 일으키고, 그런 다음에 번뇌를 끊으면, 이 보살은 사마타와 삼마발제를 동시에 닦고 뒤에 선나를 닦는다고 한다.[156]

155 규봉 종밀은 이 대목을 '품자단쌍관(品字單雙觀)'이라고 이름을 붙였다. 그 뜻은 '한문의 품(品)자의 글자 윗 모양처럼 (사마타)를 먼저하고 다음에 (삼마발제와 선나를) 쌍으로 닦는 관법'이다.

156 규봉 종밀은 이 대목을 '독족쌍두관(獨足雙頭觀)'이라고 이름을 붙였다. 그 뜻은 '다리 하나에 머리가 둘인 형태와 비슷한 관법'이다.

若諸菩薩이 以至靜力으로 資發變化하고 復斷煩惱하면 此菩薩者는 名齊修奢摩他三摩鉢提하고 後修禪那라 하니라

⑦ (사마타와 선나를 동시) – 삼마발제

만일, 보살들이 지극히 고요한 힘을 닦는 수행을 하면서 적멸을 닦는데 힘쓰고, 그런 다음에 보살행을 펼쳐 세상 사람을 구제하면, 이 보살은 사마타와 선나를 동시에 닦고 후에 삼마발제를 닦는다고 한다.[157]

若諸菩薩이 以至靜力으로 用資寂滅하고 後起作用하여 變化世界하면 此菩薩者는 名齊修奢摩他禪那하고 後修三摩鉢提라 하니라

⑧ 삼마발제 – 사마타

만일 보살들이 신통변화의 힘으로 중생들이 원하는 바에 따라 갖가지 방식으로 보살피고, 지극히 고요함을 취하면, 이 보살은 먼저 삼마발제를 닦고 뒤에 사마타를 닦는다고 한다.[158]

157 규봉 종밀은 이 대목을 '과락화부관(果落華敷觀)'이라고 이름을 붙였다. 그 뜻은 '열매가 떨어지니 꽃이 피어나는 관법'이다. '사마타와 선나의 나무[靜定之修]'에 '적멸 중도라는 열매[寂滅中道之果]'가 맺히고, 그런 다음에 삼마발제의 수행을 해서 중생을 구제 교화한다.

若諸菩薩이 以變化力으로 種種隨順하고 而取至靜하면 此菩薩者는 名先修三摩鉢提하고 後修奢摩他라 하니라

⑨ 삼마발제 – 선나

만일, 보살들이 신통변화의 힘으로 갖가지 경계를 보여 중생을 구제하고, 적멸을 취하면, 이 보살들은 먼저 삼마발제를 닦고 뒤에 선나를 닦는다고 한다.[159]

若諸菩薩이 以變化力으로 種種境界에 而取寂滅하면 此菩薩者는 名先修三摩鉢提하고 後修禪那라 하니라

⑩ 삼마발제 – 사마타 – 선나

만일, 보살들이 신통변화의 힘으로 불사를 하고, 편안히 고요한 상태에 머무르고, 번뇌를 끊으면, 이 보

158 규봉 종밀은 이 대목을 '선무후문관(先武後文觀)'이라고 이름을 붙였다. 그 뜻은 '무기로 잘못을 혁파한 다음 그 무기를 녹여 농기구를 만드는 관법'이다. 고대 중국 주나라의 무왕이 창칼로 폭군 걸왕을 물리친 다음 다시 무기를 녹여 농기구를 만든 고사가 있다. 이렇듯이 보살은 다양한 모습으로 보살행을 한 뒤에, 그런 다음에 마음을 가라앉혀 고요하게 하는 것에 비유한 것이다.

159 규봉 종밀은 이 대목을 '공성퇴직관(功成退職觀)'이라고 이름을 붙였다. 그 뜻은 '공을 세운 다음에는 그 직책에서 물러나는 관법'이다.

살은 먼저 삼마발제를 닦고 중간에 사마타를 닦고 뒤에 선나를 닦는다고 한다.[160]

若諸菩薩이 以變化力으로 而作佛事하고 安住寂靜하여 而斷煩惱하면 此菩薩者는 名先修三摩鉢提하고 中修奢摩他하고 後修禪那라 하니라

⑪ 삼마발제 ― 선나 ― 사마타

만일, 보살들이 신통변화의 힘으로 걸림 없이 중생구제를 하고, 번뇌를 끊었기 때문에, 지극히 고요함에 머물면, 이 보살은 먼저 삼마발제를 닦고 중간에 선나를 닦고 뒤에 사마타를 닦는다고 한다.[161]

若諸菩薩이 以變化力으로 無礙作用하고 斷煩惱故로 安住至靜하면 此菩薩者는 名先修三摩鉢提하고 中修禪那하고 後修奢摩他라 하니라

⑫ 삼마발제 ― (사마타와 선나를 동시)

만일, 보살들이 신통변화의 힘으로 방편으로 중생구제 활동을 하고, 그런 뒤에 지극히 고요함과 적멸을

160 규봉 종밀은 이 대목을 '환사해술관(幻師解術觀)'이라고 이름을 붙였다. 그 뜻은 '요술쟁이가 요술을 부리는 관법'이다.
161 규봉 종밀은 이 대목을 '신룡은해관(神龍隱海觀)'이라고 이름을 붙였다. 그 뜻은 '신령스런 용이 바다에 숨는 관법'이다.

겸하여 닦으면, 이 보살은 먼저 삼마발제를 닦고 사마타와 선나를 동시에 닦는다고 한다.[162]

若諸菩薩이 以變化力으로 方便作用하고 至靜과 寂滅을 二俱隨順하면 此菩薩者는 名先修三摩鉢提하고 齊修奢摩他禪那라 하니라

⑬ (삼마발제와 사마타를 동시) — 선나

만일, 보살들이 신통변화의 힘으로 갖가지 작용으로 중생을 구제하면서 동시에 지극히 고요함을 닦고, 그런 다음에 번뇌를 끊으면, 이 보살은 삼마발제와 사마타를 동시에 닦고 뒤에 선나를 닦는다고 한다.[163]

若諸菩薩이 以變化力으로 種種起用하여 資於至靜하고 後斷煩惱하면 此菩薩者는 名齊修三摩鉢提奢摩他하고 後修禪那라 하니라

162 규봉 종밀은 이 대목을 '용수통진관(龍樹通眞觀)'이라고 이름을 붙였다. 그 뜻은 '용수보살이 (요술로 외도들을 교화하여 그들을 모두) 진리로 회통시킨 거와 같은 관법'이다.

163 규봉 종밀은 이 대목을 '상나시상관(商那示相觀)'이라고 이름을 붙였다. 그 뜻은 '상나화수 존자가 신통변화로 제자 우바국다를 지도한 거와 같은 관법'이다. 상나화수 존자가 신통력으로 제자 우바국다의 게으름을 일깨운 뒤에 입적한 고사는 『경덕전등록』(대정장51, 207a)에 전한다.

⑭ (삼마발제와 선나를 동시) – 사마타

만일, 보살들이 신통 변화의 힘으로 중생을 제도하는 동시에 적멸을 닦는 데에 힘쓰고, 그런 뒤에 청정하고 인위적인 조작이 없는 고요함에 들어가면, 이런 보살은 가지런히 삼마발제와 선나를 닦고 후에 사마타를 닦는다고 한다.[164]

若諸菩薩이 以變化力으로 資於寂滅하고 後住清淨하여 無作靜慮하면 此菩薩者는 名齊修三摩鉢提禪那하고 後修奢摩他라 하니라

⑮ 선나 – 사마타

만일, 보살들이 적멸의 힘을 닦고, 그런 다음에 지극히 고요함을 일으키고 청정에 머물면, 이 보살은 먼저 선나를 닦고 뒤에 사마타를 닦는다고 한다.[165]

164 규봉 종밀은 이 대목을 '대통연묵관(大通宴默觀)'이라고 이름을 붙였다. 그 뜻은 '대통여래께서 신통력으로 중생을 교화한 뒤에 열반에 드신 거와 같은 관법'이다.

165 규봉 종밀은 이 대목을 '보명공해관(寶明空海觀)'이라고 이름을 붙였다. 그 뜻은 '마음을 밝은 구슬처럼 한 뒤에 끝없는 허공처럼 고요하게 하는 관법'이다. 이 용어는 『능엄경』(대정장 19, 126b)에서 차용한 것이다.

若諸菩薩이 以寂滅力으로 而起至靜하여 住於清淨하면 此菩薩者는 名先修禪那하고 後修奢摩他라 하니라

⑯ 선나 – 삼마발제

만일, 보살들이 적멸의 힘을 닦고, 그런 다음에 중생 구제 작용을 일으켜 어느 경계에서나 적멸의 작용에 수순하면, 이 보살은 먼저 선나를 닦고 뒤에 삼마발제를 닦는다고 한다.[166]

若諸菩薩이 以寂滅力으로 而起作用하여 於一切境에 寂用으로 隨順하면 此菩薩者는 名先修禪那하고 後修三摩鉢提라 하니라

⑰ 선나 – 사마타 – 삼마발제

만일, 보살들이 적멸의 힘 때문에 발생한 갖가지 자성을 발휘하고, 고요한 상태에 머물고, 그런 다음에 각종 신통변화를 일으켜 중생을 구제하면, 이 보살은 먼저 선나를 닦고, 중간에 사마타를 닦고, 나중에 삼마발제를 닦는다고 한다.[167]

166 규봉 종밀은 이 대목을 '허공묘용관(虛空妙用觀)'이라고 이름을 붙였다. 그 뜻은 '원각묘심은 허공처럼 모습이 없지만, 그런 허공 속에서 갖가지 오묘한 작용이 생기는 거와 같은 관법'이다.

167 규봉 종밀은 이 대목을 '순야정신관(舜若呈神觀)'이라고 이름

若諸菩薩이 以寂滅力種種自性으로 安於靜慮하고 而起變化하면 此菩薩者는 名先修禪那하고 中修奢摩他하고 後修三摩鉢提라 하니라

⑱ 선나 – 삼마발제 – 사마타

만일, 보살들이 적멸의 힘 때문에 생성된 인위적인 조작이 없는 자성을 활용하고, 다음에 그것을 활용함에 있어 청정하고 신통한 경계를 보여 중생을 구제하고, 그런 다음에 고요한 상태가 되면, 이 보살은 먼저 선나를 닦고 중간에 삼마발제를 닦고 뒤에 사마타를 닦는다고 한다.[168]

若諸菩薩이 以寂滅力無作自性으로 起於作用淸淨境界하고 歸於靜慮하면 此菩薩者는 名先修禪那하고 中修三摩鉢提하고 後修奢摩他라 하니라

을 붙였다. 그 뜻은 '허공신이 신통을 보이는 거와 같은 관법'이다. '순야(舜若)'는 범어 śūnyatā의 음역. 허공을 관장하는 신이다. 순야타가 햇빛을 받으면 잠깐 나타나는 것에 비유하여, 차례로 '적(寂)→공(空)→환(幻)'의 순서로 수행하는 방법이다.

168 규봉 종밀은 이 대목을 '음광귀정관(飮光歸定觀)'이라고 이름을 붙였다. 그 뜻은 '가섭 존자[飮光]가 적정(寂靜)의 상태에 몰입한 거와 같은 관법'이다.

⑲ 선나 — (사마타와 삼마발제를 동시)

만일, 보살들이 적멸의 힘을 닦고, 그런 뒤에 그로 인해 생성된 갖가지 청정한 보살행을 베푸는 동시에 고요한 상태에 머물러 신통변화를 일으키면, 이 보살은 먼저 선나를 닦고 동시에 사마타와 삼마발제를 닦는다고 한다.[169]

若諸菩薩이 **以寂滅力種種淸淨**으로 **而住靜慮**하여 **起於變化**하면 **此菩薩者**는 **名先修禪那**하고 **齊修奢摩他三摩鉢提**라 하니라

⑳ (선나와 사마타를 동시) — 삼마발제

만일, 보살들이 적멸의 힘을 닦는 동시에 지극히 고요한 상태가 되기를 힘써 닦고, 그런 뒤에 신통변화를 일으켜 중생을 구제하면, 이 보살은 선나와 사마타를 동시에 닦고 뒤에 삼마발제를 닦는다고 한다.[170]

---

169 규봉 종밀은 이 대목을 '다보정통관(多寶呈通觀)'이라고 이름을 붙였다. 그 뜻은 '다보여래께서 먼저 진여의 바탕을 체험하시고, 다음에 다보탑 속에서 『법화경』을 발기(發起)하신 거와 같은 관법'이다.

170 규봉 종밀은 이 대목을 '하방등화관(下方騰化觀)'이라고 이름을 붙였다. 그 뜻은 '『법화경』「종지용출품」(대정장9, 40a)에서 땅속에서 6만 항하사의 보살들이 솟아올라오는 거와 같은 관법'이다.

若諸菩薩이 **以寂滅力**으로 **資於至靜**하고 **而起變化**하면 **此菩薩者**는 **名齊修禪那奢摩他**하고 **後修三摩鉢提**라 하니라

㉑ (선나와 삼마발제를 동시) — 사마타

만일, 보살들이 적멸의 힘을 닦는 동시에 신통변화로 중생 구제하는 데에 힘을 쓰고, 그런 뒤에 지극히 고요하고 맑고 밝은 경계의 지혜를 일으키면, 이 보살은 선나와 삼마발제를 동시에 닦고 뒤에 사마타를 닦는다고 한다.[171]

若諸菩薩이 **以寂滅力**으로 **資於變化**하고 **而起至靜清明**한 **境慧**하면 **此菩薩者**는 **名齊修禪那三摩鉢提**하고 **後修奢摩他**라 하니라

다) 3관을 총체적으로 닦는 방법

만일, 보살들이 '원각의 지혜'[172]로 (理-事, 性-相, 色-空 등의) 일체를 빠짐없이 종합하여, 원각자성을 떠나지 않으면서 모든 성(性: 사마타)과 상(相: 삼마발제)을 닦으면, 이 보살은 세 가지를 빠짐없이 닦아서 자성의

171 규봉 종밀은 이 대목을 '제청함변관(帝靑含變觀)'이라고 이름을 붙였다. 그 뜻은 '제석천에 있는 푸른색의 보석이 일체 모든 물체의 형상을 머금고 있는 거와 같은 관법'이다.

172 '원각의 지혜': 원각과 하나가 된 지혜. 또는 원각에서 발동되는 지혜.

청정함을 수순한다고 한다.[173]

若諸菩薩이 以圓覺慧로 圓合一切하여 於諸性相에 無離覺性하면 此菩薩者는 名爲圓修三種自性清淨隨順이라 하니라

3) 여러 경우를 마무리 지으심

선남자여, 이를 보살의 25종의 수행 방법의 결합이라고 하니, 일체 보살의 수행이 이와 같다.

善男子야 是名菩薩의 二十五輪이니 一切菩薩의 修行이 如是니라

4) 수행할 것을 총체적으로 지시하심

만일 모든 보살과 말세 중생들이 이 수행 방법의 결합에 의지하려는 이는 마땅히 청정한 계행을 지키고, 항상 고요함을 유지하고, 지혜를 발휘하여,[174] 애절하게 참회하기를 21일 동안 한 뒤에, 이상에서 말한 '25종의 수행 방법의 결합[25輪]'에 각각 표시해 두고

173 규봉 종밀은 이 대목을 '여의원수관(如意圓修觀)'이라고 이름을 붙였다. 그 뜻은 '여의주가 사방을 함께 비추듯이, 큰 지혜를 단박에 깨치면 3관이 모두 닦이는 거와 같은 관법'이다.

174 이렇게 하여 계(戒)·정(定)·혜(慧)의 3학(學)을 수행하는 것. 그런 다음에 참회를 한다. 참회에 대한 이야기는 뒤의 「원각장」(178쪽)에서 좀 더 자세하게 나온다.

지극한 마음으로 애절하게 손닿는 대로 뽑아라. 그렇게 뽑혀 나온 대로 수행하면 당장에 돈점(頓漸)을 알게 된다. 한 생각이라도 의심하거나 후회하면 성취하지 못한다."

若諸菩薩과 及末世衆生이 依此輪者는 當持梵行하여 寂靜思惟하여 求哀懺悔홈을 經三七日하여 於二十五輪에 各安標記하고 至心求哀하여 隨手結取하라 依結開示하면 便知頓漸하리라 一念疑悔하면 卽不成就하리라

5. 게송으로 요약하심

이때 세존께서 이 뜻을 거듭 알리기 위하여 게송으로 말씀하셨다.

변음보살이여 그대는 반듯이 알아야 하리라
일체 보살의
걸림이 없는 청정한 지혜가
다 선정에 의하여 생긴다.

이른바 사마타와
삼마발제와 선나이니
세 가지 법을 단박에 또는 점차로 닦는 방법에
25종의 경우가 있다.

시방의 모든 여래와
삼세의 수행자들이
이 법으로 인해
보리를 이루지 않는 이가 없으니
오직 단박에 깨달은 사람과
수행하지 않는 이는 제외하고 말이다.

일체 모든 보살과
말세 중생이
항상 마땅히 이 수행을 지니어
수순하고 부지런히 닦아 익히면
부처님의 대비하신 힘에 의하여
오래지 않아서 열반을 증득할 것이다.

爾時에 世尊이 欲重宣此義하사 而說偈言하사대 辯音아 汝는 當知하라 一切諸菩薩의 無礙清淨慧가 皆依禪定生하니 所謂奢摩他와 三摩提와 禪那이니 三法頓漸修에 有二十五種하리라 十方諸如來와 三世修行者가 無不因此法하여 而得成菩提하니라 唯除頓覺人과 幷法不隨順이니 一切諸菩薩과 及末世衆生이 常當持此輪하여 隨順勤修習이니 依佛大悲力하여 不久證涅槃하리라

제9장 선병(禪病)을 묻는 정제업장보살

1. 부처님께 드리는 질문[175]

이에 정제업장보살이 대중 속에 있다가 얼른 자리에서 일어나 부처님의 발에 이마를 대고 절을 올린 뒤에, 오른쪽으로 세 번 돌고 두 무릎을 꿇고 합장하고 부처님께 말씀 드렸다.

"대비하신 세존이시여! 저희들을 위하여 이와 같이 불가사의한 일인 일체 여래의 '원인이 되는 수행의 양상[因地行相]'을 널리 말씀하셔서,[176] 대중들에게 일찍이 없었던 것을 얻게 하시고, 조어장부께서 항하사 겁을 지나면서 힘든 상황 속에서 이룩한 일체 공용(功用)[177]을 일념 사이에 모두 보게 하시니, 저희 보살들은 스스로 깊이 기뻐하며 위로합니다.

---

175 이하의 「정업장」과 「보각장」은 관행을 닦는 과정에서 발생하는 장애 극복에 대해서 설하신다. 「정업장」에서는 아상 등 4상을 제거하여 원각을 체험하게 하시고, 「보각장」에서는 스승에 의지하여 잘못을 떨칠 것을 가르치신다.

176 「문수장」에서 문수보살이 부처님께 세 가지 질문(24~25쪽)을 했는데, 여기에서는 이상으로 첫 번째 질문에 답해주신 것에 대하여 감사를 드리는 것이다. 이곳 「정업장」에서는 두 번째 질문에 답해주실 차례이다.

177 공용(功用): 여기서는 '노력'이라는 뜻이다.

세존이시여, 만일 원각의 마음이 본성이 청정하다면 무엇이 (원각의 본성을) 더럽혀서 중생들을 어리둥절하게 하여 들어가지 못하게 합니까? 바라옵건대 여래께서는 저희들에게 법성(法性)[178]을 널리 일깨워 주시어 이 모임의 대중과 말세의 중생들이 장래의 안목을 삼게 하여 주옵소서."

이렇게 말씀드리고 오체를 땅에 대어 절했다. 이렇게 하기를 세 번 거듭하였다.

於是에 淨諸業障菩薩이 在大衆中하사 卽從座起하사 頂禮佛足하시고 右繞三匝하시고 長跪叉手하사 而白佛言하사대 大悲世尊하 爲我等輩하사 廣說如是不思議事한 一切如來의 因地行相하사 令諸大衆으로 得未曾有하여 覩見調御의 歷恒河妙劫에 勤苦境界하는 一切功用하사오대 猶如一念케하시니 我等菩薩이 深自慶慰하노이다 世尊하 若此覺心이 本性清淨인댄 因

178 법성(法性): 이 용어에 대해 규봉 종밀은 이렇게 설명하고 있다. "법성이란 모든 법(法)의 성(性)을 말한다. 만약 그 본체를 직접적으로 말하면 각성(覺性)이다. 그런데 차별적인 법을 미루어 살펴보면 거기에는 독자적 본체란 없고 모두 같은 성품 즉 법성(法性)이라고 이름을 붙인다. 이 대목에서는 4상(相)을 쳐부숴 모든 법을 융합하여 원각의 성품[覺性]과 같아지게 하기 때문에, '법성을 널리 일깨워 주시어'라고 했다. 종전의 『경』 본문에서는 그저 '각성(覺性)'이라고만 했는데, 이 대목에서 법성(法性)이라고 한 뜻은 바로 여기에 있다."『대소』(신찬속장9, 398c).

何染汚하여 使諸衆生으로 迷悶不入케하니잇고 唯願如來가 廣爲我等하사 開悟法性하사 令此大衆과 及末世衆生으로 作將來眼케하소서 作是語已하시고 五體投地하사 如是三請하사 終而復始하시니

2. 대답해 주실 것을 허락하심

그때에 세존께서 정제업장보살에게 말씀하셨다.

"훌륭하다, 선남자여. 그대들은 지금의 대중들과 말세의 중생들을 위하여 여래에게 이와 같은 방편을 물었구나. 그대는 지금 잘 들어라 그대에게 말해 주리라."

爾時에 世尊이 告淨諸業障菩薩言하사대 善哉善哉라 善男子야 汝等이 乃能爲諸大衆과 及末世衆生하여 諮問如來의 如是方便하니 汝今諦聽하라 當爲汝說하리라

3. 조용히 말씀을 기다림

이때에 정제업장보살이 가르침을 받들어 기뻐하면서 모든 대중들과 함께 조용히 들었다.

時에 淨諸業障菩薩이 奉教歡喜하사와 及諸大衆으로 黙然而聽하시니

4. 네 가지 미혹을 밝혀주심

1) 미혹이 생긴 이유

"선남자여, 일체 중생이 끝없는 예부터 망상 때문에 아·인·중생·수명[179]이 있다고 집착하여, 네 가지 뒤바뀜을 잘못 알아 실제로 '나'의 본체가 있다고 여긴다.[180]

이 까닭에 미움과 사랑의 두 경계가 생기고, 허망한

---

179 아·인·중생·수명: 경전에 따라 4상(相)에 대한 설명이 다르다. 크게 둘로 나누어 볼 수 있는데 첫째는 '미식경(迷識境)'의 측면에서 설명하는 것이고, 둘째는 '미지경(迷智境)'의 측면에서 설명하는 것이다. 첫째는 『금강경』의 경우로서 거기서는 '세간의 법집'에 해당하는 4상(相)의 타파에 주력하고 있다. 즉 '세간의 법집'에 빠진 이들은, 제 몸에 대해 거기에는 '자신의 실체가 있다는 집착[我]'을 내고, 이런 '아(我)'를 바탕으로 '다른 생명체도 자신처럼 실체가 있을 것이라는 집착[人]'을 내고, 이런 '아(我)'의 성쇠고락은 되풀이 되고 갖가지로 변화 상속하는 '중생이 실재한다는 집착[衆生]'을 내고, 이런 '我'의 '생명은 단절됨이 없이 계속하리라는 집착[壽命]'을 낸다. 이에 대비되어 『원각경』에서는 '출세간의 법집'을 타파하는 데에 주목하고 있다.

180 이상에서 미혹이 생긴 이유를 총론적으로 말씀하셨다. 이하의 네 문단에서는 각론적으로 자세하게 그 과정을 밝혀주신다. ①점점 더 허망한 생각을 냄[展轉生妄], ②원각의 마음을 제 스스로 멀리함[違拒覺心], ③마음을 움직이려는 것도 또 쉬려는 것도 모두 잘못[動息俱迷], ④이렇게 해서는 결코 도를 이룰 수 없음[結成障道].

몸에 대해 거듭 허망하게 집착하고, 두겹의 허망함이 서로 의지하여 허망한 업도(業道)[181]가 생기고, 허망한 업이 있으므로 생사에 유전함이 있다는 부질없는 생각을 내고, 이런 헤맴을 싫어하는 이는 열반이 실재한다는 부질없는 견해를 낸다.

그렇기 때문에 청정한 원각에 들어가지 못한다. 들어가는 이들을 원각이 막는 것이 아니며, 들어가게 한다 하더라도 원각이 들어가게 하는 것이 아니다.[182]

그러므로 마음을 움직이거나 생각을 쉼[183]이 모두 미혹하여 번민하는 결과로 돌아간다. 그 이유가 무엇인가? 끝없는 예부터 일으켰던 무명으로 자신의 주재(主宰)를 삼았기 때문이다. 모든 중생들이 태어날 때부터 지혜로운 눈이 없어서 몸과 마음의 성품이 모두가 무명이다. 비유하건대 사람이 스스로 자기의 목숨을

---

181 업도(業道): 지은 업에 의해서 과보로 태어나는 여러 가지 삶의 형태. 대표적으로 지옥도, 아귀도, 축생도, 수라도, 인간도, 천도 등 6도(道)를 들 수 있다.

182 이 문단은 앞에서 한 질문 즉, "원각의 마음이 본성이 청정하다면 무엇이 (원각의 본성을) 더럽혀서 중생들을 어리둥절하게 하여 들어가지 못하게 합니까?"(144쪽)에 대한 대답이다.

183 마음을 움직이거나 생각을 쉼: "마음을 움직임"은 4성제(聖諦) 중에서 '고(苦)성제'와 '집(集)성제'에 해당하고, "생각을 쉼"은 '멸(滅)성제'와 '도(道)성제'를 말한다.

끊지 못하는 것 같다.

그러므로 분명히 알아라. 나를 사랑하는 이에게는 내가 수순하고, 나에게 수순하지 않는 사람에게는 곧 미워하고 원망한다. 증오하고 사랑하는 마음이 무명을 기른다. 이런 방식을 계속해 가면서 도를 닦기 때문에 이루지 못하는 것이다.

善男子야 一切衆生이 從無始來에 妄想으로 執有我人衆生과 及與壽命하여 認四顚倒하여 爲實我體할새 由此하여 便生憎愛二境하여 於虛妄體에 重執虛妄하여 二妄이 相依하여 生妄業道하나니 有妄業故로 妄見流轉하고 厭流轉者는 妄見涅槃하나니 由此로 不能入淸淨覺하나니 非覺이 違拒諸能入者이며 有諸能入도 非覺이 入故니라 是故로 動念과 及與息念이 皆歸迷悶하니 何以故오 由有無始의 本起無明을 爲己主宰일새니 一切衆生이 生無慧目하니 身心等性이 皆是無明이니라 譬如有人이 不自斷命듯하니 是故로 當知하라 有愛我者이거든 我與隨順하고 非隨順者는 便生憎怨하여 爲憎愛心이 養無明故로 相續求道할새 皆不成就하니라

2) 네 가지의 미혹

선남자여, 어떤 것이 아상(我相)인가? 이른바 사람들이 마음[184]으로 무엇인가를 체험하는 현상이다. 선남

184 마음: 제7 말라식을 지칭. 이 '마음'으로 체험하는 대상은 제8

자야, 비유하면 어떤 사람이 온갖 뼈마디가 편안할 때에는 내 몸이 있는 줄을 잊었다가, 사지가 팽팽하거나 늘어나 섭생이 안 좋아졌을 때에 살짝 침을 놓거나 뜸을 뜨면 곧 바로 '내[我]'가 있음을 알게 된다. 그러므로 무언가를 체험하고는 마침내 (그런 체험을 하는 당사자인) '나'의 실체가 있다고 착각한다. 선남자여. 그런 마음으로는 여래만이 필경에 아시는 청정한 열반을 체험한다고 하더라도 모두 아상이다.[185]

善男子야 云何我相고 謂諸衆生의 心所證者이니 善男子야 譬如有人이 百骸調適에 忽忘我身하다가 四肢絃緩하여 攝養乖方커든 微加針艾하면 卽知有我인듯하니 是故로 證取에사 方現我體니라 善男子야 其心이 乃至證於如來畢竟了知하는 淸淨涅槃하여도 皆是我相이라 하니라

아뢰야식이다.

185 규봉 종밀은 이 대목을 '약사험아(約事驗我)'라고 과목을 붙였다. 어떤 사안에 대한 체험을 통해서 그런 체험을 하는 주체가 바로 '나'라고 집착하는 것을 말한다. 이하 『원각경』에서 말씀하시는 4상(相)은 '출세간의 법집'을 오인해서 생긴 것이다. 이런 점에서 이곳의 4상은 『금강경』의 4상과는 다르다. 『금강경』에서는 '세간의 법집'을 오인해서 생긴 것이다. 『금강경』의 4상을 타파했더라도, 『원각경』에서 말씀하신 4상을 타파하지 못하면 불도를 완성했다고 할 수 없다.

선남자여, 어떤 것이 인상(人相)인가? 이른바 사람들이 자신의 마음이 무엇인가를 체험하는 것을 자각하는 현상이다. 선남자야, '나'가 존재하는 줄을 자각하는 그 주체는 결코 자기 자신을 인식하지 못한다. 그렇게 자각된 내용도 '나'가 없고, 그렇다고 자각하는 주체도 '나'가 없다. 자각하는 내용과 자각하는 주체를 모두 초월했다 하더라도 이것 역시 인상(人相)이다. 선남자여. 그런 마음으로는 심지어는 열반을 완전하게 깨달았다고 해도 모두 '나'라는 자기의식이 남아서 그것이 살짝 느껴지기 때문에, (원각의) 이치를 모두 남김없이 체험했다 하더라도 모두 인상(人相)이라 한다.[186]

善男子야 云何人相고 謂諸衆生의 心悟證者이니 善男子야 悟有我者가 不復認我커니와 所悟非我이나 悟亦如是하니라 悟已超過一切證者라도 悉爲人相이라 善男子야 其心이 乃至圓悟涅槃하여도 俱是我者가 心存少悟이니 備殫證理라도 皆名人相이라 하니라

186 규봉 종밀은 이 대목을 '오아성인(悟我成人)'이라고 과목을 붙인다. 대상과 마주하고 있는 '나라는 의식[我]'이 있는 줄을 지각하는 작용을 말한다. 이것을 '남[人]'이라고 이름 붙인 이유는, '아(我)'의 소연(所緣) 즉 지각대상이 되기 때문에, '아(我)'와 구별하기 위해서 그런 것이다.

선남자여, 어떤 것이 중생상(衆生相)인가? 이른바 중생들이 마음에 스스로 체험하거나 알아차림이 미치지 못하는 것이다. 선남자야, 비유하건대 어떤 사람이 말하기를 '나는 중생이다'고 했다면, 그 사람이 말한 중생이란 '나'도 아니며, '남'도 아니라는 것을 알 수 있다. 어찌하여 '나'가 아니겠는가? '나는 중생이다'고 했기 때문에 '나'가 아니다. 어찌 '남'이 아니겠는가? '나는 중생이다'고 했으니 '내'가 아니기 때문이다. 선남자여. 중생들의 체험하고 알아차리는 것은 모두가 아상과 인상이다. 아상과 인상이 미치지 못하는 것에 '체험해야 할 대상[所了]'이 있다는 생각을 내면 (그것이) 중생상이다.[187]

善男子야 云何衆生相고 謂諸衆生의 心自證悟의 所不及者이니 善男子야 譬如有人이 作如是言호대 我是衆生이라하면 則知彼人의 說衆生者가 非我이며 非彼니라 云何非我오 我是衆生이라할새 則非是我이며 云何非彼오 我是衆生이라할새 非彼我故니라 善男子야 但諸衆生의 了證과 了悟가 皆爲我人이어든

187 규봉 종밀은 이 대목을 '요적적생(了跡跡生)'이라고 과목을 붙였다. 걸림돌을 넘기는 넘었는데, 넘었다는 생각이 도리어 걸림돌이 된다는 뜻이다. '아상'과 '인상'의 허망함을 체험하기는 했는데, 그런 체험을 하는 주체가 있다는 착각에 빠지는 것, 그것이 바로 『원각경』에서 말하는 '중생상'이다.

而我人相의 所不及者를 存有所了함을 名衆生相이라 하니라

선남자여, 어떤 것이 수명상(壽命相)인가? 이른바 중생들의 '마음의 작용[心照]'이 청정해서 자기가 무엇인가를 아는 현상이 있다는 것을 스스로 자각 하는 것이다. 일체 업지(業智)[188]로는 그 정체를 알 수 없는 것이 마치 목숨과 같다. 선남자야, 마음으로 일체 깨달음을 비추어 보는 것 같은 것은 모두가 허망한 것이다. 능히 깨달은 이와 또 그것에 의해서 깨달은 내용이 허망함을 떠나서 별도로 있는 것이 아니기 때문이다. 마치 끓는 물로 얼음을 녹이면 달리 어떤 얼음이 따로 있어서 얼음을 녹이는 행위를 관장하는 것이 아닌 것과 같다. '나'를 남겨 두고서 '나'를 깨닫는 것도 이와 같다.[189]

188 업지(業智): 바로 위에서 말한 그런 '마음의 작용[心照]'을 가지고 일체의 무루(無漏)의 업을 닦아서 획득하는 지혜. 또는 작용성이 있는 일체의 지혜를 말하기도 한다. 수명상은 너무도 미세하게 잠복하여 계속되기 때문에 업지(業智)로는 그 정체를 알 수 없다.

189 규봉 종밀은 이 대목을 '잠속여명(潛續如命)'이라고 과목을 붙였다. 중생들의 목숨처럼, 보이지 않게 이어지는 그 무엇이라는 뜻이다. 우리들에게 체험되지는 않지만, 우리들의 생명현상 속에 잠복되어 흐르는 자아의식을 말한다.

善男子야 云何壽命相고 謂諸衆生의 心照淸淨하여 覺所了者이니 一切業智가 所不自見이 猶如命根하니라 善男子야 若心에 照見一切覺者가 皆爲塵垢이니 覺所覺者가 不離塵故이니 如湯이 消氷하면 無別有氷하여 知氷消者하니 存我覺我도 亦復如是하니라

3) 네 가지의 상(相)이 있으면 도를 잃음

선남자여, 말세의 일체 중생들이 4상을 알지 못하면 아무리 여러 겁이 지나도록 애써 수도하더라도 '티[有爲]'[190]를 내고 하는 것이다. 그래서는 어떤 성스러운 과위도 이루지 못한다. 그러므로 정법의 말세[191]라 한다.

190 티[有爲]: '티'를 내고 수행을 하면 '유위'의 과보를 받는다. 그런데 열반은 '무위법'의 범주에 속하기 때문에 '유위'로는 얻을 수 없다.

191 정법의 말세: 원문은 '正法末世'이다. 정법시절에는 수행을 하면 모두가 불법을 체험을 할 수 있다. 그러나 말법시대에는 많은 사람들이 모습[相]에 탐착하여 그렇지 못한다. 그런데 이제 '내가 불법을 체험했다'는 상(相)을 내니, 비록 정법을 만났어도 말법시대와 같은 꼴이다. 그러나 만약 『원각경』의 가르침을 만나 병의 근원을 통달하게 되면, 비록 시간적으로 말세라 할지라도 정법시대와 동일하다. 그래서 "정법의 말세"라고 한 것이다.

善男子야 **末世衆生**이 **不了四相**하면 **雖經多劫**토록 **勤苦修道**하여도 **但名有爲**라 **終不能成一切聖果**하리니 **是故**로 **名爲正法末世**라 하니라

가) 아상을 참 나로 오인해서는 안 됨

무슨 까닭이겠는가? 모든 것에 '불변하는 자기동일성[我]'이 있다고 오인하여 그것을 열반[192]이라고 여기기 때문이며, ('나'라는 상을 버리지 못한 상태에서) 체험하거나 지각한 것을 가지고 (원각을) 성취했다고 여기기 때문이다. 마치 어떤 사람이 도적을 잘못 알아 아들로 여기면 그 집 재물은 온전하게 보전되지 못하는 것과 같다.

何以故오 **認一切我**하여 **爲涅槃故**이며 **有證有悟**로 **名成就故**니라 **譬如有人**이 **認賊爲子**하면 **其家財寶**가 **終不成就**듯하니라

192 열반: 『원각경』에 나오는 열반에 대해 규봉 종밀은 이렇게 말하고 있다. "열반이란 깨달음 그 자체를 말하는 것이지 체험해야 할 실체가 있는 것은 아니다. 요즈음 사람들이 '열반을 체험했다'는 말들을 하곤 하는데, '체험하는 주체'와 '체험하는 대상'이 쪼개져 둘로 나뉘어서 즉 '능(能)-소(所)'의 쪼개짐을 지우지 못하면 이것은 아상 등의 집착에 떨어질 뿐이다."『대소』(신찬속장9, 400c).

무슨 까닭이겠는가? '불변하는 자기동일성[我]'이 있다고 오인하는 이는 열반도 사랑하여, '나'라는 애착의 뿌리를 굴복시키고는 그것이 열반의 상태라고 여긴다. '불변하는 자기동일성[我]'을 증오하는 이는 역시 생사의 윤회도 증오하기 때문이다. 애착하는 그 자체가 바로 곧 생사윤회임을 알지 못하는 까닭에 공연히 생사를 증오한다. 이래서는 해탈이라 할 수 없다.

何以故오 **有我愛者**는 **亦愛涅槃**하며 **伏我愛根**하여 **爲涅槃相**하며 **有憎我者**는 **亦憎生死**하나니 **不知愛者**가 **眞生死故**로 **別憎生死**하나니 **名不解脫**이라

어찌하여 그것이 '열반이라는 집착에서 해탈한 것이 아님'[193]을 알겠는가? 선남자야, 저 말세의 중생들이 깨달음으로 향해가다가 조그마한 깨달음을 체험하고는 제 스스로 청정함을 얻었다고 오인한다. 아상의 뿌리를 없애지 못해서 그렇게 된다. 만일 어떤 사람이 그(=조금 깨달은) 법을 칭찬하면 곧 기뻐하는 생각을 내어

193 열반이라는 집착에서 해탈한 것이 아님: 원문은 "法不解脫"이다. 원문의 '法' 자를 해석하기가 쉽지 않은데, 규봉 종밀의 설을 따라 '열반'으로 번역했다. 규봉 종밀은 이 대목을 『대소』(신찬속장9, 402a)에서 이렇게 해석한다. 즉, "解曰. 法者涅槃, 由前釋云, 愛涅槃者, 名不解脫. 故此徵云."

서 남을 제도하려 들고, 그가 얻은 법을 비방하면 성을 낸다. 이런 현상을 보면, 그가 아상을 굳게 집착하여 잠재의식 속에 넣어두었다가 여러 감관을 통하여 가지고 놀기를 잠시도 쉬지 않는 줄 확인할 수 있다.

云何當知하리오 法不解脫을 善男子야 彼末世衆生의 習菩提者가 以己微證으로 爲自清淨하나니 由未能盡我相根本이니라 若復有人이 讚歎彼法커든 卽生歡喜하여 便欲濟度하고 若復誹謗彼所得者이어든 便生瞋恨하면 則知我相을 堅固執持하여 潛伏藏識하여 游戲諸根하여 曾不間斷이니라

선남자여, 수도하는 사람들이 아상을 제거하지 못하기 때문에 청정 원각에 들지 못한다.

善男子야 彼修道者가 不除我相할새 是故로 不能入清淨覺하나니라

나) 4상의 병을 법이라고 설해서는 안 됨

선남자여, 만약 '나'라는 상이 공한 줄을 알면 '나'라는 상을 훼방하는 것도 없다. '나'라는 상이 있는 상태에서 법을 설하는 것은, '나'라는 상을 아직 끊어버리지 못했기 때문이다. 중생상도 수명상도 또한 이와 같다.

선남자여, 말세 중생이 4상의 병을 설하면서도 그것이 법이라고 착각하기 때문에 이를 두고 '가련한 자'라고 한다. 이렇게 해서는 비록 정진 수행하더라도 여러 병만 키울 뿐이다. 그러므로 청정한 깨침에 들어가지는 못한다.

善男子야 若知我空하면 無毁我者하며 有我說法은 我未斷故이니 衆生壽命도 亦復如是하니라 善男子야 末世衆生이 說病爲法할새 是故로 名爲可憐愍者라 하니 雖勤精進하여도 增益諸病할새 是故로 不能入淸淨覺하나니라

다) 범속한 것을 성스런 것에 섞어서는 안 됨

선남자야, 말세 중생이 4상을 깨치지 못한 상태에서 여래의 견해와 행하신 내용을 스스로 수행하기 때문에, 끝내 도를 성취하지 못한다. 혹 어떤 중생은 깨달음을 얻지 못하고 스스로 얻었다고 자임하기도 하며, 체험하지 못하고 체험했다고 하며, 수행을 잘 하는 사람을 보고 마음으로 질투를 한다. 이렇게 되는 까닭은 저 중생이 '나'에 대한 애착을 끊지 못했기 때문이다. 이래서는 청정한 원각에 들어가지 못한다.

善男子야 末世衆生이 不了四相하여 以如來解와 及所行處로 爲自修行할새 終不成就하며 或有衆生은 未得을 謂得이라 하며

未證을 謂證이라 하며 見勝進者하고 心生嫉妬하나니 由彼衆生이 未斷我愛할새 是故로 不能入淸淨覺하니라

라) 깨달음의 결과[果覺]만 바라보다 인지수행(因地修行)을 미혹해서는 안 됨

선남자야, 말세의 중생들은 도를 이루기를 희망하면서도 깨달으려 하지 않고, 그저 많이 듣는 것만을 늘려가면서 '나'라는 집착만 키워간다.

善男子야 末世衆生이 希望成道호대 無令求悟하고 惟益多聞하여 增長我見케하니라

4) 미혹을 끊고[194] 성불의 원인을 완성

다만 부지런히 정진하여 번뇌를 항복시키고, 큰 용맹을 일으켜서 아직 얻지 못한 것을 얻고자 하고, 아직 끊지 못한 것을 끊고자 하여, 탐냄·성냄·애착·교만과 첨곡·질투 따위가 어떤 외적 상황을 만나더라도 그런 것이 생기지 않게 되면, '남'과 '나'에 대한 애착이 모두 사라진다.

194 미혹을 끊는 것에 관한 논의를 단혹론(斷惑論)이라 한다. 화엄교학의 입장에서 규봉 종밀이 구성한 단혹론(斷惑論)을 정리하면 다음과 같다. (『대소』, 신찬속장9, 403b~405a).

부처님께서는 이런 사람을 두고 ‘점차로 성취’하리라 하신다. 선지식을 만나면 삿된 견해에 빠지지 않겠지만, 만일 만나고서도 달리 미움과 사랑을 일으키면 청정한 원각의 바다에 들어가지 못한다.”

<table>
<tr><th>5교</th><th>끊어야 할 번뇌</th><th>끊는 방법</th><th>끊어가는 지위</th></tr>
<tr><td>소 승 교</td><td rowspan="5">1.『원각경』과 『유식론』처럼 통론하는 경우: 2장(=所知障, 煩惱障) 및 5성 차별.
2. ‘근본 번뇌’와 ‘지말번뇌’를 나누어서 각론하는 경우: 여기에 두 종이 있음.
①『기신론』에서는 ‘불각’을, 『원각경』「문수장」에서는 ‘무명’을 근본이라 함.
②『기신론』과 『보성론』에서는 9종의 번뇌(무명업상, 능견상, 경계상, 지상, 상속상, 집취상, 계명자상, 기업상, 업계고상)를, 『유식송』과 『원각경』에서는 6종의 번뇌(탐, 진, 치, 만, 의, 악견)를 지말이라 함.</td><td>「금강장」에서 설한 내용과 같으니, 그것을 참조.</td><td>지위를 나누지 않음</td></tr>
<tr><td>대승시교</td><td>지혜가 발동할 때에 번뇌도 사라짐.</td><td>소지장과 번뇌장에 분별(分別)과 구생(俱生) 현행(現行)이 각각 있음.</td></tr>
<tr><td>대승종교</td><td>1. 상번(相飜)으로 볼 경우: 지혜가 발동할 때에 번뇌도 사라짐.
2. 상속(相續)으로 볼 경우: 번뇌와 지혜를 따로 구별하지 않음.</td><td>소지장과 번뇌장에 분별(分別)과 구생(俱生)과 현행(現行)을 구분하지 않음.</td></tr>
<tr><td>대승돈교</td><td>1. 오직 근본만을 끊음.
2. 모두가 공함을 깨침.
3. 본성을 알아차림.</td><td>점차적인 순서를 나누지 않음.</td></tr>
<tr><td>일승원교</td><td>한 번뇌에 막히면 모든 번뇌에 막히고, 지혜로 번뇌 하나를 끊으면 모든 번뇌가 끊어지며, 법계를 깨치는 것도 하나를 깨치면 일체를 깨치고, 불과를 성취하는 것도 하나를 성취하면 일체를 성취함.</td><td>52위(位)의 지위마다, 각 지위에서 일체를 체험하기 때문에 지위별로 체험을 따로 세우지 않음.</td></tr>
</table>

但當精勤하여 降伏煩惱하여 起大勇猛하여 未得을 令得하며 未斷을 令斷하여 貪嗔愛慢과 諂回[195]嫉妬와 對境不生하여 彼我恩愛가 一切寂滅하면 佛說是人이 漸次成就라 하리니 求善知識하면 不墮邪見하려니와 若於所求에 別生憎愛하면 則不能入清淨覺海하리라

5. 게송으로 요약하심

이때에 세존께서 이 뜻을 거듭 알리기 위하여 게송으로 말씀하셨다.

정제업장보살아여 그대는 반드시 알아야 하리니
일체 중생들 모두가
나[我]를 아끼는 집착 때문에
끝없는 예부터 허망하게 윤회했나니

네 가지 상을 제거하지 못하면
보리를 이루지 못하리라.

미움과 사랑은 마음에서 생기고
아첨과 왜곡이 생각 속에 있어서
그 까닭에 미혹하고 어리둥절하여

195 回: 「금릉본」에는 '曲' 자로 표기. 본 번역은 「금릉본」을 따른다.

깨달음의 성 안으로 들어가지 못하느니라.

만일에 깨달음의 국토에 들어가려면
먼저 탐·진·치를 버려야 되나니
열반에 대한 애착도 마음에 두지 않으면
점차로 성취할 수 있으리라.
내 몸도 본래 있는 것이 아닌데
미움과 사랑이 어디서 생기랴
이런 사람이 선지식을 만나면
끝내 사견에 떨어지지 않겠지만
만나고도 다른 생각을 내면
끝내 성취하지 못하리라.

爾時에 世尊이 欲重宣此義하사 而說偈言하사대 淨業아 汝는 當知하라 一切諸衆生이 皆由執我愛하여 無始妄流轉하니라 未除四種相하면 不得成菩提하리라 愛憎生於心하며 諂曲存諸念할새 是故로 多迷悶하여 不能入覺城하니라 若能歸悟刹인댄 先去貪嗔痴하여 法愛不存心하면 漸次可成就이니 我身本不有이거니 憎愛何有生이리오 此人이 求善友하면 終不墮邪見하려니와 所求別生心하면 究竟非成就하리라

제10장 스승 모시는 법을 묻는 보각보살

1. 부처님께 드리는 질문

이에 보각보살이 대중 속에 있다가 얼른 자리에서 일어나 부처님의 발에 이마를 대고 절을 올린 뒤에 오른쪽으로 세 번 돌고 두 무릎을 세워 꿇고 합장하고 부처님께 말씀드렸다.

"대비하신 세존이시여! 선(禪) 병을 쾌히 말씀해 주셔서 대중들이 일찍이 없던 기쁨을 얻게 하시고, 마음과 생각이 말쑥해져서 큰 안온을 얻게 하셨나이다. 세존이시여! 말세의 중생이 부처님과 서로 떨어짐이 점점 멀어짐에 성현은 숨고 삿된 법은 더욱 번성해지니, 중생들이 어떤 스승을 구하며, 어떤 법에 의지하며, 어떤 행을 행하며, 어떤 병을 제거하며, 저 뭇 소경들에게 어떻게 발심하게 하여야 삿된 견해에 빠지지 않게 하겠나이까?"

이렇게 말씀드리고 오체를 땅에 대어 절했다. 이렇게 하기를 세 번 거듭하였다.

於是에 普覺菩薩이 在大衆中하사 卽從座起하사 頂禮佛足하사 右繞三匝하시고 長跪叉手하사 而白佛言하사대 大悲世尊하 快

說禪病하사 令諸大衆으로 得未曾有하사와 心意蕩然하여 獲大安隱케하시니 世尊하 末世衆生이 去佛漸遠하며 賢聖隱伏하여 邪法增熾하리니 使諸衆生으로 求何等人하며 依何等法하며 行何等行하며 除去何病하며 云何發心케하여야 令彼群盲으로 不墮邪見케하리잇고 作是語已하시고 五體投地하사 如是三請하사 終而復始하시니

2. 대답해 주실 것을 허락하심

그때 세존께서 보각보살에게 말씀하셨다.

"훌륭하구나, 선남자여. 그대들은 여래에게 이와 같은 수행을 물어서 말세의 일체 중생들에게 두려움이 없는 도안(道眼)을 베풀어서, 그들이 도를 이루게 하는구나. 자세히 들어라. 그대들에게 말해 주리라."

爾時에 世尊이 告普覺菩薩言하사대 善哉善哉라 善男子야 汝等이 乃能諮問如來如是修行하여 能施末世一切衆生에 無畏道眼하여 令彼衆生으로 得成聖道케하니 汝今諦聽하라 當爲汝說하리라

3. 조용히 말씀을 기다림

그러자 보각보살이 가르침을 받들어 기뻐하면서 모든 대중들과 조용히 들었다.

時에 普覺菩薩이 奉教歡喜하사와 及諸大衆으로 黙然而聽하시니

4. 스승에 의지하여 병을 고칠 것

1) 안목이 있는 스승을 모실 것

"선남자야, 말세 중생들이 큰 마음을 일으켜 선지식을 구해서 수행코자 하는 이는 반드시 바른 지견을 가진 그런 사람을 찾아야 한다. 그 사람은 마음에 '집착하는 작용'[196]이 없으며, 성문이나 연각의 경계에 집착하지 않는다. 그 사람은 비록 세속에 살더라도 마음은 항상 청정하며, (중생을 제도하기 위하여) 온갖 허물을 보이지만[197] 범행[198]을 찬탄해서, 중생들로 하여금 잘못된 계율이나 율의에 빠지지 않게 한다. 이런 사람을 만나면 곧 최고의 깨달음을 성취하리라.

---

196 마음에 집착하는 작용: 원문은 "心不住相"이다. 직역하면 "心에 住하는 相이 없다"가 된다. 『금강경』의 "應無所住, 而生其心."과 같은 소식이다. '깨달음'이나 '열반'에 대해서조차도 집착이 없어야 한다.

197 이런 사례들은 경전에 많이 보인다. 예를 들면 『유마경』에서 유마 거사가 처자를 거느리나 범행을 닦는 것이나, 『화엄경』에서 보살이 재가하면서 처자와 함께 살면서 보리심을 버리지 않는 것 등이다.

198 범행: 청정한 수행. 욕망을 끊는 수행.

善男子야 末世衆生이 將發大心하여 求善知識하여 欲修行者는 當求一切正知見人이니 心不住相하며 不著聲聞緣覺境界하며 雖現塵勞하나 心恒淸淨하며 示有諸過하나 讚嘆梵行하여 不令衆生으로 入不律儀케하니 求如是人하면 卽得成就阿耨多羅三藐三菩提하리라

말세 중생들이 이런 사람을 보거든 의당 공경·공양하되 몸과 목숨을 아끼지 말아야 한다. 그 선지식이 4위의(威儀)[199] 가운데 항상 청정한 행동을 보일 경우는 물론 혹은 갖가지 실수를 드러내더라도 교만한 생각을 내지 말아야 한다. 그런데 하물며 재물을 모았거나 처자와 하인을 두었음은 말해 무엇 하리오?

末世衆生이 見如是人하여는 應當供養하되 不惜身命이니 彼善知識이 四威儀中에 常現淸淨커나 乃至示現種種過患하여도 心無憍慢호리니 況復摶財妻子眷屬이여

만약 선남자가 그 선우에 대하여 나쁜 생각을 일으키지 않으면 곧바로 마침내는 바른 깨달음을 성취하여 '마음의 빛[心華]'[200]이 피어나서 시방 세계를 비추리

199 4위의(威儀): 걸을 때나, 가만히 있을 때나, 앉았을 때나, 누웠을 때. 즉 어떤 행동을 하든 모든 경우.

200 마음의 빛: 원각의 마음이 밝으니 지혜 광명이 드러난다. 그

라.

若善男子가 於彼善友에 不起惡念하면 卽能究竟成就正覺하여 心華가 發明하여 照十方刹하리라

2) 스승의 조건

선남자여, 그 선지식이 증득한 묘한 법은 반드시 네 가지 병을 떨쳐버렸다. 어떤 것이 네 가지 병인가?

善男子야 彼善知識의 所證妙法은 應離四病이니 云何四病고

첫째는 작병(作病)이다. 어떤 사람이 말하기를, 나는 생각하기를 갖가지 수행을 닦아서 원각을 구하겠다고 하는 것이다. 그런데 저 원각의 성품은 조작해서 얻는 것이 아니기 때문에 이런 생각을 하는 것을 병이라 한다.[201]

一者는 作病이니 若復有人이 作如是言호대 我於本心에 作種種行하여 欲求圓覺이라 하면 彼圓覺性은 非作得故로 說名爲

무엇도 이를 물들일 수 없기 때문에 '마음의 빛[心華]'이라 했다.

201 '마음을 내어 조작[生心造作]해서' '원각'이 체험되는 것은 아니다. 번뇌가 사라진 자리에 '원각'이 드러난다. '원각'은 '본유(本有)'이지 '신훈(新熏)'이 아니기 때문이다. 원각은 불생불멸하는 것으로 모든 중생들이 항상 본래 가지고 있는 것이다.

病이라

둘째는 임병(任病)이다. 어떤 사람이 말하기를, 우리들은 지금에 생사를 끊으려하지도 않고 열반을 구하려하지도 않겠다고 한다. 열반과 생사에 대하여 마음을 내거나 말거나 하는 생각 자체를 안 한다. 그저 일체의 경우에 내맡기어 모든 법성(法性)에 수순하여 원각을 구하겠다고 한다. 그런데 원각의 성품은 그냥 내맡겨 둠으로써 있는 것이 아니기 때문에 이런 생각을 하는 것을 병이라 한다.[202]

二者는 任病이니 若復有人이 作如是言호대 我等今者에 不斷生死하며 不求涅槃하여 涅槃生死에 無起滅念하여 任彼一切하여 隨諸法性으로 欲求圓覺이라 하면 彼圓覺性은 非任有故로 說名爲病이라

셋째는 지병(止病)이다. 어떤 사람이 말하기를, 나는 지금 내 마음의 망상을 영원히 멈추어서 일체의 모든 법성이 고요하고 평등해지게 해서 원각을 구하겠다고 한다. 그런데 저 원각의 성품은 그침으로써 그것에 부

202 '멋대로 내맡기어 떴다 가라앉았다(任意浮沈)해서' 원각이 체험되는 것은 아니다. 모든 중생이 원각을 간직하고 있지만 무시이래로 물든 번뇌를 제거해야, 원각의 기능이 드러난다.

합되는 것이 아니기 때문에 이런 생각을 병이라 한다.[203]

三者는 止病이니 若復有人이 作如是言호대 我今自心에 永息諸念하여 得一切性이 寂然平等하여 欲求圓覺이라 하면 彼圓覺性은 非止合故로 說名爲病이라

넷째는 멸병(滅病)이다. 어떤 사람이 말하기를, 나는 지금 일체 번뇌를 영원히 끊어 몸과 마음이 끝내 공하여 아무 것도 없거늘 하물며 6근과 6진의 허망한 경계를 말해 무엇 하겠냐고 한다. 이렇게 모두 영원히 적멸해지는 것으로써 원각을 구하려고 하면, 저 원각의 성품은 공적(空寂)하지 않기 때문에 이런 생각을 병이라 한다.[204]

四者는 滅病이니 若復有人이 作如是言호대 我今에 永斷一切煩惱하여 身心이 畢竟空無所有커니 何況根塵과 虛妄境界여 一切永寂하여 欲求圓覺이라 하면 彼圓覺性은 非寂相故로 說名爲病이라

203 '허망한 마음을 중지하고 쉬어서[止息妄情]', 원각이 체험되는 것은 아니다. 원각의 성품은 본래 신령스럽고 밝다.

204 '마음과 경계를 소멸시켜서[滅除心境]', 원각이 체험되는 것은 아니다. 원각의 본성은 결코 공하지 않기 때문이다.

이상의 네 가지 병을 여읜 자라야 비로소 청정함을 안다. 이렇게 관찰하는 것이 바른 관찰이지 다르게 관찰하는 것은 삿된 관찰이다.

離四病者이라야 則知淸淨하리니 作是觀者는 名爲正觀이오 若他觀者는 名爲邪觀이라

3) 스승을 섬기는 자세

선남자여, 말세의 중생이 수행을 하고자 하거든 응당 목숨을 다하도록 선우를 공양하고 선지식을 섬겨야 된다.[205] 그 선지식이 나를 가까이 하여도 교만한 생각을 끊고, 멀리하여도 성을 내거나 한을 품지 말라. 덕스런 모습을 보이거나 그렇지 못한 모습을 보이더라도 허공과 같이 여기고,[206] 몸과 마음이 끝내 평등하여 중생들과 동체이어서 조금도 차이가 없는 줄로 분명히 알아야 된다. 이와 같이 수행하여야 마침내 원

205 선우를 공양하고 선지식을 섬김: 『화엄경』「입법계품」(대정장10, 331c~334a)에서 선재동자가 문수사리 처소에 이르러 보리심을 발하고 보살행 닦는 법을 여쭈었다. 그러자 문수보살은 다른 말을 하지 않고 그저 "선우를 친근히 하라"고 당부한다. 그러면서 덕운 비구에게 가보라고 한다.

206 허공과 같이 여김: 규봉 종밀은 『대소』(신찬속장9, 409a)에서 이 구절을 "마음에 이랬다저랬다 함이 없는 것"이라고 해석한다. 한결같이 스승을 대하는 것을 뜻한다.

각에 들어간다.

善男子야 末世衆生이 欲修行者는 應當盡命토록 供養善友하며 事善知識이니 彼善知識이 欲來親近이어든 應斷憍慢하며 若復遠離라도 應斷瞋恨하여 現逆順境에 猶如虛空하여 了知身心이 畢竟平等하여 與諸衆生과 同體無異하여 如是修行하여야 方入圓覺하리라

4) 병을 제거하는 방법

선남자여, 말세의 중생이 도를 이루지 못하는 까닭은 비롯함이 없는 예부터 '나'와 '남'을 미워하거나 사랑하는 모든 훈습 종자 때문에 해탈하지 못한다. 그러나 어떤 사람이 원수를 대하되 자기의 부모와 같이 하여, 두 가지 마음이 없으면 곧 모든 병이 사라진다. 모든 법 가운데서 '나'와 '남'을 미워하거나 사랑함도 이와 같다.

善男子야 末世衆生이 不得成道는 由有無始의 自他憎愛하는 一切種子일새 故未解脫하나니라 若復有人이 觀彼怨家하대 如己父母하여 心無有二하면 卽除諸病하리라 於諸法中에 自他憎愛도 亦復如是하니라

5) 발심하는 방법

선남자여, 말세의 중생들이 원각을 구하고자 하거든 먼저 발심하고서 이렇게 맹세하라.[207]

허공계가 다하도록 한없는 일체 중생들을 내가 모두 구경 원각에 들게 하겠나이다. 그렇다고는 하지만, 원각 가운데는 깨달음을 취할 이도 없으니 나니 너니 하는 등의 일체 상을 없애겠나이다.[208]

이렇게 발심하면 삿된 견해에 빠지지 않으리라."

---

207 이 대목은 「보각장」 첫 머리(162쪽)에 보각보살이 발심하는 방법을 질문한 것에 답하신 것이다.

208 발심의 자세에 대해서 설하신 부분이다. 발심의 자세로는 『금강경』의 네 종의 마음가짐이 유명하다. 첫째는 '광대심(廣大心)'으로, 일체의 생명체를 구제하겠다는 것이고, 둘째는 '제일심(第一心)'으로, 최고의 경지까지 중생들을 끌어올리겠다는 것이고, 셋째는 '상심(常心)'으로, 중생 구제를 한결같이 하겠다는 것이고, 넷째는 '부전도심(不顚倒心)'으로, 아·인·중생·수자의 4상(相)을 내지 않고 중생을 구제하겠다는 것이다. 『원각경』의 이 부분은 두 문장으로 이루어졌는데, 첫째 문장에서 차례대로 '상심(常心)'과 '광대심(廣大心)'과 '제일심(第一心)'의 마음가짐을 보여주셨고, 둘째 문장에서는 '부전도심(不顚倒心)'의 마음가짐을 보여주셨다. 잘 생각해보면 알 수 있을 것이다.

善男子야 末世衆生이 欲求圓覺인댄 應當發心하여 作如是言호대 盡於虛空한 一切衆生을 我皆令入 究竟圓覺호대 於圓覺中에 無取覺者하니 除彼我人의 一切諸相하리라 하라 如是發心하면 不墮邪見하리라

5. 게송으로 요약하심

이때에 세존께서 이 뜻을 거듭 알리기 위하여 게송으로 말씀하셨다.

보각보살이여 그대는 반드시 알아야 하리니
말세의 중생들이
선지식을 구하려 하거든
응당 바른 소견을 가진 이로서
성문이나 연각을 떠난 이를 구하라.

그의 가르침 속에는 네 가지 병이 없어야 되니
이른바 작·지·임·멸이니라.

나에게 가까이 와도 교만하지 말고
나를 멀리 하여도 성내지 말고
갖가지 안 좋은 경계를 보이더라도
마음에 희유한 생각을 내어
부처님을 만난 듯이 공경하여라.

그릇된 계율에 빠지지 않으면
계행의 근본이 완전하게 맑아지리라.

일체 중생을 제도하여
마침내는 원각에 들게 하되
나다 너다 하는 상을 내지 말아서
항상 바른 지혜에 의지하면
대뜸 삿된 견해를 초월해서
원각을 체험하여 완전한 열반에 들어간다.

爾時에 世尊이 欲重宣此義하사 而說偈言하사대 普覺아 汝는 當知하라 末世諸衆生이 欲求善知識인댄 應當求正見한 心遠二乘者이니라 法中除四病이니 謂作止任滅이라 親近無憍慢하며 遠離無嗔恨하여 見種終[209]境界하여도 心當生希有하여 還如佛出世호리니 不犯非律儀하면 戒根永清淨하리라 度一切衆生하여 究竟入圓覺호대 無彼我人相하여 當依正智慧하면 便得超邪見하여 證覺般涅槃하리라

209 終: 「금릉본」에는 '種' 자로 표기. 본 번역은 「금릉본」을 따른다.

제11장 도량 수행법을 묻는 원각보살

1. 부처님께 드리는 질문

이에 원각보살이 대중 속에 있다가 얼른 자리에서 일어나 부처님의 발에 이마를 대고 절을 올리고 오른쪽으로 세 번 돌고 두 무릎을 세워 꿇고 합장하고 부처님께 말씀드렸다.

"대비하신 세존이시여! 저희들을 위하시어 청정원각을 수행하는 갖가지 방편을 널리 말씀하시어 말세 중생들로 하여금 큰 이익을 얻게 하셨나이다. 세존이시여, 저희들은 지금 이미 깨달음을 얻었지만, 부처님께서 돌아가신 뒤의 말세 중생 중에 깨달음을 얻지 못한 이는 어떻게 안거하여 이 원각의 청정한 경계를 닦으며, 이 원각의 청정한 관행 중에서 어느 것을 첫머리로 삼아야 합니까? 바라옵건대 대비하신 마음으로 오늘의 대중들을 위하여 큰 이로움을 베풀어 주소서."

이렇게 말씀드리고 오체를 땅에 대어 절했다. 이렇게 하기를 세 번 거듭하였다.

於是에 圓覺菩薩이 在大衆中하사 卽從座起하사 頂禮佛足하시고 右繞三匝하시고 長跪叉手하여 而白佛言하사대 大悲世

尊하 爲我等輩하사 廣說淨覺의 種種方便하사 令末世衆生으로 有大增益케하시니 世尊하 我等은 今者에 已得開悟하사어니와 若佛滅後에 末世衆生의 未得悟者가 云何安居하여 修此圓覺의 淸淨境界하며 此圓覺中에 三種淨觀은 以何爲首이니잇고 惟願大悲하사 爲諸大衆과 及末世衆生하사 施大饒益하소서 作是語已하시고 五體投地하사 如是三請하사 終而復始하시니

2. 대답해 주실 것을 허락하심

그때에 세존께서 원각보살에게 말씀하셨다.

"훌륭하구나, 선남자여. 그대들은 여래에게 이와 같은 방편을 물어서 큰 이로움을 중생들에게 베푸는구나. 그대들은 자세히 들어라. 그대들에게 말해주리라."

爾時에 世尊이 告圓覺菩薩言하사대 善哉善哉라 善男子야 汝等이 乃能問於如來의 如是方便하여 以大饒益으로 施諸衆生하니 汝今諦聽하라 當爲汝說하리다

3. 조용히 말씀을 기다림

그러자 원각보살이 가르침을 받들어 기뻐하면서 모든 대중들과 조용히 들었다.

時에 圓覺菩薩이 奉敎歡喜하사와 及諸大衆으로 默然而聽하시니

4. 참회기도 방법을 알려주심

1) 도량을 차리고 안거하는 방법

가) 앞의 내용을 정리

"선남자여, 일체 중생이 부처님 살아계실 때나 열반에 드신 뒤에나 말법 시대에 '대승의 성품'을 갖춘 이가 부처님의 비밀한 대원각의 마음을 믿어 수행하려면, 가람에 있을 때[210]에는 대중들과 함께 살 것[211]이며, 반연되는 일이 있을 때[212]에는 (한가한) 짬을 타서 자세히 명상하여 살피되[思察] (역시) 내가 이미 말한 것[213] 같이 해야 한다.

---

210 가람에 있을 때: 「보안장」, 「위덕장」, 「변음장」에서처럼 가람에서 수행하는 때. 이럴 때에 '보안관(普眼觀)' 또는 '3관(觀)'의 수행을 하라는 것이다.

211 대중들과 함께 살다: 원문은 "안처도중(安處徒衆)"이다. '안처(安處)'는 안주(安住)와 같은 뜻이다. 대중과 함께 살 때에는 그들과 함께 생활하면서 「보안장」에서 설하신 '보안관(普眼觀)'과 「위덕장」과 「변음장」에서 설하신 '3관(觀)'을 닦으면 된다.

212 반연되는 일이 있을 때: 근기가 익은 보살이 중생을 이롭게 하거나, 중생을 구제 하거나, 법문을 배우거나 할 때. 이럴 때에는 한가한 시간에 짬을 내서 '3관(觀)' 수행을 하라는 것이다.

213 내가 이미 말한 것: 「보안장」에서 설하신 '보안관(普眼觀)'과

善男子야 一切衆生이 若佛住世거나 若佛滅後이거나 若末法時에 有諸衆生이 具大乘性하여 信佛秘密의 大圓覺心하여 欲修行者가 若在伽籃하얀 安處徒衆하며 有緣事故인댄 隨分思察호대 如我已說하고

나) 도량 차리는 기간, 수행, 유의 점

① 도량 차리는 기간

만일 그밖에 일삼을 인연[214]이 없거든 도량을 꾸미고 기한을 정하라. 긴 기한은 120일이요, 중간 기한은 100일이요, 짧은 기한은 80일로 하고 조촐한 거처를 꾸며라.

若復無有他事因緣이거든 卽建道場하되 當立期限이니 若立長期인댄 百二十日이오 中期는 百日이오 下期는 八十日하여 安置淨居이니

「위덕장」과 「변음장」에서 설하신 '3관(觀)'.

214 그밖에 일삼을 인연: 중생을 구제하는 등 이타적(利他的) 일을 수행하는 것들. 이것은 이하에서 처럼 도량을 차리고 성과(聖果)를 이루려는 자리적(自利的) 일을 수행하는 것과 짝이 된다.

② 정해진 기간 동안의 수행

(ㄱ) 도량 내에 있을 경우

만일 부처님이 계실 때이거든 바르게 명상[思惟]하라. 그런데 만약 부처님이 입적하신 뒤이거든 형상을 만들어 설치하여 마음을 가다듬고 눈으로 상상하여 여래께서 생전에 계실 때처럼 꼭 같이 상상하라. 온갖 번과 꽃을 달아 장엄하게 꾸미고 21일 동안, 시방 부처님의 명호를 써 붙이고 예불을 올리며 애절히 참회[215]하면 좋은 경계를 만나고 마음이 거뜬해진다. 21일 내내 한결같이 마음을 모아야 한다.

若佛現在이거든 當正思惟하고 若佛滅後이거든 施設形像하고 心存目想하여 生正憶念호대 還同如來常住之日하여 懸諸旛華하여 經三七日히 稽着十方諸佛名字하여 求哀懺悔하면 遇善境界하여 得心輕安하리라 過三七日토록 一向攝念하라

215 시방 부처님의 명호를 써 붙이고 예불을 올리며 애절히 참회: 경전이나 논서에 따라 예불 등 의례가 매우 다양하다. 규봉 종밀은 『대소』(신찬속장9, 411a)에서 『이구혜보살소문예불법경(離垢慧菩薩所問禮佛法經)』을 인용하여 8종을 의례를 다음과 같이 소개하고 있다. ①공양, ②찬불, ③예불, ④참회, ⑤권청, ⑥수희, ⑦회향, ⑧발원.

(ㄴ) 여름 안거가 되었을 경우

만일 여름이 돌아와서 석 달 동안 안거를 하려거든 청정한 보살들이 안거하는 법칙을 따라야 한다.[216] 마음이 성문을 여의기만 하면 대중들과 행동을 같이 할 필요는 없다.[217] 안거를 시작하는 날이 닥치면 부처님 앞에서 이렇게 서원하라.

저 비구·비구니·우바새·우바이 아무 아무 개는 보살의 승단에 입회하여 적멸의 행을 닦아서 청정한 실상에 함께 들어가서, 대원각[218]으로

---

216 대승의 수행자가 관법 수행을 위해 별도로 도량을 차렸거나, 혹은 가람에 있거나, 혹은 다른 곳에 있을 경우, 위에서 말한 세 종류의 기한을 아직 채우지 못했는데 여름 안거가 당도하는 경우가 있다. 이럴 경우에는 다음과 같이 하라는 것이다.

217 '성문계'를 수지하면 '보살계'를 범하게 되고, '보살계'를 수지하면 '성문계'를 범하게 된다. 계목의 조목 상 이런 모순을 피할 수 없다. 여기서는 바로 이런 모순을 해결해 주시는 부분이니, 마음으로 성문승단을 떠나면 '6화경(六和敬)'을 지킬 필요가 없다는 말씀이다. '6화경(六和敬)'이란, ①같은 계율을 지킬 것, ②같은 견해를 지닐 것, ③같은 수행을 할 것, ④몸으로 실천하는 자애심을 같이 할 것, ⑤입으로 실천하는 자애심을 같이 할 것, ⑥마음으로 실천하는 자애심을 같이 할 것.

218 대원각은 대원경지(大圓鏡智)를 말한다. 이런 대원경지(大圓鏡智)에 입각하여, 몸을 편안히 하여 성소작지(成所作智)를 완성시키고, 또 마음을 편안히 하여 묘관찰지(妙觀察智)를 완성시키고, 또 이어서 평등성지(平等性智)를 완성하려 하는 것이다. 전5식을 뒤집어서 성소작지(成所作智)를 완성하고, 제6식

써 저의 가람을 삼아, 몸과 마음을 편안하게 하며, 평등성지(平等性智)를 이루려 합니다. 왜냐하면 열반의 자성은 얽매임이 없기 때문입니다. 저는 지금 성문 승단에 의지하지 않고, 시방의 여래와 보살들과 함께 석 달 동안 안거하기를 공경히 청하나이다. 보살의 위없는 묘각을 닦으려는 큰 인연 때문에 대중들의 단체 생활에 매이지 않나이다.

선남자여, 이것은 보살이 안거하는 방법이니, 세 종류의 기한을 지내면 어디를 가더라도 괜찮으리라.

若經夏首하여 三月安居한댄 當爲清淨菩薩止住이나 心離聲聞하면 不假徒衆이니 至安居日하여 卽於佛前에 作如是言하되 我比丘 比丘尼 優婆塞 優婆夷 某甲이 踞菩薩乘하여 修寂滅行하여 同入清淨實相住持하여 以大圓覺으로 爲我伽籃하여 身心이 安居하며 平等性智하려 하니 涅槃自性은 無繫屬故라 今我敬請하사오니 不依聲聞하고 當與十方如來와 及大菩薩과 三月安居하삽노니 爲修菩薩의 無上妙覺의 大因緣故로 不繫徒衆하노이다 善男子야 此名菩薩의 示現安居이니 過三期日하면 隨往無礙니라

을 뒤집어서 묘관찰지(妙觀察智)를 완성하고, 제7식을 뒤집어서 평등성지(平等性智)를 완성하고, 제8식을 뒤집어서 대원경지(大圓鏡智)를 완성한다.

③ 수행에 유의할 점

선남자여, 말세에 수행하는 중생으로서 보살도를 구하려면 세 종류의 기한을 정하여 수행하라. 이전에 들어본 일체의 경계[219]가 아니거든 절대로 취하지 말라.

善男子야 若彼末世修行衆生이 求菩薩道인댄 入三期者하라 非彼所聞의 一切境界거든 終不可取하라

2) 가행정진을 하는 방법

가) 개별적으로 3관을 닦는 방법

선남자여, 여러 중생들이 사마타를 닦으려면, 먼저 지극히 고요함을 취하여 딴 생각을 일으키지 않으면 고요함이 극도에 달하여 문득 지각하게 된다. 이와 같이 처음의 고요함이 한 몸으로 부터 한 세계에 이르는데 그 때의 지각작용도 역시 같다. 선남자야, 만약 지각작용이 한 세계에 두루 하면 한 세계 안의 한 중생

---

219 이전에 들어본 경계: 신(信)·해(解)·행(行)·증(證)의 수행 과정에 대하여 부처님께서 해주신 말씀. 신(信)은 부처님의 '정보(正報)'와 '의보(依報)'를 믿는 것이고, 해(解)는 이렇게 믿은 대상에 대한 각종 사안들을 이해하는 것이고, 행(行)은 그렇게 이해한 대로 실천하는 것이고, 증(證)은 그렇게 실천하여 체험해서 자신도 부처가 되는 것을 말한다.

의 한 생각 일으키는 것 까지를 다 알게 된다. 백 천의 세계도 역시 그렇게 된다. 이전에 들어본 일체의 경계가 아니거든 끝내 취하지 마라.

善男子야 若諸衆生이 修奢摩他인댄 先取至靜하여 不起思念하여 靜極하면 便覺하리니 如是初靜이 從於一身하여 至一世界하리니 覺亦如是하니라 善男子야 若覺이 徧滿一世界者하면 一世界中에 有一衆生의 起一念者를 皆悉能知하리니 百千世界도 亦復如是하니 非彼所聞한 一切境界거든 終不可取하라

선남자야, 중생들이 삼마발제를 닦으려면, 먼저 시방 여래와 시방 세계의 일체 보살들을 머리에 떠올려서 갖가지 방편문에 의하여 점차로 수행하여 삼매를 애써 익히며, 광대한 서원을 세워서 (悲智 또는 6바라밀 등의 경계를) 자신의 몸과 마음에 배이게 하여 그렇게 배인 것이 (깨달음의 열매를 맺는) 씨앗이 되도록 해라. 이전에 들어본 일체의 경계가 아니거든 끝내 취하지 마라.

善男子야 若諸衆生이 修三摩鉢提인댄 先當憶想十方如來와 十方世界의 一切菩薩하여 依種種門하여 漸次修行하여 勤苦三昧하여 發廣[220]大願하여 自熏成種이니 非我所聞한 一切

220 發廣: 「언해본」에는 '廣發'로 표기.

境界거든 終不可取하라

선남자야, 중생들이 선나를 닦으려면, 먼저 (자신의 호흡을) 세는 관법에 의지하여 마음속에서 나고 머물고 소멸하는 갈피와 수효를 분명하게 알아차리는 공부를 해라. 이렇게 하기를 언제 어디서나 해서 행주좌와 어묵동정의 일체의 생활 속에서 마음속에서 일어나는 수많은 생각들을 알아차리지 못하는 것이 없게 하라. 이러다 보면 점차, 더 나아가서는 10만 세계 안의 한 방울의 물까지도 알아차리는 것이 마치 늘 사용하는 물건을 눈으로 보는 것처럼 된다. 이전에 들어본 일체의 경계가 아니거든 끝내 취하지 마라. 이것이 3종의 청정한 관법 수행 중에서 첫머리로 삼아야 할 방편이다.[221]

善男子야 若諸衆生이 修於禪那인댄 先取數門하여 心中에 了知生住滅念하는 分劑頭數하여 如是周徧하여 四威儀中에 分別念數를 無不了知하여 漸次增進하여 乃至得知百千世界에 一滴之雨호대 猶如目睹所受用物인듯 하리니 非彼所聞한 一切境界거든 終不可取니 是名三觀의 初首方便이라 하니라

221 첫 머리로 삼아야 할 방편: 앞에서 원각보살이 "이 원각의 청정한 관행 중에서 어느 것을 첫머리로 삼아야 합니까?"(174쪽)에 대해 답하신 것이다.

나) 3관을 한꺼번에 모두 닦는 방법

만일 어떤 중생이든 세 가지를 두루 닦아서 부지런히 정진하면, 이를 두고 여래께서 세상에 나타나셨다 하느니라.

若諸衆生이 偏修三種하여 勤行精進하면 卽名如來가 出現於世라 하니라

다) 3관 중 일부를 결합해서 닦는 방법

만약 말세의 어떤 둔한 중생들이 도를 구하려하나 성취하지 못하는 이유는 옛날의 업장 때문이다. 이럴 때에는 부지런히 참회해서 항상 희망을 가지고 미워함·사랑함·질투함·아첨함·굽음 따위의 생각을 먼저 끊은 다음에 훌륭하고 드높은 마음을 일으키도록 하라. 세 가지 청정한 관법 중에서 어느 하나를 형편따라 익히되 이 관법으로 얻지 못하거든 다시 저 관법을 익히어 잠시도 방일하지 않으면 차츰차츰 증득하게 되리라."

若後末世에 鈍根衆生이 心欲求道하되 不得成就는 由昔業障이니 當勤懺悔하여 常起希望하여 先斷憎愛嫉妬諂曲하고 求勝上心하라 三種淨觀에 隨學一事하여 此觀을 不得이거든

復習彼觀하여 心不放效捨하면 漸次求證호리라

5. 게송으로 요약하심

이때에 세존께서 이 뜻을 거듭 알리기 위하여 게송으로 말씀하셨다.

원각보살이여 그대는 반드시 알아야 하리니
일체 중생들이
위없는 도를 구하려거든
먼저 세 기한을 택하라.

비롯함이 없는 예부터 지은 업을 참회하여
21일이 지나거든
그런 뒤에 바르게 관찰하되
이전에 들어본 일체의 경계가 아니거든
끝내 취하지 말라.

사마타는 고요함을 극진하게 하는 것이고
삼마발제는 사유를 바르게 하는 것이고
선나는 수식관을 밝히는 것이니
이것이 세 가지 청정한 관법이다.

만일 세 가지를 부지런히 닦아 익히면

이는 부처님이 세상에 출현하신 것과 같다.

근기가 둔하여 성취하지 못한 사람은
부지런한 마음으로 예부터 지은 죄를 참회하라
모든 업장이 소멸되면 부처님 경계가
당장에 나타난다.

爾時에 世尊이 欲重宣此義하사 而說偈言하사대 圓覺아 汝는 當知하라 一切諸衆生이 欲求無上道인댄 先當結三期하여 懺悔無始業하여 經於三七日한 然後에 正思惟하리니 非彼所聞境이어든 畢竟不可取하라 奢摩他至靜과 三摩正憶持와 禪那明數門이 是名三淨觀이니 若能勤修習하면 是名佛出世라 鈍根未成者는 常當勤心으로 懺無始一切罪하라 諸障若消滅하면 佛境便現前호리라

Ⅲ. 유통분(流通分)

제12장 『경』의 유통을 묻는 현선수보살

1. 부처님께 드리는 질문

이에 현선수보살이 대중 속에 있다가 얼른 자리에서 일어나 부처님의 발에 이마를 대고 절을 올린 뒤에 오른쪽으로 세 번 돌고 두 무릎을 꿇고 합장하고 부처님께 말씀드렸다.

"대비하신 세존이시여! 저희들과 말세 중생들을 위하여 이와 같이 불가사의한 일을 말씀해 주셨습니다. 세존이시여, 이 대승 경전은 무엇이라 부르오며, 어떻게 받들어 지니오리까? 중생들이 받들어 지니면 어떤 공덕을 얻으며, 이 『경』을 지니는 사람을 저희들은 어떻게 보호하리까? 그리고 이 『경』을 퍼뜨리면 어떤 경지에 이르겠나이까?"

이렇게 말씀드리고 오체를 땅에 대어 절했다. 이렇게 하기를 세 번 거듭하였다.

於是에 賢善首菩薩이 在大衆中하사 卽從座起하사 頂禮佛足하시고 右繞三匝하시고 長跪叉手하사 而白佛言하사대 大悲世尊하 廣爲我等과 及末世衆生하사 開悟如是不思議事하시니 世尊하 此大乘教가 名字何等이며 云何奉持하며 衆生修習하여 得何功德이며 云何使我로 護持經人이며 流布此教하면 至於何地하리잇고 作是語已하시고 五體投地하사 如是三請하사 終而復始하시니

2. 대답해 주실 것을 허락하심

그때 세존께서 현선수보살에게 말씀하셨다.

"훌륭하구나, 선남자여. 그대들이 보살과 말세의 중생을 위하여 여래에게 이 『경』의 공덕과 이름을 묻는구나. 그대들은 자세히 들어라. 그대들에게 말해 주리라."

爾時에 世尊이 告賢善首菩薩言하사대 善哉善哉라 善男子야 汝等이 乃能爲諸菩薩과 及末世衆生하여 問於如來의 如是經教功德名字하니 汝等諦聽하라 當爲汝說하리라

3. 조용히 말씀을 기다림

그러자 현선수보살이 가르침을 받고 기뻐하면서 여러 대중들과 함께 조용히 들었다.

時에 賢善首菩薩이 奉敎歡喜하사와 及諸大衆으로 默然而聽하시니

4. 경전의 이름과 유통을 당부하심

1) 이 『경』을 설하신 분과 옹호하는 자

"선남자여, 이 『경』은 백천만억 항하사 수효와 같은 부처님들께서 설하신 바이며, 삼세의 여래께서 수호하시는 바이며, 시방의 보살들이 귀의하는 바이며, 12부경(部經)[222]의 청정한 안목이다.

善男子야 是經은 百千萬億恒河沙의 諸佛所說이시며 三世如來之所守護이시며 十方菩薩之所歸依이며 十二部經의 淸淨眼目이니

222 12부경(部經): 「현담」의 「제2문 장·승·분에 의한 불경 분류」 가운데, 「3. 분(分)을 기준으로 불전을 분류할 경우」(276~277쪽) 참조.

2) 이 『경』의 이름과 공덕 등에 대한 말씀[223]

이 『경』은 『대방광원각다라니』라 하며, 또는 『수다라요의』라 하며, 또는 『비밀왕삼매』라 하며, 또는 『여래결정경계』라 하며, 또는 『여래장자성차별』이라 하나니, 그대들은 잘 받들어 지녀라.[224]

是經은 名大方廣圓覺陀羅尼며 亦名修多羅了義이며 亦名秘密王三昧이며 亦名如來決定境界며 亦名如來藏自性差別이니 汝當奉持하라

선남자여, 이 『경』은 여래의 경계만을 드러내었나니, 부처님·여래만이 능히 다 설할 수 있다. 만약 보살과 말세 중생들이 이 경전에 의지하여 수행하면 점차로 증진해서 마침내 여래의 경지에 도달한다.

善男子야 是經은 唯顯如來境界니 唯佛如來이라사 能盡宣說하나니라 若諸菩薩과 及末世衆生이 依此修行하면 漸次增

223 이 대목은 모두 다섯 사안 별로 대답하신다. ①『원각경』의 명칭, ②『원각경』의 수행을 통해서 도달하는 경지, ③『원각경』이 추구하는 가르침과 그 가르침을 받들만한 중생, ④『원각경』을 보급하는 공덕과 수행해서 얻는 공덕, ⑤『원각경』의 수행자를 보호하고 지켜주심. 차례대로 문단을 나누었으니, 독자들은 대조하시기 바란다.

224 『원각경』에 대한 다섯 종의 경명에 대해서는 「제10문 제목 해설」 중에서 「1) 경명을 총체적으로 설명」 부분(450~456쪽) 참조.

進하여 至於佛地하리라

선남자여, 이 『경』은 돈교 대승이다. 돈교의 근기를 가진 중생들이 이 『경』으로 인하여 원각의 본성을 깨칠 수 있다. 또한 점차적으로 수행하는 모든 무리들도 포섭한다. 비유하면 마치 큰 바다는 어떤 작은 개울물이 흘러 들어오더라도 마다하지 않는 것과 같아서, 모기·깔따구·아수라들이 그 물을 마시기만하면 모두 배가 부르는 것과 같다.

善男子야 是經은 名爲頓教大乘이니 頓機衆生이 從此開悟하며 亦攝漸修할 一切羣品하니 譬如大海가 不讓小流하며 乃至蚊蝱과 及阿修羅가 飮其水者가 皆得充滿인듯하니라

선남자여, 가령 어떤 사람이 삼천대천세계[225]에 순전히 칠보만을 가득 쌓아두고 보시하더라도 다른 어떤 사람이 이 『경』의 제목이나 한 구절의 이치를 들은 것만 못하니라. 선남자야, 가령 어떤 사람이 백 항하사 수효의 중생을 교화하여 아라한의 과위를 얻게

225 삼천대천세계: '일대삼천세계(一大三千世界)'라고도 한다. 일종의 불교적 우주관. 고대 인도인의 전통적인 우주관을 불교가 수용한 것. 자세한 것은 부록의 「삼천대천세계 및 세계 구상도」(485~487쪽) 참조.

하더라도, 다른 어떤 사람이 이 『경』을 설명하여 반 게송을 설명한 것만 못하다.

선남자여, 또 어떤 사람이 이 『경』의 제목을 듣고도 신심이 줄지 않으면 이 사람은 한 두 부처님께 복과 지혜를 심은 게 아니라, 항하강의 모래 알 수만큼 많은 수효의 여러 부처님께 선근을 심었기 때문에 이 『경』의 말씀을 듣게 되는 줄로 알아라.

善男子야 假使有人이 純以七寶로 積滿三千大千世界하여 以用布施하여도 不如有人이 聞此經名 及一句義하니라 善男子야 假使有人이 教百恒河沙衆生하여 得阿羅漢果케하여도 不如有人이 宣說此經하여 分別半偈니라 善男子야 若復有人이 聞此經名하고 信心不惑하면 當知하라 是人은 非於 一佛二佛에 種諸福慧라 如是乃至의 盡恒河沙의 一切佛所에 種諸善根하여 聞此經教하니라

너희 선남자들은 말세 시대에 이 『경』의 가르침을 수행하는 자를 반드시 보호하여 악마와 여러 외도들이 그 사람의 몸과 마음을 괴롭히지 못하게 하고, 그로 하여금 물러나지 않게 하라."

汝善男子는 當護末世에 是修行者하여 無令惡魔와 及諸外道가 惱其身心케하고 令生退屈케하라

5. 부처님의 명을 받아 원각경 보호할 것을 맹세[226]

이때에 모임 가운데에 화수금강·최수금강·니반파금강 등 8만 금강신[227]과 그들의 권속들이 자리에서 일어나 부처님의 발 앞에 정수리를 숙여 절하고, 오른쪽으로 세 번 돌고, 부처님께 말씀드렸다.

"세존이시여, 이 뒤에 말세 중생들로서 이 결정적인 대승경전을 지니는 이가 있으면 저희들이 눈을 아끼듯이 보호할 것이며, 내지는 그가 수행하는 도량도 저희 금강들이 무리를 이끌고 가서 아침저녁으로 수호하여 물러서지 않게 할 것이며, 그 집[228]에는 영원히 재앙이 없어지고 질병이 소멸하며, 재물이 풍족하여

---

226 세 부류의 대중들이 『원각경』 보호를 부처님께 맹세한다. ① 힘센 역사(力士)의 무리, ②천왕(天王)의 무리, ③귀왕(鬼王)의 무리.

227 금강신: 범어로는 vajradhara라고 하는데, 벌절라다라(伐折羅陀羅)로 음역. 손에 금강저를 쥐고 있어 금강수(金剛手)로 번역하기도 한다. 또 금강력사(金剛力士)로도 번역. 규봉 종밀은 『대소』(신찬속장9, 417c)에서, '화수금강'은 머리에 화염을 이고 있어서 그렇게 이름 했고, '최수금강'은 일체 모든 악한 무리를 다 격파할 수 있어서 그렇게 이름 했고, '니반파금강'은 한어로 번역된 용례가 없다고 한다. 불법을 수호하는 신으로 전신을 벗은 채 허리에 옷을 걸쳤고 용맹스런 모습을 하고 있다. 한국에서는 이 신의 형상을 절문 양쪽에 두어 왼쪽을 밀적금강, 오른쪽을 나라연금강이라 한다.

228 그 집: 재가 불자가 사는 집을 말한다.

항상 모자람이 없게 하겠나이다."

爾時에 會中에 有火首金剛과 摧碎金剛과 尼藍婆金剛等의 八萬金剛이 並其眷屬과 卽從座起하여 頂禮佛足하고 右繞三匝하고 而白佛言하사대 世尊하 若後末世에 一切衆生이 有能持此의 決定大乘이면 我當守護호대 如護眼目하며 乃至道場所修行處에 我等金剛이 自領徒衆하여 晨夕守하여 護令不退轉케하며 其家에 乃至永無災障하며 疫病消滅하고 財寶豊足하여 常不乏少케하리다

이때에 대범천왕[229]과 28천왕[230]과 그리고 수미산왕[231]과 호국천왕[232] 등이 자리에서 일어나 부처님의 발 앞에 정수리를 숙여 절하고, 오른쪽으로 세 번 돌고, 부처님께 말씀드렸다.

"세존이시여, 저희들도 이 『경』을 지니는 사람들을 수호하여 그들이 항상 편안해서 물러설 마음이 나지

229 대범천왕: 초선천에 아래부터 범중천, 범보천, 대범천의 3천(天)이 있다. 대범천에 있는 천왕으로 사바세계에서 제일 높은 '세상 임금[世主]'이다.

230 28천왕: 욕계의 6천, 색계의 18천, 무색계 4천을 지칭.

231 수미산왕: 제석천왕을 지칭. 즉 수미산의 꼭대기인 도리천의 천왕.

232 호국천왕: 호세지국천왕(護世持國天王)의 약칭. 즉 세상을 보호하고 수도를 지켜 재앙이나 화재 등이 생기지 않게 하는 천왕이라는 뜻.

않게 하겠나이다."

爾時에 大梵王과 二十八天王과 幷須彌山王과 護國天王等이 卽從座起하여 頂禮佛足하고 右繞三匝하시고 而白佛言하사대 世尊하 我亦守護是持經者하여 常令安隱하여 心不退轉케하리다

이때에 길반다[233]라 부르는 힘이 센 귀신의 왕이 있다가 10만 귀신 왕들과 함께 자리에서 일어나 부처님 발 앞에 정수리를 숙여 절하고, 오른쪽으로 세 번 돌고, 부처님께 말씀드렸다.

"세존이시여, 저희들도 이 『경』을 지니는 사람을 수호하되 아침과 저녁으로 시중하여 물러서지 않게 할 것이며, 그 사람이 사는 곳에서 한 유순[234] 이내에 어떤 귀신이라도 그 경계를 침노하면 저희들이 그를 먼지 같이 부수어 버리겠나이다."

---

233 길반다: 범어 kumbhāndā를 음역한 것. 구반다(鳩槃茶)로도 번역. 형상은 말 머리에 사람의 몸을 하고 있으면서 숲 속에 살면서 사람의 정기를 빨아먹는 귀신. 빠르기가 질풍 같고 자주 변신한다고 한다.

234 유순: 범어 yojana의 음역. 인도에서는 전륜성왕이 하루 동안에 행군할 수 있는 거리라고 한다. 1유순은 6마일 또는 9마일이라 한다. 당나라의 규봉 종밀은 1 유순을 40리(里) 혹은 16리라 한다. 그런데 중국에서 1리(里)도 시대에 따라 다르니 360보라고 하기도 한다.

爾時에 有大力鬼王하니 名吉槃茶라 與十萬鬼王과 卽從座起하여 頂禮佛足하시고 右繞三匝하시고 而白佛言하사대 世尊하 我亦守護是持經人하여 朝夕侍衛하여 令不退屈케하며 其人所居하는 一由旬內에 若有鬼神이 侵其境界커든 我當使其碎如微塵하리이다

6. 당시의 대중들이 수지를 맹세

부처님께서 이『경』을 다 말씀하시니, 일체 보살과 하늘·용·귀신·8부의 권속[235]들과 천왕·범왕 등 일체 대중이 부처님의 말씀을 듣고 모두가 매우 기뻐하면서 믿고 받들어 지녔다.

佛說此經已하시거늘 一切菩薩과 天龍鬼神과 八部眷屬과 及諸天王梵王等의 一切大衆이 聞佛所說하옵고 皆大歡喜하고 信受奉行하니라

『대방광원각수다라요의경』
大方廣圓覺修多羅了義經

235 8부의 권속: 사천왕에 딸려있는 여덟 종의 귀신. 동방의 지국천에 딸린 건달바와 비사사, 남방의 증장천에 딸린 구반다와 폐례다, 서방의 광목천에 딸린 나가와 부단나, 북방의 다문천에 딸린 야차와 나찰.

현 담

규봉 종밀 현담

탈공 거사 신규탁 번역

『대방광원각경소』 서문

大方廣圓覺經疏序

당(唐) 강서도(江西道) 관찰사(觀察使) 홍주자사(洪州刺史) 겸(兼) 어사대부(御使大夫) 배휴(裵休)[1] 서술.

唐 江西道觀察使 洪州刺史 兼 御史大夫 裴休 述

1. 진리를 밝혀 가르침을 찬탄

1) 경전에서 주장한 핵심

대저 혈기(血氣) 있는 무리들은 반드시 '인지작용[知]'이 있다. 무릇 '인지작용[知]'이 있는 자는 반드시 바탕이 같으니, (그 바탕이란) 이른바 참되고 깨끗하고 신령

---

1 배휴(裵休: 791~864): 규봉 종밀(780~841), 황벽 희운(?~850), 위산 영우(771~853) 등의 선사와 방외의 벗이 되었다. 『구당서』(권제177)와 『신당서』(권제182)에 전기가 실려 있다. 『전당문』(권743)등에도 기록이 있다. 종밀과는 각별한 관계의 사대부이다. 종밀이 지은 『원각경대소』, 『법집』, 『주화엄법계관문』, 『선원제전집도서』 등에 서문을 썼고, 종밀의 비석 명문을 짓고 글씨를 썼다. 종전에는 배휴의 생몰 연대가 797~870년으로 알려졌으나, 다음의 논문에 의해서 새롭게 제시되어 지금은 그것에 따른다. 吉川忠夫, 「裵休傳-唐代の一士大夫と佛教-」 『東方學報』第64, 1992.

하고 묘하며[眞淨靈妙], 텅 비었으면서도 신령하고[虛徹靈通], 우뚝하여 홀로 존재한다.

夫血氣之屬이 必在[2]知하고 凡有知者는 必同體하니 所謂眞淨明妙하며 虛徹靈通하여 卓然而獨存者也이니

이것은 중생의 본래적인 근원(本源)이므로 '마음의 땅[心地]'이라고 하고, 이것은 여러 부처님께서 (깨달아) 얻은 바이므로 '보리(菩提)'라고도 하며, 서로 용납하면서도 한데 어우러져 있으므로 '법계(法界)'라고도 하고, 적·정·상·락(寂靜常樂)하기 때문에 '열반'이라고도 하며, 더럽지도 않고 번뇌가 없으므로 '청정'하다고도 하고, 허망하지도 않고 변하지도 않으므로 '진여(眞如)'라고도 하며, 허물과 잘못이 없기 때문에 '불성(佛性)'이라고도 하고, 선을 하도록 부추겨주고 악을 막기 때문에 '총지(總持)'라고도 하며, 가려서 덮어주고 (그 속에 무엇인가를) 품고 있으므로 '여래장(如來藏)'이라고도 하고, 이 세상[玄閟]를 초월했으므로 '밀엄국(密嚴國)'이라고도 하며, 뭇 덕을 하나로 하여 완전히 갖추고 뭇 어리석음을 녹여 없애 홀로 비추므로 '원각(圓覺)'이라고도 한다. 그러나 실은 그 모두가 '일심(一心)'이다.

2 在: 「금릉본」에는 '有' 자로 표기.

是衆生之本源故로 曰心地요 是諸佛之所得故로 曰菩提요 交徹融攝故로 曰法界요 寂靜常樂故로 曰涅槃이요 不濁不漏故로 曰淸淨이요 不妄不變故로 曰眞如요 離過絶非故로 曰佛性이요 護善遮惡故로 曰總持요 隱覆含攝故로 曰如來藏이요 超越玄閟故로 曰密嚴國이요 統衆德而大備하며 爍群昏而獨照故로 曰圓覺이니 其實은 皆一心也니라

('一心'을) 등지면 범부이며, (일심을) 따르면 성인이요, (일심에) 어두우면 생사(윤회)가 시작되고, (이 일심을) 깨달으면 윤회가 멈춘다. 몸소 이를 얻으면 지(止)·관(觀)·정(定)·혜(慧)이며, 이것을 미루어 확장시키면 6바라밀의 갖가지 수행이 된다. (이 일심을) 끌어들여 내 마음의 지혜[智]로 삼아야만 '바른 지혜[正智]'가 되고, (이 일심에) 의지하여 그것을 인(因)으로 삼아야만 '바른 원인[正因]'이 된다. 그러나 실은 모두 같은 법(法)이다.

背之하면 則凡이요 順之하면 則聖이며 迷之하면 則生死始하고 悟之하면 則輪迴息하니라 親而求之하면 則止觀定慧이요 推而廣之하면 則六度萬行이니 引而爲智然後에야 爲正智하고 依而爲因然後에야 爲正因하나니 其實은 皆一法也이라

온종일 원각을 (구하건만) 원각을 전혀 모르는 자는 범부이고, 원각을 깨치려고 하나 원각을 완전하게는 깨치지 못한 자는 보살이며, 원각을 온전하게 갖추어 원각의 상태에 머물러있는 자가 여래이다. 원각을 떠나서는 6도(道)[3]가 없고, 원각을 버리고서는 3승(乘)이 없으며, 원각이 아니고서는 여래도 있을 수 없고, 원각을 버리고는 참된 진리도 없다. 그러나 실은 모두 같은 도(道)이다.

終日圓覺이나 而未嘗圓覺者는 凡夫也이요 欲證圓覺이나 而未極圓覺者는 菩薩也이요 具足圓覺하여 而住持圓覺者는 如來也이시니 離圓覺하면 無六道하고 捨圓覺하면 無三乘하고 非圓覺이면 無如來하시고 泯圓覺하면 無眞法하니 其實은 皆一道也이라

2) 요의경이라고 할 수 있는 이유

과거 현재 미래의 모든 부처님께서 깨치신 바는 모두 이것을 깨달은 것이며, 여래께서 일대사의 인연으로 이 사바세계에 나오신 것도 모두 이것 때문이다. 3장(藏) 12부(部)[4]의 일체의 『경』이 모두 이것을 말로

3 6도(道): 중생들이 생사에 윤회하는 여섯 갈래. 지옥계, 아귀계, 축생계, 아수라계, 인간계, 천상계.

드러낸 것이다.

그러나 여래께서 '가르침[敎]'을 드리우실 경우, '이치[法]'를 지목하심에 드러내시기도 하셨고 감추시기도 하셨으며, ('가르침'의) '내용[義]'을 건립하심에 간략하게 하시기도 하셨고 광대하게 하시기도 하셨으며, (중생들을 열반의 언덕으로 실어 나르는 배에) 태우실 때 먼저 하시기도 하셨고 나중 하시기도 하셨으며, ('가르침'을 받을만한) '근기에 따라[當機]' 깊게 하시기도 하셨고 얕게 하시기도 하셨다.

상근기의 뚜렷한 지혜가 아니고서는 그 누가 이것을 꿰뚫을 수 있겠는가. 그러므로 여래께서 광명장(光明藏)에서 12명의 보살들과 함께 비밀스레 말씀하셔 (『원각경』의 이치를) 드러내시어 (『원각경』의 진리의 세계에) 푹 잠기어 널리 가피력을 입혀서 (진리의) 도량으로 (그 내용이 사실과 다름없다고) 인정하시어 대장경[5]의 으뜸으로 삼으셨다.

---

4 12부(部): 「현담」의 「제2문 장(藏)·승(乘)·분(分)에 의한 불경 분류」의 「1) 12분교」(276쪽) 참조.

5 대장경: 원문은 "一切經". 요즈음은 '대장경'이라는 용어를 쓰지만, 과거 전통에서는 '일체경'이라 했다. 실례의 하나로 당나라 현응(玄應)의 『일체경음의(一切經音義)』가 있다.

三世諸佛之所證이 蓋證此也이시며 如來께서 爲一大事하사 出現이 蓋爲此也이시며 三藏十二部一切修多羅가 蓋詮此也이시니라 然이나 如來께서 垂敎하사되 指法에 有顯密하시며 立義에 有廣略하시며 乘時에 有前後하시며 當機에 有深淺하니 非上根圓智이면 其孰能大通之리요 故로 如來께서 於光明藏에 與十二大士와 密說而顯演하사 潛通而廣被하사 以印定其法하사 爲一切經之宗也하시니라

3) 종밀 선사께서 소를 저술하신 사연

규봉 선사는 하택 신회(荷澤神會)[6] 선사의 적손인 남인(南印) 스님의 제자인 도원(道圓) 화상한테 법을 물려받으신 분이다. 하루는 여러 스님들을 따라 고을 주민 임관(任灌)이라는 사람의 집에서 재를 지내는데 아랫자리에서 차례로 불경을 받아 읽다가 『원각요의경』을

6 하택 신회(荷澤神會: 684~758): 국창사 호원 법사에게 출가. 대족(大足) 원년(701) 대통 신수의 문하에서도 수행했다. 개원 20년(732) 1월 15일 하남성 활대(滑臺)의 대운사(大雲寺)에서 무차대회를 열고 숭원(崇遠) 법사와 논전. 당시 장안과 낙양에서 교세를 떨치던 대통 신수와 숭산 보적, 의복 등을 비판. 저서로는 『하택대사현종기』, 『남양화상돈교해탈선문직료성단어』, 『보리달마남종정시비론』, 『남양화상문답잡징의』 등이 있다. 이 문서들은 20세기 전후에 돈황에서 출토되었는데 다음의 한 책에 소개되어 열람을 편하게 한다. 楊曾文 編校, 『神會和尙禪話錄』, 北京: 中華書局出版, 1996年.

만났다. 그 책을 다 읽기도 전에 (『원각경』의 이치를) 깨닫고 눈물을 흘렸다. 돌아와서 깨달은 바를 스승에게 말씀 올리니, 스승(=도원 스님)이 어루만지면서 말하기를 "그대는 반드시 원돈(圓頓)의 가르침을 크게 펴리라. 이 『원각경』은 여러 부처님들께서 그대에게 준 것이니라"라고 했다.

圭峰禪師는 得法於荷澤嫡孫인 南印上足道圓和尚하여 一日에 隨衆僧하여 齋于州民任灌의 家하더니 居下位하여 以次로 受經할새 遇圓覺了義하여 卷未終軸에 感悟流涕하고 歸하여 以所悟로 告其師한대 師가 撫之曰하되 汝當大弘圓頓之教하리로다 此經은 諸佛이 授汝耳하셨도다

규봉 선사는 남종의 비밀스런 (법의) 도장을 이미 허리춤에 차고 원각의 수기를 받으셨다. 이리하여 대장경의 『경』과 『율』을 열람하고, 『유식론』과 『기신론』 등의 논서를 통달했다. 그런 뒤에는 『화엄법계관문』의 세계로 대뜸 말고삐를 잡아 몰더니만[7] 『원각경』의 오묘한 세계에 편안히 앉으셨다. 한 빗줄기가 한 곳을 적시 듯 (일관되게) 연구하고, 5교(教)[8]가 목적

7 규봉 종밀 선사가 『화엄법계관문』을 만나서, 비로소 화엄의 세계에 눈을 뜨게 됨을 말한다. 이런 인연으로 규봉 종밀은 『주화엄법계관문』을 세상에 내놓게 된다.

하는 바가 제각기 다름을 따져 꿰뚫었다.

禪師는 旣佩南宗密印하여 受圓覺懸記하고 於是에 閱大藏經律하며 通唯識起信等論하여 然後에 頓轡於華嚴法界하며 宴坐於圓覺妙場하여 究一雨之所霑하며 窮五敎之殊致하여

이에 『원각경』 본문에 소를 달아 해석하니 『원각경대소』3권, 『원각경대소초』13권, 『원각경약소』2권, 『원각경약소초』6권, 『원각경도량수증의』18권이 세상에 모두 전한다.

乃爲之疏解하니 凡大疏三卷과 大鈔十三卷과 略疏兩卷과 小鈔六卷과 道場修證義一十八卷이 並行於世하나니

'가르침'을 서술함이 뚜렷하고, '법'을 바라봄이 투철하고, '뜻'을 해석함이 분명하기가 장작을 패는듯하며, '관(觀)'에 들어가는 것이 얼마나 밝은지 촛불을 켠듯하고, 그 '말씀'은 이치를 끝까지 다하여 제멋대로가 아니며, 그 '문장'은 가르침을 북돋아줄 뿐 꾸밈이 없고, 자신의 훌륭함으로 남을 헐뜯지 않기 때문에 배척하는 학설이 없으며, 자기의 단점으로 남을 덮어씌우

8 5교(敎): ① 소승교, ② 대승시교, ③ 대승종교, ④ 돈교, ⑤ 원교. 자세한 것은 「제3문 권교와 실교의 비교 분석」의 「4) 다섯 종류로 나누는 경우」(355~363쪽) 참조.

지 않았기 때문에 멋대로 해버리는 논의가 없으며, 탕탕(蕩蕩)하여 실로 12부(部) 『경』의 안목이며 35조(祖)[9]의 골수이며 살아있는 존재의 위대한 근본이며, 3세(世)의 도를 통달한 분이다. 후세에 비록 뛰어난 작가 선지식이 있더라도 그를 능가할 수 없다.

其敘敎也는 圓하며 其見法也는 徹하며 其釋義也는 端如析薪하며 其入觀也는 明若秉燭하며 其辭也는 極於理而已이오 不虛騁하며 其文也는 扶於敎而已요 不苟飾하며 不以其所長으로 病人故로 無排斥之說하며 不以其未至로 蓋人故로 無胸臆之論하여 蕩蕩然히 實十二部經之眼目이며 三十五祖之骨髓이며 生靈之大本이며 三世之達道이니 後世에 雖有作者이라도 不能過矣리니

그러니 이는 4의(依)[10]의 한 분이 아니시겠는가! 아니면 정토에서는 친히 뵐 수 있는 분이런가? 어찌도 그 의미를 몽땅 드러냄이 이럴 수가 있을까?

---

9 35조(祖): 서천의 28조와 중국의 7조(초조 달마→2조 혜가→3조 승찬→4조 도신→5조 홍인→6조 혜능→7조 하택)를 합하여 총35대의 조사가 된다. 규봉 종밀 선사가 하택의 법을 받았기 때문에, 이렇게 계대를 한 것이다. 서천의 28조는 「제8문 수행해서 체험하는 단계의 차이」 중 「1) 선종 조사의 경우」(433~434쪽) 참조.

10 4의(依): 도를 구하는 이가 의탁할 수 있는 네 부류의 사람. ① 출가한 범부, ②수다원 또는 사다함, ③아나함, ④아라한.

其四依之一乎인지 或淨土之親聞乎인지 何盡其義味가 如此也오

어떤 이는, "도는 형태가 없어 보려고 해도 볼 수 없고, 도는 방위가 없으니 그곳으로 가려고 하는 사람도 결코 도달할 수 없다. 그런데 하물며 문자로 운운할 수 있겠는가? (도는) 본성 속에 있을 뿐이다. 어찌 구구하게 수만 마디로 (도를) 표현할 수 있겠는가?"라고 한다.

或曰호대 道無形하여 視者는 莫能睹하며 道無方하여 行者는 莫能至하나니 況文字乎여 在性之而已이니 豈區區數萬言으로 而可詮之哉리오

나 배휴는 대답한다. "쯧쯧, 이런 부류들과는 더불어 도를 논할 수 없다. 앞에서도 말하지 않았더냐? '뭇 덕을 통틀어 모두 갖추고 뭇 어리석음을 녹여 홀로 빛나는 것은 원각이라'고 한 말을."

생각해보면 원각은 능히 일체의 법(法)을 만들어내고, 일체의 법(法)은 원각과 떨어져있지 않다. 오늘날 경·율·론 3장의 문헌이 중국에 전해진 것은 5천여 권[11]인데, 거기에서 전하고자 한 바는 무엇인가? 그것

은 계(戒)·정(定)·혜(慧)일 뿐이다. 계·정·혜를 닦아서 구하려고 하는 것은 무엇인가? 그것은 원각이다. 원각은 '하나의 법[一法]'인데 수많은 수행을 통해서 얻으려는 것은 무슨 이유인가? 중생의 근기가 다르기 때문이다. 그러므로 대장경이 결국은 모두 원각을 설한 『경』이다. 이 『원각경대소』는 대장경 전체에 대한 주석인 셈이다. '5,000 남짓한 축(軸)'으로 되어있는 글을 단 몇 권의 주석서로 꿰뚫으시니 참으로 간결하지 않은가? 그러니 어찌 번쇄하다고 말할 수 있겠는가!

나아가서는 언어로 설명할 수 있는 길을 끊고, 이런 저런 생각을 쉬고, 능(能)-소(所)를 잊어버리고, 그림자[影像][12]를 없앤 뒤에야 (도를) 얻을 수 있다. 결코 말로

---

11 5천여 권: 정확하게는 5,048권. 당나라 개원 년간에 지승 법사가 불교 목록집인 『개원석교록』을 편찬했고, 이것을 다시 4권으로 요약하여 『개원석교록약출』을 편찬했다. 『개원석교록약출』에서 당시 유통되던 경·율·론과 여러 승려들의 문집 5,048권을 소개하고 천자문의 순서에 따라 나열하였다. 이로 인해 세상 사람들은 불경의 숫자를 운운할 때는 '5천 여 권' 또는 '5,000축(軸)'이라 했다. 자세한 것은 「제9문 이 『경』의 번역과 주석의 역사」(443~448쪽) 참조.

12 그림자[影像]: '마음'을 가리킨다. 사람들은 6진의 그림자를 '마음'이라고 한다. 그러나 『원각경』「문수장」(27~28쪽)에서는 6진의 그림자를 '마음'이라고 해서는 안 되고, '일심(一心)' 즉 '원각(圓覺)'이 인간의 본원이라고 한다.

드러낸 곳에 (도가) 있는 것이 아니다.

對曰호리라 噫라 是不足以語道也이로다 前에 不云乎아 統衆德而大備하며 爍群昏而獨照者는 圓覺也이라하니 蓋圓覺은 能出一切法하고 一切法이 未嘗離圓覺하니라 今夫經律論三藏之文이 傳于中國者가 五千餘卷하니 其所詮者는 何也오 戒定慧而已니라 修戒定慧而求者는 何也오 圓覺而已이니 圓覺은 一法也로되 張萬行而求之者는 何오 衆生之根器가 異也일새니라 然則大藏이 皆圓覺之經이요 此疏는 乃大藏之疏也이니 羅五千軸之文하시어 而以數卷之疏로 通之함이 豈不至簡哉리오 何言其繁也오 及其斷言語之道하며 息思想之心하며 忘能所하며 滅影像한 然後에사 爲得也이언정 固不在詮表耳니라

2. 세인들에게 수행을 권면

아아! 살아있는 존재들이 (생사의 윤회 길에서) 왕래하는 곳이 6도(道)이다. 귀신은 어둡고 근심하는 고통에 빠지고, 새나 짐승은 놀라는 가여움이 있고, 아수라는 툭하면 화를 내고, 뭇 천신들은 그저 즐기기만 한다. 그러니 마음을 가다듬어 깨달음의 길로 나아가는 것은 오직 인간만이 할 수 있다. 사람의 몸으로 태어났으면서도 (깨달으려고) 하지 않으면 나도 어찌 해야 할

줄 모르겠다.[13]

嗚呼라 生靈之所以往來者는 六道也이니 鬼神은 沈幽愁之苦하고 鳥獸는 懷獝狘之悲하고 修羅는 方瞋하고 諸天은 正樂하나니 可以整心慮하여 趣菩提는 唯人道가 爲能耳이니 人而不爲하면 吾末如之何也已矣로다

3. 자세한 내용을 규봉 선사의 「본서」를 보시오

나 배휴는 규봉 선사의 문지방을 넘나들어 선사의 명백한 비결을 받기는 했으나, 몸소 실천하지 못했다. 그래서 문득 그 가르침을 찬탄하여 대중들께 널리 아뢰노니, 그 나머지는 (다음 쪽에 나오는 종밀 선사의) 「본서」에 자세하게 갖추어 말씀하고 계신다.

休는 常遊禪師之閫域하여 受禪師之顯訣이나 無以自效일새 輒直讚其法하여 而普告大衆耳하노니 其他는 備乎本序에 云하니라

13 『논어』「자한편」, "不曰如之何如之何者, 吾末如之何也已矣."를 인용하여 상공 배휴는 자신의 심정을 드러내고 있다. "어떻게 하나 어떻게 하나 하고 걱정하지 않는 자에 대해서는, 나도 어떻게 할 수가 없다."

『대방광원각경대소』 본서

大方廣圓覺經大疏 本序

당나라 종남산에 있는 초당사[14]의 사문 종밀[15] 서술

終南山 草堂寺 沙門 宗密述

1. 진리를 드러냄

원·형·리·정(元亨利貞)[16]은 건(乾)의 덕이니 '일기

14 종남산 초당사: 종남산(終南山)은 장안(長安: 지금의 섬서성 서안시)의 남쪽에 있는 산. 초당사(草堂寺)는 후진(後秦) 시대의 구마라습이 이 산에 있는 큰 절 내에 집 한 채를 짓고 초섬(草苫: 풀의 일종)으로 지붕을 해 덮고 불경을 번역하면서 세상에 알려졌다. 이 산에는 예부터 서적이 많았다. 종밀은 이 산 초당사에서 약 10여 년간을 지내면서 많은 책을 썼다. 청량 징관을 비롯하여 당대의 유명한 학승들이 여기에서 저술 활동을 했다.

15 종밀(780~841): 당대의 화엄학승이자 선승. 선으로는 하택 신회를 통해 남종의 전통을 계승했고, 교학으로는 청량 징관(738~839)의 법을 이어, 뒷사람(=송대의 진수 정원 법사)에 의해 화엄 제5대의 조사로 추앙. 『원각경』의 연구에 심혈을 기울였고 많은 저서가 있다. 고려시대 이후 우리나라 불교에 지대한 영향을 주어 오늘에 이른다. 종밀의 전기와 저서 및 비문 그리고 사상 등에 관해서는 『화엄과 선』(신규탁 편역, 서울: 정우서적, 2010년 초판) 참조.

16 원·형·리·정(元亨利貞): 『주역』 건(乾) 괘의 괘사이다. 정이

(一氣)'에서 시작하고, 상·락·아·정(常樂我淨)은 불(佛)의 덕이니 '일심(一心)'에 근본을 둔다. '일기(一氣)'를 다스려 부드러움에 이르고, '일심(一心)'을 닦아서 도를 이룬다. 심(心)이란, 텅 비었으되 오묘하게 빼어나고, 훤하게 신령스레 밝고, 가고 옴이 없고, 과거·현재·미래 3제(際)에 속속들이 통해있고, 안팎이 없고, 시방세계를 꿰뚫고, 불생불멸하니, 어찌 생·노·병·사의 4산(山)[17]이 이 마음을 해칠 수 있겠는가? (또 마음은) 성(性)과 상(相)을 여의었으니[18] 어찌 5색(色)으로 그것을 가릴 수 있겠는가?

생사의 흐름 속에 있으나 검붉은 구슬은 깊은 바다 속에서도 홀로 빛나고, 열반의 언덕에 걸터앉았으나 둥근 달은 푸른 하늘에 홀로 휘영청 밝도다.

천 등의 전통적인 설에 따라 건도(乾道)의 네 가지 덕으로 보아, 각각 끊어 읽었다. 주자의 경우는 원형(元亨)은 이정(利貞)이라고 번역하기도 했다.

17 4산(山): 『대반열반경』「사자후보살품」(대정장12, 535b). "사방에서 산이 몰려와 인민들을 해치려 할 때에 어찌하면 벗어날 수 있을까요?" "계율을 지키고 보시하면 면할 수 있다. 여기서 말하는 4산이란 생·노·병·사이다."

18 성(性)과 상(相)을 여의다: 법성종에서는 '법성(法性)'과 '법상(法相)'을 '일심(一心)' 속에 녹여 원융하게 한다. 이 점은 법상종과 다르니, 이런 점 등을 잘 살피면 화엄교학은 물론 선종의 묘미를 맛볼 수 있다.

元亨利貞는 乾之德也이니 始於一氣하고 常樂我淨은 佛之德也이시니 本乎一心하시니라 專一氣而致柔하고 脩一心而成道하나니 心也者는 沖虛妙粹하며 炳煥靈明하며 無去無來하여 冥通三際하며 非中非外라 洞徹十方하며 不滅不生커니 豈四山之可害며 離性離相커니 奚五色之能盲이리요 處生死流하얀 驪珠는 獨耀於滄海요 踞涅槃岸하얀 桂輪이 孤朗於碧天이니

참으로 위대하구나! 모든 존재를 밑받쳐주고 시작하게 하는구나. 모든 존재는 허망하여 인연이 모여서 생긴다. (이렇게) 생겨난 법은 본래 (자성이) 없어 모두가 그저 식(識) 일뿐이다. 그러나 식(識)도 허깨비나 꿈과 같으므로 그저 '일심(一心)'일 뿐이다. 그러나 심(心)은 고요하면서도 거기에는 무엇을 '인지 작용[知]'이 있는데 이것을 가리켜 '원각(圓覺)'이라고 한다. 온 세계에 가득하고 청정하여 그 속에는 (잡된 것을) 용납하지 않는다. 그러므로 덕(德)의 작용은 끝이 없어 동일한 성(性)이다. 성(性)이 움직여 상(相)이 생기니 '(허망한) 대상경계[境]'와 '(참된) 지혜[智]'가 분명하게 갈라지며, 상(相)이 성(性)을 만나 융합하니 인간의 몸과 마음이 텅 비게 된다.[19] 바로 이것이 해인(海印)이며, 이것은

19 법성 철학의 근본 이념 중의 하나이다. 법상종(유식종)에서는 '진여의 불변(不變)'을 주장하지만, 법성종에서는 '진여의 불변

저 태허를 초월하고, 넓고도 넓고 또 밝고도 밝아 알음알이나 논의로는 알 수 있는 한계를 벗어났다.

大矣哉라 萬法資始也여 萬法이 虛僞하여 緣會而生하나니 生法이 本無하나 一切唯識이니 識은 如幻夢하여 但是一心이니 心은 寂而知니 目之圓覺이니 彌滿淸淨하여 中不容他일새 故로 德用이 無邊하나 皆同一性하니 性이 起爲相이라 境智가 歷然하며 相이 得性融이라 身心이 廓爾하니 方之海印이며 超彼太虛하여 恢恢焉하며 晃晃焉하여 迥出思議之表也하니라

2. 가르침을 밝힘

우리 부처님께서 이것을 깨치시고 중생들이 이것을 알지 못하는 것을 가엾이 여겨 "참으로 기이하구나!"[20] 라고 거듭 탄식하시고, 일대사 인연을 세 번 거듭[21]

(不變)'과 '진여의 수연(隨緣)'을 모두 말하고 있다. 일체의 만법은 모두 법성이 발현된 것이다. 화엄교학의 관건은 바로 이 성기문(性起門)에 있다.(『대소초』 신찬속장9, 468b).

20 『화엄경』「여래출현품」(대정장10, 272c~273a).

21 원문은 "三思大事". '대사(大事)'는 『법화경』에 나오는 말로 세존이 사바에 출현하시는 근본적인 목적을 지칭하는 것으로, 중생에게 부처님의 지견을 열어 보여주고 깨달아서 들어가게 하려고 출현하셨다고 한다. 또 '삼사(三思)'라는 세 번 생각한 고사가 있다. 『십지경』에서 말하는 것으로 부처님께서 처음 성도하시고 교화의 법륜을 굴릴까 말까를 재삼 생각하셨다는 것이다. 또 『법화경』에서 삼칠일(21일) 간 "내가 깨친 내용은 불가

생각하시었다. 10력(力)[22]을 모두 갖추어 보리수 밑에서 마군을 거꾸러뜨리시고 이에 4심(心)[23]을 일으켜 제 집안에 원래부터 있는 보배 창고를 보여주시고자 하셨다. 그러나 제 머리에 놀라고,[24] 제 아비를 버리는 경우가 있으니,[25] 깨달음에는 쉽고 어려움이 있게 마련이다. 그러므로 선원(仙苑)[26]과 보리도량(菩提道場)[27]에서 돈교(頓敎)와 점교(漸敎)를 베푸셨다. 점(漸)으로는 5시(時)[28]의 차이를 설치하시어 공(空)과 유(有)를 서로

사의한데 어리석은 중생들이 알아들을 수 있을까? 어떻게 저들을 교화할까?"라고 사유하신 고사.

22 「보안장」(56쪽) 참조.

23 4심(心): 4무량심(無量心)으로, 자(慈)·비(悲)·희(喜)·사(捨)를 말한다.

24 『능엄경』(권4)의 고사. (대정장19, 121b), 운허 역, 『수능엄경주해』(동국역경원, 1974, 166~168쪽) 참조.

25 『법화경』「신해품」(대정장9, 16c)에 나오는 궁자(窮子)의 고사.

26 선원(仙苑): 초전법륜하신 녹야원의 다른 이름.

27 보리도량(菩提道場): 붓다가야. 세존께서 도를 깨친 곳.

28 5시(時): 사바의 교주 석가모니 세존께서 점차적으로 중생을 제도하셨던 일생을 다섯 시기로 구분한 것. 제1시기는 아함경 등 유위법을 설하시던 시기, 제2시기는 반야경 등 공을 설하시던 시기, 제3시기는 해심밀경 등 법상을 설하시던 시기, 제4시기는 『법화경』 등 모든 중생이 다 부처될 수 있음을 설하시던 시기, 제5시기는 『대열반경』 등 불신의 상주를 설하시던 시기. 최초의 설법이신 『화엄경』은 돈교와 점교를 포섭하고 일체의 승을 총괄한 일승원교의 교법이기 때문에 위의 5시에 포함되지 않는다. 이상은 화엄의 교판이지만, 천태의 교판에서는 달리 말하고

밝히셨으나,[29] 돈(頓)으로는 2제(諦)[30]의 차이를 없애시어, 그윽하고 신령스러워 대대(待對)를 끊으셨다.

我佛이 證此하사 憫物의 迷之하사 再歎奇哉하시며 三思大事하사 旣全十力하사 能摧樹下魔軍하시며 爰起四心하사 欲示宅中寶藏하시었건만 然이나 迷頭하며 捨父하여 悟有易難일새 故로 仙苑覺場에 教興頓漸하사 漸은 設五時之異하사 空有를 迭彰하시고 頓은 無二諦之殊하사 幽靈이 絶待하시니

지금의 이 『원각경』은 돈교(頓教)의 부류이다. 그러므로 여래께서 적광토(寂光土)[31]에 들어가시어 범부와

있다.
천태의 교판에서 부처님의 일대 설법을 『법화경』을 설하시기 위한 준비라고 보고, 이 설법 중에서는 『법화경』이 가장 높고 깊은 것이라 하여, 불교 전체를 5시(時)와 8교(教)로 분류하였다. 5시란 화엄시, 아함시, 방등시, 반야시, 법화열반시를 말한다. 참고로 8교는 화의(化儀) 4교(=돈교, 점교, 비밀교, 부정교)와 화법(化法) 4교(=장교, 통교, 별교, 원교)로 구성된다.

29 「제3문 권교와 실교의 비교 분석」의 「b) 유(有)와 공(空)의 의미 소통을 통한 화회」(308~322쪽) 참조.

30 2제(諦): 진제(眞諦)와 속제(俗諦). 언어나 사유로 설명되어지기 이전의 진리 그 자체를 '진제'라 하고, 언어나 사유로 설명된 진리를 '속제'라 한다.

31 적광토(寂光土): 상적광토의 준말. 진리와 지혜가 일치된 각자(覺者)가 사는 세계. 즉 법신불의 세계. 천태종에서는 ①범성동거토(凡聖同居土), ②방편유여토(方便有餘土), ③실보토(實報土), ④상적광토(常寂光土)의 4토설을 세운다. 한편 화엄교학

성인의 동일한 근원에서[32] 타수용신(他受用身)[33]을 나타내시고, 주인과 손님이 함께했다. 문수대사가 (여래께서) 세웠던 인(因)에 대하여 처음 질문을 하니, 박가 지존(薄伽至尊)[34]께서 구경의 과(果)를 대뜸 드러내주셨

에서는 ①법성토(法性土), ②자수용토(自受用土), ③타수용토(他受用土), ④변화토(變化土)의 4토설을 세우고 있다. 용어의 한자어를 잘 보면 그 의미를 짐작할 수 있다. 이곳의 4토설과 다음의 4신설이 짝을 이룬다.

32 여래께서 적광토(寂光土)에 들어가시어 범부와 성인의 동일한 근원에서: 이 부분은 「서분」의 「2. 법회가 열린 장소」(21~22쪽) 참조.

33 타수용신(他受用身): 4신(身)의 하나. 화엄교학에서는 중생들이 체험하는 부처님의 몸[身]을 ①자성신, ②자수용신, ③타수용신, ④변화신 등 넷으로 나누고 있다. ①은 여래 내증(內證)인 진여의 진리 자체로서, 오직 부처님들만이 서로 알 수 있는 몸, ②부처님 스스로 법락(法樂)을 누리시는 몸으로 누구도 알 수 없는 몸, ③초지 이상의 지상(地上) 보살에게 법을 말하여 법락을 누리게 하시는 몸, ④지전(地前) 보살과 그 이하의 수행자들에게 나타나시는 몸. 대개 우리들이 부처님을 친견했다고 했을 때에는 ④의 경우이다. 사실 부처님의 몸은 한 몸이시건만, 부처님을 대하는 수행자의 법력에 따라 그들 스스로 달리 보는 것이다. 자신의 처지를 감안하여, 제가 안 것이 전체라는 생각을 해서는 수행이 깊어질 수 없다.

34 박가지존(薄伽至尊): 박가(薄伽)는 박가범(薄伽梵)의 준말. 지존(至尊)은 지극히 존귀하신 분이라는 뜻. 이때에 '薄伽'는 '德'을 뜻하고, '梵'은 '成就'를 뜻한다. 범어 bhagavat를 번역한 것이다. 『불지경론』에서는 '박가범(薄伽梵)'의 의미 6종을 거론한다. 즉 자재(自在), 치성(熾盛), 단엄(端嚴), 명칭(名稱), 길상(吉祥), 존귀(尊貴).

다.[35] 이 참된 본체를 살피면 저 꿈같은 몸뚱이가 사라지며, 나와 남이 없다는 사실을 알게 되면 어느 누가 윤회의 굴림을 받으리오. 갖가지의 허깨비 같은 일들은 '원각묘심(圓覺妙心)'에서 생겨난 것이다. 허망함이 다 없어지고 '원각묘심'이 뚜렷해지면 심(心)이 뚫리고 법(法)이 두루해 질 것이다. (중생의) 심(心)은 본래 부처님과 같으나, 망념(妄念)이 일어나 (생사의 고해에) 떠돌기를 둘쑥날쑥한다.

今此經者는 **頓之類歟**인저 **故**로 **如來**께서 **入寂光土**하사 **凡聖一源**에 **現受用身**하사 **主伴**이 **同會**어시늘 **曼殊大士**가 **創問本起之因**하야시늘 **薄伽至尊**이 **首提究竟之果**하시어 **照斯眞體**하면 **滅彼夢形**하며 **知無我人**하면 **誰受輪轉**이리오 **種種幻化**는 **生於覺心**하나니 **幻**이 **盡**하여 **覺**이 **圓**하면 **心**이 **通**하고 **法**이 **遍**하리라 **心本是佛**이로대 **由念起而漂沈**하며

강둑은 사실 움직이지 않건만 배가 움직이기 때문에 (강둑이) 뒤로 가는 것처럼 보인다. 망령된 찌꺼기를 단박에 싹 없애면 허공에 다시는 '허공 꽃[空華]'이 생기지 않으며, 조금씩 애욕의 근원을 말려버리면 (한번 제련된) 쇠는 다시는 '금광석'으로 되돌아가지 않듯

35 「문수장」의 「1. 부처님께 드리는 질문」(24~25쪽)과 「1) 핵심을 대답하심」(26~27쪽)을 참조.

이 번뇌는 다시 생기지 않는다.

이치의 측면에서는 수행하여 깨달을 것도 없지만, 사람의 지혜에는 흡사 단계와 차이가 있는 듯하다. 한 단계 한 단계 씩 이전의 잘못을 알게 되면, 한 단계 한 단계 씩 지위가 높아지니, 하물며 망상이 생겼다 가라앉았다 하는 것이 사라져서 덕(德)이 뚜렷하고 밝아지는 것이야 오죽하리요.

岸實不移로대 因舟行而騖驟하나니 頓除妄宰하면 空不生華하며 漸竭愛源하면 金無重礦하리라 理絶修證하나 智似階差하니 覺前前非는 名後後位니 況妄에 忘起滅하여 德等圓明者焉이여

그러나 마구간에서 나온 똑똑한 말은 가죽 채찍의 그림자만 보아도 벌써 제 갈 길을 가지만, 번뇌의 티끌 속에 파묻힌 훌륭한 보배는 반드시 (그것을) 다듬는 방책을 만나야만 (빛난다). 그러므로 세 가지의 관법(觀法)[36]을 분명하게 밝혀주서 진실과 허망에 함께 들어가게 하니 각각의 '관행법의 결합[輪]'이 서로 얽기고 섥혀 홑으로, 또는 겹으로, 또는 모두 수행하게 하셨다. 4상(相)[37]이 우리의 정신에 스며들어 (우리들이 어리

36 세 가지의 관법(觀法): 「위덕장」에서 말씀하신 ①사마타, ②삼마발제, ③선나. 자세한 것은 본문(114~120쪽) 참조.
37 4상(相): 아상·인상·중생상·수자상. 이 부분은 「정업장」(146

석어지는 것이지), '원각(圓覺)'이 (우리들을) 저버리는 것은 아니다. 4병(病)[38]을 우리의 몸에서 떠나가게 하여 '마음 꽃[心華]'을 밝혀주셨다.

然이나 出廐良駒는 已搖鞭影이어니 蘊塵大寶는 須設治方일새 故로 三觀을 澄明하시어 眞假俱로 入케하시며 諸輪을 綺互히 單複圓修케하시며 四相이 潛神이언정 非覺이 違拒이며 四病을 出體하시어 心華를 發明하시고

또 다시 장기·중기·단기로 나누어[39] 마음을 다스리고 거두어들여 수행을 거듭하게 하시며, 개별적으로 또는 총체적으로 또는 그 모두를 아울러 수행하여 업장(業障)과 혹장(惑障)[40]을 녹여 없애 지혜의 몸을 성취

쪽) 참조.

38 4병(病): 작(作)·지(止)·임(任)·멸(滅). 이 부분은 「보각장」(166~168쪽) 참조.

39 장기·중기·단기로 나누어: 장기는 120일, 중기는 100일, 단기는 80일. 이 부분은 「원각장」(177쪽) 참조.

40 업장(業障)과 혹장(惑障): 불도 수행을 가로막는 장애물이 셋 있다. ①번뇌장(煩惱障), ②업장(業障), ③보장(報障). ①은 탐·진·치 등의 번뇌가 자주 일어나서 불도 수행에 장애. ②는 신·구·의 3업으로 업을 지어 불도 수행에 장애, ③은 악업으로 받은 지옥·아귀·축생 등 3악도의 과보 때문에 불도 수행에 장애. ③을 이숙장(異熟障)이라고 한다. 이상의 3장에 ④혹장(惑障)을 첨가하여 4장이라 한다. ④는 탐·진·치 등의 3독으로 인해 심성을 더럽히고 불도 수행을 장애.

하게 하여 고요할 대로 고요해져 '원각(圓覺)'이 꽉 들어차서 백 천 세계[41]에 깨달음의 경계가 눈앞에 나타나리라.

復令長中下期로 克念攝念하여 而加行하시며 別徧互習으로 業障惑障이 而銷亡하여 成就慧身하여 靜極하고 覺遍하여 百千世界에 佛境이 現前케하시니

그리하여 『원각경』을 일컫는 다섯 종의 이름[42]을 듣는 것이 온 세상에 가득 채운 보배를 보시하여 얻는 복보다 더 훌륭하고, 이 『경』에 나오는 게송 반 구절의 의미를 설하는 것이 항하사 모래알 수만큼 많이 소승의 법을 설하는 것보다 뛰어나다. (왜냐하면) 실로 (이 『원각경』에) 갖추어져 있지 않은 것은 결코 없으며, (이 『원각경』에 의해) 제도되지 않는 근기가 없기 때문이다.

是以로 聞五種名이 超刹寶施福하며 說半偈義가 勝河沙小乘하니 實由無法不持하며 無機不被者也이라

41 백 천 세계: 1,000 세계가 100개 있음. 즉 백 만 세계. 485쪽 참조.

42 다섯 종의 이름: ①『대방광원각다라니』, ②『수다라요의』, ③『비밀왕삼매』, ④『여래결정경계』, ⑤『여래장자성차별』. 이 부분은 「현선장」(190쪽) 참조.

3.『원각경』과의 인연[43]

쯧쯧![44] 파가(巴歌)[45]를 따르는 이는 많고, 사량(似量)[46]은 (의심 많은) 원숭이의 마음보다도 더하다. (그러나) 설곡(雪曲)[47]을 부르는 사람은 드물며, 요의(了義)[48]

---

43 이 대목에서 규봉 종밀은 자신의 일생과『원각경』관계 저술에 대하여 회고하고 있다. 생애와 저술에 대해서는『화엄과 선』(규봉 종밀 저, 신규탁 편역, 정우서적, 서울: 2010 초판, 2013 재판)「해제」참조.

44 쯧쯧: 원문은 '噫'이다. 당나라 육덕명의『광운』에 의하면 '噫, 恨聲也.'라 했다. 즉 '噫'는 한탄할 때에 내는 소리이다. 또 공안국의 주에는 마음이 불편할 때에 내는 소리라고 했다.

45 파가(巴歌): 파협가(巴峽歌)를 말한다. 대나무 가지로 소리를 내는 속요의 일종. 누군가가 한 번 불면 어떻게 화음을 맞추어야 되는지도 모르고 다들 따라 한다. 여기에서는 천근(淺近)한 권교 소승의 가르침을 속절없이 설법하고 또 그것을 듣는 것을 비유한다.

46 사량(似量): 불교 논리학 서적인『인명론』에서는 지각에 의해 성립된 지식인 '현량(現量)'과, 추론에 의해서 성립된 지식인 '비량(比量)'과, 성인의 말씀[聖言量]만을 진위를 판별할 수 있는 명제(命題)로 삼는다. 현량과 비량 중에는 '참[眞]'인 명제도 있고, '거짓[非]'인 명제도 있다. 그리고 그 '거짓'인 것 중에 '참'과 닮았지만 '참'은 아닌 명제도 있으니, 이것을 사량(似量)이라 한다. 그러니 사량(似量)에는 사현량(似現量)과 사비량(似非量)이 있는 셈이다. 안개를 연기로 잘못 알고, 거기에 불이 있다고 판단하면 이 명제는 사비량(似非量)이다. 연기를 보고 안개라고 판단하면, 이것은 사현량(似現量)이다.

47 설곡(雪曲): 양춘백설가곡(陽春白雪歌曲)의 준말. 곡조가 높아서 화음을 맞추기가 어렵다. 설사 한 사람이 고성을 내더라도

는 용궁의 창고 속에 처박혀있구나.

噫라 巴歌는 和衆이라 似量이 騰於猿心이요 雪曲은 應稀라 了義는 匿於龍藏하니라

나 종밀은 어린 시절에는 노(魯)나라 공자의 말씀을 배웠고,[49] 약관이 되어서는 천축의 전적을 탐구했으나,[50] 모두 (방편인) 통발이나 사다리에 빠져 그저 술지게미나 맛보았을 뿐이다. 다행히도 사천성 수주(遂州)에 있는 부강(涪江)[51]에서 바늘과 겨자가 서로 만나는 듯한 행운을 얻었다.[52]

수많은 사람이 있은들 화음을 못 맞춘다. 겨우 한 두 명 정도가 화음을 낼 수 있다. 그래서 "드물다"고 했다.

48 요의(了義): 요의교를 지칭. 의미하고자 하는 내용을 완전하게 설명 완료한 것을 말한다. 같은 '요의'라는 표현도 법상종과 법성종에서 각기 달리하고 있다. 자세한 것은 「제3문 권교와 실교의 비교 분석」의 「a) 3시교의 의미 소통을 통한 화회」(303쪽) 참조.

49 규봉 종밀은 명문 가문에 태어나 7~25세 사이에는 유학을 공부했다. 그 기간 중에서도 23~25세 사이에는 당시 지방 국립학교 의학원(義學院)에서 유학에 전념했다.

50 18~22세 사이에 유학을 공부하면서도 틈틈이 불경을 읽었다.

51 부강(涪江): 성도 시내를 관통하는 동천강(東川江). 수주(遂州)는 부강의 남서쪽에 있다.

52 27세에 도원 선사의 문하에 출가하고, 이듬해 28세에 구족계를 받았다.

선(禪)으로는 남종을 만나고, 교(敎)로는 이 『원각경』을 만났다.[53] 도원 선사께서 일러주신 말 한마디 떨어지자마자 '마음의 땅'이 열리고, 이 『원각경』 한 권의 책에서 '이치의 하늘'은 찬란히 빛났다. 늘, 도(道)라고 하더라도 영원한 도가 아니고, 모든 존재는 무상하다고만 생각했다. 그러나 마음이 바로 부처이니, 이 마음으로 인해 마침내는 누구나 다 부처가 되리라는 사실을 이제야 비로소 알았다.

하지만 '종자 노릇하는 지혜[種智]'는 부처님과 똑 같더라도 그것을 수행함에는 많이 배우고 들어야하기 때문에, 온 지방을 돌아다니며 갖가지 서적을 다 뒤져

---

53 규봉 종밀은 사미 시절 어느 날(27~29세 사이) 성도부의 부사(府使)인 임관(任灌)의 집에서 『원각경』을 처음 보았다고 한다. 역자는 어찌 그럴 수가 있는가에 대하여 일찍이 월운 사부님께 여쭌 적이 있다. 노 강백의 경험에서 나온 귀한 말씀이시기에 소개하여 함께 나누고자 한다.
수주는 인도는 물론 티베트와 지리적으로 가깝기 때문에, 아직 장안이나 낙양의 양경(兩京)에는 알려지지 않은 여러 불경이 유통되었을 수가 있다고 하셨다. 또 '이차수경(以次受經)'에 대한 말씀도 이렇게 해 주셨다. 공양 청승을 받으면, 초청한 집을 위해서 참석한 승려들이 돌아가면서 『경』을 읽어주는 풍습이 있었다. 다양한 불경을 소장했던 임관은 손에 집히는 대로 참석한 스님들께 『경』을 돌렸는데, 종밀이 받은 것은 『원각경』이었다. 그래서 『경덕전등록』의 행장에서 '이차수경(以次受經)이라고 했다고 말씀하셨다.

보았다.

강의로는 비록 포성(蒲城) 땅 신태(神泰)[54] 법사를 넘치지만, 배움만은 그래도 도안(道安: 314~385) 법사를 스승 삼았다. 외람되게 (사부 징관 국사로부터 그대가 강의한 것이) 내 생각과 같다고 거두어주심을 입었고, 송구스럽게도 (소납을) '친 자식[眞子]'이라고 인가해주심도 받았다.[55]

宗密이 **髫專魯誥**하다가 **冠討竺墳**하되 **俱溺筌罤**하며 **唯味糟粕**하다가 **幸於涪上**에 **針芥相投**하여 **禪遇南宗**하고 **教逢斯典**하

---

54 신태(神泰): 당나라 현장 삼장의 역경을 도왔고, 이 때에 번역된 경전을 주해하고 강의하여 세상에 이름을 날렸다.

55 규봉 종밀은 31세(810) 시절 양양 땅 회각사에서 청량 국사의 『화엄경대소』(20권) 및 『연의초』(40권)을 1차 강의한다. 이듬해에는 다시 장안에서 2차로 강의를 했는데, 이 때에 강의를 듣던 어린 태공(泰恭)이 감동하여 팔을 자른다. 국법으로 금한 일이 벌어졌다. 유수(留守) 정여경(鄭餘慶)이 중서성에 보고하자 재판이 열렸다. 그리하여 강의 내용이 청량의 뜻을 왜곡하여 혹세무민한 것인지를 취조하게 된다. 이 때는 아직 청량 국사를 마음으로만 사사했지 뵙지는 못했다. 그리하여 종밀은 7~8장의 종이에 자신이 이해한 20권 『소』에 담긴 관절(關節)과 『화엄경』의 혈맥(血脈)을 썼고, 그 편지를 현규(玄珪)와 지휘(智輝) 두 제자 손에 들려 청량에게 보낸다. 이에 청량은 흔쾌하게 인가하여 제자로 삼는다. 사자(師資)의 대면은 이로부터 수개월이 지난 812년이다. 이 때 제자의 나이는 34세이고 스승의 연세는 75세였다. 슬하에서 2년간 배우고, 그 후에는 일이 있을 때마다 여쭈어 배운다.

여 一言之下에 心地開通하며 一軸之中에 義天이 朗耀하니 頃에 以道非常道라 諸行이 無常이라 하더니 今엔 知心是佛心이라 定當作佛호리라 然이나 佛을 稱種智라도 修는 假多聞일새 故로 復行詣百城하며 坐探群籍하니 講雖濫泰하나 學且師安하여 叨沐猶吾之納하고 謬當眞子之印하니

다시 친한 벗을 만나 부처님의 은혜를 가득 입어, 외롭고 가난한 생활을 길게 한탄하여 장차 법보시를 베풀려하였다. 반야부를 모으고,[56] 화엄을 다스리고,[57] 율장을 검토하고,[58] 유식의 이치를 밝혔다.[59] 그러나 병의 처방은 수 만 가지여서 치료를 어떻게 할지 잘 선택해야 하며, 바다 속에 들어 있는 보배가 천 가지나 되더라도 여의주를 무엇보다 먼저 구해야 한다.

내가 보건대 대저 문장이 풍부하고 뜻이 넓기로는 참으로 『화엄경』에 양보해야 하지만, 본체를 가리켜 상대의 근기에 들어맞게 하기로는 『원각경』에 겨룰 것이 없다. 그러므로 여러 논서를 자세하게 참고하고

56 원화14년(819) 40세에 장안 홍복사에서 『금강경찬요소』(1권)과 『금강경찬요소초』(1권) 저술.
57 장경2년(822) 43세에 종남산 풍덕사에서 『화엄윤관』(5권) 저술.
58 장경3년(823) 44세에 풍덕사에서 『사분률소』(3권) 저술.
59 원화14~15년(819~820) 40~41세에 장안의 홍복사와 보수사에서 『유식론소』(2권) 저술.

백가의 서적을 반복 연구하여 지혜를 날카롭게 다듬어 마침내 『원각경』을 풀어 해석했다.[60]

再逢親友하여 彌感佛恩하사와 久慨孤貧하여 將陳法施하려하여 採集般若하며 綸貫華嚴하며 提挈毗尼하며 發明唯識하니 然이나 醫方萬品에 宜選對治며 海寶千般에 先求如意니 觀夫文富義博은 誠讓雜華이려니와 指體投機에는 無偕圓覺하니 故로 參詳諸論하며 反復百家하여 以利其器코사 方爲疏解하니

마음을 성인의 뜻에 어우르며 철저하게 생각하고 정교하게 연구하여, 이론[義]으로는 성(性)과 상(相)을 갖추고, 선(禪)으로는 돈(頓)과 점(漸)을 겸하여, 헛된 짓을 하는 사람들에게는 옆길로 구할 겨를이 없게 하고, 명상을 잘못하는 무리들[61]에게는 남의 얼굴을 보

60 때는 장경3년(823) 종밀 나이 44세이다. 돌이켜보면 27세에 『원각경』을 만났고, 37세 때는 종남산 지거사에서 『원각경 과문』과 『원각경 찬요』를 저술하고, 같은 해에 『원각경대소초』의 초고를 탈고한다. 43세에는 종남산 초당사에서 『원각경』 관계 저술을 다시 손질하고, 44세에 비로소 『원각경대소』(3권), 『원각경대소초』(13권), 『원각경약소』12(권), 『원각경약소초』(6권)를 매듭 짓는다. 그 후 『원각경』에 입각한 수행참법 지침서인 『원각도량수증의』(18권)을 48세에 완성한다.

61 명상을 잘못하는 무리들: 원문은 '反照之徒'이다. '返照'가 아니다. 이 때의 '照'는 '명상' 또는 '선(禪)'의 뜻. '反'이란 '非'이다. 뒷 문장에 나오듯이 남의 얼굴에서 진실을 찾으려는 잘못을 범하기 때문이다. 원각의 불성이 누구에게나 있다.

지 않게 하니, 여기에 그 뜻이 있다.

冥心聖旨하며 極思硏精하여 義備性相하고 禪兼頓漸하여 使游刃之士로 無假傍求케하며 反照之徒로 不看他面케하니 斯其志矣니라

4. 제목 해석[62]

'대(大)'라는 것은 한계가 있는 모든 판단을 끊었다는 뜻이고, '방광(方廣)'이란 반듯하여 (그 속에 무엇인가를) 감추고 있다는 뜻이고, '원(圓)'이란 공덕이 꽉차있지 않음이 없다는 뜻이고, '각(覺)'이란 신령스런 근원이 어둡지 않다는 뜻이고, '수다라(修多羅)'란 모든 경전을 총체적으로 가리킨 것이며, '요의(了義)'란 이 (『원각경』의) 문장만을 특별히 찬탄한 것이고, '경(經)'[63]은 '의미의 꽃[義華]'을 세로로 꿰어 엮어서 그것을 사용하여 여러 중생을 제도한다는 뜻이다. 그래서 『대방광원각수다라요의경(大方廣圓覺修多羅了義經)』이라고 했다.

62 이 부분은 「제10문 제목 해설」의 「1. 제목 해설」(450쪽) 참조.

63 '경(經)' 자에는 사물을 '꿰뚫다'라는 뜻이 있다. '날줄[經]'로 꽃을 꿰어 엮듯이 『원각경』은 '원각'이라는 주제로 본문 전체를 정연하게 꿰어 엮고 있다.

大者는 絶諸邊量이며 方廣은 正而含容이며 圓者는 德無不周이며 覺者는 靈源不昧이며 修多羅는 總指諸部이며 了義者는 別歎斯文이며 經者는 貫穿義華하여 以之攝化群品일새 故로 云大方廣圓覺修多羅了義經也이니라

귀경 발원문

오묘한 색신과 걸림 없는 재주와 지혜를 갖추신 부처님과, 청정한 깨침에 의해 도달하며 수행을 통해 들어가게 되는 가르침과, 묘한 덕을 갖추신 보현 등 열두 명의 보살과 그를 따르는 백 천의 대중들께 귀의하나이다.

제가 깊고 넓은 서원을 펴서 요점만 간략하게 『원각경』을 주석하오니, 원컨대 삼보께옵서는 자비로 어여삐 여겨 방편의 지혜를 깊이 도와주소서.

모든 법문의 (가르침의) 바다가 제 마음 속으로 스며들어와, 마음이 통하고 뜻이 생겨남이 마치 바람과 그림이 허공에 나타나는 듯하게 하옵소서.

(제가 주석하는) 문장마다 성인의 뜻에 들어맞고 구절마다 여러 중생들의 근기에 합하게 하옵소서.

몸과 마음이 깨달음의 성안으로 들어가서 영원한 즐거움을 함께 누리게 하옵소서.

歸命妙色身과 無礙辨才智와 所位淸淨覺과
所流修證門과 妙德普賢尊과 十二百千衆하나이다
我發深弘誓하여 莊嚴要略經하오니 願三寶慈哀하사와

冥資方便慧하소서 一切法門海가 潛流入我心하여
心通義相生함이 風畫空中現케하소서 文文符聖意하며
句句合群機하며 身心入覺城하여 同受無爲樂케하소서

머리말: 10문 분별[64]

열 부분으로 분별하여 이 『원각경』을 해석해보겠다.

① 첫째는 가르침이 생기게 된 이유를 밝히는 부분, ② 둘째는 이 『원각경』이 '장(藏)', '승(乘)', '분(分)'의 어느 범주에 속하는 가를 논하는 부분, ③ 셋째는 권교와 실교의 차이를 나눈 다음 『원각경』이 어디에 속하는 지를 논하는 부분, ④ 넷째는 이 『원각경』에서 설하는 내용의 범위 또는 영역[分際]의 깊고 얕음을 논하는 부분, ⑤ 다섯째는 가르침을 받을 적절한 근기를

64 10문으로 분별하여 석경(釋經)하는 것은 화엄종의 전통이다. 청량 징관의 『화엄경소초』와 규봉 종밀의 『원각경대소』를 비교하면 다음과 같다.

<table>
<tr><td>화엄경소초</td><td>① 教起因緣</td><td colspan="2">② 藏教所攝</td><td>③ 義理分齊</td><td>④ 教所被機</td><td>⑤ 教體淺深</td><td>⑥ 宗趣通局</td><td>⑦ 部類品會</td><td>해당없음</td><td>⑧ 傳譯感通</td><td>⑨ 總釋題名</td><td>⑩ 別解文義</td></tr>
<tr><td>원각경대소</td><td>① 教起因緣</td><td>② 藏乘分攝</td><td>③ 權實對辨</td><td>④ 分齊幽深</td><td>⑤ 所被機宜</td><td>⑥ 能詮體性</td><td>⑦ 宗趣通別</td><td>해당없음</td><td>⑧ 修證階差</td><td>⑨ 敘昔翻傳</td><td colspan="2">⑩ 別解文義</td></tr>
</table>

논하는 부분, ⑥ 여섯째는 문장 표현[能詮]의 형식과 성질을 논하는 부분, ⑦ 일곱째는 종취(宗趣)가 보편적인가 편협한가를 논하는 부분, ⑧ 여덟째는 수행해서 깨달음을 얻는 단계와 차이를 논하는 부분, ⑨ 아홉째는 과거에 이 『원각경』이 어떻게 번역되었는가를 논하는 부분, ⑩ 열째는 본문의 뜻을 개별적으로 해석하는 부분이다.

將釋[65]此經에 十門分別이니 一은 教起因緣이요 二는 藏乘分攝이요 三은 權實對辨이요 四는 分齊幽深이요 五는 所被機宜이요 六은 能詮體性이요 七은 宗趣通別이요 八은 修證階差이요 九은 敍昔翻傳이요 十은 別解文義라

65 釋: 「언해본」에는 '解' 자로 표기.

제1문 가르침을 설하신 이유

1. 총체적 이유
2. 개별적인 이유
   1) 원인되는 수행에는 근본이 있음을 드러내 보이기 위해
   2) 수행의 결과가 실재한다는 상을 없애서 원각을 성취시키기 위해
   3) 이치를 깨달아 반드시 수행해야 한다는 것을 가려내기 위해
   4) 깊고 깊은 의심을 싹 없애기 위해
   5) 윤회의 근본을 끊어 없애기 위해
   6) 숨겨져서 가려진 깨달음을 찾아내기 위해
   7) 작은 양의 문장으로 여러 뜻을 담기 위해
   8) 한 법으로 상·중·하의 세 근기에 교묘하게 혜택을 입히기 위해
   9) 성품에 걸 맞는 심원한 선정을 닦게 하기 위해
   10) 차별적인 상을 떠난 밝은 스승을 모시도록 권하기 위해

첫 번째는 가르침이 생기게 된 이유를 논하는 부분이다. 여기에 두 가지가 있다. 첫째는 총체적 이유이고, 둘째는 (이 『원각경』에 국한한) 개별적인 이유이다.

初라 中에 二하니 一은 總[66]이요 二는 別이라

1. 총체적 이유

총체적 (이유란) (부처님께서) 수행의 단계에서 세운 서원에 대답하시고, 또 범천 등의 가르침에 대한 요청

66 總: 「언해본」에는 '通' 자로 표기.

에 대답하시며, 진리를 나타내어 중생을 제도하시려는 것인데, 부처님께서 일생 동안 행한 가르침은 모두 이 때문이다. 만약 부처님의 본래의 뜻을 캐어보면 오직 하나의 커다란 인연 때문에 이 세상에 나오셨으니, 곧 중생들이 (자신에게 간직된) 깨침의 지견(知見)[67]을 열어서 (중생들이 몸소) 청정함을 얻게 하고자 한다는 것 등등이다. 부처님께서 비록 3승으로 깨닫는 법과 번뇌를 굴복시키는 일을 설법하셨지만, 이것은 모두 일불승(一佛乘)을 위해서 그러신 것이다.

總者는 酬因하시며 酬請하사 顯理하사 度生이시니 一代教興이 皆由是矣시니라 若原佛本意하삽건댄 則唯爲一大事因緣故로 出現於世하사 欲令衆生으로 開佛知見하여 使得清淨케하시는 等이니 雖說三乘所證之法과 及調伏事이시나 是法은 皆爲一佛乘故일새라

2. 개별적인 이유

개별적인 이유로는 10가지 이유가 있어서 이『원각경』을 설하셨다.

別者는 有十所爲하실새 故說此經하시니

67 지견(知見): 사리를 체험하여 아는 견해.(운허용하,『불교사전』).

1) 원인되는 수행에는 근본이 있음을 드러내 보이기 위해

첫째는 원인되는 수행에는 근본이 있음을 드러내 보이기 위함이다. 이를테면 문수보살이 (부처님께서) 최초에 발심하셨던 수행의 출발점을 묻자, 부처님께서 "모든 여래는 모두 깨끗한 깨달음을 뚜렷이 관찰하는 방법을 통해서 무명이 공함을 깨쳤고, 이로 인해 청정심을 내어야 마침내 바라밀을 닦을 수 있다"[68]고 하신 것 등이다.

一은 顯示因行에 有本故이니 謂文殊가 問本起因地하니 佛說하사대 一切如來가 皆依圓照淨覺하여 了無明空하고 因此로 發淸淨心하야사 方可修波羅蜜等이며

2) 수행의 결과인 (보리와 열반이) 실재한다는 상을 없애 원각을 성취시키기 위해

둘째는 수행의 결과인 (보리와 열반이) 실재한다는 상을 없애야만 원각을 성취할 수 있기 때문이다. 이를테면 '보리'라든가 '열반'이라든가 하는 것은 본래 없고, <이 둘은 무언가에 의지해서 드러나는 것이기 때문임.> 오

68 「문수장」의 「1) 핵심을 대답하심」(26~27쪽) 참조.

직 이 '청정한 깨달음의 성품'만이, 비로소 시작도 없고 끝도 없고 늘지도 줄지도 않는 궁극의 과보이다. 그러므로 "열반도 지난밤의 꿈이고, 불국토도 허공 꽃이다"[69]는 등으로 설하셨다.

二는 泯絶果相하야사 成圓故이니 謂泯絶菩提涅槃하고 <二轉依故라> 唯是淸淨覺性이 方爲無始無終하여 不增不減한 究竟之果이니 故로 說涅槃昨夢이며 佛國空華等이며

3) 이치를 깨달아 반드시 수행해야 한다는 것을 가려내기 위해

셋째는 이치를 깨달아 반드시 수행해야 한다는 것을 가려내기 위함이다. 이를테면 보현보살이 의미를 여쭈어 말했다. "깨달음의 성품이 본래 뚜렷하고, (거기에서 생겨난) 일체의 존재는 모두 환상과 같다. 환상은 공하여 본바탕이 없으니 누가 수행한다고 말할 수 있을까요? (그렇다고) 만약 수행하지 않으면 무엇에 의하여 깨달음을 증득할까요?"[70]

이 물음에 대하여 부처님께서 "(일체를) 환상이라고

69 「보안장」의 「나) 보는 경계가 같아짐」(63쪽) 참조.
70 이 부분은 「보현장」의 「1. 부처님께 드리는 질문」을 요약해서 인용한 것이다. 자세한 것은 경문(35~36쪽) 참조.

관찰하는 지혜를 일으켜서 뭇 환상을 제거하라. 환상이 다 사라지고 지혜마저도 사라지면, 깨달음의 마음이 뚜렷하고 분명해 진다"[71]고 대답하셨다. 그런데 지금 그저 (모든 게) 공이며 환상이라고 말하는 자들은 수행을 부정하는 오류에 빠지고, 수행해서 익혀야 한다는 자들은 (수행에 의해서) 얻을 그 무엇이 있다는 오류에 빠진다.

참으로 '깨달음[悟]'와 '닦음[修]'의 의미가 마치 서로 상반되는 듯하지만, 실은 서로 부합한다. 그렇기 때문에 규명하기가 참으로 어렵다. 그래서 이 이치는 반드시 가려내야 한다.

三은 決擇悟理하여 應修故이니 謂普賢이 問意云하되 覺性이 本圓하며 一切如幻하니 幻空하면 無體어니 誰曰修行이니잇고 如其不修인댄 何因證覺하리잇고 佛說하사대 因起幻智하여 以除諸幻이니 幻이 盡하고 智가 泯하면 覺心이 圓明하리라 하시니 然이나 今에 唯說空幻者는 溺於[72]無修하고 修習之徒는 縛於有得하니 良由悟修之意가 似反而符할새 故로 最難明이니 理須決擇이니라

71 「보현장」의 「3) 번뇌가 사라지면 깨침이 드러남」(41~42쪽) 참조.

72 於: 「언해본」에는 '存' 자로 표기.

4) 깊고 깊은 의심을 싹 없애기 위해

넷째는 깊고 깊은 의심을 싹 없애기 위함이다. 이를 테면 (금강장) 보살이 의미를 따져 말했다. "중생이 본래 부처인데 지금은 이미 무명에 싸였으니, 시방의 여래도 뒷날 반드시 번뇌를 일으킬 것이 아니겠습니까?"[73] 이에 대해 부처님께서 의미를 답하여 "바로 (그대의) 이런 분별이 바로 무명이다. 그러므로 뚜렷한 깨달음을 보더라도, 역시 번뇌에 유전(流轉)하는 것과 똑같게 되며, 마치 구름이 지나가니 달이 움직이는 것 같다"[74]라고 말씀하시는 등이다.

그저 한 생각이라도 생기지 않으면, 한 생각 이전의 인식과 한 생각 이후의 인식이 끊어진다. 마치 눈병이 나으면 허공 꽃이 없어지는 등과 같다.[75] 중생이 부처이지만, 그런 줄 아는 이가 드물며, 알더라도 믿는 이가 드물며, 믿더라도 이해하는 이가 별로 없으며, 이해하더라도 그 경지에 도달하기가 어렵다. 그런데 이 『원각경』에서는 (이런 점들을) 분명하게 완전히 다 해결하시니, 참으로 근원을 다 밝히셨다고 할 수 있다.

---

73 「금강장」의 「1. 부처님께 드리는 질문」(68쪽) 참조.
74 「금강장」의 「1) 의심의 근본을 바로 잡아주심」(73쪽) 참조.
75 「금강장」의 「가) 허공 꽃의 비유」(74~75쪽) 참조.

그러니 만약 (이 『경』의 말씀을) 정교롭게 꿰뚫으면 여러 의심이 저절로 풀어진다.

四는 窮盡甚深疑念故이니 謂菩薩이 難意云하되 衆生이 本佛이로되 今旣無明이라면 十方如來도 後應煩惱하시리다 佛이 答意云하시되 卽此分別이 便是無明일새 故로 見圓覺이라도 亦同流轉하니 如雲駛月運等이니라 但一念이 不生하면 則前後際가 斷하리니 如翳差華亡等하니라 衆生卽佛이거늘 人罕能知하며 知而寡信하며 信而鮮解하며 解亦難臻此境이니 今經이 決了하시니 實謂窮源이시니 苟能精通하면 群疑가 自釋하니라

5) 윤회의 근본을 끊어 없애기 위해

다섯째는 윤회의 근본을 끊어 없애기 위함이다. 이를테면 '업(業)'을 발기시켜 '종자(種子)'를 만드는 것은 '무명(無明)'이 근본이 되며,[76] '업'을 적시어 목숨을 받는 것은 '탐애(貪愛)'가 근본이 된다.[77] 만약 그런 행상(行相)을 모르면 도적이 곧 움직일 것이며, 만약 그것이 공한 줄 모르면 영원토록 끊어버릴 수 없을 것이다. 그러므로 문수보살과 미륵보살에게 대답하여, 끝까지 파헤쳐 그 근원을 다 밝혀주셨다.

76 「문수장」의 「2) 어디에서 잘못이 생겼나」(27~28쪽) 참조.
77 「미륵장」의 「① 끊어야 할 대상을 보여주심」(85쪽) 참조.

五는 斷除[78]輪迴根本故이니 謂發業成種은 無明이 爲根이오 潤業受生은 貪愛가 爲本이니 若不識其相하면 賊卽能爲리며 若不達其空하면 永不可斷이니 故答文殊彌勒에 究了하시어 盡其根源하시니라

6) 숨겨져서 가려진 깨달음을 찾아내기 위해

여섯째는 숨겨져서 가려진 깨달음을 찾아내기 위함이다. 이를테면 아·인·중생·수자상 등의 이름이 비록 여러 경전과 같지만, (『원각경』의 경우는) 그 행상(行相)이 아주 깊고 은밀하며, 거친 것에서 부터 자잘한 것으로 갈수록 더더욱 제거하기 어렵다. 이는 마치 눈썹과 같아 밝은 거울이 아니고서는 비춰볼 수 없다. 아상도 이와 같아서 요의교(了義敎)가 아니고서는 밝힐 수 없다. 그래서 「정업장」[79]에서 겹겹으로 탐색하셨다.

六은 搜索菩提隱障故이니 謂我人衆生壽命等四相이 雖名同諸教하나 而行相이 深密하여 從麤至細히 展轉難除일새 其猶眼睫하니 非朗鏡이면 而不照일새 我亦如是하여 非了教이면 而不明일새 故로 淨業一章에 重重搜索하시니라

---

78 斷除: 「언해본」에는 '除斷'으로 표기.

79 「정업장」의 「2) 네 가지의 미혹」(148~152쪽) 참조.

7) 작은 양의 문장으로 여러 뜻을 담기 위해

일곱째는 작은 양의 문장으로 여러 뜻을 담기 위함이다. 예를 들면 『대승기신론』에서, <『원각경대소』에서 『논』이라고 표기하여 인용하는 모든 경우, 그 제목을 제시하지 않은 것은 모두 『대승기신론』이다.[80]> "어떤 중생은 많이 듣고서 이해하기도 하고, 어떤 중생은 조금 듣고도 깊이 이해하기도 하며, 어떤 중생은 응축된 짧은 글을 좋아하여 (거기에서) 여러 뜻을 섭취하여 이해하는 이도 있다"[81]고 하였다. 이 세 부류 중에, 글의 양은 방대한데 의미는 간략한 것은 『대반야경』 등이고, 글의 양과 의미가 동시에 많은 것은 『화엄경』 등이다. 둘째로 글의 양과 의미가 모두 간략한 것은 『반야심경』 등이다. 셋째로 글의 양은 간략한데 의미가 넓은 것은 저 『기신론』과 이 『원각경』이다.

이를테면 글의 양은 한 축(軸)[82]으로 되어 있고 종이

---

80 법성종의 교학에서는 전통적으로 논장으로 『대승기신론』을 중시했다.

81 『대승기신론』(대정장32, 575b).

82 축(軸): 당나라 시대까지는 『경』을 맬 때에 '두루마리' 즉 권자(卷子)로 했다. 이 두루마리 끝에 붙인 막대가 '축'이다. 성인의 말씀은 옥(玉)으로 축을 했다. 옥축(玉軸)으로 『경』을 매어 낭함(瑯函)에 보관했다. 새벽 종성에 나오는 '낭함지옥축(瑯函之玉軸)'이라는 게송을 들어봤을 것이다.

는 28장이지만 (거기에 담긴 의미는) '종교(終敎)'와 '돈교(頓敎)'를 모두 갖추었고, <종교와 돈교야말로 이 『경』에서 으뜸으로 삼는 것임.> '공종(空宗)'과 <「보안장」의 본문에서 아공관과 법공관 수행하는 것을 말씀하셨고, 나아가 6진 6식 18계의 하나 하나가 모두 청정함을 보여주신 것이 『대반야경』과 같음.> '상종(相宗)'을 <5성(性)의 차별과 그에 따르는 수행과 증득의 지위를 말씀하신 것.>[83] 갖추었고, ('대승'은 물론) '소승'도 갖추었고, <4대와 18계의 분별관(分別觀) 및 부정관(不淨觀)을 분석하신 것.>[84] '원교(圓敎)'와 '별교(別敎)'도 겸하여 담고 있고, <6근·6식·6진·4대·3계를 나열하시고, 두 과목[85]에서 일일이 셋[86]이 평등하여 변함이 없고, 법계에 두루 하다고 말씀하신 것.[87] 또 무너지지도 뒤섞이지도 않음이 마치 하나의 공간에 10만개의 등을 켜는 것과 같다고 하신 것.[88] 또 3관의 개별적 수행을 말씀하시면서 동일한 법성(法性)에 의지하여 계·정·혜를 나타내시는 것[89] 등.> '깨침[悟]'과 '닦음[修]'의 의의를

83 「미륵장」의 「나) 윤회하는 중생의 다섯 종류」(88쪽) 참조.
84 「보안장」의 「(a) 아공을 밝힘」(49쪽) 참조.
85 두 과목: 「(1) 진공절상관」(54쪽)과 「(2) 이사무애법계관」(60쪽) 등 두 과목을 지칭.
86 셋: '근(根)', '진(塵)', '묘각(妙覺)'을 지칭.
87 「보안장」의 「(1) 진공절상관」과 「(2) 이사무애법계관」의 내용(54~61쪽) 참조.
88 「보안장」의 「(3) 주변함용관」(61쪽) 참조.

관통하여 분석해 놓았고, <법문 하나하나마다 모두 (원각을) 깨쳐 깨달음에 들어가, 법에 의탁하여 수행하니, 그러므로 3관 수행을 설명하는 첫 머리에 낱낱이 “청정한 원각을 깨치고, 이렇게 깨친 청정한 원각의 마음을 사용하여”[90]라고 말씀하시고 나서, 비로소 이렇게 저렇게 수행하라고 말씀한 신 것 등.> 선문(禪門)의 ‘돈(頓)’과 ‘점(漸)’을 모두 갖추었다. 용궁 속에 간직 되었다고 하는 대승경을 두루 찾아보아도 이 『원각경』보다 더 잘 갖추어진 것은 없다.

七은 少文이 能攝多義故이니 如論中說하되 <凡引論에 不出名題者는 皆起信也니라> 或有衆生이 廣聞而取解하며 或少聞而多解하며 或樂總持少文하여 而攝多義能取解者라 하니 此之三類에 初에 或文廣義略은 如大般若等하며 或文義俱廣은 如華嚴等하며 二에 文義俱略은 如般若心等하며 三에 文略義廣은 卽彼論此經이니라 謂一軸之文은 二十八紙이나 義具終教와 頓教와 <此二는 正是所宗之旨니라> 空宗과 <普眼文中의 修二空觀과 及顯塵識界에 一一淸淨홈이 如大般若인듯하니라> 相宗하며 <五性差別과 修證地位와> 亦該小乘하고 <分析四大와 界分別觀과 及不淨觀하니라> 兼含圓別하며 <歷根識塵大三界하여 二科에 一一云하사대 三等不動하고 周徧法界라 하시며 無壞無雜함이

89 「보안장」의 「2) 관행을 하라」(48쪽)에서 계율과 선정을 지키고, 그런 뒤에 세 종의 관법을 제시하는 것.

90 「위덕장」의 「2) 세 종류의 관찰하는 수행」(114~120쪽) 참조.

如一室千燈等이니라 又三觀別修와 及依一法性하여 顯戒定慧하시는 等이니라> **通決悟修義意**하며 <一一法門이 皆入了悟하여 托法而修일새 故로 觀門之首에 一一云하사되 悟淨圓覺하여 以淨覺心하야사 方云修如是如是라 하시는 等이라> **具足頓漸禪門**하니 **龍藏徧探**이라도 **無備於此**니라

8) 한 법으로 상·중·하의 세 근기에 교묘하게 혜택을 입히기 위해

여덟째는 '한 법[一法]'으로 상·중·하의 세 근기에 교묘하게 혜택을 입히기 위함이다. 이를테면 「보안장」에서 말씀하신 관문(觀門)[91]은 상근기에게 혜택을 입히시고, <돈교임.> 3관(觀)[92]과 (그것을 조합한) 여러 결합[93]은 중근기에게 혜택을 입히시고, 3기(期) 도량[94]은 하근기에게 혜택을 입히신다. <이 둘은 점교임.> '한 법'이라고 한 것은 모든 문장마다 '원각'에 의지해야만 한다는 점을 분명하게 드러내시어,[95] 결국에는 '원각'

91 「보안장」의 「2) 관행을 하라」(48쪽) 참조.

92 「위덕장」에서 '사마타', '삼마발제', '선나'를 설명하시는 대목(114~120쪽) 참조.

93 「변음장」의 「2) 25종의 방법으로 결합되는 관법」(125쪽) 참조.

94 「원각장」의 「1) 도량을 차리고 안거하는 방법」(176쪽) 참조.

95 「위덕장」의 3관(觀) 수행을 설명하실 때에, 각 관법을 설명하는 벽두에 "선남자여, 보살들이 청정한 원각을 깨달아서……"라고 하신 것을 지칭.

으로 들어가게 하셨다.

八은 一法이 巧被三根故이니 謂普眼觀門은 被上根也하시고 <頓也니라> 三觀諸輪은 被中根也하시고 三期道場은 被下根也하시니라 <二는 皆漸也니라> 言一法者는 一一文中에 無不標依圓覺하시며 結入圓覺하시니라

9) 성품에 걸맞은 심원한 선정을 닦게 하기 위해

아홉째는 성품에 걸 맞는 심원한 선정(禪定)을 닦게 하기 위함이다. 그런데 여러 학파의 선정의 방법은 '색계(色界)에 태어나는 4종의 선정'[96]과 '무색계(無色界)에 태어나는 4종의 선정'[97]을 벗어나지 않는다. 다만 『기신론』에서는 '진여삼매'를 곧장 닦게 하고,[98] 이

96 색계(色界)에 태어나는 4종의 선정: ①유심유사정(有尋有伺定)을 닦아 초선천에 태어나고, ②무심유사정(無尋有伺定)을 닦아 제2선천에 태어나고, ③무심무사정(無尋無伺定)을 닦아 제3선천에 태어나며, ④사념법사정(捨念法事定)을 닦아 제4선천에 태어난다. 이때의 '심(尋)'은 대상에 대하여 그 뜻과 이치를 거칠게 살피는 작용이고, '사(伺)'는 '심'에서 한 걸음 더 나아가 세밀하게 분별하고 사찰하는 정신 작용.

97 무색계(無色界)에 태어나는 4종의 선정: ①공무변처정(空無邊處定), ②식무변처정(識無邊處定), ③무소유처정(無所有處定), ④비상비비상처정(非想非非想處定). 이를 닦으면 4공천에 태어난다고 한다. 그러나 저곳 색계의 4종 선정과 이곳 무색계의 4종 선정을 닦더라도, 모두 유루의 과보이기 때문에 업력이 다하면 다시 윤회에 떨어진다고 한다.

『원각경』에서는 '원각의 관문(觀門)'으로 바로 들게 하신다. 비록 세 종류의 근기의 차이로 인해 돈(頓)·점(漸)의 차이는 있지만, 결국에 모두 '원각'으로 들어간다.[99]

九는 令修稱性深禪故이니 然이나 諸家禪定之門은 不出色四空四이니 唯起信은 直修眞如三昧케하고 此經은 便入圓覺觀門케하시니 雖三根이 漸頓之殊이나 所入은 無非圓覺이니라

10) 차별적인 상을 떠난 밝은 스승을 모시도록 권하기 위해

열째는 차별적인 상(相)을 떠난 밝은 스승을 모시도록 권하기 위함이다. 그런데 여러 '겉모양을 따르는 가르침'[100]에서 말하는 수행에는 법칙으로 삼아야 할 일정함이 있고 의지해야 할 (선각자들의) 발자취가 있다. 그러므로 착한 벗이나 스승이 전해주는 것을 언제나 따를 필요는 없다.

98 『대승기신론』(대정장32, 582a~b).

99 「미륵장」의 「나) 윤회하는 중생의 다섯 종류」 중에서 넷째 문단의 "일체 중생들이 모두 원각을 깨닫는다." 부분(89쪽) 참조.

100 겉모양을 따르는 가르침: 원문은 '隨相之敎'이다. 화엄종에서는 소승법상과 대승법상을 모두 비판한다. 더 자세한 것은 「제6문 내용을 전달하는 매체의 본성」 중 「1. 수상문」(396쪽)과 「제7문」의 '수상법집종'과 '유식법상종'(419~422쪽) 참조.

그런데 이 『원각경』에서는 "미혹은 본래 없다"[101]고 하시면서도, 또 "(미혹을) 끊어 없애라"[102] 하시기도 하시며, "중생이 본래 부처였다"[103]라고 하시기도 하시면서도, 또 "수행하라"[104] 하시기도 하신다. 모든 설법의 방식들이 모두 이렇다. 말세의 후학들이 의지해서 따르기 어렵다. 반드시 상(相)을 떠난 밝은 스승이 방향을 일러 일깨워 주심을 필요로 한다. 그러므로 "가까이 하여 목숨과 온몸을 다 해서 모시고, 행·주·좌·와의 네 위의 속에 보여주시는 겉모습에 집착하지 말고, 스승이 멀리 가더라도 원망하지 말고, 스승이 가까이 오더라도 교만해서는 안 된다"[105]고 하셨다.

이렇게 모시고 귀의해야만 비로소 능히 뚜렷한 깨달음에 깨달아 들어간다. 그래서 선재동자가 처음 문수보살을 만나 이미 깨달음의 마음을 개발하려는 발심을 하자, (문수보살께서는 선재동자에게) 곧 착한 벗을 가까이 하게 하였다.[106] 또 법계종(法界宗)의 취지는 그

101 「문수장」의 「2) 어디에서 잘못이 생겼나」(28쪽) 등 참조.
102 「문수장」의 「1) 핵심을 대답하심」(26~27쪽) 등 참조.
103 「보안장」의 「나) 보는 경계가 같아짐」(63쪽) 등 참조.
104 「보안장」의 「가) 계율과 선정을 지킬 것」(48쪽) 등 참조.
105 「보각장」(165쪽)을 요약한 것.
106 『80화엄경』「입법계품」(대정장10, 331c~334a).

것이 숨었다 드러났다 하는 것이 밝히기가 어렵기 때문에, 스승을 모시는 것으로서 뒷날의 법칙을 삼게 하셨다.

十은 勸事離相明師故이니 然이나 諸隨相之教의 所說修行엔 有軌可則하고 有跡可依故로 未必長隨善友師傅이나 此經은 說惑元無라 하시되 復云除斷이라 하시며 說佛本是라 하시되 復曰勤修라 하시니 一切儀式이 類皆如此이니 末世後學이 難可依從이라 必須離相明師가 觸向하여 曉喩일새 故로 令親近하여 盡命亡軀하며 四儀之中에 無執其相하며 勿恨彼去하고 勿慢彼來케하시니 如是承事歸依하여야 方能悟入圓覺하니라 是以로 善財童子가 初遇文殊하고 旣興開發覺心하여 便教親近善友케하니라 亦由法界宗旨는 隱顯難明일새 故로 以事師로 爲後之軌하나니라

제2문 장(藏)·승(乘)·분(分)에 의한 불경의 분류

1. 장(藏)을 기준으로 불전을 분류할 경우
   1) 장을 셋으로 나누는 경우
      가) 수다라장
      나) 비내야장
      다) 아비달마장
   2) 장을 둘로 나누는 경우
   3) 소결론
2. 승(乘)을 기준으로 불전을 분류할 경우
   1) 1승
   2) 2승
   3) 3승
   4) 4승
      가) 광택 법사의 경우
      나) 법장의 경우
   5) 5승
   6) 무량승
   7) 소결론
3. 분(分)을 기준으로 불전을 분류할 경우
   1) 12분교
   2) 12분교와 대소승과의 관계
   3) 소결론

두 번째는 장(藏)·승(乘)·분(分)의 분류법 상 『원각경』이 어디에 속하는지를 논하는 부분이다. 장(藏)·승(乘)·분(分)의 세 법(法)이 곧 세 문(門)이 된다. 첫째는 '장(藏)'이고, 둘째는 '승(乘)'이고, 셋째는 '분(分)'

이다.

二는 藏乘分攝者라 三法은 卽爲三門하니 初은 藏이오 次는 乘이오 後는 分이라

1. 장(藏)을 기준으로 불전을 분류할 경우

장(藏)이란 이를테면 3장도 있고 2장도 있는데 장(藏)이라고 통칭한 이유는 이 글자에는 '머금어 포섭한다'는 뜻이 있기 때문이다.

藏은 謂三藏二藏이새 通稱藏者는 以含攝故일새라

1) 장을 셋으로 나누는 경우

가) 수다라장

첫째는 '장(藏)'을 셋으로 나누는 것이다. (여기에도 셋이 있으니) 첫째는 '수다라(修多羅: sūtra)'이다. 고역(古譯)[107]에서는 '계경(契經)'이라 번역했다. '계(契)'란 이치에 들어맞고 근기에 들어맞는다는 뜻이다. (구역에서는 『경』이라 번역했는데) '경(經)'이란 이를테면 중생을 빠

107 불전의 번역을 세 시기로 나누는데, 구마라습 이전을 '고역(古譯)', 구마라습부터 현장 이전을 '구역(舊譯)', 현장부터 그 이후를 '신역(新譯)'이라 한다.

짐없이 엮어서 교화한다는 뜻이다. 그러니 이치에 들어맞고 근기에 부합하는 '경'이라는 의미로 <의주석.[108]> 풀이해도 되고, 계경 그대로가 장(藏)<지업석.[109]>이라고 풀이해도 된다.

('수다라'라는 말을) 바로 번역하면 '선(線)'이다. '선'이 꽃을 잘 꿰뚫고, '날줄[經]'은 '씨줄[緯]'을 잘 지탱한다. 중국에서는 '씨줄'이라는 호칭을 중히 여기지 않으므로 '경(經)' 쪽을 택했다. 그런데 인도에서는 '선(線)'·'석경(席經)'·'병색(幷索)'·'성교(聖敎)'를 모두 '수다라[sūtra]'라고 부른다. 그래서 『섭대승론』에서는 '성교(聖敎)'라고 번역했다.[110]

옛날 덕 높은 선배들은 중국의 유가(儒家)나 묵가(墨家)가 모두 '『경』'이라고 부르는 것을 보고[111] 저 '석경

---

108 의주석(依主釋): 두 개 이상의 명사로 성립된 합성어에서 뒤에 오는 명사에 제한되어 '주(主)'와 '반(伴)'의 관계가 있음을 나타내는 방법. 앞 명사는 뒤의 명사를 제한. '계경'을 해석함에 '『경』'이긴 '『경』'인데 '계'하는 기능에 한정된 '『경』'. 사람이긴 사람인데 한국에 사는 사람이라 하여 '한국사람'이라 하는 것과 같은 용례. 의사석(依士釋)이라고도 한다.

109 지업석(持業釋): 앞의 말이 뒷말의 형용사 또는 부사가 되어 수식하는 경우. '계경'의 경우, '계'하는 '『경』'. '장식(藏識)'을 '장(藏)하는 작용을 갖은 식(識)'으로 해석하는 경우 등.

110 『섭대승론』(대정장31, 154a).

111 묵가의 『墨經』이나, 유가의 『詩經』, 『書經』, 『易經』 등.

(席經)'을 빌려서 성인의 가르침이라고 이름 붙였다. 즉 두 가지 뜻을 모두 포섭하여 중국과 인도 두 나라 말의 의미를 모두 따랐다. 뜻을 빌려 이름을 돕고, 다시 '계(契)' 자를 보태 '석경'과 구별하였으니 참으로 옳고 타당하다 하겠다.

그런데 그 의미[義相]는 『불지경론』에 두 가지로 소개된다. 첫째는 '관통하다'는 의미이고, 둘째는 '포섭한다'는 의미이다.[112] 그러므로 『불지경론』에서는 "잘 꿰뚫고 잘 포섭하므로 『경』이라고 이름 한다"[113]고 하셨다. 부처님의 성스런 가르침은 마땅히 말씀해야 할 내용과 교화해야 할 중생을 꿰뚫어서 모두 포섭하여 지켜주시기 때문이다.

『잡아비담심론』에서는 (수다라의 의미를) 다섯 가지로 들고 있다.[114] 첫째는 '솟는 샘'이고, <흘러서 마르지 않기 때문.> 둘째는 '출생(出生)'이고, <점점 불어나고 많아지므로.> 셋째는 '드러내 보임'이고, <이치와 현상 등을 보여주기 때문.> 넷째는 '줄 자'이고, <바름과 삿됨을 가르기 때문.> 다섯째는 '다발 묶음'이다. <선이 꽃을 잘 꿰어서 다발을 묶기 때문이다. 그러나 인도의 (선·석경·병색·

112 『불지경론』(대정장26, 291b).
113 『불지경론』(대정장26, 291b).
114 『잡아비담심론』(대정장28, 31c).

성교) 4물이 비록 다르지만 의미가 비슷하다. 그러므로 똑같이 수다라라고 했다. 그런데 성교(聖教)는 속뜻이 많아 자체에 네 가지 의미를 갖추고 있다. 이 다섯 가지 의미를 가지고 짝지어 자세하게 생각해보면 알 수 있다. 아래에서 다시 설명하겠다.[115]>

初는 三藏者라 一은 修多羅니 古譯爲契經이니라 契는 謂契理이고 契機이며 經은 謂貫穿攝化이니 卽契理合機之經이고 <依主이니라> 契經卽藏이니라 <持業이니라> 正翻爲線이니 線能貫華하고 經能持緯이니라 此方은 不貴線稱일새 故로 存於經이나 然이나 天竺은 呼線·席經·幷索·聖教를 皆曰修多羅라 하니라 故로 梁攝論에 譯爲聖教라 하니 古德은 見此儒墨이 皆稱爲經하고 遂借彼席經하여 以目聖教라 하니 則雙含二義하고 俱順兩方이라 借義助名하고 更加契字하여 揀異席經하니 甚爲允當이라 爲其義相이 卽佛地論에 有二하니 一은 貫이오 二는 攝이라 故로 彼論에 云하되 能貫能攝일새 故로 名爲經이라 하니라 佛聖教는 貫穿攝持所應說義와 所化生故라 雜心에 有五하니 一은 涌泉이요 <注而無竭이라> 二는 出生이요 <展轉滋多라> 三은 顯示이요 <示理事等이라> 四는 繩墨이요 <楷定正邪라> 五는 結鬘이라 <線이 能貫華結鬘故라 然이나 西域四物이 雖殊義이나 意相似일새 故로 同一修多羅之目이나 而聖教는 多含自具其四하니 將此五義로 對詳하면 可見하니라 已下에 更說하리라>

115 「제10문 수문해석」의 「(ㄷ) '경'의 의미」(480~483쪽).

나) 비내야장

둘째는 '비내야(毗奈耶: vinaya)'이다. 이곳 말로는 '조복(調伏)'이다. 말하자면 신(身)·구(口)·의(意) 3업(業)을 '단련하여' 허물과 잘못을 '다스리는' 것이다. '단련하다'는 말은 악을 그만두거나 또는 선을 실천하는 것 둘 다 모두에 해당한다. 반면에 '다스리다'는 말뜻 속에는 오직 악을 그치는 것만을 밝힌다. (비내야라는) 말이 나타내는 행상에 따라 이름을 붙이면 조복하는 장(藏)이다.

혹은 '비니(毗尼': vinaya)'라고도 하는데 이곳 말은 '없애다'는 뜻이다. '없애다'는 말에 세 가지 의미가 있다. 첫째는 '나쁜 업'을 없앤다는 뜻이고, 둘째는 '번뇌'를 없앤다는 뜻이고, 셋째는 '번뇌가 소멸되는 결과'를 획득한다는 뜻이다.

혹은 '시라(尸羅: sira)'라고도 하는데 이곳 말로는 '시원하다'는 뜻이다. (윤회의) 원인 노릇하는 뜨거운 번뇌를 떨쳐버리고 결과가 되는 시원함을 얻기 때문이다.

또한 '바라제목차(波羅提木叉: prātimokṣa)'라고도 하는데 이곳 말로는 '각각 달리 해탈함[別解脫]'이다. 3업(業)과 7지(支)[116]에 대하여 각각 그 잘못을 막아주기 때문

116 3업(業) 7지(支): 3업(業)은 신업·구업·의업. 7지(支)는 몸으

이다. <원인의 측면에서 해석한 경우.> 또한 '해탈의 세계로 나아감'이라고도 번역한다. <결과의 측면에서 해석한 경우.>

二는 毗奈耶이니 此云調伏이니라 謂調練三業하여 制伏過非하니 調練은 通於止作하고 制伏은 唯明止惡이라 就所詮之行으로 彰名하면 調伏之藏이며 亦名毗尼이니 此翻云滅이니라 滅有三義하니 一滅業非이요 二滅煩惱이요 三得滅果이라 或名尸羅니 此云淸涼이니라 離熱惱因하여 得淸涼果故일새라 亦名波羅提木叉라 하니 此云別解脫이니라 三業七支에 各各防非故이며 <就因이니라> 亦翻爲隨順解脫이라 <據果니라>

다) 아비달마장

셋째는 '아비달마(阿毘達磨: abidharma)'이다. 이곳 말로는 '대법(對法: 법에 대하여 설명하다)'으로 번역한다. '법(法)'에는 두 종류가 있다. 첫째는 승의법(勝義法)이니 이를테면 즉 '열반'은 선하고 항상 존재하기 때문이다. 둘째는 법상법(法相法)이니 4성제(聖諦)에 해당한다. <('法相'에서의) '상(相)'이란 성질, 상태의 뜻.>

'대(對)'에도 두 가지 뜻이 있는데, 첫째는 '무엇을

로 짓는 살생·투도·사음과, 입으로 짓는 망언·기어·악구·양설. 여기에 마음으로 짓는 탐·진·치를 합치면 10악(惡)이 된다. 이를 뒤집으면 10선(善)이 된다.

향해 나아가다'이니 열반을 향해 나아가며, 둘째는 '무엇을 관찰하다'인데 4성제를 관찰한다. 그런 것들을 향해 관찰하는 주체는 모두가 다 '무루혜(無漏慧)'[117] 및 '상응심(相應心)'[118]에 속하는 품류이다.

'대법(對法)'이라고 말한 이유는 법에 '대(對)'하기 때문이다. 그래서 아비달마장은 특히 지혜를 밝히는 논이라고 한다. 세친의 『섭대승론』에서는 ('대법'의 의미에 대하여) 네 가지 뜻이 있다고 한다. 이를테면 "대(對)이기 때문이며, 수(數)이기 때문이며, 복(伏)이기 때문이며, 통(通)이기 때문이다"[119]고 한다. '대(對)'의 뜻은 앞서 설명한 대로이다. '수(數)'는 낱낱의 법수(法數)에 대하여 어원적인 해석이나, 주장하는 내용이나, '특수한 의미[自相]'나, '공통되는 의미[共相]' 등의 한없는 차별을 자주자주 알맞게 설명하기 때문이다. '복(伏)'이란 상대방의 논지를 능히 이겨 굴복시키기 때문이다. '통(通)'이란 계경(契經)의 의미를 소통시켜 풀이하기 때문이

117 무루혜(無漏慧): 번뇌에 물들지 않은 참된 지혜.

118 상응심(相應心): 번뇌와 밀접하게 결부되어 작용하는 마음을 '상응심'이라 하고, 그 반대를 '불상응심'이라고 한다. 『대승기신론』에서는 분별망집의 3세와 6추의 마음을 '상응심'이라 하고, 진여심은 자성이 청정하여 번뇌와 상응하지 않기 때문에 '불상응심'이라고 한다.

119 『섭대승론석』(대정장31, 322a).

다.

또한 우파데샤(優波提舍: upadeśa)라고도 하는데 이곳 말로는 '논의(論議)'라고 한다. 또한 마달리가(磨怛理迦: mātrikā)라고도 하는데 이곳 말로는 '본모(本母)'라 한다. <(논에 나오는) '가르침[教]'이 의미의 뿌리가 되는 것이, 마치 어미가 새끼를 낳는 것과 같기 때문.>

그런데 이 3장(藏)은 그 속에서 설명되는 내용을 기준으로 나누면 크게 둘로 나뉜다. 첫째로 경장은 계·정·혜 3학(學)을 설명하고, 율장은 계·정 2학만을 설명하고, 논장은 오직 혜학 하나만을 설명한다. 둘째로 3장 가운데 경장은 선정을 바로 설명하고, 비니야장은 계율을 설명하고, 논장은 지혜만을 설명한다. 그러나 (경장 속에서 계율과 지혜를 설명하고, 율장 속에서 선정과 지혜를 설명하고, 논장 속에서 선정과 계율을) 겸하여 각각이 모두 3학을 말한다.

三은 阿毗達磨이니 此云對法이라 法有二種하니 一은 勝義法이니 謂卽涅槃은 是善하고 是常故일새이며 二는 法相法이니 通四聖諦하니라 <相者는 性也요 狀也라> 對亦二義하니 一者는 對向이니 向前涅槃이요 二者는 對觀이니 觀前四諦이라 其能對者는 皆無漏慧와 及相應心品이며 言對法者는 法之對故일새 故로 對法藏을 特明慧論이라 하니 世親攝論에 說有四義하니 謂對故이며 數故이며 伏故이며 通故이니라 對義同前이요 數者는

於一一法數에 數宣說訓釋 · 言詞 · 自共相等의 無量差別故라 伏者는 能勝伏他論故이요 通者는 此能通釋契經義故일새라 亦名優波提舍라 하니 此云論義이며 亦名磨怛理迦라 하나니 此云本母라 <教爲義本홈이 如母인듯하니라> 然이나 此三藏은 約其所詮하면 略有二門하니 一은 則經은 詮三學하고 律은 唯戒定二學하고 論은 唯慧學하며 二는 則三藏之中에 經은 正詮定하고 毗尼는 詮戒하고 論은 詮於慧이나 兼各通三하니라

2) 장을 둘로 나누는 경우

둘째는 '장(藏)'을 둘로 나누는 경우이다. (여기에도 둘이 있으니) 첫째는 '성문장'이고 둘째는 '보살장'이다. 곧 앞에서 설명한 세 장(藏) 중에서 성문들의 이(理)·행(行)·과(果)[120]를 설명하고 있기 때문에 '성문장'이라고 이름 붙였고, 한편 보살들의 이(理)·행(行)·과(果)[121]를 드러내기 때문에 '보살장'이라고 이름 붙였다.

성문·연각·보살의 세 승(乘)이 있는데, 두 장(藏)만을 든 까닭은, '연각승'의 경우는 거의 교법에 의존

120 성문들의 이(理)·행(行)·과(果): 성문들은 '생공편진(生空偏眞)'을 진리[理]로 삼아, 4성제를 실천[行]하여, 유여열반과 무여열반의 경지[果]에 도달한다.

121 보살들의 이(理)·행(行)·과(果): 보살들은 아공과 법공을 진리[理]로 삼아, 6바라밀을 실천[行]하여, 무주열반의 경지[果]에 도달한다.

하지 않고, 또 부처님이 안 계시는 세상에 출현하기 때문이다. 만약 '연각승'이 부처님 계시는 세상에 출현하게 되면 '성문승'에 포섭되어 이(理)·행(行)·과(果)가 '성문승'과 같아지기 때문이다. 만약 교법(教法)의 행상(行相)의 차이를 기준으로 하면, 3승(乘)을 열어서 그것으로서 3장(藏)을 삼는 것이니,[122] 저 『보초삼매경』과 『대비경』 등의 경전 및 『입대승론』에서 말하는 것과 같다.

第二는 明二藏者라 一은 聲聞藏이요 二는 菩薩藏이니 卽由前三藏이 詮示聲聞理行果일새 故로 名聲聞藏이라 하고 詮示菩薩理行果일새 故로 名菩薩藏이라 하니라 三乘이나 唯二藏者는 由緣覺은 多不籍教하고 出無佛世故일새라 若出佛世하면 攝屬聲聞하여 理果同故일새라 若約教行別者하면 卽開三乘하여 以爲三藏하니 如普超·大悲等經과 入大乘論說인듯하니라

3) 소결론

그런데 이 『원각경』은 3장으로 분류할 경우에는 '계경장'에 속하고, 2장으로 분류하면 '보살장'에 들어간다. 그러나 만약 이 『원각경』의 입장에서 말하면 3장과 2장을 모두 갖추고 있다. 두 종류의 공관(空觀)을

122 '장(藏)'과 '승(乘)'의 관계를 보여주는 중요한 대목이다.

말씀하기 직전에 먼저 계율을 지키게 하셨고,[123] 세 시기로 나누어 수행을 말한 곳[124]에서는 안거를 설명하셨기 때문이며, 금강장보살이 부처님께 따져 여쭈었기 때문이며,[125] 깊은 것은 얕은 것을 반드시 포함하기 때문이다.[126] <이상으로 「'장(藏)'을 기준으로 불전을 분류할 경우」를 마침.>

然이니 此經은 三藏之中엔 契經藏攝하고 二藏之內엔 菩薩藏收니라 若此로 攝彼하면 卽兼該三二하니 二空觀前에 先令持戒케하고 三期修中에 說安居故일새며 剛藏菩薩徵難佛故일새며 深必該淺故일새니라 <上來로 藏攝이 竟하니라>

2. 승(乘)을 기준으로 불전을 분류할 경우

다음은 '승'을 기준으로 나눌 경우 『원각경』은 어디에 속하는가이다. 이 문제를 설명함에 여섯 '겹(重)'이 있다.

次는 乘攝者라 略有六重하니라

123 「보안장」의 「가) 계율과 선정을 지킬 것」(48쪽) 참조.
124 「원각장」의 「1) 도량을 차리고 안거하는 방법」(177쪽) 참조.
125 「금강장」에서 세 가지 질문(68쪽)을 했고, 각각에 대해 부처님께서 답변을 하신 것은 '논장'에 해당한다는 뜻.
126 그렇기 때문에 『원각경』은 소승의 교법을 포섭한다.

1) 1승

첫째는 '1승'이다. 시방의 부처님 나라에는 '2승'도 없고 '3승'도 없다.

初는 謂一乘이니 十方佛土中에 無二이며 亦無三也이니라

2) 2승

둘째는 2승이다. 즉 앞에서 말한 '성문장'과 '보살장' 두 장에서 주장하는 내용이니 곧, '성문승'과 '보살승'이다.

次는 謂二乘이니 卽前의 二藏所詮也라

3) 3승

셋째는 즉 3승이다. '성문승'과 '보살승' 사이에 '연각승'을 더한 것이다.

三은 卽三乘이니 開加緣覺也라

4) 4승 ┬ 가) 광택 법사의 경우(263쪽)
└ 나) 법장의 경우(265쪽)

넷째는 4승이다. '성문승', '보살승', '연각승'에 '최상승' <또는 '불승(佛乘)'.>을 더한 것이다. 그러므로 양나라 『섭대승론세친석』에서 "바른 교법(教法)이 성립되기 위해서는 네 종류의 승(乘)이 갖추어져야 한다."[127] <4승에 속한 각각의 중생들이 연기법을 관찰하여 4종의 보리[128]를 완성하니, 역시 여기에 짝 지울 수 있음.>고 했다.

四者는 **四乘**이니 **加最上乘**이니라 <亦名佛乘이라 하니라> **故**로 **梁攝論**에 **成立正法**에 **具有四乘**이라 하니라 <四品이 觀緣起하여 成四種菩提하니 亦可配此하리라>

가) 광택 법사의 경우

양나라 때 법운 광택(法雲光宅: 467~529) 법사는 『법화경』을 기준으로 하여 네 종의 승(乘)을 세웠다.[129]

---

127 『섭대승론세친석』(대정장32, 212b).

128 4종의 보리: 4품(品)은 성문, 연각, 보살, 불을 말함. 이 품류에 속한 수행자들이 각각 연기법을 관찰하여, 성문승은 성문의 보리를, 나아가 불승은 불승의 보리를 얻는다는 것이다. 자세한 이야기는 『대반열반경』에 나온다.

129 『법화경의소』에서 4승교를 논의. ①양 수레-성문승, ②사슴 수레-연각승, ③소 수레-보살승, ④크고 흰 소 수레-실교대승.

이를테면 대문 밖에 세워둔 세 종류의 수레는 '권교'에 해당하는 3승(='성문승', '연각승', '보살승')이고, 네거리에 있는 크고 흰 소가 끄는 수레 이것이 바로 '실교'에 해당하는 '대승'이라는 것이다. 문 밖에 대어 놓은 소 수레도 역시 양 수레 사슴 수레처럼 실재하지 않았기 때문이다. 그것은 전혀 실체가 없기 때문이며, 여러 아들들이 모두 찾았기 때문이다. <『경』의 본문에서 "소 수레를 찾으라"고 말씀하시지 않으시고, "사람들이 문을 나가기만 하면 얻을 것이다"라고만 하셨다. 또 "수레를 찾았다"라고 말씀하시지 않으시고, (오직 2승뿐이니) 다만 "세 종류의 수레를 모두 찾더라"라고만 말씀하셨다. 이로서 3승은 모두 방편이라는 사실을 알 수 있다. 그러나 권교와 실교를 대비하는 것으로 기준을 삼았기 때문에 4승이 되는 것이다. 그러나 권교란 이미 그 본체가 없으니, 결국은 1승만 있는 셈이다. 이를테면 ① '가르침[敎]'을 기준으로 잡으면, 3승을 폐지하여 1승을 세우신 것이며, ② (가르침에 의해 드러난) 이치[理行]를 기준으로 잡으면, 3승을 열어 1승을 드러내신 것이며, ③ 만약 수행[行]을 기준으로 잡으면, 3승을 포섭하여 1승을 삼으신 것이며, ④ 만약 수행의 결과[果]를 기준으로 잡으면, 즉 3승을 모아 1승으로 귀결시켜주신 것이다. 또 ⑤ (3승이니 1승이니) 세우는 것을 폐지하고 가르침 자체만을 보면, 뒤의 셋[130]이 모두 (이(理)·행(行)·과(果)) 셋에 통한다.>

130 뒤의 셋: 활주의 ②, ③, ④를 지칭.

梁朝光宅法師는 **約法華經**하여 **亦立四乘**하니 **謂臨門三車**는 **卽是權敎三乘**이며 **四衢等**에서 **賜大白牛車**는 **卽是實敎大乘**이니 **以臨門牛車**도 **亦同羊鹿**로 **俱不得故**일새이며 **並無體故**일새이며 **諸子皆索故**일새라 <經文에 不言求牛車하시고 人出門하면 卽得이라 하시며 又不言索車하시고 唯是二乘이라 但云三車俱索이라 하시니 明知로다 三乘皆是方便임을 然이나 約權實相對故로 爲四乘하니 權旣無體이니 卽爲一也니라 謂約敎하면 則廢三立一이며 約理하면 則開三顯一이며 約行하면 卽攝三爲一이며 約果하면 則會三歸一이니라 又廢立局敎하면 餘三은 通三하니라>

나) 법장의 경우

『화엄교의분제』에서도 역시 1승과 대승을 비교하고 가려내어 '10가지 측면에서 차별'[131]하였다.

華嚴敎義分齊에도 **亦料揀一乘大乘**함에 **有十義別**하니라

① 권교냐 실교냐에 따르는 차별

첫째는 권교와 실교의 차별이다. <의미는 제4승(=최상승) 속에 있음.>

一은 **權實別**이요 <義在四乘中이니라>

---

131 이하의 10설은 법장의 『화엄일승교의분제장』(대정장45, 477c ~478c)에 나온다.

② 교의에 따르는 차별

둘째는 교의(教義)의 차별이다. <문 앞에 대어놓은 세 수레는 명목만 있으니, (이렇게 주장할 수 있는 이유는) 1승만을 겨냥하여 다만 '이 가르침'이라고만 했기 때문이다. 그러므로 『법화경』에서, '부처님의 가르침의 문'은 3계의 고통에서 벗어나게 하는 것이다[132]라고만 하셨지, '부처님의 가르침의 말씀'이라고 운운하지 않으셨다. 다만 2승을 기준으로 잡은 것은 『경』 자체에서 가려내지 않으셨기 때문이다. 소 수레를 구하는 사람은 가르침을 찾아 (그것에 의해) 이치에 도달하고자 하지만, 역시 양 수레나 사슴 수레를 찾는 것과 같아서, 모두 얻을 수 없기 때문이다.>

二는 **教義別**이요 <臨門三車는 但有其名이니 以望一乘하여 但是教故일새라 故로 經云하사대 以佛教門은 出三界苦이나 亦不可云以佛教言하시니라 但約二乘는 以經不揀故일새라 彼求牛車之人은 尋教至義하나 亦同羊鹿하여 俱不得故일새라>

③ 기대하는 것에 따르는 차별

셋째는 기대하는 것에 따르는 차별이다. <왜냐하면 큰 소가 끄는 수레는 불타는 집 안에서 주겠다고 허락한 세 종류의 수레가 아니기 때문이다. 그러므로 집 밖의 네거리 위에서 여러 아들들에게 (수레를 나누어) 줄 때에 모두들 말

132 『법화경』「비유품」(대정장9, 13b).

하기를, '제가 바라던 것이 아닙니다'라고 했다. 역시 다만 2승만을 기준으로 잡았다고 말할 수도 없으니, 『경』 자체에서 가려내시지 않으셨기 때문이다.>

三은 **所期別**이오 <以白牛車는 非是宅內의 所許三車이니 是故로 界外四衢道中의 授諸子時에 皆云하되 非本所望이라 하니 亦不可云但約二乘이니 經不揀故일새라>

④ 공덕의 많고 적음에 따르는 차별

넷째는 공덕의 많고 적음에 따르는 차별이다. <(불타는) 집 안에서는 다만 소 수레만을 말씀하시고 여타의 공덕[德]에 대해서는 말씀하시지 않았으나, (아들들이) 밖에서 받은 것은 7보로 이루어진 큰 수레와 보배 그물과 보배 방울 등 무수한 여러 보물들로 멋지게 꾸며진 것이니, 이는 곧 '본바탕[體]'에는 항하강의 모래알 수 보다 더 많은 공덕을 갖추었음을 뜻하는 것이다

또 저기(=집안)에서 다만 소라고만 했지, 여타의 모습[相]에 대해서는 말씀하시지 않으셨다. 여기(=집 밖)에서 흰 소는 건장하고 힘이 세며 빠르기가 바람 같다고 하셨으니, 이는 '작용[用]'의 훌륭함이다.

또 말씀하시기를 여러 하인들과 호위하는 사람들이 많다고 하셨으니, 이것은 수행하는 권속이다.

또 말씀하시기를 나에게는 이러한 7보로 된 큰 수레가 무수하게 많다고 하시니, 이것은 1승이란 설법하는 사람과 따

르는 대중을 완벽하게 갖추었고 거기에서 논의되는 교의(敎義)가 셀 수 없이 많음을 드러내신 것이다.>

四는 **德量別**이오 <宅內에 但云하시되 牛車라 하시고 不言餘德하시나 而露地所授는 乃七寶大車와 寶網寶鈴等의 無量衆寶莊嚴이니 此는 卽體具過恒沙德也이며 又彼에 但云牛라 하시고 不言餘相이시나 此에 云白牛肥壯多力하고 其疾如風等이라 하시니 用殊勝也이며 又云多諸儐從而侍衛等이라 하시니 行眷屬也이며 又云하시되 我有如是한 七寶大車가 其數無量이라 하시니 此는 顯一乘의 主伴具足과 敎義無量也니라>

⑤ 수행의 지위에 따르는 차별

다섯째는 보살도의 수행 지위에 따르는 차별이다. <『보살본업경』과 『호국인왕경』과 양나라 때에 번역된 『섭대승론』과 『십지경론』에서는 모두들 제1지와 제2지와 제3지를 '세간법'에 배속했고, 제4지에서 부터 제7지 까지를 '출세간법'에 배속했고, 제8지 이상을 '출출세간법'에 배속했다. 그리고 '출세간법' 중에서 제4지와 제5지는 '성문법'에 배속하고, 제6지는 '연각법'에 배속하고, 제7지는 '보살법'에 배속했으니, 이는 3승과 같다. 제8지 이상은 1승법에 배속했다.>

五는 **寄位別**이요 <本業仁王等經과 梁攝十地等論이 皆以初二三地로 寄在世間하며 四至七地로 寄出世間하며 八地已上으로 寄出出世間하며 於出世間中에 四地五地는 寄聲聞法하며 六地는 寄緣覺法하며 七地는 寄菩薩法하니 此는 如三乘하니 八地已去는 寄一乘法이라>

⑥ 부촉하신 것에 의한 차별

여섯째는 부촉하신 것에 의한 차별이다. <『법화경』에서 "미래의 세상에 만약 여래의 지혜를 믿는 자가 있으면 마땅히 이 『법화경』을 설해야 한다. 왜냐하면 그로 하여금 부처님의 지혜를 얻게 해야 하기 때문이다. 그러나 만약 믿어 지니지 않는 자가 있으면 마땅히 여래의 '그 밖의 깊은 가르침' 중에서 가르쳐주어 그로 하여금 이익을 얻고 기쁨을 얻게 해야 한다. 여러분들이 능히 이렇게 하면 즉 여러 부처님의 은혜를 이미 다 갚았다고 하리라"[133]고 하셨다. (이 구절을) 해석하면 이렇다. '그 밖의 깊은 가르침'이란 대승을 말하는 것이지 일승을 말하는 것은 아니다. 그래서 '그 밖의'라고 했다. 그렇다고 소승은 아니기 때문에 '깊은'이라고 했다. 『법화경』의 각별한 의도는 바로 일승에 있기 때문이다. 그래서 이렇게 부촉을 하신 것이다.>

六은 **付囑別**이오 <法華經에서 云하사대 於未來世에 若有信如來智慧者이면 當爲演說此法華經이니 令得佛慧故일새라 若有不信受者이면 當於如來의 餘深法中으로 示하여 敎利喜케하라 汝等이 若能如是하면 則爲已報諸佛之恩이라 하리라 하시니라 解云하노라 餘深法者는 卽大乘也이오 非一乘일새 故로 云餘라 하시며 非小乘일새 故로 云深也라 하시니라 法華別意는 正在一乘일새 故로 作此囑也하시니라>

---

133 『법화경』「촉루품」(대정장9, 52c).

⑦ 근기와 인연에 따르는 차별

일곱째는 중생들의 근기와 만난 인연에 의한 차별이다. <『화엄경』「성기품」에 "불자야 보살마하살이 셀 수 없이 오랜 나유타 겁 동안 6바라밀을 행하고 도품(道品)[134]과 선근을 닦아 익히더라도, 만약 이 『경』을 듣지 못했거나, 혹은 듣고서도 믿고 받아 지녀 실천하지 않는다면, 이런 등의 사람은 오히려 헛된 이름뿐인 (보살이오) '참된 보살'이라 할 수 없다."[135] (이 말씀을) 해석하면 이렇다. (이 사람은) 여러 겁 동안 보살행을 닦았다. 또 (이 사람은) '일승'을 가르치는 말씀인 『화엄경』을 듣지 못했거나 들었더라도 믿지 않는다. 만약 저들이 3승의 '권교 보살'이 아니라면 이들은 대체 누구인가? 분명하게 알아라. 이 사람은 『법화경』에서 말씀하신 "반드시 (여래의) '그 밖의 깊은 가르침' 중에서 가르침을 보여 이익을 얻고 기쁨을 얻는다"[136]고 하신 그 사람이다.>

七은 **根緣別**이요 <華嚴性起品云하시되 佛子야 菩薩摩訶薩이 無量億那由他劫에 行六波羅蜜하고 修習道品善根이나 若未聞此經하고 或聞이라도 不信受隨順하면 是等猶爲假名이니 不得名爲眞實菩薩이라 하시니라 釋曰하노니 此는 多劫修菩薩行이며 又不聞不信此一乘

134 도품(道品): 도의 품류. 열반에 이르는 여러 가지 수양법. 여기에 37조도품이 해당하니, 4념처, 4정근, 4여의족, 5근, 5력, 7각지, 8정도가 그것이다. 자세한 설명은 「보안장」의 「(1) 진공절상관」의 각주(57쪽) 참조.

135 『화엄경』「성기품」(대정장9, 629c).

136 『법화경』(대정장9, 25a) 등 곳곳에 나온다.

經이니 若非三乘權敎菩薩이라면 是何人也오 當知하라 正是法華經內의 餘深法中에 示教利喜者이니라>

⑧ 믿어서 따르는 것에 의한 차별

여덟째는 믿어 따르는 것에 의한 차별이다. <『화엄경』「현수품」에 "모든 세계의 뭇 생명들 중에는 성문승을 구하려는 이는 많으며, 연각승을 구하려는 자는 점점 더욱 줄어들며, 대승을 구하려는 자는 참으로 드물게 있다. 그런데 대승을 구하려는 것은 그래도 쉽지만, 대승의 법을 믿고 이해하기는 참으로 더욱 어렵다"[137]고 하셨다. (이 말씀을) 해석하면 이렇다. 「현수품」은 믿음의 지위와 성불하는 일 등을 바로 밝히고 있으니, 3승을 초월하기는 했더라도 믿고 지니기가 아마도 어렵기 때문에, 그래서 3승을 거론하시어 여기에 대비하여 분명하게 갈라놓으셨다.>

八信順別이오 <華嚴賢首品云하사대 一切世界의 群生類에는 鮮有欲求聲聞乘이며 求緣覺者는 轉復少하며 求大乘者는 甚希有하니라 求大乘者는 猶爲易이나 信解此法은 甚爲難이라 하니라 釋曰하노니 此品은 正明信位와 及成佛等事이시니 旣越三乘이나 恐難信受일새 故로 擧三乘하사 對此決之하시니라>

137 『화엄경』「현수품」(대정장10, 80b).

⑨ 부처님께서 가르침을 보여주시는 것에 따른 차별

아홉째는 부처님께서 가르침을 보여주시는 것에 따르는 차별이다. <『화엄경』「십지품」 제9지 게송에 "만약 중생이 하열하면 성문의 길을 보여주시며, 만약 근기에 총기가 적으면 벽지불을 설하시며, 만약 근기가 밝고 예리하고 또 커다란 자비심도 있고 또 중생들을 이롭게 하면 보살의 길을 설하시며, 만약 더 없이 높은 마음을 가지고 끝내는 일대사 인연을 즐기고자 한다면 그들을 위하여 불승을 보이시어 하염없는 불법을 설하신다"[138]고 하셨다.>

九는 **顯示別**이요 <華嚴第九地偈에 云하시되 若衆生이 下劣하면 示以聲聞道하시며 若復根少利하면 爲說辟支佛하시며 若有根明利하고 有大慈悲心하고 饒益諸衆生하면 爲說菩薩道하시며 若有無上心하고 決定樂大事하면 爲示於佛乘하사 說無盡佛法하시니라>

⑩ 근본과 곁가지에 따른 차별

열째는 근본과 곁가지에 따른 차별이다. <『대승동성경』에서 "모든 성문법과 벽지불법과 보살법과 여러 불법은

---

138 경문과는 약간의 자구 출입이 있으나 의미는 큰 차이가 없다. 『화엄경』「십지품」(대정장10, 567b), "若衆生下劣, 其心厭沒者, 示以聲聞道, 令出於衆苦. 若復有衆生, 諸根少明利, 樂於因緣法, 爲說辟支佛. 若人根明利, 饒益於衆生, 有大慈悲心, 爲說菩薩道. 若有無上心, 決定樂大事, 爲示於佛身, 說無量佛法."

모두 다 비로자나 부처님의 하나의 지혜 창고인 큰 바다로 흘러들어간다”[139]라고 하셨다. 이 말씀은 근본과 곁가지를 기준으로 해서 (각 가르침의) 다름을 분류하신 것이고, 나아가 지말을 거두어서 근본으로 되돌려서 1승과 3승의 차별을 밝히신 것이다.

이상에서 말한 열 가지 사례는 족히 귀감으로 삼을만하지만, 수주대토(守株待兎)하는 자는 이 이야기를 듣고 마음이 놀라 매우 슬퍼할 것이다. 그래서 『유마경』에서 “아직 들어보지 못했던 경전이라도 이것을 듣고 의심하지 않는 경우를 두고 참으로 드물다고 한다”[140]고 하셨다.>

十은 **本末別**이라 <大乘同性經에 云하시되 所有한 聲聞法과 辟支佛法과 菩薩法과 諸佛法은 皆悉流入毘盧遮那의 一智藏大海라 하시니 此文은 約本末하사 分異하시며 仍會末歸本하사 明一乘三乘差別耳이시니라 此上十證은 足爲龜鏡이나 而守株之者는 聞說駭神하고 深可悲矣리라 故로 經云하시되 所未聞經을 聞之라도 不疑함을 爲希有也라 하시니라>

5) 5승

다섯째는 5승이다. 앞의 4승(=‘성문승’·‘보살승’·‘연각

139 약간의 자구 출입이 있으나 의미에는 큰 차이가 없다. 『대승동성경』(대정장16, 650b), “所有, 聲聞法, 辟支佛法, 菩薩法, 諸佛法, 如是, 一切諸法, 皆悉流入毘盧遮那智藏大海.”

140 『유마경』「향적불품」(대정장14, 553a).

승'·'최상승'(또는 '일승'))에서 '일승'[141]을 빼고 '인승(人乘)'과 '천승(天乘)'[142]을 더한 것이다.

五는 謂五乘이니 除一乘하고 加人乘天乘也라

6) 무량승

여섯째는 무량승이니, 『화엄경』에 "혹 어떤 국토에서는 1승을 말씀하시고, 혹은 2승을 말씀하시고, 혹은 3승을 말씀하시고, 혹은 4승을 말씀하시고, 혹은 5승을 말씀하신다. 이와 같이 나아가서는 이루 헤아릴 수 없다"[143]고 하셨다.

六은 謂無量乘이니 華嚴經云하시되 或有國土에 說一乘하시고 或二하시고 或三하시고 或四五하시니 如是乃至無有量이라 하시니라

---

141 '일승'이란 앞의 '불승' 또는 '최상승'을 지칭한다.

142 '인승(人乘)'과 '천승(天乘)': 인천교(人天教)를 두 승(乘)으로 나눈 것이다. 인천교(人天教)라는 용어는 혜원(慧遠) 스님이 『대승의장』에서 "5계와 10선은 인천교의 수행문이다: 五戒十善, 人天教門"에서 처음 사용하였고, 이것을 다시 청량 징관 국사가 『화엄경수소연의초』(권제8)의 「현담」에서 사용했고, 이것을 그의 제자 종밀 스님이 계승한 것이다. 규봉 종밀은 『화엄원인론』 속에서 ①인천교, ②소승교, ③대승법상교, ④대승파상교, ⑤일승현성교의 5교로 불교는 물론 중국의 도교와 유교를 포함하여 당시 사상을 총체적으로 평가한다.

143 『화엄경』「입법계품」(대정장10, 443b), "或有國土聞一乘, 或二或三或四五, 如是乃至無有量, 悉是如來方便力."

7) 소결론

지금의 이 『원각경』의 글은 첫째의 '1승'에 해당하고, 또 넷째의 4승 중에는 오직 '일불승'에 해당하고, 둘째의 2승과 셋째의 3승과 다섯째의 5승 중에서는 오직 '대승'에 속한다.

여섯째의 '무량승'이라는 말 속에는 두 가지 의미가 있다. ① 만약 중생들의 근기에 따라 교법을 여러 방면으로 시설했다는 의미에서의 '무량승'이라면, 바로 그런 의미의 '무량승'에서는 오직 '실교(實敎)'에만 해당한다. 그러나 ② 만약 저 화엄종에서 처럼 일체의 모든 법은 하나하나가 모두 의미를 잘 드러내어 중생들을 이롭게 하고, 그 하나하나가 다른 것을 겸하여 포섭하다는 의미로써의 '무량승'이라면, 바로 (그런 의미에서의 '무량승'에서는) 전체 모두에 잘 포섭된다.

한편 『원각경』을 기준으로 저 여섯 종류의 승(乘)을 포섭하면, '무량승' 중에서는 '낱낱이 모두가 원융한' 의미와, '1승' 중에서 '설법주와 청중이 끝이 없는' 의미, 이 둘을 제외하고 나머지는 모두 포섭한다. 유통분(流通分)의 「현선장」 본문에서, "점차적으로 수행하는 모든 무리들도 포섭한다. 비유하면 마치 큰 바다가 작은 개울물이 흘러 들어오더라도 마다하지 않는 것

같다"[144]고 했다. <이상으로 「승(乘)'을 불전을 기준으로 나눌 경우」를 마침.>

今此經文은 初及四中에는 唯一乘攝하며 二三五中에는 唯大乘攝하며 無量乘中에는 有其二意하니 若以隨機設敎多門함을 名無量이라 하면 則於無量乘中에는 唯實敎攝하며 若以彼宗에서 一切諸法이 一一皆能顯義하여 益物하고 一一無不該攝함을 名爲無量者이라 하면 則全能攝하니라 若約此經하여 攝彼乘等하면 則除無量乘中의 一一圓融之義와 及一乘中의 主伴無盡之義하고 餘는 皆攝也하니라 流通文云하시되 亦攝漸修一切群品이라 하시니 譬如大海는 不讓小流等故일새라 <上來로 乘攝竟이라>

3. 분(分)을 기준으로 불전을 분류할 경우

1) 12분교[145]

셋째는 불전을 '분'을 기준으로 나눌 경우이다. 이를테면 12분교(分敎)를 말한다. 옛날에는 '12부경(部經)'이라고 했는데, 내가 여기에서 '12분경(分經)'이라고 한 이유는, 책을 세는 단위인 '부(部)'와 헷갈릴까봐 '분교

144 「현선장」의 「2) 이 『경』의 이름과 공덕 등에 대한 말씀」(191쪽) 참조.

145 불경의 형식 자체를 일종의 문학 작품으로 본다면, 그것을 12종류의 '장르'로 나눈 것이다.

(分教)'라고 이름을 바꾸었다. <12분교 가운데는 각각 (총상과 별상[146]) 두 측면이 있으니, 이하의 활주(割注)에서 배속한 것과 같음.>

① 첫째는 계경이고, <첫째는 총상이니 『열반경』에 "(결집을 할 때에) 처음에는 '내가 이렇게 들었다'로 시작하고, 마지막에는 '모두들 기뻐하며 받들어 행하였다'로 끝을 내라"[147]라고 유촉하셨으니, 이런 것이 모두 수다라이다. 둘째는 별상이니 『아비달마잡집론』에서 "이를테면 긴 문장으로 엮어서 응당 말씀하실 내용을 간략하게 말씀하신 것이다"[148]라고 했다. 또 다른 이름이 있으니, '법본(法本)'이라고도 하며, '직설(直說)'이라고도 하며, '성교(聖教)'라고도 한다. 혹은 다만 '『경』(經)'이라고만 이름 하기도 한다.>

② 둘째는 응송이고, <첫째는 긴 문장(=계경)과 상응하는 게송이니 긴 문장으로 말씀하신 것에 미진함이 있기 때문이고, 둘째는 나중에 참석한 자를 위하여 긴 문장에 상응하여 다시 게송을 읊으시는 것이다.>

③ 셋째는 수기이고, <첫째는 당시 제자들의 생사 인연을 예언하시는 것이고, 둘째는 보살들이 미래에 반드시 부처

146 총상과 별상: '총상'은 총체적인 양상이고, '별상'은 개별적인 양상이다. 이하의 할주(割注)에서 '첫째'는 '총상'에, '둘째'는 '별상'에 각각 해당된다.

147 『대반열반경』「범행품」(권제15)(대정장12, 451b).

148 『아비달마잡집론』(대정장31, 743b).

가 될 것이라고 예언하시는 것이다.>

④ 넷째는 풍송이고, <다른 말로는 '고기송(孤起頌)'이라고도 한다. 첫째는 외워 지니기 쉽게 하려고 그러신 것이고, 둘째는 게송을 좋아하는 사람을 위해서 그러신 것이다.>

⑤ 다섯째는 인연이고, <첫째는 부탁을 해야만 비로소 설하시니 법을 소중하게 여기라고 그러신 것이고, 둘째는 사안 때문에 마침내 설하신 것이니 본말을 알게 하려고 그러시는 것이다.>

⑥ 여섯째는 자설이고, <첫째 상대로 하여금 (부처님께서 하실 말씀이 있는 줄을) 알게 하여 설법을 청하게 하려고 그러신 것이며, 둘째는 교화하시는 방법을 은중하게 하시려고 그러신 것이니 (중생들이) 부처님의 자비심을 생각하면 (부처님께서는 중생들이) 청하지 않아도 벗이 되어주신다.>

⑦ 일곱째는 본사이고, <첫째는 부처님의 전생 일을 설하시는 것이고, 둘째는 제자들의 전생 일을 설하시는 것이다.>

⑧ 여덟째는 본생이고, <전생에 몸을 받은 이야기이니, 첫째는 여래에 관한 이야기이고, 둘째는 그밖에 사람들의 이야기이다>

⑨ 아홉째는 방광이고, <첫째는 드넓고 크게 이익과 즐거움을 주려고 그러시는 것이고, 둘째는 바른 가르침을 드넓게 설명하시려고 그러시는 것이다.>

⑩ 열째는 미증유이고, <첫째는 부처님의 덕과 업력이 남들과 다르고 뛰어나기 때문이고, 둘째는 법체(法體)가 참으로 드물고 기이하기 때문이다.>

⑪ 열한 번째는 비유이고, <첫째는 지혜가 깊기 때문에 유사한 것을 말해주어 진실을 알게 하시려고 그러신 것이고, 둘째는 지식이 일천하기 때문에 그들의 입장에 서서 유사한 것을 취하여 유인하여 믿게 하려고 그러신 것이다.>

⑫ 열두 번째는 논의이다. <첫째는 이치가 깊기 때문에 논의하시는 것이고, 둘째는 의미가 분명하게 드러나지 않았기 때문에 논하시는 것이다. 이 두 경우 모두 꼬리를 물어가면서 따지고 추궁한다. 경우에 따라 혹은 부처님 자신이 논하시기도 하시고, 혹은 보살들이 서로서로 논하기도 한다.>

後는 **分攝者**라 **謂十二分教也**이니 **舊云**호대 **十二部經**이니 **恐濫部袟**할새 **改名分教**라 하니라 <十二中에 各有二相하니 如注配라> **一**은 **契經**이요 <一은 總相이니 涅槃云하시되 始從如是我聞하고 終至歡喜奉行하라 하시니 皆修多羅이요 二는 別相이니 雜集云하시되 謂長行綴緝하여 略說所應說義라 하시며 又有異名하니 謂法本이며 直說이며 聖教이며 或但名經하니라> **二**는 **應頌**이요 <一은 與長行으로 相應之頌이니 由長行하여 說未盡故요 二는 爲後來하사 應更頌故라> **三**은 **授記**이요 <一은 記弟子生死因果이요 二는 記菩薩當成佛事라> **四**는 **諷誦**이요 <謂孤起偈이니 一은 爲易誦持故이요 二는 爲樂偈者故라> **五**는 **因緣**이요 <一은 因請하사 方說하시니 爲重法故이오 二는 因事하사 方說하시니

知本末故라> **六**은 **自說**이요 <一은 爲令知하여 而請法故이오 二는 爲令所化法慇重故이니 念佛慈悲하면 爲不請友하시니라> **七**은 **本事**이요 <一은 說佛往事이요 二는 說弟子往事라> **八**은 **本生**이요 <說昔受身이니 一은 說如來요 二는 說餘者라> **九**는 **方廣**이요 <一은 廣大利樂이요 二는 廣陳正法이라> **十**은 **未曾有**요 <一은 德業殊異이요 二는 法體希奇故라> **十一**은 **譬喩**요 <一은 爲深智하여 說似하사 令解眞故요 二는 爲淺識하여 就彼取類하사 誘令信故라> **十二**는 **論議**이니라 <一은 以理深일새 故로 論하시고 二는 以義不了일새 故로 論하시니라 並循環研覈하시니 或佛自論하시며 或菩薩相論하니라>

2) 12분교와 대소승과의 관계

그런데 12분교가 대승과 소승 중에서 여섯 '분교(分敎)'에 공통으로 들어있는 것도 있지만, 여섯 '분교'에 부분적으로만 들어있는 것도 있다. <'인연'과 '비유'와 '논의'는 소승에만 국한된다. 그러므로 『열반경』에서 "대승을 보호하는 자는 9부교를 수지하라"[149]고 하셨다. '수기'와 '자설'과 '방광'은 대승에만 국한된다. 『법화경』에서 "나의 이 9부교의 법은 중생의 입장에 맞추어서 설한 것이다"[150]라고 하셨다. 그 밖의 6부교는 대승과 소승에 공통이다.>

그런데 이것은 어느 한 측면만을 기준으로 잡은 것이다. <대승은 3부교를 결여하니, 이것은 다만 '인연' 중에

149 『대반열반경』(대정장12, 383c).
150 『법화경』「방편품」(대정장9, 7c).

서 사안에 따라 계(戒)를 제정하신 것과, '비유' 중에서 유인하시는 것과, '논의' 중에서 궁극적인 의미를 드러내지 않으신 것을 기준으로 잡은 것이다. 소승은 3부를 결여하니, 이것은 다만 '수기' 중에서 성불을 예언하시는 것과, '자설' 중에서 청하지 않은 벗이 되신 것과, '방광' 중에서 드넓고 크게 이익과 즐거움을 주시는 것을 기준으로 잡은 것이다.>

그러니 실은 대승이나 소승이나 모두 12분교를 갖추고 있다. <(위에서 언급한) 대승의 3부와 소승의 3부는 각각 나머지 하나의 의미도 갖추고 있다.> 『해심밀경』 가운데에 "보살들이 12분교에 의지하여 사마타를 닦는다"[151]는 말씀이 있다. 『유가사지론』에서 "부처님께서는 성문승을 위하여 일일이 모두 12분교를 연설하신다"[152]고 했다.[153]

然이나 **此十二**가 **於大小乘**에 **有說六通六局者**라 <因緣과 譬喩와 論議는 局小일새니 故로 涅槃云하시되 護大乘者는 受持九部하라 하시니라 授記와 自說과 方廣은 局大하니 法華云하시되 我此九部

151 『해심밀경』「분별유가품」(대정장16, 697c).

152 『유가사지론』(대정장30, 396c), "哀愍一切諸聲聞故, 依四聖諦, 宣說眞實苦集滅道無量法教. 所謂, 契經, 應頌, 記別, 諷誦, 自說, 因緣, 譬喩, 本事, 本生, 方廣, 希法, 論議, 如是名爲說正法教."

153 이 문단은 규봉 종밀이 각 『경』을 직접 본 것이라기보다는, 청량소의 『화엄경소초 현담』(신찬속장9, 208a)에서 재인용한 것으로 보인다.

法은 隨順衆生說이라 하시니 餘六은 皆通也라> **且約一相**이니 <大는 缺三者하니 但約因緣中에 因事制戒와 譬喩中에 誘引과 論議中에 非了이며 小는 缺三者하니 但約授記中에 記成佛과 自說中에 不請友와 方廣中에 廣大利樂이니라> **然**이나 **實大小**가 **皆具十二**니라 <大三과 小三이 各取餘之一義라> **深密中**에 **菩薩依十二分敎**하여 **修奢摩他**라 하시며 **瑜伽**에 **云**하되 **佛爲聲聞**하여 **一一具演十二分敎**하시니라 하니라

3) 소결론

그런데 이 『원각경』은 12분교 가운데에 오직 두 개의 분교(分敎)에만 포섭된다. 즉 '수다라장'과 '방광'에 속한다. 그런데 만약 『원각경』의 입장에서 12분교를 포섭해보면 즉, 아홉 개의 분교를 포섭한다. 꿰뚫어 포섭하는 의미[154]가 (『경』의 내용 전체를) 관통되기 때문이다. <'계경'.> 정종분의 하나하나는 모두 중송[155]이기 때문이다. <'응송'.> 사람을 안심시켜서 불지를 성취할 수 있다고 수기하시기[156] 때문이다. <'수기'.> 상대방의 청에 따라 이어서 법을 설하시기[157] 때문이다. <'인

154 '원각'이라는 개념 또는 사상이 이 『경』의 전체를 관통하는 것.

155 정종분의 11명의 보살들에게 각각 게송으로 요약해 주시는 것.

156 「미륵장」의 「나) 윤회하는 중생의 다섯 종류」(88~91쪽) 참조.

연'.> 부처님께서 인지(因地)에 계실 때에 법을 수행하셨다고 설하기[158] 때문이다. <'본사'.> 6바라밀 수행도 인(因)이 아니고 열반도 과(果)가 아니라고 설하셨기 때문이다. <'미증유'.> 『원각경』의 제목에 '방광'이라는 글자가 들어있기 때문이다. <'방광'.> 27개의 비유가 있기 때문이다. <'비유'.> 보현보살이 질문하는 것도 있고 금강장보살이 따져 여쭙는 부분도 있기 때문이다. <'논의'.> 오직 '풍송'과 '자설'과 '본생' 등만은 결여되었다. <「장(藏)·승(乘)·분(分)에 의한 불경의 분류」는 여기에서 마침.>

然이니 此經者는 十二分中에 唯二所攝하니 謂修多羅와 方廣이라 若此로 攝彼하면 卽攝九分하니 貫攝之義가 通故이요 <契經> 正宗一一은 重頌故이요 <應頌> 記安心人하여 成就佛智故이요 <授記> 因請하여 方說故이요 <因緣> 說佛因地法行故이요 <本事> 六度非因이고 涅槃非果故이요 <未曾有> 題云方廣故이요 <方廣> 二十七喩故이요 <譬喩> 普賢有徵하고 剛藏有難故일새라 <論議> 唯不攝伽陀와 自說과 本生等三也니라 <藏乘分攝竟하니라>

157 12명의 보살이 각각 질문하고, 그에 대하여 부처님께서 대답하시는 것.

158 「문수장」(24쪽)에서 문수보살이 부처님의 '인지법행(因地法行)'을 질문하고, 그에 대답을 하시는 것.

제3문 권교와 실교의 비교 분석

1. 교상판석을 안 하는 경우
2. 교상판석을 하는 경우
 1) 두 종류로 나누는 경우
 2) 세 종류로 나누는 경우
  가) 중국의 사례
  나) 서역의 사례
   ① 대립되는 두 논사
    (ㄱ) 계현 논사(상종 계열)
    (ㄴ) 지광 논사(공종 계열)
   ② 대립되는 두 계열의 화회 필요성 검토
    (ㄱ) 천친과 용수의 경우: 화회할 필요 없음
    (ㄴ) 호법과 청변의 경우: 화회할 필요가 있음
     (a) 3시교의 의미 소통을 통한 화회
      (1) 법상종에서 말하는 3시교
      (2) 법성종에서 말하는 3시교
     (b) 유(有)와 공(空)의 의미 소통을 통한 화회
      (1) 유(有)와 공(空)에 대한 해석의 차이
       [1] 유의 의미 [2] 공의 의미
      (2) 저들이 말하는 유(有)·무(無)는 서로 모순이 없음
       [1] 한맛임 [2] 용수와 무착을 화해
       [3] 청변과 호법을 화해 [4] 용수무착청변·호법 화해
    (ㄷ) 중국에서의 경우: 반드시 분별해서 가려내야 함
     (a) 법성종으로 법상종을 치료
      (1) 법성종과 법상종의 차이점 가르기
      (2) 법성종과 법상종을 회통시킴
     (b) 법성종으로 파상종을 논파
      (1) 파상종과 법성종의 차이점 가르기
      (2) 법성종과 파상종을 회통시킴
 3) 네 종류로 나누는 경우
 4) 다섯 종류로 나누는 경우
3. 결 론

세 번째는 권교와 실교의 차이를 나누어 보고 『원각경』이 어디에 속하는 지를 논하는 부분이다.

그런데 인도와 중국에서 예부터 지금에 이르기 까지 여러 대덕들이 종(宗)을 세우고 교(敎)를 판석(判釋)할 경우, 여러 다른 방법으로 붙이기도 하고 나누기도 하였다. 혹은 (석가모니 부처님의 가르침은) '한맛'이라 하여 나누지 않기도 하고, 혹은 종(宗)을 열어 요간(料揀)[159]하기도 했다. 이것에 대하여 이제 간략하게 서술하려 하는데 우선 2문(門)으로 나누겠다. (1) 첫째는 교상판석을 안 하는 경우이고, (2) 다음에는 교상판석을 하는 경우이다.

三은 權實對辨者라 然이나 西域此方古今諸德의 立宗判敎에 離合이 有殊하여 或一味를 不分하며 或開宗料揀하니 今將略敍하려 하여 且啓二門하노니 初則不分이오 後明分敎이니

159 요간(料揀): 해석하여 말하는 것. 의를 분별하여 간택(揀擇)을 더하는 것. 문답을 세워서 해석하는 것을 문답 요간이라 한다. (운허용하, 『불교사전』).

1. 교상판석을 안 하는 경우

교상판석을 안 하는 의도는 다섯 가지가 있다. ① 첫째, 이치는 본래 '한맛'이어서 비록 길은 갈라져 있지만 귀결점은 동일하기 때문이다. ② 둘째, 한 말씀이 (여러 듣는 이에게) 두루 감응을 주시어, 한번 비 내림에 천지를 두루 적시기 때문이다. ③ 셋째, 부처님의 본래의 뜻을 캐어보면 부처님께서 설법하신 이유는 모두 일대사 인연을 이루기 위함 때문이다. ④ 넷째, 하나하나의 문장마다 그에 대한 여러 해석이 같지 않기 때문이다. ⑤ 다섯째, 여러 설법이 여러 분파를 이루기 때문이다. 그런 이유로 나누지 않는다. 즉 후위의 보리유지(菩提流支, Boddhiruci: 508년에 낙양에 왔다) 삼장과 요진 시대의 구마라습(鳩摩羅什, Kumārajīva: 401년에 장안에 왔다) 삼장께서 '일음교(一音教)'를 주장한 것이 바로 이런 이유다.

不分之意가 其有五焉하니 一은 理本一味라 殊途가 同歸故이요 二는 一音이 普應하시며 一雨가 普滋故이요 三은 原佛本意하삽건대 爲一事故이요 四는 隨一一文하여 衆解가 不同故이요 五는 多種說法이 成枝派故이니 故로 不可分이니 卽後魏流支와 姚秦羅什이 立一音教함이 是此意也니라

2. 교상판석을 하는 경우

교상판석을 하는 이유에 여덟이 있다. <'첫째'에서 '다섯째'까지는 앞의 교상판석을 안 하는 이유를 뒤집어놓은 것이고, 뒤의 셋은 이야기를 달리 한다.>

① 첫째, 이치는 비록 하나이나 그것을 '표현하신 말씀[詮]'에는 깊은 것도 있고 얕은 것도 있기 때문이다. ② 둘째, 부처님께서 하신 말씀을 기준으로 하면 비록 동일하더라도, 가르침이란 근기에 따라 달라지기 때문이다. ③ 셋째, 부처님께서 본래 하시고자 하신 말씀을 아직 드러내시지 않고 상대의 뜻에 따라 말씀하셨기 때문이다. ④ 넷째, 말씀에는 공통으로 적용되는 것도 있고 개별적으로 국한되는 것도 있어서, 드러내고자 하는 바에 따라 설명하시기 때문이다. ⑤ 다섯째, 권교와 실교를 구분하여 지엽적인 가르침에 매이지 않도록 하기 위해서이다. ⑥ 여섯째, 법왕의 비밀스런 말씀은 말은 같더라도 지시하심이 다르기 때문이다. ⑦ 일곱째, 부처님의 본뜻을 모르고 깊은 이치를 얕다고 한다면 큰 이익을 잃고, 얕은 것을 깊다고 여기면 공을 헛되게 하기 때문이다. ⑧ 여덟째, 여러 부처님과 보살들이 그들 스스로가 교판을 하셨기 때문이다.

이런 등등의 이유로 교상판석을 하면 얻는 게 많고 잃는 게 적고, 합하면 얻는 게 적고 잃는 게 많다. 그러니 그저 자기를 비우고 핵심 주장[宗]을 찾으면, 교상판석을 한들 어찌 큰 뜻을 어그러뜨릴 까닭이 있겠는가? 이제 교상판석을 밝히는데, 거기에 다시 네 종류가 있다. <'둘로 나누는 경우'로 부터 '다섯으로 나누는 경우'가 있음.>

其分教者가 有其八意하니 <初五는 翻前이오 後三은 別說이라> 一은 理雖一味나 詮有淺深故이요 二는 約佛音컨댄 雖一[160]이시나 教隨機異故이요 三은 本意를 未申하사 隨他意語故이요 四는 言有通別하시니 就顯說故이요 五는 由辨權實하여 不住枝流故이요 六은 王之密語가 語同호대 事別故이요 七은 不識佛意하사와 以深爲淺하면 失於大利하고 以淺爲深하며 虛其功故이요 八은 諸佛菩薩이 亦自分故이니 以斯等意로 開則得多失少하고 合則得少失多하니 但能虛己求宗하면 分한들 亦何乖大旨리오 今明分教에 復有四重하니 <從二으로 至五하니라>

1) 두 종류로 나누는 경우

첫째는 2종류의 '가르침[教]'으로 나누는 경우인데 여기에 두 파가 있다. ① 첫째는 서진의 담무참

160 約佛音雖一: 「언해본」에는 約' 자가 없고, 또 '佛雖一音'으로 표기.

(Dharmarakṣāna: 385~433) 삼장 법사가 나눈 '반자교'와 '만자교'이다. <즉 앞의 2장(藏) 즉 '성문장'와 '보살장'이다.> ② 둘째는 당나라 초기의 인(印)[161] 법사가 <강남> 나눈 '굴곡교'와 <이를테면 '석가경'이 '(중생의) 근기에 맞추어' 에둘러서 설하시기 때문이니 『열반경』 등과 같다.> '평도교'이다. <이를테면 '사나경(舍那經)'이 '법성(法性)에 맞추어' 자유자재하게 단도직입적으로 설하시기 때문이니, 곧 『화엄경』이다.>

첫째의 담무참의 교판은 소승에 대하여 대승을 드러냈고, 둘째의 인 법사의 교판은 부처님께서 교화하시는데 사용하시는 설법의 형식을 기준으로 하여 나누었다. 단, '만자교'와 '굴곡교'는 모두 '권교'와 '실교'를 구분하지 못했으나, 이점만을 제외하고는 '반자교'와 '평도교'도 일리는 역시 있다.

第一은 立二種教라 自有兩家하니 謂西秦識三藏의 半字와 滿字이며 <卽前二藏이니라> 唐初印法師의 <江南이니라> 屈曲과 <謂釋迦經이 逐機說故일새 如涅槃等이라> 平道라 <謂舍那經이 逐法性하여 自在說故일새 卽華嚴經이라> 前은 且對小顯大이며 後는 則約佛化儀이니 但滿及屈曲은 皆闕分於權實이나 餘亦有理라

161 인(印): 미상.

2) 세 종류로 나누는 경우

여기에는 두 종류가 있다. 처음에는 중국의 경우를 먼저 말하고, 다음에는 인도의 경우를 밝혀보겠다.

第二는 **立三種敎**라 **自有二門**하니 **初**는 **敍此方**이오 **後**는 **明西域**이라

가) 중국의 사례

남(南) 중국[162]의 여러 학승들이 셋으로 나누는 교판을 세웠다.

(1) 첫째는 '돈교'인데, 이를테면 『화엄경』에서 처음 깨치시고는 그 깨달음의 내용을 대뜸 설하셨기 때문이다.

(2) 둘째는 '점교'인데, 이를테면 녹야원에서 부터 시작하여 학수쌍림에서 임종하시기 까지 소승에서 대승으로 점점 나아가셨기 때문이다. <제 나라의 은사 유규(劉虯)[163]가 2교를 세웠다. 앞의 둘과 완전히 동일하다.[164]>

---

162 남(南) 중국: 천태 지의는 『법화현의』(대정장33, 801a)에서 남북조 시대에 유행했던 교상의 판석에 대하여 남쪽의 '3사(師)', 북쪽의 '7사(師)'로 정리했다.

163 유규(劉虯; 436~496).

164 만자교와 평도교는 돈교이고, 반자교와 굴곡교는 점교이다.

(3) 셋째 '부정교'인데, <유공(劉公)에게는 이것이 없음.> 이를테면 ('돈교'도 아니고 '점교'도 아닌 특별한 한 경전이 있는데), 비록 첫째의 '돈교' 방식으로 설하지는 않으셨지만, 불성(佛性)이 상주(常住)한다는 원돈(圓頓)의 이치를 밝히신 경우가 있다. <『승만경』의 경우.> 또 역시 대승의 교리가 소승의 교리 보다 먼저 설명되어 있는 『경』이 <『앙굴경』이다.> 있다. 그래서 '일정하지 않은 가르침[不定教]'이라고 한다.

初라 **謂南中諸師**가 **同立三教**하니 **一**은 **頓教**이니 **謂華嚴經**에 **初成佛**하사 **頓說故**이요 **二**는 **漸教**이니 **始自鹿苑**으로 **終於鶴林**히 **從小之大故**이요 <齊隱士劉虬[165]가 立二教하니 全同上二하니라> **三**은 **不定教**이니 <劉公은 無此라> **謂別有一經**하니 **雖非最初頓說**이시나 **而明佛性常住**의 **圓頓之理**하시며 <勝鬘等也라> **又亦有大先於小之經**일새 <央掘等也라> **故**로 **云不定**이라

'점교'에 대해서도 설한 시기를 기준으로 이리 쪼개고 저기 붙여서, 여러 스님들마다 다르다.

(2-1) 처음에는 그저 둘로만 나누었으니, 처음은 '반자교'이고 다음은 '만자교'이다.

「제3문 권교와 실교의 비교 분석」의 「4) 다섯 종류로 나누는 경우」의 도표 참조.

165 '虬': 자형이 虯이다. 속자.

(2-2) 혹은 셋으로 나누기도 한다. <호구산의 급(岌) 법사.[166]> 첫째는 '상교(相敎)', <깨치시고 나신 뒤 12년까지> 둘째는 '무상교(無相敎)', <『법화경』을 설하시기 이전까지> 셋째는 '상주교(常住敎)'이다. <마지막으로 『열반경』을 설하신다. 이는 당나라 삼장 법사 현장(玄奘: 600~664)의 3교판과 아주 같다. 서역의 경우를 설명하는 부분에서 자세하게 말하겠다.>

(2-3) 혹은 넷으로 나누었다. <송나라 때의 급(岌) 법사가 여기에 해당한다.> 즉 첫째는 '상교'이고, 둘째는 '무상교'이고, 셋째는 무상교 뒤와 상주교 앞에 『법화경』을 지목하여 '동귀교'로 삼은 것이고, 넷째는 '상주교'이다.

(2-4) 혹은 다섯으로 나누었다. <곧 앞에서 말한 유공(劉公)의 교판론이 여기에 해당한다.> 첫째는 유상교(有相敎) 앞에다 『제위경』을 위치시킨 '인천교(人天敎)'이고, 둘째는 '유상교(有相敎)'이고, 셋째는 '무상교(無相敎)'이고, 넷째는 '동귀교(同歸敎)'이고, 다섯째는 '상주교(常住敎)'이다.

就漸敎中에 **約時開合**하여 **諸師不同**이라 **初**는 **但分二**하니 **先半後滿**이라 **或分爲三**하니 <虎丘山의 岌法師라> **一**은 **有相敎**요

---

166 급(岌) 법사: 미상.

<十二年前이라> **二**는 **無相教**요 <齊至法華라> **三**은 **常住教**요 <最後涅槃이라 此는 與唐三藏의 三教로 大同하니 至敘西域中에 說하리라> **或分爲四**하니 <宋朝岌法師라> **卽於無相之後**와 **常住之前**에 **指法華經**하여 **爲同歸教**홈이라 **或開爲五**하니 <卽前劉公이라> **於有相教之初**에 **取提胃經**하여 **爲人天教**홈이라

이상의 여러 논사들은 점교 속에서 '부처님께서 법을 설하신 시기'를 기준으로 달리 나누었다. 만일 '부정교'를 넣지 않으면 어려움을 불러옴이 아주 많으니, 처음의 설법 속에 대승의 가르침이 있기 때문이다. 비록 '부정교'를 첨가하더라도 '방난'(防難: 비판에 대한 방어 장치)을 두어야 한다. 왜냐하면 반야부를 설하시기 이전 12년 동안에도 역시 '법공(法空)'과 '아공(我空)'의 두 공을 설하셨으며, <『성실론』, 『아함경』, 『대지도론』에 그런 문장이 있다.> 12년 뒤에 비로소 광범위한 계율을 제정하셨으며, 셋째 시기인 '동귀교' 속에서도 역시 "세간의 모습은 상주불멸한다"[167]고 하셨으며, '상주교' 속에서도 역시 소승의 무리들이 부처님 열반의 모습을 보며,[168] 『제위파리경』 속에서도 역시 3승(乘)에 속한 이들이 도를 얻는 사례[169]가 있다. 그러므로 시기

167 『법화경』「방편품」(대정장9, 7c).
168 『열반경』의 경우.

를 기준으로 정하면 맞지 않는 바가 있는 줄을 알아야 한다. '부정교'를 빼고 위에서처럼 여러 방식으로 나누는 학설을 따르더라도 역시 일리는 있다. <중국의 경우에 대한 교판은 여기에서 마침.>

上來諸師는 皆於漸中에 約時開異이니 若不加不定이면 則招難尤多하니 以初有大故일새라 雖加不定이라도 猶有妨難이니 以十二年前에도 亦說二空이시며 <成實과 阿含과 智度에 有文하라> 十二年後에사 方制廣戒하시며 第三時의 同歸教中에도 亦云하시되 世間相常住라 하시며 常住教中에도 亦有小乘이 見佛涅槃之相하며 提胃經中에도 亦有三乘得道일새 故知하라 約時剋定하면 則有所乖홈을 揀去不定하여 從多分說이라도 亦有理在하니라 <敘此方竟하니라>

나) 서역의 사례

① 대립되는 두 논사

지금의 성종(性宗)이니 상종(相宗)이니 하는 구별이 원래는 인도 지방에서 나왔으므로 서역(西域)이라고 했다. 당나라 초기에 중인도 지방의 일조(日照, Dinākara: 676년에 당나라에 옴) 삼장이 "요즈음 인도의 나란타사에 동시에 두 명의 위대한 논사가 계시는데, 한 분은

---

169 『태자서응본기경』(대정장3, 479a)에서 '제위(提謂)'와 '파리(波利)' 등이 성불한 예를 말하는 것인 듯. 명확하지 않음.

계현(戒賢) 논사이시고 한 분은 지광(智光) 논사이시다. 두 분 모두 신령한 견해가 뭇 사람들을 뛰어넘어 명성이 5인도에 드높았으며, 외도의 6파 철학의 스승들[170]이 모두 그들에게 머리를 조아렸고 불교의 다른 부파들도 마음으로 귀의하였으며, 대승을 배우는 수행자들이 해와 달처럼 우러르니, 인도의 독보적인 인물로 각 파에 일인자이시다. 그러나 이어받은 바의 주장이 다르고 교판을 세움이 서로 다르다"고 했다.

二는 **西域者**라 **卽今性相二宗**이 **元出彼方**일새 **故**로 **云西域**이라 **唐初**에 **中天竺日照三藏**이 **云**호대 **近代天竺那爛陀寺**에 **同時**에 **有二大德論師**하니 **一曰戒賢**이오 **二曰智光**이라 **並神解**가 **超倫**하여 **聲高五印**하며 **六師**가 **稽顙**하여 **異部**가 **歸誠**하며 **大乘學人**이 **仰之**함이 **如日月**인듯하니 **獨步天竺**에 **各一人而已**라 **然**이나 **所承**의 **宗**이 **異**하고 **立敎**가 **互違**라 하니라

(ㄱ) 계현 논사(상종 계열)

이를테면 계현(戒賢)[171] 논사는 멀리는 미륵과 무착

170 6파 철학의 스승: ①미맘사, ②베단타, ③샹카, ④요가, ⑤니야야, ⑥바시쉐시카.

171 계현(戒賢: Śilabhadr): 동인도 삼마달타국의 왕족으로 마가다국 나란타사에서 호법 보살에게 출가. 636년 현장 법사가 찾아갔을 때에 그의 나이가 106세였다고 한다.

을 계승하고, 가까이는 호법과 난타의 뒤를 이었다. 『해심밀경』 등의 경전과 『유가사지론』 등의 논서에 의지하여 '3시(時)교판'을 세워, '법상대승교(法相大乘敎)'를 요의교(了義敎)로 삼았으니 곧 당나라 현장 법사가 받들었던 바이다.

이를테면 부처님께서 '제1시기'에는 저 녹야원에서 4성제(聖諦)의 법륜을 굴리시어, 모든 유위법(有爲法)은 '인연으로 생긴 것[緣生]'이며, <외도들의 주장한 '자성(自性)'과 '인(因)' 등을 논파하기 위해서이다.> 무아(無我)라고 하셨다. <외도들이 '아'를 집착하는 것을 뒤집기 위해서이다.> 그러나 오히려 '아(我)'를 이루고 있는 요소인 '법(法)'도 실체가 없다는 이치는 아직 설명하지 않으셨으니, 곧 『아함경』 등이 이것이다.

'제2시기'에 변계소집성(遍計所執性)에 의지하여 모든 법도 공하다는 것은 비록 설명하셨지만, <소승을 뒤집어 파하기 위해서이다.> 그러나 의타기성(依他起性)과 원성실성(圓成實性)이 있다는 것은 그래도 아직 설명하시지 않으셨으니, 즉 여러 부(部)의 『반야경』 등이 그것이다.

'제3시기'에는 변계소집성, 의타기성, 원성실성의 3성(性)과 그것의 무자성(無自性)을 모두 설명하시고서야, 비로소 대승의 바른 이치를 다 말씀하셨다 하니, 곧 『해심밀경』 등이다. <처음에는 유(有)라 하셨고 다음에는 공(空)이라 하셨으므로 요의교(了義教)는 아니다. 뒤에 가서 중도(中道)를 설하시어 비로소 요의교가 되었다. 이것은 『해심밀경』에서 나눈 것에 의한 것임.>

謂戒賢은 **則遠承彌勒無著**하고 **近踵護法難陀**하니 **依深密等經**과 **瑜伽等論**하여 **立三種教**하니 **以法相大乘**으로 **爲了義**하니 **卽唐三藏**의 **所宗**이니 **謂佛**이 **初於鹿苑**에 **轉四諦法輪**하사 **說諸有爲法**은 **緣生**이오 <破外道의 自性因等이라> **無我**라 하시니라 <翻外計我라> **然**이나 **猶未說法無我理**하시니 **卽阿含等**이 **是**라 **第二時中**에 **雖依遍計所執**하여 **說諸法空**이시니 <翻破小乘이라> **然**이나 **依他**와 **圓成**은 **猶未說有**하시니 **卽諸部般**라 **若第三時中**엔 **具說三性**과 **三無性等**하야사 **方盡大乘正理**라 하시니 **卽解深密等**이라 <初有하시고 次空하시니 故로 非了義라 後에 說中道하여 方爲了義라 此는 依深密經의 所判이니라>

(ㄴ) 지광 논사(공종 계열)

다음으로 지광(智光)[172] 논사는 멀리는 문수와 용수

172 지광(智光: Jñānaprabha): 청변을 섬겨 대승 공종을 이루었고, 이 종을 당나라 의봉 원년(676)에 중국에 온 일조(日照) 삼장에게 전했다고 한다. 현장 법사가 인도에 갔을 때에 계현 논사와 함께 나란타사에 거주했다고 한다. 4베다와 5명에 밝았다고 한다.

를 계승하고 가까이는 청목과 청변을 이었다. 『반야경』 등의 경전과 『중관론』 등의 논서에 의지하여 계현 논사와 마찬가지로 역시 세 종류의 교판론을 세워 '무상대승교(無相大乘教)'를 참된 요의교(了義教)로 삼았다.

이를테면 부처님께서 처음 녹야원에서 '소승교(小乘教)'를 설하셔 '마음'과 '대상세계'가 모두 실체가 있다고 설하시고, <외도를 논파함은 앞의 경우와 같다.> 다음으로 '법상대승교(法相大乘教)'를 설하셔 '대상 세계'는 공하지만 '마음'은 실체가 있다고 하셨다. <소승을 점차적으로 논파하시려고 그러신 것이다. 저들이 공을 두려워하기 때문에 가명(假名)을 두어 제접하여 인도하셨다.> 마지막으로 상근기를 위하여 '무상대승교(無相大乘教)'를 설하시니, '마음'과 '대상 세계'가 모두 실체가 없고 '한맛[一味]'으로 평등해지고서야, 비로소 요의교가 된다. <이렇게 세 시기의 차례를 두는 것은 『반야등론석』에서 『대승묘지설경』의 말씀을 인용하는 것과 같다.>

二는 **智光論師**이니 **遠承文殊龍樹**하고 **近稟青目清辨**하여 **依般若等經**과 **中觀等論**하여 **亦立三種教**하니 **以無相大乘**으로 **爲眞了義**라 **謂佛初鹿苑**에 **說小乘**하사 **明心境俱有**라 하시며 <破外는 同前이라> **次**는 **說法相大乘**하사 **境空心有**라 하시며 <漸破小乘故라 由彼怖空일새 且存假名하여 接引하시니라> **後**는 **爲上**

根하사 說無相大乘하사 心境이 俱空하고 平等一味하여 方爲了義니라 <此三次第는 如般若燈論釋中에 引大乘妙智經說이라>

② 대립되는 두 계열의 화회(和會)[173] 필요성 검토

질문: 이 두 논사들이 말하는 바는 저마다 각 '성인의 가르침[聖教]'에 모순되는 듯하니, 서로가 화회(和會)할 수 있을까?

대답: 세 경우로 나누어서 논의할 수 있다.

(ㄱ) 첫째 경우, 개조의 우두머리를 기준으로 하면 천친과 용수의 경우는 화해를 필요로 하지 않는다. 왜냐하면 두 분은 모두 부처님의 뜻을 얻었기 때문이다. (→ 300~301쪽 참조)

(ㄴ) 둘째 경우, 말세 후학을 기준하면 호법과 청변의 경우는 화해해야 한다. 저들은 '주장[宗]'을 세워 다투기 때문이다. (→ 302~325쪽 참조)

(ㄷ) 셋째 경우, 중국을 기준하면 지엽적인 계교상량만 점점 계승하기 때문에 반드시 '분별하여 가려내

173 화회(和會): 『경』과 논에 서로 어긋나 맞지 않는 글과 뜻이 있을 때에, 그 가운데서 서로 맞추어 일치하는 점을 발견하는 것. (운허용하, 『불교사전』).

야[料揀]' 한다. 시간적으로 멀리 떨어져 있고 지역이 달라 집착이 점점 굳어졌기 때문이다. (→ 325~350쪽 참조)

問이라 **此二所說**은 **旣各聖教**에 **互爲矛盾**이니 **可和會不**잇까 **答**이라 **有三義**니 **一**은 **約祖宗**컨댄 **天親龍樹之流**는 **則不假和會**이니 **得佛意故**일새라 **二**는 **約末學**컨댄 **護法清辨之類**는 **則可和會**이니 **立宗諍故**일새라 **三**는 **約此方**컨댄 **轉承末計**하니 **則須料揀**이니 **時澆處異**하여 **執轉堅故**일새라

(ㄱ) 천친과 용수의 경우: 화회할 필요 없음

첫째 경우, (천친과 용수의 학설은) 성인의 말씀과 나란하여 각각 핵심이 있으며, 또 근기에 따라 이익을 주고 병에 따라 치료하니, 어찌 억지로 화회시킬 필요가 있겠는가? 곧 『대지도론』의 4실단(悉檀)[174] 중에 '각각위인실단(各各爲人悉檀)'과 같은 경우이고, <첫째는 세계실단, 둘째는 위인실단, 셋째는 대치실단, 넷째는 제일의실

---

174 4실단(悉檀): 부처님께서 중생을 교화하기 위해 설법하시는 방법을 4종류로 나눈 것. ①세계실단은 부처님이 임시로 범부들을 위해 세상의 상식에 맞추어 교법을 설하시는 것, ②위인실단은 상대의 근기에 맞추어 교법을 설하시는 것, ③대치실단은 질병에 걸린 내용에 따라 처방을 달리하듯이 중생의 욕락에 맞추어 교법을 설하시는 것, ④제일의실단은 성숙한 중생을 대상으로 제1의제로 교법을 설하시는 것.

단.> 또한 『섭대승론』의 4의취(意趣)[175] 중에 '낙욕의취(樂欲意趣)' 같은 경우이다. <첫째는 평등(平等) 의취, 둘째는 별시(別時) 의취, 셋째는 별의(別義) 의취, 넷째는 낙욕(樂欲) 의취.> 같은 가르침 속에서 혹은 찬탄하시기도 하고 혹은 비난하시기도 하신다. 그러므로 이 두 학설은 화회시킬 필요가 없다.

初라 中旣並聖言하여 各有旨趣하며 逐機利益하여 隨病對治하니 何須强會리오 卽智論의 四悉檀中에 各各爲人悉檀이라 하며 <一은 世界이요 二는 爲人이요 三은 對治요 四는 第一義니라> 亦是攝論의 四意趣中에 衆生樂欲意趣라 하니 <一은 平等이요 二는 別時요 三은 別義요 四는 樂欲이니라> 於一法中에 或讚或毀할새 是故로 二說은 不假和會니라

---

175 4의취(意趣): 부처님께서 설법하실 때에 가지시는 네 종의 의향. ①평등의취(平等意趣), ②별시의취(別時意趣), ③별의의취(別意意趣), ④중생낙욕의취(衆生樂欲意趣). ①은 차별된 생각을 없애기 위하여, 예를 들면 역대의 모든 부처님은 누구나 다 모두 6도 만행을 해서 부처가 된다고 설하시는 것, ②는 당장에는 이익이 없지만 중생들이 게을러질까 염려하여 당장에 이익을 본다고 설하시는 것, ③은 교법을 가벼이 여기지 않도록 특별한 의의를 부여하시는 것으로, 예를 들면 교법을 들을 수 있는 것은 지난 생 그대가 선업을 쌓았기 때문이라고 추켜세우는 것, ④는 중생들이 좋아하는 것을 활용하여 여러 가지로 말씀하시는 것으로, 『법화경』에서 장자가 아들들이 좋아하는 소·양·사슴 등의 수레로 유인하는 비유가 유명하다.

(ㄴ) 호법과 청변의 경우: 화회할 필요가 있음

둘째 경우, 이런 저런 견해와 취지가 점점 일어나 '한맛'이었던 것이 점점 나뉘니, 저마다 각각 '주장하는 원천[宗源]'을 세워 자기네끼리는 뭉치고 남을 배척했다. 전하고 이어받는 무리들에게, 끝내는 혹은 망하게 하기도 하고 혹은 흥하게 하기도 하니, (뒷날) 배우고 익히는 문도들이 공(空)에 빠지기도 하고 상(相)에 빠지기도 했다. 그러므로 지금 화회시키니, 바라는 바는 처음처럼[176] 되는 것이다. 여기에 두 부분이 있다. (a) 첫째는 저들이 세운 3시교(時教)를 '화회(和會)'하는 것이고, (b) 둘째는 저들이 숭상하는 공(空)의 의미와 유(有)의 의미를 '화회(和會)'하는 것이다.

二者라 **見趣漸起**하여 **一味**가 **漸分**하니 **各立宗源**에 **黨己斥彼**하여 **致令傳授之輩**로 **或廢或興**케하니 **修習之徒**가 **住空住相故**로 **今和會**하니 **所冀**는 **如初**라 **於中**에 **二**하니 **初**는 **會所立三時教**이요 **二**는 **會所宗空有義**니라

176 처음처럼: 두 가지 의미로 해석 가능. ①'한맛[一味]'처럼 되는 것, ②「(ㄱ) 천친과 용수의 경우」처럼 되는 것.

(a) 3시교의 의미 소통을 통한 화회

(계현 논사와 지광 논사가 말한) '제2시기'와 '제3시기'에서 밝힌 요의교(了義教)와 불요의교(不了義教)에 각각 (서로 다른) 의미가 있다.

법상종(法相宗)에서는 중생을 교화하는 범위가 넓은가 좁은가와, 교리가 완비 되었는가 결핍되었는가를 기준으로 요의와 불요의를 나눈다.

반면에 법성종(法性宗)에서는 중생들에게 점진적으로 이익을 주는 순서와, 이치를 많이 드러내느냐 적게 드러내느냐를 기준으로 요의교와 불요의교를 나눈다.

初者라 **然**이나 **二三時**의 **所明了義不了義**가 **各有其意**하니 **法相宗**은 **約攝生寬狹**과 **言教具缺**로 **明了不了**하며 **法性宗**은 **約益物漸次**와 **顯理增微**로 **明了不了**하니라

(1) 법상종(法相宗)에서 말하는 3시교

먼저 법상종에서 말하는 요의와 불요의의 의미에 두 가지가 있다.

첫째, "중생을 교화하는 범위가 넓은가 좁은가를 기준으로 한다"는 것은 『해심밀경』에 근거하여, '제1시기'에는 성문만을 지도하기 위해 설법하셨고, '제2시기'에는 대승만을 지도하기 위해 설법하셨다고 한다.

이 두 시기에는 각각 한 부류의 근기만을 교화하신다고 한다. 교화하는 중생의 범위가 좁기 때문이니 모두 요의교는 아니다. '제3시기'가 되어서 두루 일체 승(=성문승, 연각승, 보살승)을 지도하기 위하여 설법하신다고 한다. 3승을 두루 갖추어서 중생 포섭하시기를 두루 다 완료하시고 나서야 비로소 요의교가 된다.

둘째, "교리가 완비 되었는가 결핍되었는가를 기준으로 한다"는 것은 '제1시기'에는 오직 소승을 위해서만 설법하시고, '제2시기'에는 오직 대승만을 위해 설하신다고 하니, 서로가 모두 결함이 있다. 가르침이 아직 완비되지 않아서 각각 모두 요의교는 아니다. '제3시기'에 3승을 아울러 설법하시어 가르침이 모두 갖추어지고 나서야 비로소 요의교가 된다고 한다.

계현 논사가 세운 것은, 이 '방법[門]'에 의하여 부처님의 말씀을 '나눈[判]' 것이다.

初中에 又二라 先은 約攝生寬狹者이니 依深密經하여 初時에는 唯爲發趣聲聞乘者하여 說하시며 二時에는 唯爲發趣修大乘者하여 說하시니 此二는 各唯攝一類機이니 攝機狹故로 皆非了義이요 第三時中에는 普爲發趣一切乘者하여 說하시니 普該三乘하여 攝機周盡하니 方爲了義하니라 二는 約言教具缺者이니 初時에는 唯說小乘하시고 二時에는 唯說大乘하시니 互皆有缺라 教旣不具하니 各非了義라 第三時者에는 通說三乘하여

教旣具足하여 方爲了義하니라 戒賢所立은 依此門判이니라

(2) 법성종(法性宗)에서 말하는 3시교

다음 법성종에서 말하는 요의와 불요의의 의미도 역시 두 가지가 있다.

첫째, "중생들에게 점진적으로 이익을 주는 순서를 기준으로 한다"는 것은 이를테면 '제1시기'에서 설하신 것은, 오직 중생들이 소승의 이익만을 얻게 하셨다. 그러나 이익이 아직 구경에 이르지 못했으므로 요의교는 아니다. '제2시기'에는 비록 대승과 소승을 통틀어 이익을 주셨지만, 적멸의 경지까지 이르게 하여 소승과 대승의 두 승이 모두 커다란 이익을 얻게 하시지는 않았다. 그러므로 이때 말씀도 역시 이치를 다 드러내시지는 않으셨다. '제3시기' 속에서 대승의 이익을 두루 모두 얻게 하셨다. 설사 '열반에 든 자'[177] 조차도 역시 위없는 깨달음으로 회향하게 하셨으니, <오직 이 '한가지 일[一事]'[178]만이 진실이기 때문이다.> 비로소 요의

177 '열반에 든 자': 중생의 교화와 구제라는 이타행을 하지 않고, 바로 열반에 든 수행자. 즉 연각승을 말한다.

178 '한가지 일[一事]': '일대사(一大事)'의 준말. 세상에 출현하시는 모든 부처님들의 목표는, 중생들에게 부처님의 지견을 열어 보여주시고 그리하여 중생들이 그것을 깨쳐 저마다 모두 그것

교가 된다.

後의 法性者도 亦二니 初約益物漸次者는 謂初時所說은 唯令衆生으로 得小乘益케하나 益未究竟일새 故로 非了義이요 第二時中에는 雖益通大小이나 然이나 不能令趣寂하여 二乘俱得大益케할새 是故로 此說도 亦非盡理이오 第三時中에는 普皆令得大乘之益케하니 縱入寂者도 亦令迴向無上菩提케하니 <唯此一事가 實故라> 方爲了義니라

둘째, "이치를 많이 드러내느냐 적게 드러내느냐를 기준으로 한다"는 것은 '제1시기'에서는 인연(因緣)에 의하여 생긴 법은 '실유(實有)'라고 하시고, '제2시기'에서는 인연에 의하여 생긴 법은 '가유(假有)'라고 하시고, '제3시기'에서는 인연으로 생긴 법은 자성(自性)이 공(空)하다고 설법하신다. 앞의 두 시기에서는 이치를 덜 드러내셨고 인연법을 덜 설하셨기 때문에 요의교는 아니다. 마지막의 '제3시기'에서는 이치를 드러내시어 공(空)의 경지까지 이르게 하셨고 인연법을 완전히 이해함에 형상조차 없애셨으니, 비로소 요의교가 된다. <'제1시기'에는 오직 소승인 2승만을 노리셨으며, '제2시기'에는 대승을 첨가하여 3승을 세우셨으며, '제3시기'에는

을 몸소 체험하게 하려는 것이다.

오직 '일승'이라고만 하셨다.>

지광 논사가 세운 것은 이 '방법[門]'에 의해서 부처님의 말씀을 '나눈[判]' 것이다.

이상과 같이 3시(時) 교판을 세움에 두 종류의 입장이 있기 때문에, '성인의 가르침[聖教]'의 각각 어느 한 입장에 입각하여, 요의교와 불요의교를 밝혔으니, 서로 모순되지는 않는다.

二는 約顯理增微者라 初는 說緣生은 實有라 하시고 次는 說緣生은 假有라 하시고 後는 說緣生은 性空이라 하시니 前二는 顯理未窮하고 會緣未盡故로 非了義이며 後一은 顯理至空하고 會緣相盡하니 方爲了義이라 <初는 唯中小二乘하시고 次는 添大乘하여 以成三乘하시고 後는 唯一乘이라 하시니라> 智光所立은 依此門判이니라 由有如此하여 二種門故일새 是以로 聖教의 各依一勢하여 明了不了하니 互不相違하니라

(b) 유(有)와 공(空)의 의미 소통을 통한 화회[179]

다음은 저들이 '으뜸[宗]'으로 삼는 유(有)와 공(空)의 의미를 화회한다. 그 중에 둘이 있으니, (1) 먼저 유(有)와 공(空)에 대한 법상종과 법성종의 설이 서로 다름을 서술하고, (2) 다음은 서로 모순이 없음을 밝힌다.

後는 會所宗空有義者라 於中에 又二하니 先은 敘異說이요 後는 會無違라

(1) 유(有)와 공(空)에 대한 해석의 차이

첫째는 유(有)와 공(空)에 대해 법상종과 법성종의 설이 서로 다름을 서술하는 부분이다. 여기에 두 측면이 있다. [1] 첫째는 유(有)의 의미이고, [2] 둘째는 공(空)의 의미이다.

異說中에 二하니 一은 有이요 二는 空이라

---

179 규봉 종밀이 유(有)와 공(空)을 변증하는 이 부분은, 현수 법장의 『십이문론종치의기』(대정장42, 214a~218c) 「第六. 所詮宗趣」에서 차용한 것이다.

[1] 유(有)의 의미[180]

(1) 여기에서 말하는 연생(緣生)이란, 결코 공(空)은 아니다. 왜냐하면 인연이 있어서 생긴 것이기 때문이다. 비유하면 요술로 만든 물건을 없다고 말할 수 없는 거와 같다.

一者는 說此緣生은 決定不空이니 以有因緣之所生故일새 猶如幻事는 不可言無이니라

(2-1) 만약 그것이 없다고 한다면, 분명 연기에 의해서 생긴 것이 아닐 터이니 이는 마치 토끼의 뿔과 같다. 만약 그렇다면 곧 인과(因果)를 부정하는 것이며 진·속(眞俗) 2제(諦)의 도리를 파괴하는 것이다.

若言空者인댄 應非緣生이니 如兎角等인듯하니라 若爾이면 則便斷滅因果하고 破壞二諦하니라

180 『대소초』(신찬속장9, 501b~c하)에 의하면, 이 대목은 모두 (1) 유(有)의 주장을 세우는 부분, (2) 공론(空論)을 논박하는 부분, (3) 결론을 말하는 부분, (4) 근거를 제시하는 부분, 이렇게 네 문단으로 이루어졌다고 한다. 또 (2) 둘째 문단은 다시 네 부분으로 나뉜다. (2-1) 오류를 드러내는[出其過] 부분, (2-2) 이유를 해석하는 부분[釋所以], (2-3) 잘못된 해석을 막아 구제하는[遮救] 부분, (2-4) 잘못이라고 맺는[結過] 부분이다. 독자의 이해를 위해서 번호를 붙였으니 살피시기 바란다.

(2-2) 만약 심왕(心王)과 심소유법(心所有法)[181]이 없고 공하다면, 어떤 번뇌를 끊으며 무엇을 깨달으며 무엇을 수행하며 무슨 이익을 얻는가? 그러므로 『성유식론』에서 "만약 모두가 없어 공하다면 어찌 지혜로운 자가 있어서 요술의 힘에 의해 만들어진 적군을 없애려고 석녀(石女)의 자식을 모집하여 군사를 삼는가?"[182]라 했다.

以若無心心所法이라면 何斷이며 何證이며 何修이며 何益이리오 故로 論에 云하대 若一切空이라면 何有智者라서 爲除幻敵하여 求石女兒하고 以爲軍旅리오 하니라

(2-3) 이렇듯이 설사 어느 곳에서는 연기에 의해서 생긴 법은 모두 공하다고 설하셨지만, 그것은 변계소집성의 입장에서 연기에 의해 생긴 법은 두 아(我)가

181 심왕(心王)과 심소유법(心所有法): 유식에서는 일체법을 다섯 범주로 나눈다. ①심왕(8종), ②심소유법(51종), ③색법(11종), ④심불상응법(24종), ⑤무위법(6종). 이 중 ①은 전 6식과 제7말나식, 제8아뢰야식 등 8종의 심을 총칭하기도 하고 제8아뢰야식만을 지칭할 때도 있음. ②는 '심왕'이 일어날 때에 수반되어 일어나는 의식 말한다. ④는 색법에도 심법(심소유법 포함) 어디에도 배치시키기 곤란한 법들을 여기에 배치했다. ⑤는 허공(虛空), 택멸(擇滅), 비택멸(非擇滅), 부동멸(不動滅), 상수멸(想受滅), 진여(眞如)가 배속된다.

182 『성유식론』(대정장31, 16a).

없기 때문에 밀의(密意)로 공이라고 말한 것이지 저 법 전체가 모두 없다는 것을 말한 게 아님을 알아야 한다.

如是하여 **設有處**에 **說緣生空者**이나 **應知**하라 **此**는 **就遍計所執**하여 **說緣生法無二我**일새 **故**로 **密意言空**이언정 **非謂彼法擧體全無**이니라

(2-4) 만약 이것을 없다고 한다면 이는 '단무(斷無)'가 되며 '악취공견(惡取空見)'에 떨어지니, 심히 두려워해야 할 것이다. 『경』에서 "차라리 수미산만큼 유견(有見)을 일으킬지언정 겨자씨만큼이라도 공견(空見)을 일으키지 마라"[183]고 했고, 『중론』에서 "만약 공(空)을 보면 여러 부처도 그를 교화하지 못 한다"[184]고 했다.

若此無者라 하면 **則是斷無**요 **惡取空見**이니 **甚爲可畏**니라 **經云**하시되 **寧起有見如須彌山**이언정 **不起空見如芥子許**하라 하시며 **論云**하되 **若復見於空**하면 **諸佛所不化**라 하니

---

183 『입능가경』(대정장16, 541c), "大慧. 我依此義餘經中說, 寧起我見, 如須彌山, 而起憍慢, 不言諸法是空無也."에서처럼 유사한 곳은 있지만, 일치하는 경문은 보이지 않는다. 역시 『십이문론종치의기』(대정장42) 또는 『화엄경수소초』(대정장36)에서 재인용한 것으로 보인다. 종래의 강원의 이력에서는 청량소 『현담』(宇字卷)을 통해 배운다.

184 『중론』「관행품」(대정장30, 18c).

(3) 이처럼 공견(空見)은 깊은 허물이 있다. 연기에 의해서 생긴 법은 결코 무(無)가 아님을 분명히 알아야 한다.

如是히 **空見旣是深過**하니 **明知**하라 **緣生決定不無**임을

(4) 『유가사지론』과 『해심밀경』 등에서 유(有)라고 결정적으로 말하는 것은 (성현의 가르침에) 위배된다고 할 수 없기 때문이다.

瑜伽深密에 **決定說有**는 **不可違故**일새니라

[2] 공(空)의 의미[185]

(1-1) 여기에서 말하는 연생(緣生)이란, 끝내 공하다. 왜냐하면 연기에 의해 생긴 법은 필연적으로 자성

185 『대소초』(신찬속장9, 501c)에 의하면, 이 대목은 모두 (1) 이치에 입각하여 유론(有論)을 논파하는 부분, (2) 오류를 들어 유론(有論)을 논파하는 부분, (3) 경전을 근거로 해서 논서에 대한 잘못된 이해를 교정하는 부분, (4) 논사의 말을 사용하여 유론(有論)의 잘못을 꾸짖는 부분, 이렇게 네 문단으로 이루어졌다고 한다. 또 문단 (1)은 다시 네 주제로 나누어진다고 했으니, (1-1) 공하다는 주장을 제시하는[立空] 부분이며, (1-2) 오해를 풀어주는[通妨] 부분이며, (1-3) 유론을 논파하는[破論] 부분이며, (1-4) 공이라고 결론을 맺는[印空] 부분이다. 독자의 이해를 위해서 번호를 붙였으니 살피시기 바란다.

이 없기 때문이다. 이는 마치 요술로 만든 것을 실제로 유(有)라고 말할 수 없는 것과 같다.

二者는 言此緣生法은 決定是空이니 以從緣生은 必無自性故일새 猶如幻事를 不可言有인듯하니라

(1-2) 비록 어떤 곳에서 연기로 생긴 법의 '본바탕[體]'은 유(有)라고 말하셨지만, 이는 속제를 따라서 짐짓 그렇게 말씀하신 것일 뿐, 저 법의 '본바탕'이 실로 공하지 않다고 말씀하신 것은 아님을 분명히 알아야 한다.

設有處에 說從緣生法體는 是有者라 하시나 應知하라 但是隨俗하여 假說이언정 非謂彼法體가 實不空하심을

(1-3) 만약 '본바탕[體]'이 있다고 하면 그것은 연기법을 따르지 않게 되고, 연기법을 따르지 않으므로, 보는 주체도, 끊을 번뇌도, 깨달음[186]도 닦는 수행도 부정하게 된다. 이것은 진제(眞諦)와 속제(俗諦)의 두 진리를 파괴하는 것이다. 『대품반야경』에서 "모든 법이 공이 아니라면 깨달음에 이르는 길도 없고 깨달은 결과도 없다"[187]고 했으며, 『중론』에서 "모든 법이 공하

186 깨달음: 열반을 지칭.

지 않다면 3보(寶)도 부정하고 4성제(聖諦)도 부정하여 완전히 삿된 견해를 이룬다"[188]고 했다.

以若有體라면 則不從緣이며 不從緣故로 則無見斷證修이니 是는 壞二諦니라 大品에 云하시되 若諸法不空이라면 則無道無果라 하시며 中論에 云하되 若一切法이 不空이라면 則無三寶四諦하여 成大邪見이라 하니라

(1-4) 『대지도론』에서도 "모든 법을 관해보니 (모든 법은) 인연에서 생겼다. 인연에서 생기면 자성이 없다. 자성이 없어서 결국 모두 공하다고 했다.

또 만약 이 요술로 만든 물체가 공하지 않은 것이라면 그렇게 주장하는 사람에게 묻겠다. 요술 수건으로 토끼를 만들었다고 하자. 그러면 그 토끼는 수건 자체에 있는 것이냐? 아니면 수건 밖에 있는 것이냐? 아니면 수건 그 자체가 토끼인가? 토끼는 수건과 분리

187 종밀은 이 구절을 『대품반야경』과 『중론』에서 인용한다고 했지만, 실제로 그곳에 대칭되는 문구는 찾기 어렵다. 현수 법장의 『십이문론종치의기』(대정장42, 214a)를 보고 이렇게 말한 것으로 보인다.

188 『중론』「관여래품」(대정장30, 33b), "若一切不空, 則無有生滅, 如是則無有, 四聖諦之法."이라 했다. 정확하게 일치하지는 않는다. 역시 『십이문론종치의기』 또는 『화엄경소초』를 재인용한 것으로 보인다. 이하의 『대지도론』 운운하는 부분도 역시 마찬가지이다.

되어 존재하는 것인가? 또 가죽과 털이 있는가? 뼈와 살이 있는가? 그런 것은 결코 없는 것이니, 무슨 근거로 있다[有]고 집착하겠는가?

(요술로 만든) 토끼는 없애지 않더라도 저절로 사라지는 것임을 분명히 알아야 한다. 본래부터 생겨난 게 아니고 헛것으로 나타난 것이다. 그러므로 요는 자성이 공(空)하기 때문에 진제와 속제의 이치가 성립할 수 있다."[189]

智論에 云호대 觀一切法하니 從因緣生이라 從因緣生이면 則無自性이니 無自性故로 畢竟皆空이라 하니라 又若言하되 此幻事不空者이라면 今且問汝하노니 幻巾爲免에 免爲在巾內이까 爲在巾外이까 爲卽是巾이까 有爲離巾有이까 爲有皮毛이까 爲有骨肉이까 旣並絶無이니 依何執有하리오 當知하라 此兎不待滅而自亡함을 本不生이나 而虛現이니 是故로 要由性空하여 得存[190]二諦니라

(2) 또 그대가 나의 주장을 공견(空見)이라고 비난한다면, 이 오류는 그대 자신에게 속한다. 왜냐하면 그

189 이 부분은 『대지도론』의 내용을 의취한 것이다. 규봉 종밀이 직접 의취한 것이 아니고 현수 법장의 『십이문론종치의기』(대정장42, 218a)에서 재인용한 것이다. 규봉은 현수의 『십이문론종치의기』를 여러 곳에서 재인용하고 있다.

190 存: 『십이문론종치의기』에는 '有'자로 표기.

대가 만약 유(有)를 주장하면 연기법을 수용하지 않는 셈이다. 연기법을 수용하지 않으므로 인과를 부정하는 결과가 되니, 어찌 '공견(空見)'이 아니겠는가?

법이 실체로써 존재한다고 잘못 집착하면 그것은 어찌 '유견(有見)'이 아니겠는가? '유견(有見)'과 '무견(無見)' 두 주장은 둘 다 모두 그대가 책임져야 할 것이니, 어찌 두렵지 않으리오! 그러나 내가 말하는 공(空)은 '유견'과 '무견'을 떠났으니, 그대가 말하고 있는 '공견(空見)'은 나의 주장과 관계없다.

又汝以我宗을 **爲空見者**라 하면 **此過屬汝**이니 **何者**이오 **若汝立有**하면 **則不籍緣**이니 **不籍緣故**로 **則斷因果**이니 **豈非空見**이리오 **橫執有法**이면 **豈非有見**이리오 **有無二見**은 **雙負汝宗**이니 **何不生畏**리오 **我所說空**은 **離有無見**이니 **汝自空見**은 **非關我宗**이니라

(3) 또 그대가 "왜 지혜로운 이가 요술로 만들어진 적군을 없애는 것 등이 있는가?"라고 질문한다면, 그대에게 묻노니, "여러 대승 경전치고 어디엔들 모든 법은 허깨비 같고 요술 같으니, 보살은 요술 같은 지혜를 닦아, 요술 같은 미혹을 끊으며, 요술 같은 수행을 완성하여, 요술 같은 깨달음을 얻는 것을 설하지

않는 데가 있는가?" 등등으로 말이다. 그대의 이런 교학이야말로 어찌 어긋나고 해로운 것이 아니겠으며 어찌 두려움을 내지 않을 수 있겠는가?

又汝云하되 何有智者라서 爲除幻敵等者이까 하면 諸大乘經의 何處에 不說諸法如幻과 如化이시며 菩薩이 修幻智하여 斷幻惑하며 成幻行하여 得幻果等이까 於如是教가 豈不違害이며 何不生怖리오

(4) 또 그대의 종주인 무착 보살은 『순중론』 속에서 용수를 따르고 이어받아 그를 아사리라고 부르고, 그 학설을 배워 자기의 다른 논서를 해석했다. 그런데 하물며 그대는 후배가 되어 문득 훼방하는가? 『입능가경』 속에서 부처님께서 "용수보살은 제1 환희지(歡喜地)에 머물면서 '유견'과 '무견'을 논파하여 안락국에 왕생했다"[191]고 하셨다. (부처님께서) 이미 '유견(有見)'과 '무견(無見)'을 논파하셨는데, 무슨 공(空)이라 할 게 있겠는가? 이는 이미 부처님께서 찬탄하신 바이니, (부처님) 이외의 중생들이 훼방하는 것은 부처님과 거슬려 논쟁하는 것이니, (그렇게 되어서는) 부처님의 자손이

191 이 인용문도 『십이문론종치의기』 또는 『화엄경소초』에서 재인용한 듯하다.

아니다.

又汝宗主無著菩薩은 順中論內에 遵承龍樹하여 稱阿闍梨라 하고 旣師其說하여 釋彼餘論이언만 況汝後流가 而輒毁謗하리오 入楞伽中에 佛說하시되 龍樹住初歡喜地하여 能破有無見하여 往生安樂國이라 하시니라 旣云破有無見이라 하시니 何曾是空이리오 此旣佛所讚歎이니 餘生이 毁謗함은 與佛違諍이니 非釋種矣니라

(2) 저들이 말하는 유(有)·무(無)는 서로 모순이 없음

[1] '한맛[一味]'임을 천명

둘째는 법상종과 법성종의 유와 무가 서로 모순되지 않음을 서술하는 대목이다. 연기에 의해서 만들어진 모든 법(法)은, '본바탕[體]'이 있는 것도 아니고 그렇다고 (생성된 법이) 감소되거나 괴멸되는 것도 아니며, '본바탕[體]'도 사라져 없음도 없고 서로 다름도 서로 장애됨도 없다. (왜냐하면) '인연에 의해서 생긴 존재[緣起法]'이기 때문이다.

第二는 會無違者라 諸緣起法은 未嘗有體이고 未曾損壞이며 無體無壞이고 無二無礙이니 爲緣起法일새라

[2] 용수와 무착을 화회[192]

(1-1)[193] 그러므로 용수 등이 유(有)가 사라진 상태에 드러나는 공(空)을 비록 말하기는 했지만, 유(有)를 부정하지 않았다. 이렇게 유(有)가 이미 부정되지 않았다면 (용수 등이 말하는 공은) 유(有)와 모순되지 않는 공(空)이니, 즉 (실체론적인) 유(有)를 떠나고 (허무론적인) 공(空)을 떠난 진공(眞空)이다.

(1-2) 무착 등이 공(空)이 사라진 상태에서 드러나는 유(有)를 비록 말하기는 했지만, 공(空)을 부정하지 않았다. 이렇게 공(空)이 이미 부정되지 않았다면 (무착 등이 말하는 유는) 공(空)과 모순되지 않는 유(有)이다. 그러므로 역시 (허무론적인) 공을 떠나고 (실체론적인) 유를 떠난 환유(幻有)이다.

(1-3) 분명하게 알아야 할 것이다. 이상의 두 주장

192 이 단락은 모두 세 대목으로 나누어진다. (1) 첫째는 저들의 논리에 순응하여 무모순임을 밝히는 대목이고, (2) 둘째는 저들의 논리에 반해서 무모순임을 밝히는 대목이고, (3) 셋째는 서로의 주장이 서로를 돕고 있음을 밝히는 대목이다. 귀류법을 사용한 논증이다.

193 이 대목은 세 문단으로 나누어진다. (1-1) 첫째 문단은 공(空)이 유(有)와 모순되지 않음을 밝히고, (1-2) 둘째 문단은 유(有)가 공(空)과 모순되지 않음을 밝히고, (1-3) 셋째 문단은 공(空)과 유(有)가 '한맛[一味]'임을 밝힌다.

은 전체가 서로 관여하며, 자기 영역에서 상대를 배척하지 않는다는 사실을. (용수나 무착 등이) 비록 각각 한쪽 의미만을 서술했지만, 온 전체가 완전하게 구비되었기 때문에 서로 모순이 없다.

是故로 龍樹等이 雖說盡有之空이나 而不滅有이니 有旣不損이면 則是는 不違有之空이니 則離有離空之眞空也니라 無著等이 雖說盡空之有이나 而不損空이니 空旣不損이면 卽是는 不違空之有이니 是故로 亦離空離有之幻有也니라 當知하라 二說은 全體相與하고 際限無遺함을 雖各述一義而이나 擧體圓具하니 故無違也니라

(2-1)[194] 만약 그렇지 않고 '(허무론적) 무[空無]'에 떨어질까 걱정하여, 애를 써서 '유론[有]'을 주장하면, 이 경우의 유(有)는 공과 다르지 않는 유임을 모르는 셈이다. 그러므로 저들이 주장하는 공(空)을 수용하지 않으려다가 도리어 자신이 주장하는 유(有)의 입장을 잃게 된다. 자신의 유(有)를 잃는 것은 실은 '상대적인 유(有)'를 취하기 때문이다.

194 이 대목도 세 문단으로 나누어진다. (2-1)첫째 문단은 유(有)를 집착하다 유(有)를 잃는 오류를 드러내고, (2-2)둘째 문단은 공(空)을 집착하다 공(空)을 잃어버리는 오류를 드러내고, (2-3)셋째 문단은 서로 모순이 없다고 결론 내린다.

(2-2) 그렇지 않고 만약 얻을 바가 있다는 것에 떨어질 것을 염려하여, 더욱 애를 써서 공(空)을 주장하면, 이 공(空)은 유(有)와 다르지 않은 공(空)이라는 이치를 모르는 셈이다. 그러므로 저들이 주장하는 유(有)를 수용하지 않으려다 도리어 자신이 주장하는 공(空)의 입장을 잃게 된다. 자신의 공(空)을 잃는 것은 '상대적인 공(空)'을 취하기 때문이다.

(2-3) 그러므로 '전체가 온통 완전히 공(空)한 것으로써의 유(有)'는 무착 등이 말했고, '전체가 온통 완전히 유(有)인 것으로써의 공(空)'은 용수 등이 말했다.

如其不爾하고 恐墮空無하여 勵意立有하면 不達此有是不異空之有이니 是故로 不受彼空하려다 反失自有하니라 失自有者는 良由取有니라 又若恐墮有所得하여 故로 猛勵立空하면 不達此空是不異有之空이니 是故로 不受彼有하려다 反失自空하니라 失自空者는 良由取空니라 是故로 擧體全空之有를 無著等說이며 擧體全有之空을 龍樹等說이니라

(3) 그야말로 완전히 두 주장이 서로 모순되지 않는 것은 아니지만, 역시 두 내용은 서로 말미암고 온전하게 포섭하므로 서로 다르지 않다.

非直二說互不相違이나 亦乃二義가 相由全攝일새 故로 無二也니라

[3] 청변과 호법을 화회(和會)

질문: 만약 그렇다면 무슨 이유로 청변과 호법의 후대 논사들이 왜 서로서로를 논파하는가?
대답: 그것은 서로를 완성시키는 것이지 서로 논파하는 게 아니다.

問이라 若爾이면 何故로 淸辨護法後代論師는 互相破耶이까
答이라 此乃相成이언정 非是相破니라

왜냐하면 말세 중생들의 근기가 점점 둔해져서 '환유(幻有)'를 설명하는 것을 듣고 '정유(定有)'라고 생각하기 때문이다. 청변 등이 유(有)를 논파하여 모두 없애 마침내 공(空)하게 하여, 곧 이에 저 연기에 의해 생긴 법(法)은 '환유(幻有)'라는 사실을 알게 된다. 만약 결국은 성공(性空)의 상태에 도달하지 못하면, 연기로 생긴 법은 '환유(幻有)'라는 이치는 성립되지 않는다. 그러므로 '환유[有]'를 주장하기 위해 '실유[有]'를 논파한다.

何者이오 爲末代有情이 根器漸鈍하여 聞說幻有하고 謂爲定有할새 故로 淸辨等이 破有令盡케하여 至畢竟空하여 方乃得彼緣起幻有하니라 若不至畢竟性空이면 則不成彼緣起幻有일새 是故로 爲成有故로 破於有也이니라

또 그들은 연기로 생긴 법의 성품은 '공(空)'하다는 말을 듣고 그것을 '단무(斷無)'라고 여긴다. 그러므로 호법 등이 '단공[空]'을 논파하고 '환유[有]'를 보존하니, '환유(幻有)'는 존재하니, 곧 이에 저 자성이 없는 '진공(眞空)'의 이치를 얻게 된다. 만약 전체 모두가 여기에 이르러 '환유'가 아니라면 저 '진성(眞性)으로써의 공[眞空]'은 아니다. 그러므로 '진공[空]'을 주장하기 위하여 '공'을 논파한다.

又彼聞說緣生性空者하고 謂爲斷無일새 故護法等이 破空存有하니 幻有存故하여 方乃得彼無性眞空하니라 若不全體至此幻有이면 則不是彼眞性之空일새 是故로 爲成空故로 破於空也이니라

만약 이렇게 후대의 논사가 (공과 유의) 두 이치를 서로 사무치게 해서 완전하게 본바탕을 비판하지 않았더라면, 연기의 아주 깊은 이치를 꿰뚫을 수 없었으리라. 그러므로 서로 논파하는 것이 도리어 서로를 완

성시키는 것이다.

若無如此히 後代論師가 以二理交徹하여 全體相奪이라면 無由得徹緣起甚深이리니 是故로 相破는 反是相成이니라

[4] 용수와 무착 및 청변과 호법 모두를 화회

‘환유(幻有)’와 ‘진공(眞空)’에는 두 의미가 있기 때문이다. ① 첫째는 철저하게 한 쪽의 의미를 서로 ‘따라주는’ 것이니, 이를테면 서로 같다고 완전히 합하여 전체를 모두 포섭하는 것이다. ② 둘째는 철저하게 한 쪽의 의미를 서로 ‘부정하는’ 것이니, 이를테면 각기 서로 비판하여 (한 쪽의 의미를) 완전히 제거하여 싹 없애는 것이다.

만약 서로를 제거하여 싹 없애지 않으면 전체를 완전히 포섭할 수 없다. 그러므로 철저하게 ‘부정’해야만 비로소 철저하게 따라 줄 수 있다.

용수와 무착 등은 철저하게 ‘따라주는’ 방법으로 갔기 때문에 서로 논파하지 않았고, 청변과 호법은 철저하게 ‘부정하는’ 방법에 의거했기 때문에 서로 반드시 논파해야 한다.

‘부정함’과 ‘따라줌’에 자유자재해야 비로소 연기(緣

起)라 할 수 있다. 그러므로 앞과 뒤가 모두 서로 모순되지 않는다. 나머지는 이상의 설명에 준해서 생각하라. 모든 법이 서로 화회(和會)되지 않을 게 없다.

由幻有眞空有二義일새 故로 一은 極相順이니 謂冥合一相하여 擧體全攝이오 二는 極相違이니 謂各互相害하여 全奪永盡이니 若不相奪永盡하면 無以擧體全收일새 故로 極違이라야 方極順也하니라 龍樹無著等은 就極順門일새 故로 不相破이오 清辨護法은 據極違門일새 故로 須相破니라 違順無礙하여야 方是緣起이니 是故로 前後가 皆不相違니라 餘는 準上思之하라 諸法은 無不和會耳니라

(ㄷ) 중국에서의 경우: 반드시 분별해서 가려내야 함

셋째 경우, 중국에서 계승하여 익힌 것을 기준으로 하면, 참으로 성현과 헤어진 시간이 멀고 근원에서 흘러나온 것이 더욱 멀다. 게다가 지역이 멀리 떨어지고 풍속이 매우 다르고, 번역하여 유통하는 과정에서 발생하는 세 가지 어려움과 다섯 가지 손실이 있었다.[195]

195 도안 법사의 5실(失) 3불이(不易): 5실본(失本) 3불이(不易)이라고 한다. 범어를 한어로 번역하는 과정에서 5종의 유실되는 부분이 있고 3종의 쉽지 않은 부분이 있음을 말한다. 5실본은 ①어순을 잃어버림, ②범어는 문체는 소박한데 한어는 수식

서로 전하고 계승하여 익힘에 각각 그 주장에 파당을 지었다.

그런데 위진남북조 이래로 그래도 이관(理觀)을 숭상하고, 역경에는 의미를 중시여기고, 가르침을 전함에는 마음을 으뜸으로 했다. 그러므로 대덕들이 어깨를 나란히 했고 고승들이 뒤꿈치를 이었다.

정관(貞觀) 년간에 이르러서는 '명(名)'과 '상(相)'이 복잡하게 일어났다. 점차 경박해지고 잘못이 많아져 권교를 실교라 하고, 진실한 가르침을 이단에 굴복하게 했다. 비록 우유의 색깔은 남아 있지만 혼합되어 우유의 맛은 없으며,[196] 법의 약을 유포하여도 미혹의 병은 더욱 늘어나서, 이미 법성종(法性宗)의 교법은 사

이 늘어짐, ③범어는 반복적인데 한어는 그것을 생략, ④범어는 본문 속에서 주석을 붙이는데, 한어에서는 이것을 생략, ⑤범어는 앞에서 한 이야기를 중복하지만, 한어는 중복을 삭제. 3불이는 ①세상의 풍습이 변하여 번역하기 어렵고, ②성인의 말씀을 범부들이 알아듣게 번역하기가 어렵고, ③공론으로 결집한 『경』을 천박한 지식으로 번역하는 것이 어렵다.

196 우유의 고사는 『열반경』(대정장12, 421c)에 나온다. 목장에서 갖 나온 우유가 상인들의 손을 몇 번 거쳐 성안으로 들어가면서 이익을 남기기 위해서 우유에 물을 섞는 고사가 나온다. 규봉 스님은 이런 고사를 들어서, 당시의 승려들이 특히 법상(法相)을 배우는 이들이 논서를 중히 여기고 경전을 가벼이 여기는 세태를 안타까워하고 있다. 규봉 스님은 이런 심정을 『대소초』(신찬속장9, 502a~c)에 구구절절 쓰고 있다.

라져갔다. 그러므로 수도하는 무리들이 없어졌다. 만약 옳고 그름을 가려내지 않으면 어찌 돌아갈 곳을 가리킬 수 있을까?

그런데 대승의 교법은 모두 3종(宗)이 있다. 이를테면 '법상종(法相宗)', '파상종(破相宗)', '법성종(法性宗)'이다.[197] <아래의 「제7문 종취를 논함」과 같음.> 호법과 청변은 각각 서로를 논파하는 주장을 세움에 다만 앞에서 말한 두 문제[198]였지만, 그러나 (그들의 학설을) 전해 익힌 자들은 모두 법성종의 경전을 숭상하여 자기네 종파의 주장을 세웠다.[199] 그래서 이제부터 법성종을 가

197 규봉 종밀에게는 이 문제를 집중적으로 다룬 논문이 있으니, 그것이 바로 『화엄원인론(華嚴原人論)』이다. 다음의 한글 역주 참조. 『화엄과 선』(신규탁 편역, 서울: 정우서적, 2013년 재판).

198 두 문제: 바로 앞에 나온 (a)(303쪽)와 (b)(308쪽)를 지칭.

199 이 점에 대해 규봉 스님은 『대소초』(신찬속장9, 503a)에서 이렇게 말하고 있다. 즉, 법상종 사람들은 법성종에서 사용하는 『화엄경』이나 『열반경』 등을 문헌 증거로 인용하여, 『반야경』과 『해심밀경』 그리고 『삼론』과 『유가사지론』의 취지를 주장한다. 그런데 『화엄경』 등의 경전이나 『대승기신론』 등의 논서는, 법성(法性)의 진실을 드러내는 것을 종(宗)으로 삼고 있으니, 이것은 파상종과 법상종의 본원(本源)이다. 그래서 '본원의 주장[本源之宗]'을 기준으로 해서, 파상종과 법성종을 '요간(料揀)'하기도 하고 또 '회통(會通)'하기도 하려 한다고 한다.

지고 법상종과 파상종 두 종을 분별해서 가리[料揀]리라. 두 부문으로 나누어지는데, (a) 처음은 (법성종으로) 법상종을 치료하고, (b) 다음은 (법성종으로) 파상교를 논파한다.

三이라 約此土承襲者인댄 良以去聖時遙하고 源流益別하며 況方域隔遠하고 風俗攸殊하며 翻譯流通에 三難五失하며 相承傳襲에 各黨其宗하니 然이나 晉魏已來로 猶崇理觀하여 譯經貴意하고 傳敎宗心할새 是以로 大德架肩하고 高僧繼踵하니라 爰及貞觀하얀 名相繁興하여 展轉澆訛하고 以權爲實하여 致使眞趣로 屈於異端케하니라 雖餘乳色이나 渾無乳味이며 法藥流布이나 惑病唯增하여 旣性敎蔑然일새 故로 道流闐爾하니 若不料揀하면 何指所歸리오 然이나 大乘敎가 總有三宗하니 謂法相과 破相과 法性과니 <如下의 宗趣中에 說하니라> 護法淸辨이 各立互破에 但是前二이나 而傳襲者가 皆認法性之經하여 成立自宗之義하니라 今에 將法性으로 對二宗하여 料揀하리니 卽爲二門하니 一은 對法相이오 二는 對破相이니라

(a) 법성종으로 법상종을 치료

법성종으로 법상종을 치료함에 있어, 두 문단으로 나누어진다. 첫음에는 둘의 '다름을 가르고[辨異]', 다음에는 둘을 '회통(會通)'한다.

初中에 二하니 先은 辨異이오 後는 會通이라

(1) 법상종과 법성종의 차이점 가르기

(첫째는 법상종과 법성종의) 다른 점을 가려낸다. 생각건대 법성종과 법상종은 많은 차별이 있다. 이제 부류별로 묶어서 10조(條)[200]로 간략히 서술해보겠다. ① 1승과 3승의 차별, ② 1성과 5성의 차별, ③ 유심과 진·망심의 차별, ④ 진여의 수연성(隨緣性)과 응연성(凝然性)에 대한 차별, ⑤ 3성(性)이 공(空)이냐 유(有)냐와 상즉(相卽)하느냐 떨어져있느냐의 차별, ⑥ 중생과 부처의 부증불멸의 차별, ⑦ 2제(諦)가 공(空)이냐 유(有)냐와 상즉(相卽)하느냐 떨어져있느냐의 차별, ⑧ 4상(相)이 일시(一時)냐 전후(前後)냐의 차별, ⑨ 능(能)-소(所)와 단(斷)-증(證)이 상즉(相卽)하느냐 떨어져있느냐의 차별, ⑩ 불신(佛身)이 유위냐 무위냐의 차별이다.

앞의 ①과 ②는 서로 대비해서 해석하고, 뒤의 ③에서 ⑩까지는 한데 묶어서 해석하겠다.

---

200 10조(條): 청량의 유명한 십조지이(十條之異)이다. 『대방광불화엄경소』(권제2) "須知二宗立義, 有多差別, 略敘數條. 一者一乘三乘別, 二一性五性別, 三唯心眞妄別, 四眞如隨緣凝然別, 五三性空有卽離別, 六生佛不增不減別, 七二諦空有卽離別, 八四相一時前後別, 九能所斷證卽離別, 十佛身無爲有爲別."(대정장 35, 511a).

辨異者라 謂性相二宗이 有多差別하니 今에 隨類束하여 略敘十條하노니 一은 一乘三乘別이오 二는 一性五性別이오 三은 唯心眞妄別이오 四는 眞如隨緣凝然別이오 五는 三性空有卽離別이오 六는 生佛不增不減別이오 七은 二諦空有卽離別이오 八은 四相一時前後別이오 九는 能所斷證卽離別이오 十은 佛身有爲無爲別이라 初二相은 對釋하고 後八相은 蹋釋하리라

[1] ①과 ②를 대비해서

해석
- ◎ 법상종 ◎ (330쪽)
- ◎ 법성종 ◎ (332쪽)

성(性)에 5성과 1성의 다름이 있기 때문에, 승(乘)에 '3승'과 '1승', '권교'와 '실교'가 있다.

且初二義者는 由性有五一不同일새 故로 令乘有三一權實케하니라

◎ 법상종 ◎

법상종의 주장 내용은 1승은 '권교'이고 3승을 '실교'라고 한다.

그러므로 『해심밀경』의 3시교(三時教) 가운데 '제1시기'에는 모두 성불하지 못하고, '제2시기'에는 한결같이 성불한다. 이 두 시기는 지나치거나 미치지 못하므로 모두 요의교가 되지 못하고, '제3시기' 중에서 '불성

[性]' 있는 이는 성불하고 불성[性]이 없는 이는 성불하지 못한다고 하고 나서야 비로소 요의교가 된다. 그러므로 "일체의 모든 승(乘)을 발심하여 도로 나아가게 하는 사람을 위하여"[201]라고 하기도 했고, 또 "1승은 밀의의 설이다"[202]라고 하기도 한다. 이것은 권교임을 분명히 알아야 한다. 그 이유는 종성(種性)이 모두 다섯으로 결정되었다고 주장하기 때문이다.

그래서 『대승입능가경』에서 부처님이 대혜보살에게 "다섯 종류의 종성이 있으니, 성문승성·벽지불승성·여래승성·부정승성·무성이다"[203]라고 하셨다. 불성이 없는 사람은 (부처가 될 만한) 씨앗 성품이 없으므로, 비록 열심히 수행하고 정진하더라도 끝내 최고의 보리를 깨달을 수 없다. 다만 '인간계'와 '천상계'에 가서 태어날 수 있는 선근을 성숙시킨다. 『반야경』, 『해심밀경』, 『대장엄경론』, 『유가론』도 역시 위에서 설한 것과 같다.

---

201 『해심밀경』(대정장16, 697c), "世尊, 於今第三時中普爲發趣一切乘者, 依一切法皆無自性無生無滅, 本來寂靜自性涅槃無自性性, 以顯了相轉正法輪, 第一甚奇最爲希有."

202 이 내용은 현수의 『탐현기』에서 재인용한 듯하다. 『탐현기』(대정장35, 113c), "又深密第二第四皆云, 一乘是密意說, 故知是權也."

203 『대승입능가경』(대정장16, 597a).

如法相宗意는 以一乘爲權이고 三乘爲實故로 深密三時敎中에 初는 皆不成하고 次는 一向成하니 是는 爲若過若不及이니 皆非了義이오 第三時中에 有性者成하고 無性不成하여야 方爲了義일새 故로 云하시되 普爲發趣一切乘者라 하시고 又云하시되 一乘是密意說이라 하니 明知是權이라 皆以性定五故일새라 故로 楞伽中에 佛告大慧하시되 有五種種性이라 하시니 一聲聞乘性이오 二辟支佛乘性이오 三如來乘性이오 四不定乘性이오 五者無性이라 無性之人은 無種性故로 雖復勤行精進이라도 終不能證無上菩提이오 但以人天善根而成熟之하리라 般若深密莊嚴瑜伽도 亦如上說이라

◎ 법성종[204] ◎

법성종의 주장 내용은 3승은 '권교'이고 1승을 '실

204 규봉 종밀은 이 대목을 '주장'과 그 '근거대기'로 크게 둘로 나눈다. 그리고 '근거대기'는 다시 8문단으로 나눈다. (1) 첫째 문단은 1승(乘)임을 주장하는 부분이고, (2) 둘째 문단은 1성(性)임을 주장하는 부분이며, (3) 셋째 문단은 적멸(寂滅)에 빠지는 것을 논파하는 부분이고, (4) 넷째 문단은 불성이 없는 존재가 있다는 주장을 논파하는 부분이며, (5) 다섯째 문단은 인용의 잘못을 배척하는 부분이고, (6) 여섯째 문단은 인용의 핵심을 해석하는 부분이며, (7) 일곱째 문단은 먼저 말씀하신 것으로 뒤에 말씀하신 것을 판정할 수 없음을 논증하는 부분이고, (8) 여덟째 문단은 나중에 말씀하신 것을 의지해야 하다는 부분이다. 원체 복잡한 교학 이론이지만, 이 점을 완전하게 숙지하야만 불교 교리의 갈피를 잡을 수 있으니, 번호를 대조하여 독자들께서도 살피시기 바란다.

교'라고 한다.

若法性宗意는 則以三乘是權이고 一乘爲實이니라

(1) 『법화경』에서 "시방의 모든 부처 나라에는 오직 1승만 있을 뿐 2승도 없고 3승도 없다. 다만 부처님이 방편으로 (2승이 있고 3승이 있다고) 한 말은 제외된다"[205]고 하셨다. 왜냐하면 중생의 본성은 다름이 없기 때문이며 오직 1승만 있기 때문이다.

法華經에 云하시되 十方佛土中에는 唯有一乘法이며 無二亦無三하니 除佛方便說이라 하시니 以性無二故이며 乘唯一故이니라

(2) 『법화경』에서는 "법이 항상 무성임을 알라"[206]고 하셨고, 『열반경』에서는 "불성을 이름 하여 1승이라 한다"고 하셨으며 "부처님의 설법은 결정적인 말씀이다"고 하셨고, "모든 중생은 불성이 있다고 결정적으로 선언한다"고 하셨으며, "마음이 있는 존재는 반드시 성불한다"고 하셨다.[207]

205 『법화경』「방편품」(대정장9, 7c).

206 『법화경』「방편품」(대정장9, 7c).

207 이상의 내용이 비록 『대반열반경』 곳곳에 산재하지만, 규봉 종밀이 그 책을 직접 열람했다기 보다는 청량 징관의 『화엄경소』에서 재인용한 것으로 보인다. 『대방광불화엄경소』(대정

法華云하시되 知法常無性等라 하시며 涅槃云하시되 佛性者는 名爲一乘이라 하시고 師子吼者는 名決定說決이라 하시고 定宣說一切衆生이 皆有佛性이라 하시고 凡是有心이면 定當作佛이라 하시니라

(3) 또 『법화경』「화성유품」에서는 '공적의 상태로 나아가는 것을 목표로 삼는 성문승[趣寂聲聞]'에게 "나는 다른 나라에서도 오직 '불승'만으로 제도한다"[208]고 하셨다. 『대지도론』도 마찬가지이다. 『법화경론』에서 또 "근기가 '아직' 성숙하지 못했기 때문에 보살이 수기를 주시면서 '나는 그대를 업신여기지 않는다. 그대들은 분명히 부처가 될 것이다'라고 하셨다"[209]고 한다. 그렇게 한 의도는 방편으로 발심하게 하려함이다. <저들이 "아직"이라는 말을 가지고 자기들의 주장을 순(順)하지 않았기 때문에, 『논』이 잘못되었다고 판별했다.> 『입능가경』, 『승만경』, 『대승밀엄경』에서도 모두 성문승과 연각승들도 결코 '영멸(永滅)하는 열반'[210]에 들지는 않

장35, 509b), "涅槃亦云, 佛性者名爲一乘. 師子吼者名決定說. 決定宣說一切衆生皆有佛性. 凡是有心定當作佛."

208 『법화경』「화성유품」(대정장9, 25c).

209 『법화론』은 『妙法蓮華經論優波提舍』(대정장26, 18b)의 약칭.

210 영멸(永滅)하는 열반: 열반을 '허무'로 잘못 이해하는 것. 열반의 상태에는 '상·락·아·정(常樂我淨)의 4덕(德)이 있다고

는다고 하셨다. 분명하게 알아야 한다. '공적의 상태로 나아가는 것을 목표로 삼는 성문승[趣寂]'도 끝내는 보리심을 발한다는 사실을.

又法華第三에 說趣寂聲聞云하시되 我於餘國에 唯以佛乘而得滅度라 하시며 智論亦同하니라 法華論中에 亦云하되 根未熟故로 菩薩이 與記作是言하시되 我不輕汝하노니 汝等은 皆當作佛하리라 하시니 意는 欲方便令發心也이니라 <彼以未字로 不順己宗하니 判爲論錯이라> 楞伽勝鬘密嚴도 皆說二乘必無永滅이라 하시니 明知하라 趣寂은 決定迴心함을

(4) 『열반경』(제9권)에서는, '일천제'는 선이 끊어졌고 발심할 수 없다는 주장에 대해 여러 측면에서 논파하였다. 해당하는 문장에서 "저 일천제도 불성이 있기는 있으나, 헤아릴 수 없는 죄와 번뇌에 묶였기 때문이다"[211]고 말씀하신다. 그러므로 불성이 없는 사람은 존재하지 않는다는 것을 알 수 있다.

涅槃第九에 廣破闡提斷善하여 不能發心하시니라 當文에 卽云하시되 彼一闡提가 雖有佛性이나 而爲無量罪垢所纏이라 하시니 卽知無有無佛性人이라

한다. 상주(常住) 진실의 열반과 상대되는 말.

211 『열반경』「월유품」(대정장12, 660b).

(5) 그런데 하물며 앞의 『능가경』의 5성설을 인용하여 스스로 그 문장에 홀리겠는가? 그 『경』에서 5성을 해석하여 "대비심이 많은 보살은 항상 열반에 들어가지 않으며, 선근을 태워버리는 자가 아니다"[212]고 하셨으니, 즉 일천제(一闡提)도 뒤에는 반드시 깨달음의 세계에 들어간다는 사실을 밝히신 것이다.

況前引楞伽五性하여 **自迷其文**하니라 **且彼經**에 **釋第五性**하여 **云**하시되 **大悲菩薩**이 **常不入涅槃**이며 **非焚燒善根者**라 하시니 **則明闡提後必入矣**하니라

(6) 그러므로 앞에서 인용한 경론들은 모두 『법화경』과 『열반경』을 설하기 이전에, 긴 시간 동안 '정성(定性)' 또는 '무성(無性)'[213]이라고 방편으로 설하신 것임을 분명히 알아야 한다.

---

212 『입능가경』(대정장16, 527a), "大慧. 一闡提者有二種, 何等爲二. 一者焚燒一切善根, 二者憐愍一切衆生. …… 是名二種一闡提無涅槃性. …… 大慧菩薩白佛言, 世尊. 此二種一闡提, 何等一闡提常不入涅槃. 佛告大慧菩薩摩訶薩, 一闡提常不入涅槃." 규봉의 인용은 경문의 내용을 많이 생략했으므로, 잘 살펴서 읽어야 한다.

213 '정성(定性)' 또는 '무성(無性)': 본성이 고정되어 있는 것을 '정성(定性)'이라 하고, 본성이 없는 것을 '무성(無性)'이라 한다. 둘 다 잘못된 견해이다.

是知리라 前來所引經論은 皆是未說法華涅槃之前에 就其長時하여 權說定性無性矣임을

(7) 『묘지경』과 『섭대승론』에서는 정법(正法)이 유지되는 기간 중에는 1승을 3승 뒤에 둔다. 그러니 분명히 알아야 한다. 『해심밀경』의 3시(時) 교판으로는 성현의 모든 가르침을 판정할 수 없다는 것을. 왜냐하면 (그 『경』은 부처님께서) 나중에 하신 것이 아니기 때문이다. <나중에 앞서 하신 말씀을 부정하셨다.>

妙智經梁攝論은 成立正法中에 皆以一乘으로 居三乘後하니 明知하라 深密三時로는 不能定斷一切聖教임을 以非後故일새라 <後에 勅破前하시니라>

(8) 『법화경』이나 『열반경』에 가서서 마침내 결론을 내리시니, 모두 1승과 1성을 가지고 3승과 5성을 논파하셨다. 그런데 3승을 논파하고 1승을 드러냄에 있어 『법화경』을 으뜸으로 삼았기 때문에 가장 믿기 어렵다. 부처님이 살아계실 때에도 오히려 많은 원망과 미움이 있었는데, 하물며 돌아가신 뒤에야 오죽하랴. 지금에 (예상했던 대로) 과연 3승과 5성을 보호하고 집착하여 1승(乘)과 1성(性)을 믿지 않으니, 경문으로

(근거 삼아) 검증했다. <「①과 ②를 대비해서 해석」하는 대목은 여기에서 끝.>

法華涅槃에 方能決了하시니 皆以一乘一性으로 破三五矣하시니라 然이나 破三顯一함에 法華爲先하실새 故로 最難信解니라 佛現在世에도 猶多怨嫉인데 況滅度後리오 今果有保執三五하고 不信一者하니 經文驗矣니라 <初二義竟이라>

[2] ③에서 ⑩까지를 차례대로 해석함

- ◎ 법상종 ◎ (338쪽)
- ◎ 법성종 ◎ (341쪽)

◎ 법상종 ◎

③ 모든 법은 허망한 마음이다[諸法唯妄心]: 첫째 법상종에서는, 제8식은 업과 혹이 원인이 되어서 생기니 일생 갚아야 할 업보가 다하면 (8식은) 사라진다고 한다. 왜나하면 그 식의 종자는 그 다음의 식을 일으켜 세우고, 생멸하는 식의 종자에 의지하여 생사와 열반의 원인으로 설정한다.

④ 진여에는 불변의 요소만 있다[眞如唯不變]: 그러므로 그렇게 해서 설정된 진여는 항상 불변하니 연기에 따르는 것을 허락하지 않는다.

⑤ 3성의 공과 유는 서로 분리되어 있다[三性空有離]:

의타기성(依他起性)은 유(有)이지 진공(眞空)은 아니다. 『경』에서 공의 의미를 설한 것은 다만 집착한 것을 기준으로 한 것이라고 한다.

⑥ 중생과 부처는 늘지도 줄지도 않는다[生佛不增滅]: 일부분의 중생은 결코 성불하지 못하기 때문에 중생들이 사는 세계도 멸하지 않는다고 한다.

⑦ 진·속(眞俗) 2제의 공(空)과 유(有)는 서로 분리되어 있다[二諦空有離]: 진제와 속제가 아주 다르다. <이를테면 변계소집성(遍計所執性)은 속제인데, 이 속제는 공(空)하다. 의타기성(依他起性)은 속제인데, 이 속제는 불공(不空)이다. 원성실성(圓成實性)은 진제여서, 늘 불공(不空)이다. 공(空)과 유(有)가 이미 다르므로 진제와 속제의 체성이 다르다. '진·속'과 '공·유'의 네 겹의 조합은 서로 섞이지 않는다.> 인(因)이 멸하므로 '영원하지[常]' 않고, 과(果)가 생기므로 '단멸[斷]'은 아니다.

⑧ 4상의 생성소멸은 선후가 있다[四相有前後]: 생·주·이·멸의 4상은 동시적이나, 멸(滅)은 (한 찰라 후에) 소멸함을 의미[表]한다.[214]

⑨ '능-소'와 '단-증'은 서로 떨어져 있다[能所斷證離]:

---

214 『성유식론』(대정장31, 5c21), "生表有法先非有, 滅表有法後是無, 異表此法非凝然, 住表此法暫有用, 故此四相於有爲法, 雖俱名表, 而表有異."

근본지(根本智)와 후득지(後得智)는 '대상[境]'을 반연하여 '미혹[惑]'을 끊는다. 처음에는 '의(義)'와 '설(說)'을 쌍으로 '관찰[觀]'하지만, 끝내는 따로 따로 '관조(觀照)'한다. 유위의 '지(智)'로 무위의 '리(理)'를 증득한다. '의(義)'와 '설(說)'이 다르지 않으면서도 실은 같은 것도 아니다.

⑩ 화신과 보신은 유위일 뿐이다[佛報化唯有爲]: 세간지와 출세간지는 이미 생멸하는 식의 종자에 의지하기 때문에 4지(智)[215]의 심품(心品)은 상(相)에 의해 바뀐다. 불과(佛果)로 얻은 보신(報身)은 '유위에 속한 무루법'이다. 왜냐하면 생한 법은 반드시 멸한다고 항상 말하기 때문이다.

이런 등의 의미는 널리 많이 있는데, 자세한 것은 『유가사지론』과 『아비달마잡집론』 등에서 설한 것과 같다.

餘八은 相躡釋者라 初法相宗은 說有八識이니 從業惑生일새 一期報盡하면 便歸壞滅하니 以其識種이 引起後識하고 依生滅識種하여 建立生死及涅槃因故라 하며 所立眞如는 常恒不變이니 不許隨緣이라 하며 依他는 是有요 非卽眞空이라 하니 經說空義는 但約所執이라 하며 一分衆生은 定不成佛하니 名生界

215 성소작지, 묘관찰지, 평등성지, 대원경지. 4지 각각에 대한 설명은 「원각장」의 「(b) 여름 안거가 되었을 경우」의 '서원문'(179쪽) 주218 참조.

不滅이라 하며 眞俗二諦는 迢然不同이라 <謂遍計는 是俗이니 此俗은 卽空이며 依他는 是俗이니 此俗은 不空이며 圓成은 爲眞이니 一向不空이니라 空有旣異이니 二諦體殊하여 眞俗四重이 皆不相雜也니라> 因滅하니 非常이라 하며 果生하니 非斷이라 同時四相이나 滅이 表後無하며 根本後得은 緣境斷惑이니라 義說雙觀이나 決定別照라 以有爲智로 證無爲理할새라 義說不異하니 而實非一라 旣世出世智는 依生滅識種일새 故로 四智의 心品은 爲相所遷이요 佛果報身은 有爲無漏이며 以生法必滅을 一向說故일새라 如是義類는 廣有衆多하니 具如瑜伽雜集等說하니라

◎ 법성종[216] ◎

③ 모든 법은 오직 참일 뿐이다[諸法唯眞]: 법성종에서 주장하는 8식은 여래장(如來藏)에 의지하므로, 다만 이는 진여의 '수연(隨緣)'하는 기능 때문에 성립된다.

④ 진여에 두 기능이 있다[眞如具二義]: 그러므로 진여에는 불변(不變)과 수연(隨緣)의 두 가지 기능이 있다고 설한다.

⑤ 3성의 공과 유는 서로 상즉해 있다[三性空有卽]: 의타기성(依他起性)은 자성이 없으니 바로 이것은 원성실성(圓成實性)이다.

216 이 부분은 청량 징관의 『40화엄경소』(신찬속장5, 54a~55c)의 「현담」 중 「總相會通」의 논리를 기본적으로 수용하고 있다.

⑥ 중생과 부처는 원래 평등하다[生佛元平等]: 한 이치로 평등하기 때문에 중생계와 부처의 세계는 늘지도 줄지도 않는다고 설한다.

⑦ 진제(眞諦)와 속제(俗諦)의 공과 유는 서로 상즉해 있다[二諦空有卽]: 제1의제(第一義諦)의 공은 진과 망에 모두 통한다. <『열반경』에서 "오직 하나이다"고 하셨고, 『인왕경』에서 "다르지 않다"고 하셨다.> 그러므로 비록 공(空)이라고 하더라도 '단공(斷空)'이 아니고, 비록 유(有)라고 하더라도 '상유(常有)'가 아니다.

⑧ 4상은 동일한 시간대에 있다[四相一時]: (생·주·이·멸의) 4상은 동시에 생기고 (동시에 소멸하며) 체성(體性)은 곧 멸한다. 그러므로 소멸은 생성과 함께하여 동시에 된다. <『정명경』, 『능가경』, 『대승기신론』.>

⑨ '능-소'와 '단-증'은 서로 상즉해 있다[能所斷證卽]: 미혹이란 본래 없다는 사실을 '관조[照]'하는 것 그대로가 지(智)의 '본바탕[體]'이다. '본바탕[體]'이 자성이 없음을 '관조[照]'하는 것 그대로 진여를 증득하는 것이다.

⑩ 보신과 화신도 모두 무위법이다[報化皆無爲]: 이미 세간지와 출세간지는 여래장에 의지하고, 시각(始覺)이 본각(本覺)과 동시이니 곧 유위와 무위가 같지도 다르지도 않다. 그러므로 부처님

의 화신 그대로가 상주신(常住身)이시며 (화신) 그대로가 법신(法身)이기 때문에, 유위의 여러 법수에 떨어지지 않으신다. 그러니 하물며 보신(報身)은 말할 것도 없다. '본바탕[體]'에 즉해 있는 '지혜[智]'는 상(相)에 의해 바뀌지 않는다. 『열반경』에서 말하기를 "만약 여래를 유위와 같다고 말하는 이는 죽어 지옥에 들어간다"[217]고 하셨다.

이와 같은 의미들도 역시 많다. 차례대로 위의 (법상종)과 대응한다. 『능가경』 등의 경전과 『대승기신론』 등의 논서와 같다.

法性宗者의 所立八識은 通如來藏일새 但是眞如가 隨緣하여 成立일새 故로 說眞如具不變隨緣二義라 하니라 依他는 無性이니 卽是圓成이요 一理齊平일새 故로 說生界佛界는 不增不減이라 하니라 第一義空이 該通眞妄일새 <涅槃에 云호대 唯一이라하고 仁王에 云호대 無二라 하니라> 故로 雖空이나 不斷이며 雖有이나 不常이며 四相同時이며 體性이 卽滅일새 故로 滅與生而得同時니라 <淨名과 楞伽과 起信이라> 照惑無本가 卽是智體이며 照體無自가 卽是證如이며 旣世出世智가 依如來藏하여 始覺同本이니 則有爲無爲非一非異라 故로 佛化身이 卽常이시며 卽法이시어 不墮諸數하시니 況於報體리오 卽體之

217 『열반경』「수명품」(대정장12, 374a), "若言如來是有爲者, 卽是妄語, 當知是人, 死入地獄."

智는 非相所遷하니라 涅槃云호대 若言如來同有爲者인댄 死入地獄이라 하니 如是義類는 亦有衆多니라 次第對上홈이 如楞伽等經起信等論인듯하니라

(2) 법상종과 법성종을 회통시킴

둘째는 (법상종과 법성종이) 모순이 없음을 논증한다. 두 종파가 각각 의거하는 바를 집착하면 서로 부서지고 어그러진다. 그러나 만약 그의 의미를 얻어 모아서 풀이하면 역시 서로 모순되지 않는다. 이를테면 근기에 따르면 3시교가 되지만, <세 종류의 풀.> 법을 기준으로 하면 동일하다. <동일한 비.> '신훈(新熏)'[218]의 입장에서 보면 5성(性)이지만 '본유(本有)'의 입장에서 보면 다르지 않다. 만약 이치의 세계에 들어가 양쪽을 모두 털어버리면 3승과 1승의 구별이 모두 사라진다. 여기서는 부처님께서 교화에 사용하신 '설법의 형식[化儀]'을 기준하여 교판했기 때문에 3승도 되고 1승도 된

---

218 신훈(新熏): 제8 아뢰야식 중에 갊아 있는 종자는 8식 중의 7식이 활동할 적마다 훈부(熏附)하는 것이라는 유식의 한 학설. 인도의 난타와 승군이 신훈설을 주장하는 대표적 논사이다. 이와 반대로 제8 아뢰야식 중에 있는 종자에 선천적으로 존재한 것[本有]을 인정하는 논사도 있는데, 대표적으로 호월(護月)이 있음. '신훈'이냐 '본유'이냐는 선종에서도 중요한 쟁점이 된다. 이 점에 대해서는 『선문수경』(신규탁 역주, 서울: 동국대 출판사, 2012, 78~79쪽) 참조.

다. 그래서 그들은 옳고 그름을 다투어 집착하지만, (그 원리를) 통달하면 모순도 다툼도 없다.

後는 會無違者라 然이나 二宗이 各執所據하면 則互相乖反이나 若得意會釋하면 亦不相違니라 謂就機하면 則三이나 <三草니라> 約法하면 則一이며 <一雨니라> 新熏에는 則五이나 本有에는 無二이니 若入理雙拂하면 則三一俱亡하니라 今은 約佛化儀하여 判教할새 故로 能三能一하니라 是故로 競執是非하나 達無違諍하니라

(b) 법성종으로 파상종을 논파

(1) 파상종과 법성종의 차이점 가르기

먼저 서로 다른 점을 가림에는 간략히 다섯 가지의 차별이 있다. ① 무성(無性)과 본성(本性)의 차별, ② 진지(眞智)와 진지(眞知)의 차별, ③ 2제(諦)와 3제(諦)의 구별, ④ 3성(性)은 공(空)인가 유(有)인가의 구별, ⑤ 부처님의 공덕이 공(空)한가 유(有)한가의 차별이다.[219]

二는 對破相者라 亦二하니 初는 辨異者이니 略有五別하니 一은 無性本性別이요 二는 眞智眞知別이요 三은 二諦三諦別이요 四는 三性空有別이요 五는 佛德空有別이니라

219 이상의 ①~⑤를 기준으로, '파상종'과 '법성종'에서 각각 어떤 입장을 취하고 있는지를 대조하기 쉽게 대칭적으로 번호를 달았다.

◎ 파상종 ◎

파상종에서는 ① 모든 법은 모두가 자성이 없고, 이 자성 없음이 바로 진여라고 설한다. ② 이것을 알아차리는 것을 '참 지혜[眞智]'라고 한다. <본성이 없음을 알아차리지 못한 이는 '참 지혜'가 없다고 한다.> ③ 언어에 의해서 드러나는 '본질[法]'과 '속성[義]'은 (진제와 속제의) 2제를 벗어나지 않는다. ④ 유(有)는 의타기성(依他起性)이며 변계소집성이고, 공(空)은 원성실성(圓成實性)이다. ⑤ 비록 불신(佛身)을 말하기는 하지만 다섯 가지 이유[220]로 얻을 수 없다고 한다. 불신을 얻으면 허망한 것이고, 얻지 못해야 진실하다고 한다. 모든 상에서 떠난 것을 부처의 공덕이라고 부른다.

謂無相宗은 **說**하되 **一切法**은 **皆無自性**이니 **卽是眞如**요 **能了此者**를 **卽名眞智**이며 <未了無性者는 無眞智也니라> **所詮法義**는 **不出二諦**하니 **有謂依計**이오 **空謂圓成**라 **雖說佛身**하나 **五求不得**이니 **得卽虛妄**이오 **無得**이 **乃眞**이니 **離一切相**을 **名佛功**

220 다섯 가지 이유: 『중론』「관여래품」(대정장30, 29c), "非陰不離陰, 此彼不相在, 如來不有陰, 何處有如來." 이 게송을 해석하면서, 여래의 '실유(實有)'에 대하여 논박하고 있다. 즉, "若如來實有者, ①爲五陰是如來, ②爲離五陰有如來, ③爲如來中有五陰, ④爲五陰中有如來, ⑤爲如來有五陰. 是事皆不然." 규봉 종밀은 이 문제를 『대소초』(신찬속장9, 511c~512a)에서 자세하게 거론하고 있다.

德이라 하니라

◎ 법성종 ◎

① 법성종에서는 자성은 청정하고 상주하는 진심이라는 것을 밝혀야지만 비로소 진실한 이치라고 한다. 그러므로 『기신론』에서는 '진여의 본바탕[眞如體]'을 거론하여 오직 '일심(一心)'이라고 했다.

② '일심(一心)'은 진실하여 본래부터 능히 '인지작용[知]'을 하고 이(理)와 지(智)에 통하고 염연기(染緣起)와 정연기(淨緣起)에도 모두 통한다. <『화엄경』「문명품」에서 불경지(佛境智)와 불경지(佛境知)를 설하시는데, 문답은 각각 다르다.[221]>

③ 언어에 의해서 드러나는 '본질[法]'과 '속성[義]'은 (공·가·중) 3제를 구족한다. 색(色) 등은 곧 바로 공(空)이라는 주장을 진제(眞諦)라고 하고, <거울에 비친 물상은 공하다.> 공 그대로가 색이라는 주장을 속제(俗諦)라고 한다. <공은 물상을 파괴하지 않는다.> 일진(一眞)인 심성은 공(空)하지도 않지만 그렇다고 색(色)도 아니어서, 능히 공하기도 하고 능히 색이기도 하니, 이것이 제일의제(第一義諦)이다. <거울이 가지고 있는 밝은

221 『화엄경』「보살문명품」(대정장10, 66a~69b).

성질.>

④ 변계소집성(遍計所執性)은 '번뇌[情]'의 측면에서 보면 유(有)이지만 '진실[理]'의 측면에서 보면 무(無)이며, 의타기성(依他起性)은 상(相)은 유(有)이지만 성(性)은 무(無)이며, 원성실성(圓成實性)은 '번뇌'의 측면에서 보면 무(無)이지만 '진실'의 측면에서 보면 유(有)이고, 상(相)은 무(無)이지만 성(性)은 유(有)이다.

⑤ 일체 모든 부처님은 그 바탕에 스스로 모두 상·락·아·정(常樂我淨)의 4덕(德)을 간직하고 계시니, 10신(身)[222] 및 10지(智)[223]의 진실한 공덕과 상호의 10통(通)[224] 및 광명(光明)은 하나하나 모두 다함이 없

---

222 10신(身): 불보살의 몸을 그 공덕에 따라 10종으로 나눈 것으로 3종의 10신이 있다. <1> 첫째는 행경(行境) 10신: ①보리신, ②원신, ③화신, ④역지신, ⑤상호장엄신, ⑥위세신, ⑦의생신, ⑧복덕신, ⑨법신, ⑩지신. <2> 둘째는 해경(解境) 10신: ①중생신, ②국토신, ③업보신, ④성문신, ⑤벽지불신, ⑥보살신, ⑦여래신, ⑧지신, ⑨법신, ⑩허공신. <3> 셋째는 보살이 10지의 각 지위에서 얻는 10신: ①평등신, ②청정신, ③문진신, ④선수신, ⑤법성신, ⑥이심사신, ⑦부사의신, ⑧적정신, ⑨허공신, ⑩묘지신.

223 10지(智): 10종지(種智)라고도 한다. ①무애지, ②무착지, ③무단지, ④무치지, ⑤무외지, ⑥무실지, ⑦무량지, ⑧무승지, ⑨무해지, ⑩무탈지.

224 10통(通): 부처님의 열 가지 신통. ①숙명통, ②천이통, ③타심통, ④천안통, ⑤현신력, ⑥현다신, ⑦속왕래, ⑧능찰토장

다. 자성은 자체 속에 '본유(本有)'하는 것이지 기연을 기다리지 않는다.

간략하게 이상으로 다섯 가지만을 말했지만, 나머지[225]는 견주어 보면 가히 알 수 있다.

若法性宗인댄 則明自性清淨常住眞心하야사 方是實理일새 故로 論出眞如體云하되 唯是一心이라 하니라 一心이 眞實하여 本自能知하여 通於理智하며 徹於染淨이라 하니라 <華嚴問明品의 說佛境智와 佛境知에 問答皆別하니라> 所詮法義는 具足三諦하니 色等卽空을 爲眞諦라 하고 <鏡影은 卽空이니라> 空卽色等을 爲俗諦라 하며 <空은 不壞影하니라> 一眞心性은 非空非色이로되 能空能色홈을 爲第一義諦라 하니라 <鏡中之明이라> 遍計는 情有理無하고 依他는 相有性無하고 圓成은 情無理有하며 相無性有라 하니라 一切諸佛이 自體에 皆具常樂我淨하시니 十身十智眞實功德과 相好通光이 一一無盡하시어 性自本有언정 不待機緣이시니라 略辨此五하노니 餘는 可例知니라

엄, ⑨ 현화신, ⑩ 누진통.

225 나머지: 자세한 것은 『대소초』(신찬속장9, 513a~b) 참조. 단 여기서는 그 논쟁점을 소개하는 것으로 그친다. ①衆生性空, 何有五一之性. ②敎如筏喩應捨, 何有一三之乘. ③一切境界唯是妄念, 念自本無, 何但境界無也. ④迷則妄想妄見變易, 悟妄皆空, 空不變易. ⑤五者已如上說, ⑥六者生佛皆空, 故不增減. ⑦亦如上說. ⑧時無別體, 約法以明, 法旣本無, 時復何有. ⑨照體無本者, 空宗但無而已. ⑩有爲無爲俱空, 一異皆不可得故.

(2) 법성종과 파상종을 회통시킴

다음은 파상종과 법성종을 회통한다. 이를테면 일체 법은 이미 '진심(眞心)'의 연기에서 생긴 것이니, 조건이 모여서 만들어진 것은 자성이 없어 그것은 도리어 그대로가 진심(眞心)이다. '시각(始覺)'은 본래 '본각(本覺)'과 다르지 않아서 '인지작용[知]' 밖에 따로 '지혜[智]'가 있는 게 아니다. 그밖에 2제(諦)와 5성(性)에 관한 내용 등은 상례를 따라가 보면 분명해질 것이다. 다만 진리를 설명하는 '말씀[敎]'에는 처음과 끝의 다름이 있지만, '진리[法]'에는 깊고 얕은 차이가 없다. <중국과 인도에서 3시교를 설한 것에 대한 설명법은 여기에서 끝.>

後는 會通者라 謂一切法이 旣皆眞心緣起이니 會緣은 無性하여 還卽眞心이며 始不異本하여 知外無智니라 餘諦性等은 例之하면 可明하니라 但敎는 有終始之殊이나 法은 無淺深之異니라 <此方西域의 立三敎竟하니라>

3) 네 종류로 나누는 경우

진(陳)·수(隋) 두 시대를 사셨던 천태산(天台山)의 지의(智顗: 538~597) 대사는 '4교(敎)'[226]를 세웠다.

226 4교(敎): 천태의 4교에서 설명하고자 하는 내용은 다음의 네

(1) 첫째는 '3장교(藏教)'이다. <근기가 하열한 사람을 처음부터 끝까지 사안에 따라 가르쳤기 때문임.> '인연'의 이치를 밝히고, '생멸(生滅)의 4성제'의 이치를 밝혀서, 소승을 주로 가르치고 곁으로 보살을 교화하셨다.

(2) 둘째는 '통교(通教)'이다. 3승이 공통으로 가르침을 받기 때문이다. '인연으로 생긴 법은 본래 공하다'는 이치를 밝히셨고, '무생(無生)의 4성제'의 이치를 밝히셨다. 이것은 대승의 초기에 해당하는 부분으로 주로 보살들을 지도하시고 성문승과 연각승의 2승을 곁으로 통하셨다. <『대품반야경』에 "성문승이 되려면 반드시 반야를 배워라"[227]라고 하신 것 등.>

(3) 셋째는 '별교(別教)'이다. 성문승과 연각승의 2승들에게 설하신 것과 공통되지 않기 때문이다. 이 별교에서는 '인연으로 생긴 것은 가명(假名)'이라는 이치를 바로 밝히셨고, '무량한 4성제'의 이치를 바로 밝히셨다. 보살만을 핵심적으로 교화하고 2승은 건드리지 않으셨다. '불공교(不共教)'라고 이름 붙이지 않고 '별교

종류의 4성제이다. ①生滅四諦, ②無生四諦, ③無量四諦, ④無作四諦. 이에 대한 자세한 내용은 『화엄경수소연의초』에서 「四諦品」을 설명하는 곳 참조.

227 『대품반야경』「제이분동북방품」(대정장7, 204c)에서 등취(等取).

(別敎)'라고 이름 붙인 이유는, '원교(圓敎)'는 아니라는 점도 동시에 가려내기 위해서이다. 하나의 원인은 (여타의 원인들과) 아주 동떨어져있고, 하나의 결과는 다른 것과 융합하지 않고, 개별적으로 하나하나 거치면서 수행하게 하기 때문에 원인과 결과가 원융한 도리는 얻지 못했다.

(4) 넷째는 '원교(圓敎)'이다. '불가사의 한 인연법'을 밝히시고, '진·속 2제의 중도(中道)'를 바로 밝히셨고, '사(事)와 리(理)의 구족함'을 바로 밝히셨고, '(리와 사의) 어느 한 쪽에 치우치지도 않고 그 둘이 다르지도 않음'을 바로 밝히시어, 오직 최고로 날카로운 근기를 가진 사람만을 교화하셨다. 그래서 '원교'라고 이름 붙였다. <교(敎)와 리(理), 지(智)와 단(斷), 행(行)과 위(位), 인(因)과 과(果)[228] 등이 모두 구별되면서도 원만함.>

第三이라 **陳隋二代**에 **天台智者禪師**가 **立四種教**하니 **一**은 **三藏教**이니 <下根之人을 始終隨教故일새라> **明因緣生滅四眞諦理**하여 **正教小乘**하고 **傍化菩薩**하니라 **二**는 **通教**이니 **三乘同稟故**일새라 **明因緣卽空無生四眞諦理**하니 **是大乘初門**이라 **正爲菩薩**하고 **傍通二乘**하니라 <大品云하사되 欲得聲聞乘인댄 當學

228 겉으로 드러난 가르침을 통해서 이치를 드러내고, 지혜를 통해서 번뇌를 끊고, 수행을 통해서 지위가 올라가고, 인에서 과가 나오는 것.

般若하라 等이라> 三은 別教이니 不共二乘人說故일새라 此教는 正明因緣假名無量四眞諦理하여 的化菩薩하고 不涉二乘하니라 不名不共하고 而云別者는 兼欲揀非圓故일새라 以一因逈出하고 一果不融하여 歷別而修일새 故로 不得因果圓融하니라 四는 圓教이니 正明不思議因緣과 二諦中道와 事理具足과 不偏不別하여 但化最上利根之人할새 故로 名爲圓이라 하니라 <教와 理와 智와 斷과 行과 位와 因과 果等이 皆別이나 皆圓하니라>

그러나 이 4교(教)는 3관(觀) 때문에 성립한다. 곧 가(假)에서 공(空)으로 들어가 본바탕[體]이 다름을 분석하기 때문에 처음의 두 교(='장교'와 '통교')가 있다. 공(空)으로 부터 가(假)로 들어가고, 가(假)로 부터 중(中)으로 들어가기 때문에 '별교'가 성립된다. 3관(觀)을 1심(心) 속에서 획득하기 때문에 '원교'가 성립된다.

또 이 4교는 결코 어느 한 부(部)의 『경』에 국한되지 않는다. 왜냐하면 한 부의 『경』 속에 많은 것이 들어있기 때문이다.

또 네 종류의 '교화 방식[化儀]'을 기준으로 네 종류의 교(教)를 짝 지우면, 말하자면 '돈교'와 '점교'와 <앞에서 말한 유공(劉公)과 동일.> '부정교'와 <서로 안다.> '비밀교'가 <서로 모른다.> 된다.

첫째의 '장교'는 외도의 계·정·혜를 치료하기 위

하여 공·가·중 세 사안을 설립했지만, (그 내용은) 전혀 다르다. 그러므로 『대지도론』에서는 "3장(藏)"이라고 이름 했고, 『성실론』도 마찬가지이다. '통교'는 그 가르침의 의미가 공·가·중을 셋 모두를 융합하기 때문이며, '별교'는 '한 법성[一法性]'에 의지하여 셋을 드러내기 때문이며, '원교'는 공·가·중 3제와 '한 법성[一法性]'이 서로 장애하지 않기 때문이다. 이렇게 하여 지의(智顗) 대사가 네 종류의 교(敎)를 세우는 의미는 이치가 원만하게 갖추어졌지만, 다만 『화엄경』은 (원교는 물론) 별교까지도 겸했는데 『법화경』은 오직 원교만 있다고 설명한 점은 약간의 잘못[229]이 있다.

然이나 此四教는 由三觀起하니 從假入空하여 析體異일새 故로 有初二教하며 從空入假하고 從假入中일새 有別教起하며 三觀을 一心中에 得할새 有圓教起하니라 又此四教는 不局定一部하니 一部之中에 容有多故일새라 又更以四種化儀로 收之하면 謂頓漸과 <同前劉公하니라> 不定과 <互知하니라> 祕密이니라 <互不知하니라> 初는 對外道戒定慧故로 立此三事하나 迢然不同이라 故智論은 名爲三藏이라 하고 成實도 亦然하니라 通

229 약간의 잘못: 화엄의 '항포(行布)'를 별교에 배치했으니, 이 점은 '항포'의 뜻을 제대로 알지 못한 것이기 때문에 '약간의 잘못'이라고 규봉은 점잖게 비평한 것이다. 화엄의 교학에 따르면, '항포'와 '원조(圓照)'는 서로서로를 '상섭(相攝)'하는 것으로 보기 때문이다.

教는 意融三故일새이며 別教는 依一法性하여 而顯三故일새이며 圓教는 三一無障礙故일새라 此에 師의 立義理致가 圓備하나 但辨華嚴兼別하고 法華唯圓이라함은 有小失也니라

4) 다섯 종류로 나누는 경우

화엄종주 현수(賢首: 643~712) 대사는 다섯 종의 교(教)를 세웠는데 자세한 것은 별도로 『화엄오교장』에 있다. 천태의 교판론과 대개는 동일하지만 다만 돈교가 더 첨가되었다. 5교란 무엇인가하면 첫째는 '소승교', 둘째는 '대승시교', 셋째는 '대승종교', 넷째는 '돈교', 다섯째는 '원교'이다.

第四라 華嚴宗主賢首大師가 立五種教하니 廣有別章하니라 大同天台이나 但加頓教하니라 其五者何오 一은 小乘教이요 二는 大乘始教요 三은 終教요 四는 頓教요 五는 圓教니라

(1) 첫째 '소승교(小乘教)'는 천태 교판의 '장교(藏教)'에 해당한다. 근기를 따르셨기 때문이며, 상대의 말을 따르기 때문에 여러 법수(法數)를 말씀하시어 언제나 구별하신다. 그리하여 삿됨과 바름을 가려내시고, 범부와 성인을 가르시고, 좋아함과 싫어함을 나누시며, 원인과 결과를 분명하게 하신다. 그런데 말씀하시는

법수가 75법[230]이나 되지만, 다만 인공(人空)은 말씀하시면서도 법공(法空)은 밝혀주시지 않으셨다. <비록 『아함경』에서 "늙음과 죽음이 없다"고는 하셨지만, (법공의 이치를) 분명하게 드러내시지는 않으셨다.> 오직 6식(識)과 3독(毒)에 의지하여 염정(染·淨)의 근본을 세우셨다. 법의 근원을 다 밝히지 않으셨기 때문에 (후인들의) 논쟁이 많다. <부처님의 의도에서 보면 소통이 되지만, 말씀으로 드러내신 가르침에서 보면 숨겨진 것이 있다. 그래서 한 쪽을 숭상하여 배우는 자들이 (부처님께서 하신) 말씀만 따르고 이치에 집착하고, 겉으로 드러난 모양을 따르고 '본바탕[體]'에 집착하여 논서들을 지어 널리 전하여 후학들에게 서로 끊임없이 계승한다. 자세한 것은 「제7문 종취를 논함」 부분에서 분석한 대로이다.>

初는 **卽天台藏敎**이니 **以隨機故**이시며 **隨他語故**로 **說諸法數**하사 **一向差別**하시니 **以其揀邪正**하시며 **辨凡聖**하시며 **分忻厭**하시며 **明因果**이시니 **然**이나 **其所說法數**가 **有七十五**호대 **但說人空**하사 **不明法空**하시고 <雖阿含云하시되 無是老死라 하시나 亦不明顯하니라> **唯依六識三毒**하사 **建立染淨根本**하시니 **未盡法源**하실새 **故多諍論**하니라 <就佛意卽通이나 就言敎卽隱故로 宗習之者가 隨言執理하고 隨相執體하여 造論弘傳하여 相承不絶하니라 廣如宗趣所辨하니라>

---

230 75법: 유부의 5위 75법을 지칭.

(2) 둘째 시교(始教)는 분교(分教)라고도 한다. 『해심밀경』에서 말씀하신 '제2시기'와 '제3시기'에는 <3은(隱)과 1극(極)이 고정되어 있음> 정성(定性)인 성문과 연각, 무성(無性)인 일천제가 모두 성불하지 못한다. 그러므로 이제 그것을 통합하여 1교(教)로 했다. 이 시교는 아직 대승의 가르침을 다 드러내시지 않으셨기 때문에 '시(始)'라는 이름을 붙였고, 성불하지 못하는 종성이 있다고 하셨기 때문에 '분(分)'이라는 이름을 붙였다. 법상(法相)에 대해 드넓게 설하셨는데 번잡한 것을 깎아내고 법수만을 기록하더라도 100법[231]이나 되지만, 법성은 조금 말씀하셨으니, 법성에 대해 설명한 것은 그대로가 법상교의 법수이다. 결택(決擇)하심이 분명하기 때문에 논쟁이 적다.

二始教者는 **亦名分教**이니 **以深密第二第三時教**에 <定有三隱一極하니라> **同許定性**과 **無性**과가 **俱不成佛**이라 하실새 **故**로 **今**에 **合之**하여 **總爲一教**하노니 **此**는 **旣未盡大乘法理故**로 **立爲始**[232]하고 **有不成佛故**로 **名爲分**이라 **廣說法相**하시니 **削繁錄數**가 **猶有一百**하되 **少說法性**하시니 **所說法性**은 **卽法相數**이니 **決擇分明故**로 **少諍論**하니라

231 100법: 유식의 5위 100법을 지칭.
232 始: 「언해본」에는 '初' 자로 표기.

(3) 셋째 '종교(終敎)'는 실교(實敎)라고도 부른다. 정성인 성문승과 연각승, 그리고 무성인 일천제도 모두 반드시 성불한다고 하셨으니, 이로서 마침내 대승의 지극한 말씀을 완전히 다하셨기 때문에 '종(終)'이라고 했다. 또 진실한 이치와 딱 들어맞기 때문에 '실(實)'이라 했다. '법상'에 대해서는 조금 말씀하시고 '법성'에 대해서는 많이 말씀하신다. '법상'에 대해서 말씀하신 것은 역시 '법성'으로 귀결되므로 다툼이 없다. 이상의 '시교(始敎)'와 '종교(終敎)'는 모두 수행의 지위(地位)에 의지하여 점차로 수행하여 성불한다. 그러므로 모두를 '점교(漸敎)'라고 한다.

三終敎者는 **亦名實敎**이니 **定性二乘**과 **無性闡提**와가 **悉當成佛**이라 하여야 **方盡大乘至極之說**이실새 **故**로 **立爲終**하고 **以稱實理故**로 **名爲實**이라 **少說法相**하시고 **多說法性**하시니 **所說法相**도 **亦會歸性**하실새 **故**로 **無諍論**하니라 **上二敎**는 **並依地位**하여 **漸次修成**할새 **總名爲漸**이니

(4) 넷째 '돈교(頓敎)'는 단지 일념(一念)도 생기지 않는 것을 부처라고 한다. 지위나 점차에 의지하지 않고 설하셨기 때문에 돈교라고 한 것이다. <『사익경』에서 "모든 법의 바른 성품을 얻은 자는 한 지위에 한 지위로 나아가지 않는다"[233]고 하셨고, 『능가경』에서는 "초지가 곧 그

대로 8지이니 나아가 어떠한 지위의 차별도 있지 않다"[234]고 하셨다.> 법상(法相)을 전혀 설하시지 않고 오직 진성(眞性)만을 설하신다. 존재하는 모든 것은 그저 망상일 뿐이라고 설하시며, 일체의 법계는 언어를 초월했으니 5법(法)과 3성(性)은 모두 공이라고 설하시며, 8식(識)과 인(人) 무아 법(法) 무아 두 무아를 모두 버리라고 하시고, 교(敎)를 꾸짖어 그것으로부터 떠나라고 권하시며, 일체의 형상을 없애 마음을 지워버리라고 하신다. 마음이 생하면 곧 허망이요, 마음이 생하지 않으면 곧 부처이라고 하시며, 역시 부처도 없고 부처 아님도 없으며, 생겨남도 없고 그렇다고 생겨나지 않음도 없다고 설하시니, 저 정명 거사가 잠자코 앉아있던 것은 바로 이 의미이다.

질문: 이것이 만약 교(敎)라고 한다면 여기에서 표방하는 '리(理)'는 무엇인가?

대답: '리(理)'를 단박에 설명하기 때문에 돈교라고 불렀다. 특별히 망념을 떠나 가르침을 받을 한 부류의 중생들을 위하시기 때문이며, 또

233 『사익범천소문경』(대정장15, 36c).
234 『입능가경』(대정장16, 555c).

한 법상(法相) <공(空) 또는 유(有)임.>에 걸리는 중생들을 가히 치료할 수 있기 때문이니 이 것은 선종(禪宗)과 일치한다.

四頓教者는 但一念不生이 卽名爲佛이니 不依地位漸次而說故로 立爲頓하니 <思益에 云하사대 得諸法正性者는 不從一地하여 至於一地라 하시며 楞伽에 云하사대 初地가 卽爲八이오 乃至無所커니 有何次이리오> 總不說法相하시고 唯辨眞性하시니 一切所有가 唯是妄想이며 一切法界가 唯是絕言이니 五法과 三自性이 皆空하며 八識과 二無我를 都遣하여 呵教하며 勸離하며 毁相하며 泯心하니 生心하면 卽妄이오 不生하면 卽佛이라 亦無佛이며 無不佛이라 하시며 無生이며 無不生이라 하시니 如淨名의 默住가 是其意也니라 問이라 此若是教인댄 更何是理요 答이라 頓詮此理일새 故名頓教니 別爲一類하여 離念機故이며 亦可對治滯相 <空有라> 人故이니 卽順禪宗이니라

(5) 다섯째 '원교(圓敎)'는 한 지위가 그대로 모든 지위이고 모든 지위가 그대로 한 지위임을 밝히신다. 그래서 10신(信) 만심(滿心)이 5위(位)[235]를 포섭하여 정각을 이룬다는 등등의 말씀이다. 설법을 하시는 분과 그 법회에 모인 대중이 완전히 갖추어졌으므로 '원교'라고 한다. 즉 『화엄경』이 여기에 해당한다. 설명한 것

235 5위(位): ①자량위, ②가행위, ③통달위, ④수습위, ⑤구경위.

은 오직 무진법계이니, 법성의 바다가 원융하고 연기법이 걸림 없는 것이 마치 제석천에 있는 그물의 구슬과 같아 겹겹이 다함이 없다. 그래서 이 교판은 이치가 다하고 의미가 보편적이다. 그러므로 청량 대사가 이것을 기준으로 삼았고, 지금 나 종밀도 그것에 의지한다.

五圓教者는 明一位卽一切位이요 一切位卽一位하시니 是故로 十信滿心이 卽攝五位하여 成正覺等하시고 主伴이 具足하실새 故名圓教이니 卽華嚴經也라 所說이 唯是無盡法界이니 性海圓融하고 緣起無礙함이 如帝網珠의 重重無盡듯하시니라 然此所判은 理盡義周故로 清涼大師가 用爲準的하며 今亦依之하니라

그러면 다시 보리유지와 구마라습의 '일음교'에서 천태의 '4교(敎)'에 이르기까지를 순서대로 (화엄의 '5교'와) 짝지어서, 그 의미를 두루 다 드러내 설명해보겠다.

첫째는 모두가 하나로 된다. 이를테면 '원교'는 앞의 네 교를 포섭하니, 그 각각의 하나가 모두 '원교'이다. <바다로 흘러들어온 온갖 강물은 모두가 바닷물이다.> 이것은 오직 여래의 하나의 커다란 훌륭한 방편이시며 일

음(一音)으로 설법하신 것이다.

둘째는 처음의 '소승교'는 '반자교'에 상당하고, 뒤의 넷은 모두 '만자교'에 상당한다. 앞의 넷은 '굴곡교'에 상당하고 최후의 하나 즉 '원교'는 '평도교'에 상당한다.

셋째는 처음의 셋은 '점교'에 상당하고, <이 중 차례대로는 지광(智光)의 삼시(三時)이고, 앞의 둘은 계현(戒賢)의 제3시(時)이다.> 제4의 '돈교'는 '부정교'에 상당하고, 제5의 '원교'는 '돈교'에 상당한다. <자은(慈恩)과 유공(劉公)은 모두 화엄을 돈(頓)이라 하기 때문이다.>

넷째는 처음의 '소승교'는 '장교'에 해당하고, 제2의 '시교' 중에서 '공시교'[236]는 '통교'에 상당하고, '상시교'와 제3의 '종교'와 제4의 '돈교'는 모두 '별교'에 상당하고, 제5는 '원교'에 상당한다.[237]

---

236 '공시교': 규봉 종밀은 '시교'를 둘로 나누어서 설명하고 있다. 하나는 '공시교'이고 하나는 '상시교'이다. '공시교'는 반야 공사상을 으뜸으로 삼는 '공종'을 말하고, '상시교'는 유식을 으뜸으로 삼는 '법상교'를 말한다. 화엄의 교학에서는 이 둘은 아직 '종교(終敎)'가 못되기 때문에 대승의 첫입새라는 뜻으로 '시교(始敎)'라 했다. 이 문제에 대해 규봉은 『화엄원인론』에서 상세하게 다루고 있다. 이 책은 『화엄과 선』(신규탁, 서울: 정우서적, 2013 재판)에 한글로 역주되어 있다.

237 이상의 논의를 도표로 표시하면 다음과 같다.

然이나 更從支什一音으로 至天台四敎히 如次配攝하여 以顯周盡하리라 初는 總爲一이니 謂圓敎攝於前四하니 一一이 同圓이니라 <海中의 百川이 無非海也니라> 唯是는 如來의 一大善巧이시며 一音所演이시니라 二者는 初一은 是半이요 後四는 皆滿이며 前四는 屈曲이요 後一은 平道니라 三者는 初三은 是漸이요 <於中에 如次는 是智光의 三時이며 前二는 是戒賢의 三時也니라> 四는 是不定이며 第五은 爲頓하니라 <慈恩과 劉公은 皆判華嚴으로 爲頓故일새라> 四者는 初는 是藏敎이요 二中空는 是通敎하고 相及三四는 皆是別敎요 第五는 名圓이니라

3. 결 론

이상에서 이미 5교(敎)의 교리는 여러 말씀에 관통하고 있음을 알았다. 그런데 이 『원각경』은 저것 중에서 어디에 속하는지 밝히지 않았다. 이제 이 문제를 답하는데 세 부분으로 나누어서 해보겠다.

권실대변표

<table>
<tr><th colspan="2" rowspan="2">5分</th><th rowspan="2">不分</th><th colspan="2">2分</th><th rowspan="2">3分</th><th rowspan="2">4分</th></tr>
<tr><th>반－만</th><th>굴－평</th></tr>
<tr><td colspan="2">소승교</td><td></td><td>반자교</td><td rowspan="5">굴곡교</td><td rowspan="4">점 교</td><td>장교</td></tr>
<tr><td rowspan="2">시교</td><td>공시교</td><td rowspan="2">일음교</td><td rowspan="5">만자교</td><td>통교</td></tr>
<tr><td>상시교</td><td rowspan="3">별교</td></tr>
<tr><td colspan="2">종 교</td><td></td></tr>
<tr><td colspan="2">돈 교</td><td></td><td>부정교</td></tr>
<tr><td colspan="2">원 교</td><td></td><td>평도교</td><td>돈 교</td><td>원교</td></tr>
</table>

첫째, 5교의 교리가 『원각경』을 완전히 포섭하지만, 『원각경』에서 5교의 교리를 부분적으로만 포섭하는 게 있으니, 이런 경우가 바로 '원교'이다. <모든 부처님의 '의보'와 '정보'[238]의 두 과(果)와, 자유자재하여 걸림 없으심과, 티끌처럼 무수히 많은 작용과, 일체의 '법이 원래 그러함[法爾]'과, 서로 상즉하고 상입함과, 겹겹으로 융화하여 포섭하는 등의 의미를 이 『원각경』에서는 말씀하지 않으셨다. 그렇기는 하지만 다만 일진법계의 '본바탕[體]'을 곧장 드러내신 것과,[239] 보안관(普眼觀)을 설하시는 가운데 일(一)과 다(多)가 무애함을 설하시는 점[240]을 들어 논하자면, 이 『원각경』도 5교의 교리를 다 갖추고 있다고 할 수 있다.>

둘째, 『원각경』은 5교의 교리를 부분적으로나마 포섭하지만, 5교의 교리 중에는 『원각경』을 전혀 포섭하지 못하는 게 있으니, 이를테면 '소승교'와 '시교'이다. <『원각경』의 경문 속에서 아견을 끊고 애욕을 제거하라 하신 말씀과, 두 종류의 공관(空觀)을 말씀하신 것과, 또 "역시 점수하는 일체 중생들을 포섭한다"[241]고 하셨기 때문에,

238 '의보'와 '정보': '의보(依報)'는 중생들의 심신에 따라 존재한 국토·가옥·의복·식물 등. 중생들이 처한 환경세계. '정보(正報)'는 부처님이나 중생들의 몸. 『화엄경』에서는 「화장세계품」과 「십신상해품」 등에서 부처님의 '의보(依報)'와 '정보(正報)'에 대해서 광대하게 밝히고 있다.

239 「문수장」의 「1) 핵심을 대답하심」(26~27쪽) 참조.

240 「보안장」의 「(2) 이사무애법계관」(60~61쪽) 참조.

『원각경』은 5교의 교리를 포섭한다. 그러나 『원각경』에서는 항상 '꽉찬 깨친 마음[圓覺心]'을 기준으로 잡으시고, 수행하여 익히는 방편을 임시로 가설하시고, 처음부터 끝가지 본체가 없다 하시고, 낱낱이 모두가 다만 '원각의 밝음'이라고 말씀하시기 때문에, 그러므로 5교의 교리 등에는 포섭되지 않는다.>

셋째, 5교의 교리와 『원각경』의 교리가 '본바탕[體]'을 콕 찔러 속속들이 완전하게 서로 서로 포섭하는 게 있으니, 곧 종교와 돈교의 교리이다. <『원각경』도 역시 여래장에 의지하기 때문이다. 경문에서 "환인 줄을 알면 곧 그것이 환을 여의는 것이다"[242]고 하신 것 등과, 또 『원각경』을 이름 하여 "돈교대승(頓教大乘)이다"[243]라고 하셨기 때문이다.>

「제3문 권교와 실교의 대비」는 여기에서 마침.

已知五教가 **貫於群詮**이어니와 **未審**커이다 **此經**이 **與彼**와 **何攝**임을 **今顯此義**하여 **分為三門**하나니 **一**은 **彼**는 **全攝此**하고 **此**는 **分攝彼**하니 **謂圓教也**이오 <諸佛의 依正二果와 自在無礙와 塵沙大用과 及一切諸法과 法爾와 互相卽入과 重重融攝等義를 此

241 「현선장」의 「2) 이 『경』의 이름과 공덕 등에 대한 말씀」 (190~192쪽) 참조.

242 「보현장」의 「4) 돈오하면 될 뿐 점수는 필요 없음」(42~43쪽) 참조.

243 「현선장」의 「2) 이 『경』의 이름과 공덕 등에 대한 말씀」 (190~192쪽) 참조.

經不說하시니라 若但約直顯一眞하신 法界之體와 及觀中一多無礙等義하면 此經도 卽同하니라> **二**는 **此**는 **分攝彼**하고 **彼**는 **不攝此**하니 **謂初二也**이오 <文中에 斷我除愛케하시고 修二空觀하시며 又云하시되 亦攝漸修一切群品이라 하시니 故로 能攝彼也니라 然이나 皆約圓明覺心하시며 假設方便修習하시며 始終無體라하시며 一一但是覺明하실새 故로 非彼等所攝也니라> **三**은 **彼此剋體**가 **全相攝屬**하니 **卽終敎也**니라 <此經도 亦依如來藏故일새라 文云하시되 知幻卽離라하시는 等이며 及云하시되 名爲頓敎大乘故일새라> **權實對辨訖**하니라

제4문 경문에 담긴 교리 범위가 매우 깊음

1. 일심(一心): 원각묘심
2. 이문(二門): 진여문과 생멸문
3. 이의(二義): 진여를 자각하는 기능과 그러지 못하는 기능
4. 삼세(三細): 업상과 능견상과 경계상
5. 육추(六麤): 지상·상속상·집취상·계명자상·기업상·업계고상

네 번째는 『원각경』에서 설하는 교리 범위가 매우 깊음을 논하는 부분이다. 『원각경』은 실교(實教)에 속한다는 것을 이미 알았으나, <앞의 「제3문」에서 '본바탕[體]'을 판정한 것과 같다.> 『원각경』의 본문에서 '논의된[所詮]' '교리의 범위[義理分齊]'[244]가 어떤지는 알지 못했다. 그래서 이제 『대승기신론』을 기준으로 삼아서, 오염되어가는 과정의 각 법(法)과 역으로 정화되어가는 과정의 각 법(法)이 근본에서 지말에 이르기 까지 간략하게 다섯 '겹[重]'으로 구성되어 있음을 밝혀, (『원각경』에서 설명된) 여러 '주장[宗]'의 '범위[分齊]'가 깊은지 얕은지를 드러내보겠다.

244 범위[分齊]: 분위차별(分位差別)이니, 차별한 범위(範圍) 또는 상당하는 위치. (운허용하, 『불교사전』)

第四는 **分齊幽深者**라 **已知此經**이 **唯屬實敎**이나 <如前剋體라> **未知所詮義理分齊如何**이니 **今約論**하여 **明染淨諸法**이 **從本至末**히 **略有五重**하여 **以顯諸宗**의 **分齊淺深**하노니

1. 일심(一心): 원각묘심

첫째, 오직 '일심(一心)'이 본원(本源)이다.

『기신론』에서 "'이 마음[是心]'[245]은 세간법과 출세간법을 '즉섭(卽攝)'[246] 한다"[247]는 등등이 있는데, 이것(='이 마음')이 바로 (『원각경』에서 말하는) '원각묘심(圓覺妙心)'이다. 『원각경』에서 '원각'을 으뜸 되는 근본으로 표방하시기[248] 때문이며, 또 『원각경』에서는 "오염과 정

245 '이 마음[是心]': 『대승기신론』에서는 '중생심'을 지칭하고, 『원각경』에서는 '원각묘심'을 지칭.

246 '즉섭(卽攝)': '상즉해서 포섭한다'는 뜻. 『기신론』의 설에 따르면 '중생심'은 세간법은 물론 출세간법을 서로 '상즉하면서 포섭한다'고 한다. 『기신론』에는 이상에서 나온 '즉섭(卽攝)' 외에도 '각섭(各攝)'과 '공섭(共攝)'이라는 표현을 구별하여 사용하고 있다. 문맥 속에서 이 의미를 정확하게 갈라서 보아야 한다. 자세한 것은 『한국 근현대 불교 사상 탐색』(신규탁, 서울: 새문사, 2012, 446~447쪽) 참조.

247 『대승기신론』(대정장32, 575C), "摩訶衍者, 總說有二種. 云何爲二. 一者法, 二者義. 所言法者, 謂衆生心, 是心則攝一切世間法出世間法. 依於此心, 顯示摩訶衍義."

248 「문수장」의 「1) 핵심을 대답하심」(26~27쪽) 참조.

화가 모두 '각심(覺心)'에서 발현되어 생긴 것이다"[249]라고 설하시기 때문이다. 『화엄경』의 경우는 '일진법계(一眞法界)'가 일체의 모든 법과 더불어서 '바탕 성품[體性]'이 되기 때문이다. <그런데 『화엄경』에서는 비록 4종(種)의 법계[250]를 말씀하셨지만 『화엄경소』에서 "오직 일진법계만이 만법을 모두 통틀어 간직하고 있다"[251]고 하니, 즉 '일심'의 '본바탕[體]'에는 유(有)와 무(無) 등의 모든 차별이 끊어졌다. 『기신론』에서는 허망의 근본을 규명하려고 중생을 기준으로 해서 '중생의 마음[心]'을 표방했다. 그런데 『원각경』에서는 청정한 근원을 드러내려고 하셨기 때문에 부처님을 기준으로 해서 '깨침[覺]'을 표방하셨다. 『화엄경』은 본성의 입장에서 (설법하셨을 뿐) 근기의 수준에 맞추어 대대(對待)하시지 않으셨기 때문에 '일진법계'를 정면으로 표방하셨다. 그러나 염·정(染淨)의 일체 법을 일으키는 것 등에 관해서는 세[252] 의미가 모두 같다. 세 법(法)은 '본바탕[體]'이 같다.>

初는 **唯一心**이 **爲本源**이니 **是心**이 **則攝世出世間法等**이라 하니 **卽此**는 **圓覺妙心也**이니 **經標圓覺**은 **爲宗本故**이시며 **又說染淨**이 **皆從覺心**하여 **所現起故**이시며 **華嚴**은 **卽一眞法界**가 **與**

---

249 「보현장」의 「1) 무명도 결국은 원각에서 생기는 것임」(39~40쪽) 참조.

250 4종(種)의 법계: 이법계, 사법계, 이사무애법계, 사사무애법계.

251 『화엄경소』 (대정35, 878상).

252 『기신론』의 '一心', 『원각경』의 '覺心', 『화엄경』의 '一眞法界'를 지칭.

一切諸法으로 **爲體性故**이니라 <然華嚴에 雖有四種法界이나 而彼疏云하되 統唯一眞法界가 總該萬有라 하니 卽是一心體는 絶有無等이라 論中에는 欲究妄本일새 故로 約凡하여 標心하며 此經은 意顯淨源일새 故로 約佛하여 標覺하며 華嚴은 稱性하여 不逐機宜對待일새 故로 直顯一眞法界이나 至於能起染淨一切諸法하얀 則三義가 皆同이라 三法은 體一也니라>

2. 이문(二門): 진여문과 생멸문

둘째, 일심(一心)에 의지해서 두 문(門)을 연다.

(1) 첫째 문(門)은 심진여문(心眞如門)이다. 즉 이것은 '일법계의 대총상 법문의 바탕[一法界大總相法門體]'이니,[253] 소위 심성은 불생불멸이나 일체 모든 법은 오직 망념에 의지하여서 차별이 있게 된다. 만약 마음에 망념이 사라지면 즉 모든 경계의 형상이 없어진다. 나아가 오직 일심(一心)이기 때문에 진여라고 한다. <『원각

253 '일법계의 대총상법문의 본바탕[一法界大總相法門體]': '眞心'은 쪼개지지 않는 총체적인 존재이기 때문에 '一法界'라고 한 것이고, 생멸과 진여의 2문 가운데 별상(別相)을 취하지 않고 총상(總相)을 취하면서 그 속에 별상을 포섭하기 때문에 '大總相法門'이라 했고, '一法界'의 '본바탕[體]'이 생멸문과 진여문을 완전하게 '지탱하기[作]' 때문에 '본바탕(體)'이라고 한 것이다. '法門'에 대해 규봉 종밀은 다음과 같이 전통적인 해석을 수용하고 있다. "(任持自性) 軌生物解曰法이오 聖智通遊曰門."『대소초』(신찬속장9, 519c).

경』에서 "허공 꽃인 줄을 자각하기만 하면 윤회가 사라진다"[254]고 하신 것이나, 나아가서는 "법계의 성품과 같다"[255]고 하시는 것 따위이다.>

(2) 둘째 문(門)은 심생멸문(心生滅門)이다. 즉 여래장에 의지하는 까닭에 생멸하는 마음이 있게 된다. 이를테면 불생불멸하는 (진여가) 생멸하는 현상과 화합하니, (이 둘의 관계는) 같은 것도 아니고 그렇다고 다른 것도 아닌데, 이를 두고 '아리야식(阿梨耶識)'이라 부른다. <『원각경』의 명칭 다섯 개 중의 하나로 『여래장 자성차별』[256]이라는 것이 그것이고, 또 "각심(覺心)에서 갖가지가 생긴다"[257]고 하신 것이 그것이다.>

二는 **依一心**하여 **開二門**하니 **一者**는 **心眞如門**이니 **卽是一法界大總相法門體**이니 **所謂心性**이 **不生不滅**이나 **一切諸法**이 **唯依妄念**하여 **而有差別**하니라 **若離心念**하면 **則無一切境界之相**이며 **乃至唯是一心**일새 **故**로 **名眞如**라 하니라 <知是空華하면 卽無輪轉이라 하며 乃至如法界性等이라 하니라> **二者**는 **心生滅門**이니 **謂依如來藏**하여 **故**로 **有生滅心**하니 **所謂不生不滅**이 **與生**

254 「문수장」의 「3) 잘못을 고쳐주심」(29쪽) 참조.
255 「문수장」의 「3) 잘못을 고쳐주심」(31쪽) 참조.
256 「현선장」의 「2) 이 『경』의 이름과 공덕 등에 대한 말씀」(190쪽) 참조.
257 「보현장」의 「1) 무명도 결국은 원각에서 생기는 것임」(39~40쪽) 참조.

滅과 **和合**하여 **非一非異**하니 **名阿梨耶識**이라 하니라 <經五名中一에 名如來藏自性差別이라 하며 及云하되 種種生於覺心等이라>

3. 이의(二義): 각의(覺義)·불각의(不覺義)

셋째, '심생멸문'에 의지하여 2가지 '기능[義]'을 밝힌다.

(1) 첫째는 '(진여를) 자각하는 기능[覺義]'이다. 이를테면 마음의 바탕에 망념을 떨쳐버린 것이다. (마음의 바탕에) 망념이 사라진 모양은 마치 허공계와 같아 두루하지 않음이 없어 온 법계가 한결같은 모양인데, 이는 즉 여래의 평등한 법신(法身)이다. 이 법신에 의지하여 '본각(本覺)'이라고 말로써 이름을 붙인다. 이렇게 하여 '시각(始覺)'에 까지 이른다. <"깨달음이 뚜렷하고 밝은 까닭에 마음에 청정함을 드러낸다"[258] 또 "중생이 본래 부처였다"[259]는 것 등이다.>

(2) 둘째는 '(진여를) 자각하지 못하는 기능[不覺義]'이다. 이를테면 진여의 법이 한결같은 줄을 여실하게 알지 못하기 때문에 '(진여를) 자각하지 못하는 마음'이 생겨서 망념이 있게 된다. 이것은 마치 어리석은 사람

---

258 「보안장」의 「(1) 진공절상관」(54쪽) 참조.
259 「보안장」의 「나) 보는 경계가 같아짐」(63쪽) 참조.

이 방향에 홀려 방위를 잘못 아는 거와 같다. <"중생이 전도됨이 마치 방위를 잘못 알아 위치를 잘못 안다"[260]라고 하시는 것 등이다.> '망념'은 자기 고유의 형상이 없을 뿐더러 '본각(本覺)'과 분리되어 존재하는 것도 아니다. <"이 무명이란 실로 '본바탕[體]'이 있는 게 아니다"[261]고 하시는 말씀 등이다.> 여기까지가 바로 이 『원각경』의 종지의 시작과 끝이며 이 경전에서 말씀하시고자 하는 내용의 '범위[分齊]'이다.

三은 依後門하여 明二義하니 一者는 覺義이니 謂心體가 離念이니 離念相者는 等虛空界하고 無所不遍하여 法界一相이니 卽是는 如來平等法身이니라 依此法身하여 說名本覺하고 乃至始覺하니라 <覺圓明故로 顯心淸淨이라 하시며 乃至衆生이 本來成佛이라 하시니라> 二者는 不覺義이니 謂不如實知眞如法一할새 故로 不覺心이 起하여 而有其念함이 猶如迷人이 依方故로 迷인듯하나 <衆生顚倒함이 如迷方易處인듯하다 하시는 等이라> 念은 無自相이며 不離本覺이니라 <此無明者는 非實有體이라 하시는 等이라> 自此之前이 正是此經의 宗旨始末이며 所詮之義의 分齊니라

260 「문수장」의 「2) 어디에서 잘못이 생겼나」(27쪽) 참조.
261 「문수장」의 「2) 어디에서 잘못이 생겼나」(28쪽) 참조.

4. 삼세(三細): 업상·능견상·경계상

넷째, '(진여를) 자각하지 못하는 기능[不覺義]'에 의지하여 '세 종류의 미세한 번뇌[三細]'가 생긴다.

(1) 첫째는 '업상(業相)'[262]이다. '(진여를) 자각하지 못하기[不覺] 때문에 (번뇌의) 마음이 움직이니 이를 업(業)이라고 한다. 자각하면 움직이지 않는다.

(2) 둘째는 '능견상(能見相)'[263]인데 (마음이) 움직였기 때문에 보는 작용이 생긴다. (마음이) 움직이지 않으면 보는 작용이 없다.

(3) 셋째는 '경계상(境界相)'[264]인데, '능견상'에 의지하기 때문에 경계가 허망하게 드러난다. 만약 '능견상'이 없으면 '경계상'도 없다. <"끝없는 예부터 본래 일으켰던 무명으로 (자신의 주재를 삼았기 때문이다). 그래서 망념을 움직이거나 망념을 쉬거나 모두가 어리석음이다"[265]고 하신 것이 그것이다.>

유식종의 '가르침[敎]'은 오직 이 부분에 '위치[齊]'하

---

262 업상(業相): 업을 일으키는 작용.

263 능견상(能見相): 능동적으로 대상에로 향하는 작용. 전상(轉相).

264 경계상(境界相): 대상으로 향하는 작용에 의해서, 그 대상에 대한 이미지를 내 속에 구성하는 기능. 또는 그 이미지 자체. 현상(現相).

265 「정업장」의 「1) 미혹이 생긴 이유」(147쪽) 참조.

니, (그들에 의하면) 이것(=3細)이 제 법이 생기하는 근본이라고 한다. 왜냐하면 이 셋이 바로 아리야식의 '본바탕[體]'이기 때문이다. <첫째(='업상')는 '자체분(自體分)'[266]이고 둘째(=능견상)는 '견분(見分)'이고 셋째(=경계상)는 '상분(相分)'이다.>[267] 그러므로 『유식론』에서 아비달마의 『경』과 게송을 인용하여 "시작이 없는 예부터, 계(界: 제8 아리야식)가[268] 일체의 법들의 의지처가 되며, 이로 인해서 여러 중생의 갈래가 있고 나아가 열반과 열반의 증득이 있다"[269]고 한다. 왜냐하면 유식종에서는 아뢰야식이 진여와 함께 똑같이 '일심'을 근원으로 한다는 것을 밝히지 못했기 때문이다. 또 여래장에 의지하여 아뢰야식을 설명하지 않기 때문이다. 그러므로 교리 내용의 범위[分齊]가 앞의 셋(=1心, 2門, 2義)에 미치

266 '자체분(自體分)': '자증분(自證分)'을 지칭.

267 아뢰야식이 스스로 변하는 데, 이때에 능변(能變)은 '자증분(自證分)'이 되고, 이것이 변하여 생긴 결과 즉 소변(所變)은 '견분(見分)'과 '상분(相分)'이 된다. 자세한 것은 『성유식론』(대정장31, 7b~19a) 참조.

268 계(界): 여기서는 '원인'의 뜻으로 사용. 『대소초』 "言無始時來界者, 界是因義, 指第八識. 無始已來, 爲諸法之因故. ('界'는 '因'의 의미로 제8식을 지칭. 무시이래도 모든 법의 원인인 되기 때문이다.)" (신찬속장9, 0521C).

269 『성유식론』(대정장31, 14a), "無始時來界, 一切法等依, 由此有諸趣, 及涅槃證得."

지 못한다.

四는 依後義하여 生三細하니 一者는 業相이니 以依不覺故로 心動함을 說名爲業이라하나 覺則不動이라 二者는 能見相이니 以依動故로 能見하나 不動하면 則無見이라 三者는 境界相이니 以依能見故로 境界妄現이나 離見하면 則無境界라 <由有無始의 本起無明이니 是故로 動念息念이 皆歸迷悶이라하시는 等이라> 唯識宗教는 唯齊此門하여 以爲諸法生起之本이라 하니 此三은 正是梨耶體故니라 <初卽自體分이요 二卽見分이요 三卽相分이라> 故彼論에 引阿毗達磨經偈하여 云하되 無始時來로 界가 一切法等依하고 由此로 有諸趣와 及涅槃證得이라 하니 以彼宗은 未顯此識이 與眞如로 同以一心爲源이라 又不言依如來藏하여 說爲此識일새 故로 所詮分齊가 不到前之三重하니라

질문: 저들이 말하는 아뢰야식은 이미 여래장을 기준으로 하지 않았다면, 이곳과는 다른데 어찌하여 (교리의 깊이에 대한) 범위[分齊]를 비교할 수 있는가?

대답: 『기신론』의 뒷부분에서 "아뢰야식에 의지하여 무명이 있다고 설하고, (아뢰야식 속에 들어 있는) '진여를 자각하지 못하는 기능[不覺]'이 움직여서 '능견상'과 '경계상'이 나타난다"[270]

270 『대승기신론』(대정장32, 577b), "復次, 生滅因緣者, 所謂衆生

고 했으니, 저와 같기 때문이다.

問이라 彼說賴耶이 旣不約如來藏이면 則與此異이니 何得云是彼分齊耶리오 答이라 由此論後段에 亦云하되 以依阿梨耶識하여 說有無明이며 不覺而起하여 能見能現이라 하니 則同彼故일새라

질문: 『기신론』에서 앞에서는 '무명'에 의지하여 '아뢰야식'이 있다고 설하고, 뒤에 가서는 '아뢰야식'에 의지하여 '무명'이 있다고 했는데, 이 두 문장은 서로 모순되는 것은 아닌가?

問이라 此論에 前說하되 依無明하여 有阿賴耶이라 하고 後云하되 依梨耶하여 有無明이라 하니 豈不二文이 自相柔盾호아

대답: 세 가지 측면에서 해석이 가능하다.

① 첫째 측면의 해석: 여기서 말하는 '아뢰야식'에는 두 가지 '작용[義]'이 있기 때문이다. (①-1 첫째 작용은) 말하자면 '진심'에 의지하여 '불각(不覺)'이 생기고, 이 '불각'이 저 '본각(本覺)'을 요동시켜 마음의 본바탕이 생겼다 사라졌다 해야, 비로소 그것을 아뢰야식의 3상

依心, 意意識轉故. 此義云何, 以依阿梨耶識, 說有無明, 不覺而起能見能現, 能取境界, 起念相續, 故說爲意."

(相)[271]이라고 부른다. (①-2 둘째 작용은) 또 이 '아뢰야식'은 도리어, 저 '무명'과 더불어 그것들의 의지처가 되어준다. 그래서 『기신론』에서 이르기를 "3상(相)과 '불각(不覺)'은 서로 상응하여 떨어지지 않는다"[272]고 했다. 왜냐하면 이를테면 앞에서의 의미는 '미혹' <'불각(不覺)'>에 의지하여 '착각[似]'을 <'아뢰야식'> 일으키니, 즉 진심을 자각하는 못하는 것이 '장식(藏識)'을 이룬다. 한편 뒤에서는, 미혹과 '착각[似]'을 '진실'이라고 오인하니, '아뢰야식'에 의지하여 '무명'이 있다고 한 것이다.

答이라 有三釋이니라 一은 由此梨耶하여 有二義故이니 謂由依眞心하여 有不覺하고 動彼本覺하여 心體起滅함을 方名梨耶三相이라 하며 又卽此梨耶이 還卻與無明으로 爲依하니 故로 論云하되 三相이 與不覺으로 相應不離라 하니라 何者이오 謂前義는 依迷 <不覺> 起似 <梨耶>하니 卽不覺眞心이 成藏識이오 後는 迷似爲實하니 卽依此識하여 有無明이라 하니라

---

271 3상(相): 위에서 말한 '업상', '능견상', '경계상'을 지칭.

272 『대승기신론』(대정장32, 577a), "復次, 依不覺故生三種相, 與彼不覺相應不離. 云何爲三. 一者, 無明業相. 以依不覺故心動, 說名爲業. 覺則不動, 動則有苦, 果不離因故. 二者, 能見相, 以依動故能見, 不動則無見. 三者, 境界相, 以依能見故, 境界妄現, 離見則無境界."

② 둘째 측면의 해석: '아뢰야식'에 두 가지의 기능이 있다. 즉 (진여를) '자각하는 기능[覺義]'과 '자각하지 못하는 기능[不覺義]'이다. 앞부분에서는 근본을 별도로 취급하여 '설(說)'했기 때문에 '각'에 의지하여 '불각'이 있다고 했고, 한편 지금 여기에서는 모두 지위론(地位論)에 입각하여 '논(論)'했기 때문에 아뢰야식에 의지하여 무명이 있다고 했다. 이 두 가지 기능 중에서 '불각'의 기능은 바로 아뢰야식 속에 있으니, 그러므로 '의지한다'고 말할 수 있었다.

二는 云하되 梨耶에 有二義하니 謂覺不覺이라 前은 別就本하여 說할새 故로 云하되 依覺有不覺이라 하고 今은 就都位하여 論할새 故로 云하되 依梨耶하여 有無明이라 하니 此는 卽二義中에 不覺之義가 正在梨耶中일새 故로 得說依也라

③ 셋째 측면의 해석: 이 가운데 '바른 의미[正意]'는 오직 '진심'이 '인연을 따르는 기능'을 취하는 데에 있다. 이렇게 '인연을 따르는 기능'을 무어라 명목을 붙이기가 어렵기 때문이다. 그래서 혹은 아직 일어나지 않은 것에 나아가, '진여'에 의지하여 '무명'이 있다고 설하기도 하며, 혹은 이미 성취되어 일어난 것을 기준으로, '아뢰야식'에 의지하여 '무명'이 있다고 설하기도

한다. 그러나 이 두 이름이 모두 그 기능을 다 설명한다. 그래서 『원각경』의 본문에서는 앞부분과 뒷부분을 서로 엮어 가시면서 말씀하셨을 뿐이다.

三은 云하되 此中正意는 唯取眞心隨緣之義이나 此隨緣義는 難名目일새 故로 或就未起하여 說依眞如하여 有無明이라 하기도 하고 或約成就起已하여 說依梨耶하여 有無明이라 하니 然이나 此二名이 方盡其義할새 是故로 文中前後에 綺互言耳하니라

유식종에서는 위의 '세 측면의 해석'과 '두 가지 기능'[273] 중 각각 오직 뒤의 기능만을 기준으로 하여 '무명'을 설명하였다. 지금도 역시 오직 뒤의 기능만을 지목하여 저들 가르침의 범위[分齊]를 정했다.

唯識은 於三釋二義中에 各唯約後義하여 以說無明하니 今에도 亦唯指後義하여 爲彼分齊하니라

질문: (위의) 「② 둘째 측면에서의 해석」에서 "아뢰야식은 모두 지위론(地位論)에 입각해서 설명했다"고 하여, '각(覺)' <생멸하지 않는 기능>과

273 '세 측면의 해석'과 '두 가지 기능': '세 측면의 해석'은 ①, ②, ③이고, '두 가지 기능'은 아뢰야식에 간직된 '각(覺: 진여를 자각하는 기능)'과 '불각(不覺: 진여를 자각하지 못하는 기능)'의 기능을 지칭.

'불각(不覺)' <생멸하는 기능>의 두 기능을 갖추었다고 했다. 그런데 유식종에서 말하는 아뢰야식은 그저 생멸일 뿐이라고 했는데, 어찌 여기와 같을 수 있겠는가?

대답: 이곳의 통하는 바를 기준으로 삼았고, 저들의 집착하는 바를 기준으로 삼지 않았기 때문이다.

問이라 **中間一釋**에 **云**하되 **梨耶**은 **是都位**이니 **具覺**과 <不生滅>**不覺**의 <生滅> **二義**이나 **唯識中賴耶**은 **但是生滅**이라 하니 **豈同此耶**아 **答**이라 **約此所通**이요 **不約彼執故**일새라

5. 육추(六麤): 지상·상속상·집취상·계명자상·기업상·업계고상

다섯째, 3세의 마지막인 '경계상'에 의지하여 6추(麤)가 생긴다. <미륵장 초반부에서 윤회의 근본을 밝히시는 부분.[274]> (1) 말하자면 첫째는 '지상(智相)'인데, '경계상'에 의지하여 마음이 일어나서 좋음과 싫음을 분별하기 때문이다. <법집이 함께 생긴다.> (2) 둘째는 '상속상(相續相)'인데 '지상'에 의지하기 때문에 즐거움과 괴

---

274 「미륵장」의 「① 끊어야 할 대상을 보여주심」(84~87쪽) 참조.

로움을 자각하는 마음을 내어 망념을 일으켜 그것과 관계함이 계속되기 때문이다. <법집 분별이다.> (3) 셋째는 '집취상(執取相)'인데 '상속상'에 의지하여 (대상 노릇하는) 경계를 반연하며 따져서 괴로움이나 즐거움에 안주하여 마음을 (거기에) 집착하기 때문이다. <아견이 함께 생긴다.> (4) 넷째는 '계명자상(計名字相)'이니 허망한 집착에 의지하여 자상(自相)이 없는 명칭과 언설을 분별하기 때문이다. <아견의 분별이다. 위의 넷은 모두 미혹[惑]이고, 다섯째는 업(業)이고, 여섯째는 고(苦)이니 즉 3악도이다.> (5) 다섯째는 '기업상(起業相)'이니 앞의 '계명자상'에 의지하여 '개념[名]'을 따라가면서 (그 이름에 상응하는 실체가 있다고) 집착하여 여러 가지 업을 짓기 때문이다. (6) 여섯째는 '업계고상(業繫苦相)'이니 업에 의해서 과보를 받아 자유자재하지 못하기 때문이다.

五는 依最後하여 生六麤하니 <彌勒章初에 明輪迴本末하시니라> 謂一者는 智相이니 依於境界하여 心起分別愛與不愛故일새라 <法執이 俱生이라> 二者는 相續相이니 依於智相故로 生其苦樂覺心하여 起念相應不斷故일새라 <法執分別> 三者은 執取相이니 依於相續하여 緣念境界하여 住持苦樂하여 心起著故일새라 <我見이 俱生이라> 四者는 計名字相이니 依於妄執하여 分別假名言相故일새라 <我見의 分別이라 上四는 皆惑이오 五는 業이오 六은 苦이니 卽三道矣라> 五者는 起業相이니 依於名字하여 尋

名取著하여 **造種種業故**일새라 **六者**는 **業繫苦相**이니 **以依業受報**하여 **不自在故**일새라

그러나 '소승'에서 '으뜸으로 삼는 가르침[宗敎]'에서 '드러내는[所詮]'의 범위[分齊]는, 오직 뒤의 '네 종류의 추(麤)'[275]만을 말한다. '인승(人乘)'과 '천승(天乘)'에서는 오직 마지막 다섯째와 여섯째[276]와 일치한다. 여러 '가르침[敎]'의 범위[分齊]가 깊은지 얕은지가 분명하다. 얕은 것은 깊은 것에 이르지 못하지만, 깊은 것은 반드시 얕은 것을 포섭한다.

그러므로 『원각경』은 다섯 겹을 모두 다 설명하고 있음을 알 수 있다. <그런데 5겹 중에서 13법(法)[277]으로 자세하게 논하면, '인승'과 '천승'은 오직 마지막 둘만을 설명하고, '소승'은 마지막 넷만을 설명하고, 『유식론』은 (마지막) 아홉만을 설명하고, 『기신론』은 13 모두를 설명한다.> (제4문의 과목명을 「『원각경』에 드러난 교리 범위가 '매우 깊다'」라고 붙였는데) '매우 깊다'고 표방한 이유가 참으로 여

275 네 종류의 추(麤): '집취상(執取相)', '계명자상(計名字相)', '기업상(起業相)', '업계고상(業繫苦相)'.

276 다섯째는 '기업상(起業相)', 여섯째는 '업계고상(業繫苦相)'.

277 13법(法): ① 일심, ② 진여, ③ 각, ④ 근본불각, ⑤ 업상, ⑥ 능견상, ⑦ 경계상, ⑧ 지상, ⑨ 상속상, ⑩ 집취상, ⑪ 계명자장, ⑫ 기업상, ⑬ 업계고상.

기에 있다.

然이나 小乘宗教의 所詮分齊는 唯後四麤이요 人乘天乘은 唯齊五六이니 諸教分齊深淺이 歷然하니라 淺不至深하고 深必該淺하니 是知圓覺極盡五重이니 <然이나 五重中에 曲論有十三法하면 人乘天乘은 唯詮末二하고 小乘은 有四하고 唯識은 具九하고 起信은 十三하니라> 標云幽深이 良在斯矣니라

제5문 가르침을 입을 만한 근기

1. 적합한 근기를 가려냄
   1) 믿을만한 근기와 이해할 만한 근기를 가려냄
      가) 감당하지 못할 근기
      나) 감당할만한 근기
   2) 수행할만한 근기와 증득할만한 근기를 가려냄
      가) 감당하지 못할 근기
      나) 감당할만한 근기
   3) 종 합
2. 모든 근기를 다 수용함

다섯 번째는 '가르침을 입을 만한[所被]' 근기를 논하는 부분이다. 『원각경』에 의해서 '설명되는[所詮]' 경계는 위에서 말한 것처럼 '매우 깊은' 줄을 알겠다. 그런데 어떤 근기라야 능히 이를 '믿고[信]' '이해하여[解]' '수행하여[行]' '증득[證]'[278] 할까에 대해서는 아직 자세하

278 '믿고[信]' '이해하여[解]' '수행하여[行]' '증득[證]': 『화엄경』 대경(大經)을 분과하는 방식 중의 하나로 '문답상속과(問答相續科)'가 있는데, 이것은 '신·해·행·증'의 갓대로 대경을 분과하는 방식이다. 부처님의 교법을 분석하는 방식으로 널리 활용된다. 즉, ①거과권락생신분(擧果勸樂生信分), ②수인계과생해분(修因契果生解分), ③탁법진수성행분(托法進修成行分), ④의인증입성덕분(依人證入成德分)이다. ①은 제1會에서 40問, ②는 제2회 초의 40問, ③은 제8회 초의 200問, ④는 제9회 초의 60問 등이다. '문답상속과(問答相續科)'를 포함하여 대경의

게 밝히지 못했다. (이제 그것을 밝히겠다.) 만약 (깨닫는) 시간을 기준으로 가려보면, 깨달아 들어감에는 저마다 숙세에 심은 종자에 따라 서로 다르다. 그러나 만약 궁극에 가서 논해보면, 일체의 어느 중생이건 간에 모두 (이 『원각경』의) 가르침을 받을 수 있다.

또 시간을 기준으로 가려내는 데에, 다시 두 경우가 있다. 처음에는 '믿을만한' 근기와 '이해할만한' 근기를 가려내고, 다음에는 '수행할만한' 근기와 '증득할만한' 근기를 가려낸다.

五는 所被機宜者라 此經所詮境界는 旣說如上幽深이나 未委何等根機하여 而能信解修證이라 然이나 約卽時하면 悟入에 各隨宿種不同이니 若就畢竟而論이면 一切無非所被니라 且約卽時하여 料揀者에 又二하니 初는 揀信解之器이오 後는 揀修證之器니라

분과(分科) 방식으로 10종(種)이 있다. 조선 후기부터 강당(講堂)에서는 묵암 최눌(默庵最訥) 강백의 『화엄품목』으로 외워왔다. 참고로 '10종분과'를 소개하면 다음과 같다. ①본분삼과(本分三科), ②문답상속과(問答相續科), ③이문종의과(以文從義科), ④전후섭첩과(前後躡疊科), ⑤전후구쇄과(前後鉤鎖科), ⑥수품장분과(隨品長分科), ⑦수기본회과(隨其本會科), ⑧본말대위과(本末大位科), ⑨본말편수과(本末編收科), ⑩주반무진과(主伴無盡科). 자세한 것은 청량소 『현담』(荒字卷) 참조.

1. 적합한 근기를 가려냄

1) 믿을만한 근기와 이해할만한 근기를 가려냄

첫째는 믿을만한 근기와 이해할만한 근기를 가려낸다. 여기에 둘이 있다.

가) 감당하지 못할 근기

이를테면 명칭이나 형상에 집착하기를 좋아하여 문자로만 해석하려는 부류도 있고, 수행의 지위설에 얽매여 성스런 경지만을 높이 추구하려는 부류도 있고, 마음으로 공(空)을 숭상하여 하는 말마다 무(無)를 공경하는 부류도 있고, 본래부터 깨달았음만을 뽐내어 차츰 수행해나아가는 것을 가벼이 여기거나 싫어하는 부류도 있고, 앞서 들은 것을 고집하여 하찮은 것을 우러르고 귀한 것을 버리는 부류도 있다. 이런 부류들은 『원각경』을 감당할만한 부류가 못된다. 그렇지 않은 부류라면 『원각경』을 감당할만한 근기이다.

『원각경』을 감당하지 못하는 부류 중에는, 견고하게 지켜서 버릴 줄 모르는 자는 '믿음[信]'에 지장을 받고, 그만두어 하려하지 않는 자들은 '이해[解]'에 장애를 받는다. <또한 명예에 의지하여 잇속을 구하려는 자와,

청정하지 못한 심설(心說)을 주장하는 이도, 역시 참다운 '이해[解]'에 장애를 받는다.>

初라 謂樂著名相하여 以文爲解者와 繫滯行位하여 高推聖境者와 情尚於空하여 觸言而賓無者와 自恃天眞하여 輕厭進習者와 固執先聞하여 擔麻棄金者이니 如上은 皆非其器이오 反上은 卽皆是器니라 非器之中에 堅持不捨者는 障於信하고 欲罷不能者는 障於解니라 <又依名求利와 不淨心說도 亦障實解니라>

나) 감당할만한 근기

순서대로 앞에서 말한 부류[279]와 반대되는 사람들은 곧 능히 '믿고[信]' '이해[解]'하여 『원각경』을 감당할만한 근기이다.

如次反上하면 卽能信解하니 名爲器也라

2) 수행할만한 근기와 증득할만한 근기를 가려냄

다음은 수행하여 증득할 수 있는 근기에 대해서 요간(料揀)[280]한다. 여기에 둘이 있다.

279 앞에서 말한 부류: 「가) 감당하지 못할 근기」에서 거론한 부류들.

280 요간(料揀): 해석하여 말하는 것. 의를 분별하여 간택을 더하는 것. 문답을 세워서 해석하는 것을 문답 요간이라 한다. (운허용하, 『불교사전』).

後는 揀修證者라 二라

가) 감당하지 못할 근기

처음은 (이 『원각경』을) 감당하지 못할 근기에 대하여 밝히겠다. 즉 『원각경』 속에서 말 한 아·인·중생·수자 등의 4상을 내는 자가 여기에 속한다. <(이 경우는) '본바탕[體]'과 그 '양상[相]'이 미세하기 때문에, 오직 '수행'하여 '체험'하는 것에는 장애를 받지만, '믿음'과 '이해'에는 장애를 받지 않는다.> 『원각경』의 본문에서 "일체 중생이 네 가지 뒤바뀜을 잘못 알아 실다운 '아(我)'의 본체가 있다고 오인한다. 그렇기 때문에 청정한 원각에 들어가지 못한다. …… 마음을 움직이거나 마음을 쉬는 것이 모두 어리석고 번민스런 결과가 된다. …… 나아가서는 많은 겁을 지나도록 열심히 애써 수도하더라도, (이런 수행은) 티를 내는 짓일 뿐이다. 그래서는 어떤 성스런 과위(果位)도 얻지 못한다"[281] 고 하셨다.

初는 明非器이니 卽經中의 我人衆生壽命等四相이라 <體相微細故로 唯障證入이나 不障信解也니라> 文云하되 一切衆生이 認四顚倒하여 爲實我體할새 由此로 不能入淸淨覺하나니 動念

281 「정업장」의 「1) 미혹이 생긴 이유」(146~148쪽) 참조.

息念이 **皆歸迷悶**이라 하며 **乃至雖經多劫**토록 **勤苦修道**이라도 **但名有爲**언정 **終不能成一切聖果**라 하시니라

나) 감당할만한 근기

다음은 (이 『원각경』을) 감당할 근기에 대하여 밝히겠다. 『원각경』의 본문에서 이르기를 "(수행자는) 반드시 바른 지견을 갖춘 사람을 찾아야 한다. 마음에서 2승의 가르침을 멀리 하고, 네 가지 병이 없는 사람을 반드시 공양하되, 자신의 몸과 목숨을 아끼지 않아야 한다. (그 사람의) 청정한 행동을 봄은 물론 내지는 허물이나 실수를 보더라도 나쁜 마음을 내지 않으면, (이런 수행자는) 마침내 반드시 바른 깨달음을 성취할 것이다"[282]라고 하셨다. <이는 또한 선재동자가 착한 벗을 가까이 하기를 좋아하는 것과 같다. 그래서 그는 (다생이 아닌) 한 생에 보현의 수행을 완전하게 닦았다.>

後는 **明是器**이니 **經云**하시되 **當求正知見人**이니 **心遠二乘法**하고 **離四病者**를 **應當供養**하되 **不惜身命**이니 **見其淸淨**하며 **乃至過患**하여도 **不起惡念**하면 **卽能究竟成就正覺**하리라 <亦如善財童子가 樂親善友인듯하니 故로 得一生圓普賢行也니라>

---

282 「보각장」의 「1) 안목이 있는 스승을 모실 것」(164~166쪽) 참조.

3) 종 합

종합적으로 말해보면, (『원각경』을 감당할만한) 씨앗이 없는 자는 작은 결과를 증득하여 수만 겁의 지위에 오르더라도 역시 깨달음의 세계에는 들어가지 못한다. 그러나 (『원각경』을 감당할만한) 근기에 해당하는 사람은 범속하고 하열하게 살면서 말세에 태어나더라도 능히 깨달음의 세계에 들어갈 수 있다. <예를 들면 『화엄경』에서[283] 설한 것과 같으니, 2승과 6도(度)의 중생들이 모두 8난(難)[284]을 받지 않는다.>

統而言之하면 **非其種者**는 **證小果**하여 **入劫位**라도 **亦不能入**이나 **當其器者**는 **居凡劣**하여 **處末世**라도 **亦能入也**니라 <如華嚴說이니 二乘六度와 不及八難이라>

---

283 『화엄경소』「서」(대정장35, 503a).

284 8난(難): 부처님을 뵙고 법을 듣는 것을 가로막는 여덟 종의 장애. '지옥', '아귀', '축생'에 태어나서 고통이 심해서 불법을 듣지 못하는 3종의 장애, '장수천'과 '울단월'에 태어나서 쾌락에 빠져 불법을 듣지 못하는 2종의 장애, '농아·맹아·천치' 등으로 태어나는 장애, '세지변총'으로 태어나는 장애, '부처님이 세상에 오시기 이전이나 이후'에 태어나는 장애.

2. 모든 근기를 다 수용함

다음에는 결국에는 (모든 중생을) 다 수용하는 것을 밝힌다. 모든 중생이 다 불성을 가지고 있어서, (이 경전의 말씀을) 듣기만 하면 이익을 얻지 못하는 이가 없다. 숙생의 근기가 깊은 자는 '깨달아 들어갈[悟·入]' 것이고, 얕은 자는 '믿어 이해할[信·解]' 것이다. 그러나 전혀 숙세에 종자를 심지 않은 자일지라도 역시 또한 원돈의 종성을 훈습하여 이룩한다. 예를 들면 『화엄경』[285]에서 금강석을 먹는 비유와 같다.

後는 明畢竟普收者라 一切衆生이 皆有佛性하여 但得聞之하면 無不獲益하리라 謂宿機深者는 悟入하고 淺者는 信解하고 都無宿種者도 亦皆熏成圓頓種性하리니 如華嚴經의 食金剛喩하리라

만약 5성(性) 배합을 기준으로 하면, '보살성'과 '부정성'에 해당하는 수행자들에게 가르침을 정면으로 입혀, 관행(觀行)을 닦아 증득해 들어가게 한다. 부수적으로 나머지 종성들에게는 먼 뒷날의 인연을 지어준

285 『화엄경』「여래출현품」(대정장10, 277a). 금강석을 먹으면 결코 소화되지 않고 몸 밖으로 나오듯이, 작은 선근이라도 행하면 반드시 번뇌를 뚫고 구경에는 열반에 이른다는 고사.

다. 그러므로 『원각경』의 본문에서[286] 일일이 과단(科段)을 나누어서 "여러 보살 및 말세 중생을 위하여" 등의 문구가 있는 것이다.

3취(聚) 중에서는 즉 '정정취(正定聚)'[287]를 위해서는 오묘한 수행을 더더욱 증진하게 하고, '부정취(不定聚)'를 위해서는 믿어 닦게 하고, '사정취(邪定聚)'를 위해서는 먼 훗날의 인연이 되게 한다. 그러므로 『원각경』 뒷부분에서 "말세와 미래의 중생들을 삿된 견해에 떨어지지 않게 한다"[288]고 하셨다. <'신훈(新熏)'과 '본유(本有)'의 의미이니, 앞에서[289] 이미 다 설명했다.>

「제5문 가르침을 입을 만한 근기」에 대한 설명을 마친다.

---

286 『원각경』에서 모두 12명의 보살이 등장하여 부처님께 질문을 하는데, 질문을 마치면서 항상 "보살들과 말세의 일체 중생을 위하여 법을 설해주소"라고 청하고 있다.

287 정정취(正定聚): 궁극에는 성불할 수 있는 궤도에 오른 중생. '여래의 가문[(如來種]'에 태어났다고 한다. '부정취'는 어찌 될지 아직 정해지지 않은 중생. 『기신론』에 의하면, '부정취'의 중생들이 업과 과보를 믿고, 10악(惡)을 참회하고, 10선(善)을 닦고, 여러 부처님께 공양하여, 그러기를 1만겁이 지나면 인연에 따라 '출가'하여 '정정취'에 들어갈 수 있다고 한다.

288 「보각장」의 「1. 부처님께 드리는 질문」(162쪽) 참조.

289 앞에서: 「(2) 법상종과 법성종을 회통시킴」(344쪽) 부분 참조.

若約五性配者인댄 正被菩薩及不定性하여 令修觀行하여 證入케하며 兼爲餘性는 作遠因緣할새 故로 經文에 一一科段하여 皆云하시되 爲諸菩薩及末世衆生等이라 하시니라 三聚中에 則爲正定하여 令增妙行케하고 爲不定聚하여 令修信心케하고 爲邪定聚하여 作遠因緣케하니라 故로 下文云하시되 能令未來末世衆生으로 不墮邪見케하시니라 <新熏本有之義이니 前已辨之니라>

所被機竟하니라

제6문 내용을 전달하는 매체의 본성

1. 수상문
   1) 음성이 내용을 전달
   2) 명(名)·구(句)·문(文) 등이 내용을 전달
   3) 음성과 명(名)·구(句)·문(文) 모두가 내용을 전달
   4) 삼라만상 일체가 내용을 전달
   5) 전달되는 내용도 포함하여 이상의 모두가 내용을 전달
2. 유식문
   1) 첫째의 경우
   2) 둘째의 경우
   3) 셋째의 경우
   4) 넷째의 경우
3. 귀성문
   1) 모든 것을 다 진여로 귀속
   2) 부처님의 설법하심과 중생들의 들음을 모두 수용
4. 무애문

여섯 번째는 '내용을 전달하는 매체의 본질적 성질[能詮體性][290]'이 무엇인가를 논하는 부분이다. 이것은 다시 네 부분으로 나누어진다. 첫째는 수상문(隨相門)

290 내용을 전달하는 매체의 본질적 성질[能詮體性]: '능동적으로 전달하는 것[能詮]'은 '가르침[教: śāsana]'이고, 그것에 '의하여 드러나는 것[所詮]'은 '이치[法: dharma]'와 '내용[義: artha]'이다. 한편, 본질적 성질[體性]이란 "물건의 본질을 체(體)라 하고, 체가 변하여 고쳐지지 않는 것을 성(性)이라고 하니, 체가 곧 성이다." (운허용하, 『불교사전』).

이고, 둘째는 유식문(唯識門)이고, 셋째는 귀성문(歸性門)이고, 넷째는 무애문(無碍門)이다.

六은 能詮體性者라 略作四門하니

1. 수상문

첫째는 수상문이다. 여기에 다섯 경우가 있다. <다섯 중에 앞의 셋은 대승과 소승에 모두 해당된다. (그런데 소승과 대승이) 취하고 버림이 다르므로 따로 따로 하나의 주장이 된다.>

一은 隨相門이니 於中有五니라 <五中前三은 通大小乘하나 取捨不同하여 各爲一說이라>

1) 음성(音聲)이 내용을 전달

첫째는 (내용을 전달하는 본질이) 음성(音聲)이라는 입장이다. 여러 부처님들께서 (누군가를) 부르시는 말씀[唱], <소리 내어 부르시는 것.> (상대에게) 하시는 말씀[詞], <말씀.> (사안에 대하여) 평하시는 말씀[評], <이치를 평론하시는 것.> (이치를) 논하시는 말씀[論], <논하여 설명하신 것.> (음악적으로) 내신 음성[語音], <궁, 상, (각, 치, 우) 등.> 말씀의 속뜻[語路],[291] <말씀이 지향하는 곳.>

말씀이 갖는 힘[語業], <말의 (선 또는 악의) 작용.> 말씀의 외적 드러남[語表] <상대로 하여금 견해를 낳게 함.>, (소승에서는) 이것을 '부처님의 가르침'이라고 한다.

그러나 명(名)·구(句)·문(文)[292]은 다만 '부처님의 가르침'이 외적으로 드러난 작용만 드러낼 뿐, 부처님의 '가르침의 본바탕[敎體]'은 아니다. 그렇다고 소리를 떠나서 달리 명(名)·구(句)·문(文) 등이 있는 것이 아니니, '방편[假]'을 포섭하여 '진실[實]'을 쫓아가려는 것이기 때문에 음성을 '가르침의 본바탕[敎體]'이라 할 수 있다.

一音聲爲體니 **諸佛**의 **唱**과 <唱號> **詞**와 <言詞> **評**과 <評量> **論**과 <論說> **語音**과 <宮商等> **語路**와 <語所行處> **語業**과

291 말씀의 속뜻[語路]: 중생들이 사용하는 '비유적인 표현[增語]'을 뜻하는데, 여기에는 두 의미가 있다. 첫째는 각종 명칭이라는 의미인데, '어(語)'보다 외연이 늘어나기 때문이다. 둘째는 '유설의식(有說意識)'의 뜻이다. 소승들은 각종 명칭의 뜻을 취하기보다는, 의식의 뜻만을 사용한다. 그러나 이것은 말의 행처(行處)이며, 역시 입술이나 치아의 움직임일 뿐이다.

292 명(名)·구(句)·문(文): ① 명(名)은 사물의 이름 즉 단어(word)를 지칭, ②구(句)는 문장(phrase)을 지칭, ③문(文)은 '명'과 '구'가 근거하는 음성의 굴곡, 문자 개개의 음절(syllable)을 지칭. 이것들이 2개 이상 결합할 때에 신(身)이라 한다. 명(名)·구(句)·문(文)·신(身)에 대하여, 유부(有部)에서는 그것이 '실유(實有)'라고 하고, 경량부의 영향을 받은 유식(唯識)에서는 그것이 '가유(假有)'라고 한다.

<語用> 語表가 <令他生解> 是謂佛敎라 하나 其名句文은 但顯佛敎作用하여 非佛敎體이나 離聲無別名等일새 攝假從實故니라

2) 명(名)·구(句)·문(文) 등이 내용을 전달

둘째는 (내용을 전달하는 본질은) '명(名)'·'구(句)'·'문(文)' 등이라는 입장이다. 이를테면 차례로 ('명(名)'을) 늘어놓기도 하고, 또는 차례로 ('명(名)'을 늘어놓아 '구(句)'를) 만들기도 하고, 또는 차례로 (이 둘[293]을) 연합하기도 하여 여러 법을 설명한다. ('名'·'句'·'文'은) '자성(自性)'과 '차별(差別)',[294] 이 둘이 의지하는 곳이기 때문이다. '소리'는 '(의미가) 깃들어 의지하는 곳[所依]'일 뿐이지, 참된 '가르침의 본바탕[敎體]'은 아니니, 그저 다만 ('의미'가 드러나도록) 계속 작동하는 원인이기 때문이다. 이를테면 '어(語)'가 '명(名)'·'구(句)'·'문(文)' 등을 일으켜 세우니, '명(名)'·'구(句)'·'문(文)' 등이 비로소 의미를 드러낸다.

(비록 그렇다고는 하지만) '명(名)'·'구(句)'·'문(文)' 등 이 셋은 '음성[聲]'을 떠나서는 비록 별도의 본바탕[體]

293 둘: 명(名)을 배열한 것과, 명(名)을 배열하여 만든 구(句).
294 자성(自性)과 차별(差別): '명(名)'은 '자성(自性)'을 설명[詮]하고, '구(句)'는 '차별(差別)'을 설명[詮]한다.

이 있는 것은 아니라고 하더라도, 방편이냐 진실이냐의 차이는 있으며, 그렇다고 (이 셋은) '음성[聲]'과 상즉(相卽)한 것도 아니다.

그러나 이 경우에는 '본바탕[體]'에서 '작용[用]'이 나오기 때문에, '명(名)'·'구(句)'·'문(文)'으로 그 명칭을 붙이는 것 등이다.

二는 名句文이니 謂次第行列하며 次第安布하며 次第聯合하여 能詮諸法하니 自性差別에 二所依故일새라 聲是所依이오 非正教體이니 但展轉因故로 謂語起名等이니 名等方能顯義이라 此三은 離聲雖無別體이나 而假實異이며 亦不卽聲이니라 今은 以體從用일새 故로 取名等이라

3) 음성과 명(名)·구(句)·문(文) 모두가 내용을 전달

셋째는 앞의 1)과 2)에서 말한 둘 모두가 '내용을 전달하는 것'이라는 입장이다. 앞의 1)과 2)의 두 설이 모두 '교(敎)'와 '리(理)'가 있어 그것을 결정적인 근거로 삼고 있기 때문이다. 『구사론』에서 "석가모니께서 법온(法蘊)을 설하심에 수가 8만이나 된다"[295]고 했다. 거기에서는 '음성[聲]' 혹은 '명(名)'을 '가르침의 본바탕[教

295 『구사론』(대정장29, 6a).

體]'이라 하는데, 이것은 색온(色蘊)이나 행온(行蘊)에 해당한다. 즉 '음성(音聲)'과 '명(名)'·'구(句)'·'문(文)' 모두가 '내용을 전하는 것'이라고 한다. 그러므로 『십지경』에서 허공 속의 '바람'과 '그림'을 비유를 하셨다. 『십지경론』에서 (이 부분을) 해석하여 "'바람'은 '언어[言]'와 '소리[音]'를 비유한 것이고, '그림'은 '기호[文]'와 '문자[字]'를 비유한 것이다"[296]고 했다. 청량 국사는 "나의 생각도 역시 이 둘을 모두 취한다. 만약 앞의 둘의 입장 중에서 어느 쪽을 버리고 어느 쪽을 취하기보다는, 차라리 '명(名)' 등에 의지한다"[297]고 했다. 실은 '음성(音聲)'을 '부처님의 말씀'이라고 바로 취하여 '가르침의 본바탕[敎體]'이라고 받아들인 것이다. 후대로 내려오면서 이것을 죽간이나 비단에 썼으니, 거기에 어찌 '소리'가 있겠으며, 그렇다고 어찌 (죽간이나 비단에) '가르침의 본바탕[敎體]'이 없으리오. (죽간이나 비단에) '쓰인 것[書]'은 '색법(色法)'에 속하며, 역시 '명(名)'·'구(句)'·'문(文)' 등의 의지처가 되어주기 때문이다. <'색(色)'이나 '성(聲)'은 모두 '색법'이다. 모두 실하다.>

296 『십지경론』(대정장26, 129a).
297 『화엄경소』(대정장35, 517c).

三은 雙取爲體라 由前二說皆有教理하고 爲定量故일새라 俱舍云하되 牟尼說法蘊에 數有八十千이라 하니라 彼는 體語或名하니 此는 色行蘊攝하니 卽雙存也라 故十地經에 有空中風畫之喩하시니 本論의 釋에 云하되 風은 喩言音하며 畫는 喩文字라 하니라 淸涼云하되 以余之意도 亦應雙取하니 若就前二하여 有去取者이온 寧依名等이라 하니라 良以音聲으로 正就佛說하며 容爲教體니라 流傳後代하여 書之竹帛하니 曾何有聲이나 豈無教體리오 書是色法이며 亦與名等爲所依故일새라 <色聲은 俱是色法이니 皆實也라>

4) 삼라만상 일체가 내용을 전달

넷째는 삼라만상 일체가 '내용을 전달하는 것'이라는 입장이다. 지식의 대상이 되는 일체의 경계가 모두 (우리들에게) 견해를 내게 하는 기능을 가지고 있으니, 이것들이 모두 '가르침의 본바탕[教體]'이 된다. 예를 들면 『정명경』에서 말씀하신 '광명'과 '먼지' (등을 이용해서 불사를 하는 것과[298]), 『능가경』에서 말씀하신 '몸동작'이나 '직시하는 것' 등으로 (불사를 하는 것[299]) 등이 그것이다.

298 『정명경』「보살행품」(대정장14,533a).
299 『입능가경』「집일체불법품」(대정장16, 534a).

四는 遍於六塵이라 一切所知境界가 總有生解之義하니 悉爲教體라 如淨名의 光明塵勞와 楞伽의 動身直視等이니라

5) '전달되는 내용[所詮]'까지도 포함하여 이상의 모두가 내용을 전달

다섯째는 '전달되는 내용[所詮]'까지도 포함하여,[300] 이상의 모두가 '내용을 전달하는 것'이라는 입장이다. 『유가사지론』에서 "모든 계경(契經)의 '본바탕[體]'에는 간략하게 2종이 있다. 하나는 '문장[文]'이고 다른 하나는 '의미[義]'이다"[301]고 했다. '문장[文]'은 (의미가) '깃드는 곳[所依]'이고 '의미[義]'는 (문장을) '부리는 주체[能依]'이다. 이것[302]은 '가르침[教]'과 '의미[義]'가 서로를 보완하여 서로를 완성시키는 기능을 밝힌 것이다. 만약 '의미[義]'를 드러내시지 못한다면 그런 '문장[文]'은 '가르침[教]'이라 할 수 없다.

五는 通攝所詮體라 瑜伽云하되 諸契經體에는 略有二種이라 一文이고 二義이라 文是所依이고 義是能依니라 此는 明教義

300 포함하여: 이곳에서 5)에서 말하는 '전달되는 내용[所詮]'은 물론, 앞의 1)·2)·3)·4)도 포함하여, 이 모두를 부처님의 '가르침의 본바탕[教體]'으로 삼는다는 뜻이다.

301 『유가사지론』(대정장30, 750a).

302 이것: 『유가사지론』에서 하신 말씀을 지칭.

相成이니 **若不詮義**하시면 **文非教故**일새라

2. 유식문

둘째는 유식문이다. 이를테면 이들은 수상문에서 말한 다섯 종류의 경우를 모두 수용하되, (그것들은) 절대로 '마음[心]'을 떠나서 그것이 있는 것이 아니라고 한다. 『유식론』 등에서 일체 모든 존재는 오직 '여덟 종의 식(識)'이 드러난 것이기 때문이라고 한다. 그런데 모든 가르침을 통일적으로 접근해 보면, '본체가 있다는 주장'과 '그림자일 뿐이라는 주장'을 서로 짝지어 보면 네 경우가 된다.

二는 **唯識門**이라 **謂總收前五**에 **並不離心**이라 하니 **唯識等云**하되 **一切所有**는 **唯識現故**일새라 하니 **然**이나 **通就諸教**하면 **本影相對**하여 **以成四句**하니라

1) 첫째의 경우

첫째는 (수상문에서는) '본체가 있다는 주장'만 하고 '그림자일 뿐이라는 주장'은 안 하는 경우이다. 소승이 여기에 해당한다. 왜냐하면 그들은 모든 게 '오직 식(識)'이라는 것을 모르기 때문이다.

一은 唯本無影이니 謂卽小乘이니 不知唯識故니라

2) 둘째의 경우

둘째는 (수상문에서) '본체가 있다는 주장'도 하고 '그림자일 뿐이라는 주장'도 하는 경우이다. 즉 '대승시교(大乘始敎)'가 여기에 해당한다. 이를테면 부처님께서 잘 설명하시는 '문장[文]'이나 '의미[義]' 같은 것인데, 이런 것은 모두 '묘관찰지'로서 '청정한 식'이 드러난 것으로, 이름 하여 본질적인 '가르침의 본바탕'이라고 한다. <『불지경론』에 "말씀을 듣는 자의 '선근'과 '본원력'과 '증상연(增上緣)'[303]의 힘 때문에, '여래의 식[如來識]' 속에서 '문장[文]'과 '의미[義]'가 상생한다"[304]고 하시니, 이는 '문장[文]'과 '의미[義]'의 상생이다. 이는 부처님께서 저들에게 선근을 잘 일어나게 하시니, (이 경우에도) '부처님의 말씀'이라고 명칭을 붙인다.> 예컨대 (부처님의 말씀을) 듣는 자의 식(識) 위에서 변화되는 문장[文]과 의미[義]를 '그림자 같은 가르침'이라 하는 것과 같은 것이다. <『불지경론』에서 "여래의 '자비'와 '본원력'과 '증상연(增上緣)'의 힘 때문

303 증상연(增上緣): 다른 것이 생겨나는 데 힘을 주어 돕는 '여력증상연(與力增上緣)'과 다른 것이 생겨나는 것을 방해하지 않는 '부장증상연(不障增上緣)'이 있다. 여기서는 전자이다.

304 『불지경론』(대정장26, 291c).

에 ‘중생의 식[衆生識]’ 속에 ‘문장[文]’과 ‘의미[義]’가 상생한다”[305]고 하신다. 이것은 비록 (말씀을 듣는 중생) 자신의 직접적인 선근 때문에 생긴 것이지만, 강한 연(緣)을 취하여 ‘부처님께서 설하신 것[佛說]’이라고 이름 붙였다. 그러므로 『20유식』에서 “증상연의 힘을 더욱 세어지게 하니, ‘여래의 식[如來識]’과 ‘중생의 식[衆生識]’이 나누어진다”[306]고 했다.> 호법 등 논사들이 모두 이런 주장을 했다.

二는 **亦本亦影**이니 **卽大乘始教**라 **謂佛自宣說**하신 **若文若義**이니 **皆是妙觀察智相應**한 **淨識之所顯現**이니 **名本質教**니라 <佛地云하되 聞者의 善根과 本願과 增上緣力으로 如來識上에 文義相生이라 하니 此는 文義相이라 是는 佛이 利他善根所起하니 名爲佛說이라> **若聞者識上**의 **所變文義**를 **名影像教**인듯하니라 <佛地云하되 如來의 慈悲와 本願과 增上緣力으로 衆生識上에 文義相生이라 하니 此는 雖親依自善根하여 起이나 而就强緣하여 名爲佛說이라 故로 二十唯識云하되 展轉增上力하니 二識成決定이니라 하니라> **護法論師等**이 **皆立此義**니라

305 『불지경론』(대정장26, 291c)에는 “如來慈悲本願增上緣力, 聞者識上, 文義相生.”이라고 되어 있다. ‘聞者識上’과 ‘衆生識上’의 차이는 있지만, 의미는 동일.

306 『20유식』(대정장31, 76c).

3) 셋째의 경우

셋째는 (수상문에서) '본체가 있다는 주장'은 안 하고 '그림자일 뿐이라는 주장'만 하는 경우이다. '대승실교(大乘實敎)'가 여기에 해당한다. 중생의 마음을 떠나서는 불과(佛果)에 색(色)과 성(聲)의 공덕도 없다. 오직 '여여함'과 나아가 '여여한 지혜'만이 홀로 존재할 뿐이다. 대비(大悲)와 대지(大智)가 증상연(增上緣)이 되어, 교화의 대상이 될 만 한 근기가 성숙한 중생들에게 (저들의) 마음속에 부처님의 색(色)과 성(聲)을 나타나게 하여 법을 설하는 것이다. 그러므로 성인의 가르침은 오직 중생의 마음속 그림자일 뿐이라는 것이다. <『화엄경』의 게송에서 "여러 부처님들에게 법이 없다. 부처님께서 어찌 설법을 하셨으리요. 다만 (듣는 이가) 스스로의 마음에서 (부처님께서) 이와 같이 법을 설하셨다고 생각할 뿐이다"[307]고 하셨다.> 용군(龍軍)과 견혜(堅慧) 등의 논사들이 모두 이런 주장을 세웠다.

三은 **唯影無本**이라 **謂大乘實教**이니 **離衆生心**이면 **佛果無有色聲功德**이라 **唯有如如**이며 **及如如智獨存**이라 **大悲**와 **大智**로 **爲增上緣**하여 **令彼所化根熟衆生**으로 **心中**에 **現佛色聲**케 하여 **說法**하나니 **是故**로 **聖教**는 **唯是衆生心中**의 **影**

307 『화엄경』「십행품」(대정장10, 102b).

像이라 하니라 <華嚴偈云하되 諸佛無有法이시니 佛於何有說이시리오 但隨其自心하여 謂說如是法也니라> **龍軍堅慧論師等**이 **並立此義**하니라

4) 넷째의 경우

넷째는 (수상문에서) '본체가 있다는 주장'도 안 하고 '그림자일 뿐이라는 주장'도 안 하는 경우이다. '돈교(頓教)'에서 이렇게 주장한다. '심(心)' 외에는 부처님의 '색(色)'과 '성(聲)'도 없으며, 중생들의 마음속에 있는 영상(影像)도 역시 공하다고 한다. '진여자성[性]'은 본래 일체를 떠나 있기 때문이다. 언어를 금지하고 사려를 끊으니, 가르침이 없는 가르침일 뿐이다. <부처님께서 "나는 도를 깨친 이래로 한 글자도 말하지 않았고, 그대들 또한 듣지 못했다"[308]고 하셨다.>

앞에서 말한 네 종류의 설이 모두 그 나름의 이익이 있으니, 낮은 데서 높은 데로 이르면서 중생들을 교화하기 때문이다.

四는 **非本非影**이라 **如頓教說**이니 **非直心外**에는 **無佛色聲**이며 **衆生心內**의 **影像**도 **亦空**이니 **性本離故**일새라 **止言絶慮**하니 **卽無教之教耳**니라 <佛言하시되 我從得道來로 不說一字이며 汝亦

308 이런 말씀은 『대품반야경』의 여러 곳에 보인다.

不聞이라 하시니라> 此前四說이 皆有其益하니 自淺之深히 攝衆生故니라

3. 귀성문

셋째는 귀성문(歸性門)이다. 여기에 둘이 있다. 첫째는 모든 것을 '진여자성[性]'에로 귀속시키는 것이고, 둘째는 '부처님의 설법하심'과 '중생들의 들음' 둘 다를 수용하는 것이다.

三은 歸性門이라 文에 二하니 一은 正攝歸性이요 二는 說聽全收니라

1) 모든 것을 다 진여로 귀속

첫째는 모든 것을 다 진여로 귀속하는 입장이다. 이를테면 이 식(識)은 본바탕이 없어 그것은 오직 진여(眞如)일 뿐이다. 그러므로 『기신론』에서 "그러므로 모든 법은 본래부터 언설의 모습을 떠났고, 명·자(名字)의 모습을 떠났고, 마음의 반연을 떠났다. 결국에는 일심일 뿐이다. 그래서 진여라고 이름 한다"[309]고 했다. 즉 앞에서 말한 심(心)과 경(境)이 모두 동일한 참

309 『기신론』(대정장32, 576a).

다움으로 섭입(攝入)된다는 것이다. 모든 성스런 가르침은 '진여'에서 흘러나오기 때문에 '진여'와 이질적인 것이 아니다. "그러므로 『섭대승론』에서 이름 하여 '진여'라 하는데, 거기에서 흘러나온 것이 12분교이다"[310]고 했고, 『성유식론』에서 이 승류진여(勝流眞如)[311]를 해석하기를, "이를테면 '진여'에서 흘러나온 교법은 다른 교법에 비해 가장 뛰어나기 때문이다"[312]고 했다. 그러므로 알겠다. 여래의 언설은 모두 '진여'에 수순한다는 사실을. <『금강삼매경』「진성공품」에서 "의미[義]와 음성[語]은 문자[文]가 아니다"[313]고 하셨고, 『인왕경』에서 "12부경 모두가 문자를 떠나지 않고 실상을 설하

310 『섭대승론』에서 직접 인용한 것이고, 징관의 『화엄경소』(대정장35, 520b)에서 인용한 것이다.

311 승류진여(勝流眞如): 보살이 3지에서 암둔장(闇鈍障)을 깨닫고 얻는 진여. 진여를 열 종류로 나누지만, 진여 자체는 체험해야 하는 것이기 때문에 어떤 설명이나 분석이 불가능하다. 다만 보살이 10지(地)를 거치면서 진여를 부분적으로 체험하는 공덕에 입각하여 10종으로 가립(假立)한 것이다. ①변행진여(遍行眞如), ②최승진여(最勝眞如), ③승류진여(勝流眞如), ④무섭수진여(無攝受眞如), ⑤유무별진여(類無別眞如), ⑥무염정진여(無染淨眞如), ⑦법무별진여(法無別眞如), ⑧부증감진여(不增減眞如), ⑨지자재소의진여(智自在所依眞如), ⑩업자재등소의진여(業自在等所依眞如).

312 『성유식론』(대정장31, 54b).

313 『금강삼매경』(대정장9, 370c).

신다"[314]고 하셨다.>

初라 謂此識無體하여 唯是眞如故니라 論云하대 是故로 一切法이 從本已來로 離言說相하며 離名字相하며 離心緣相하니 乃至唯是一心일새 故로 名眞如라 하니 卽前之心境同入一實이라 諸聖敎가 從眞流일새 故로 不異於眞이니라 故로 攝論中에 名爲眞如所流을 十二分敎라 하니라 唯識에서 釋勝流眞如云하되 謂此眞如所流敎法은 於餘敎法에 最爲勝故일새라 하니 是知케라 如來言說은 皆順於如함을 <金剛三昧云하시되 義語非文이라 하시고 仁王에 說하시되 十二部皆如라 하시니라>

2) '부처님의 설법하심'과 '중생들의 들음'을 모두 수용

둘째는 '부처님의 설법하심'과 '중생들의 들음'을 모두 수용하는 입장이다. 여기에 4구가 있다.

(1) 첫째는 부처님의 진심 밖에 따로 중생이 없다. 왜냐하면 중생들의 진심이 곧 부처님의 진심이기 때문이다. 즉 (부처님께서는) 오직 설하시기만 하실 뿐 (중

---

314 『인왕호국반야바라밀다경』(대정장8, 839b)의 다음 구절에서 의취한 것이다. "波斯匿王白佛言. 十方諸佛, 一切菩薩, 云何不離文字, 而行實相. 佛言. 大王, 文字者, 謂契經, 應頌, 記別, 諷誦, 自說, 緣起, 譬喩, 本事, 本生, 方廣, 希有, 論議, 所有宣說音聲, 語言, 文字, 章句, 一切皆如, 無非實相. 若取文字相者, 卽非實相."

생들이) 들음은 없다. 그러므로 설하신 가르침은 부처님께서 출현하신 것이다.

(2) 둘째는 중생의 마음 밖에 달리 부처님이 없다는 것이다. 왜냐하면 부처님의 진심이 곧 중생의 진심이기 때문이다. 즉 오직 (중생들의) 들음만 있고 (부처님의) 설하심이 없다. 그러므로 설하신 가르침은 곧 중생 스스로가 드러낸 것이다.

(3) 셋째는 부처님의 진심이 드러날 때에 중생들의 진심이 드러나는 것을 장애하지 않는다. 그러므로 부처님께서 설하심도 중생들의 들음도 둘 다 모두 존재하고 두 가르침이 나란히 성립한다.

(4) 넷째는 부처님 그대로 중생이기 때문에 부처님이 아니고, 중생 그대로가 부처님이기 때문에 중생이 아니다. 서로를 빼앗아서 둘 모두를 지운다. 즉 '설하심'과 '들음'이 여기에서는 모두 적멸해진다. <『정명경』에 "설할 바도 들을 바도 없다"[315]고 하셨다.>

二는 **說聽全收者**라 **又有四句**하니 **一**은 **佛眞心外**에 **無別衆生**이니 **以衆生眞心**이 **卽佛眞心故**일새 **則唯說無聽**이라 **故**로

315 규봉 종밀은 『정명경』이라 했지만, 아마도 『입능가경』의 다음 구절인 듯하다. "復次楞伽王, 譬如壁上, 畫種種相, 一切衆生, 亦復如是. 楞伽王, 一切衆生, 猶如草木, 無業無行. 楞伽王, 一切法非法, 無聞無說." 『입능가경』(대정장16, 518c).

所說教는 唯佛所現이라 二는 衆生心外에 更無別佛이니 以佛眞心이 卽衆生眞心이니 則唯聽無說이라 故로 所說敎은 卽衆生自現이라 三은 佛眞心現時에 不礙衆生眞心現일새 故로 說聽雙存하여 二敎齊立이라 四는 佛卽衆生故로 非佛이며 衆生卽佛故로 非衆生이니 互奪雙亡이라 卽說聽이 斯寂하니라 <淨名云하시되 無說無聞이라 하시니라>

4. 무애문

넷째는 무애문이다. 이를테면 앞에서 말한 세 문(門)에서 말한 심(心)과 경(境), 사(理)와 리(事)는 (一心 위에서 일어나는) 동일한 연기의 현상이므로, 혼융하여 서로 장애됨이 없고, 사귀어 사무쳐서 서로를 섭수하니, 그래서 그것을 '가르침의 본바탕[敎體]'으로 삼는다. 왜냐하면 일심(一心)의 법에 진여문의 측면과 생멸문의 측면이 있기 때문이다. 두 문이 '각각 일체 법을 포섭하기[各攝]'[316] 때문이다. <「제6문 내용을 전달하는 매체의 '본질적 성질[體性]'」에 대한 설명은 여기서 마침.>

316 '각각 일체 법을 포섭하기[各攝]': '심진여문'도 일체법을 포섭하고, '심생멸문'도 일체법을 포섭한다. '공섭(共攝)'도 아니고 '즉섭(卽攝)'도 아니다.

四는 無礙門이라 謂前三門의 心境理事가 同一緣起인지라 混融無礙하고 交徹相攝하여 以爲敎體이니 以一心法에 有眞如生滅二門일새 故로 二皆各攝一切法故라 <敎體竟이라>

第7문 불교의 핵심 종지[宗]와 궁극적 의도[趣]

1. 부처님의 가르침 전체를 대상으로 한 종취론
   1) 부처님의 가르침은 '인연' 법을 숭상
   2) 불멸 후 5종으로 분열
      가) 수상법집종
         ① 아법구유종 ② 무아인연종 ③ 인연단멸종
      나) 진공무상종
      다) 유식법상종
      라) 여래장연기종
      마) 원융구덕종
2. 『원각경』에 국한한 종취론
   1) 총 론
   2) 각 론

일곱 번째는 종·취(宗趣)에 대하여 통론도 하고 또 각론도 하는 부분이다. 해당하는 각 부파에서 숭상하는 것을 '종지[宗]'라 하고, 그 '종지[宗]'에 의해 귀착되는 것을 '취지[趣]'라 한다. 부처님의 가르침 전체를 대상으로 '종지'와 '취지'를 통론하는 경우와, 『원각경』만을 대상으로 '종지'와 '취지'를 각론 하는 경우가 있다.

七은 宗趣通別者라 當部所崇曰宗이오 宗之所歸曰趣니라 通別卽二니라

1. 부처님의 가르침 전체를 대상으로 한 종취론

1) 부처님의 가르침은 '인연'법을 숭상

부처님의 가르침을 통론하면 '인연(因緣)'을 종지[宗]로 삼는다. 이를테면 고래로 여러 대덕[317]들이 판석하기를 유교는 5상(常)[318]을 종지로 삼고, 도교는 '자연(自然)'[319]을 종지로 삼고, 불교는 '인연'을 종지로 삼는다고 했다.

인연에는 두 종류가 있는데, 첫째는 '내적인 인연'이고 둘째는 '외적인 인연'이다. '외적 인연'이란 이를테면, 씨앗이 물과 흙과 사람과 계절이 인연이 되어 싹이 발아하는 거나 또는 흙덩이가 도예공과 승륜의 인연으로 그릇이 완성되는 것과 같다. '내적 인연'이란

---

317 여러 대덕: 멀리는 수나라 시대의 길장(吉藏: 549~623)이 있고 가까이는 종밀의 사부 청량 징관(淸凉澄觀: 738~839)이 있다. 청량은 『대방광불화엄경소연의초』(卷第八)(신찬속장5, 818c~819b)에서 이 문제를 종합적으로 논의했고, 규봉도 이 논의를 수용한다.

318 5상(常): 인(仁)·의(義)·예(禮)·지(智)·신(信).

319 『노자』(제25장)에 의하면 "사람은 땅을 본받고, 땅은 하늘을 본받고, 하늘은 도를 본받고, 도는 자연을 본받는다: 人法地, 地法天, 天法道, 道法自然."고 한다. 『발미록』(신찬속장58~721하)에서는 '법(法)' 자를 '방효(倣效)' 즉 '모방하다', '본뜨다'로 해석한다.

이를테면, 12연기[320]와 같다. 외적인 것은 내적인 것으로 인해 변하고, 본(=내적 인연)과 말(=외적 인연)이 서로를 거두어들이니 이 모두 하나의 연기가 된다. 그러므로 부처의 가르침은 낮은데서 깊은 데에 이르기 까지 일체의 법을 설하시는데 '인(因)'과 '연(緣)' 두 자를 벗어나지 않는다.

初는 通者라 統論佛教한댄 因緣으로 爲宗하니 謂古來로 諸德이 皆判하되 儒宗五常하고 道宗自然하고 釋宗因緣이라 하니라 因緣에 有二하니 一은 內요 二는 外이니 外는 謂穀子가 水土人時하여 而芽得生이며 泥團이 輪繩과 陶師하여 而器得成이라 內는 謂十二因緣이라 外由內變하니 本末相收하여 爲一緣起일새 故로 佛教從淺至深히 說一切法함에 不出因緣二字니라

그런데 여기에 4중(重)이 있다.

(1) 첫째는 인연이기 때문에 생·사(生死)와 성·괴(成壞)가 있다. 『열반경』에서 "내가 모든 행(行)[321]을 관

320 12연기: 법(法)과 법(法) 사이의 연기 관계를 12지(支)로 설명하는 것. ①무명(無明), ②행(行), ③식(識), ④명색(名色), ⑤6입(入), ⑥촉(觸), ⑦수(受), ⑧애(愛), ⑨취(取), ⑩유(有), ⑪생(生), ⑫노사(老死). 이 중, ①, ②는 과거세의 2인(因)이고 ③, ④, ⑤, ⑥, ⑦은 현재세의 5과(果)이며, ⑧, ⑨, ⑩은 현재세의 3(因)이고 ⑪, ⑫는 미래세의 2과(果)이니, 이렇게 12연기설을 설명하는 것을 '삼세양중인과설(三世兩重因果說)'이라 한다.

찰해 보니 (그것들은 모두) 생·주·이·멸하여 무상하다. 그런 줄을 어떻게 아는가? (모든 行은) 인연이기 때문이다"[322]고 하셨다.

(2) 둘째는 인인이기 때문에 공(空)하다. 이를테면 '자생(自生)'도 '타생(他生)'도 '공생(共生)'도 아니라는 것[323] 등이다. 그러므로 '무생(無生)'이라고 한다.[324]

(3) 셋째는 인연이기 때문에 '가(假)'이다. 예컨대 거울에 맺힌 형상이나 수면에 비친 달이 흐르는 것처럼 보이니, '조건[緣]'이 모이면 드러나지 않을 수가 없다.

(4) 인연이기 때문에 '중(中)'이다. 만약 인연을 좇지 않는다면 이는 결정적인 '유(有)'가 되고 결정적인 '무(無)'가 되어 단견(斷見) 또는 상견(常見)의 두 과오를 범한다. 그래서 『중론』에서 "인연에서 생긴 모든 법을

---

321 행(行: saṃskāra): '만들어가'는 작용력. 그런 힘에 의해 '만들어진 것'을 법(法: saṃskṛta)이라 한다. '모든 행'이란 여러 가지 형성력이라는 뜻. 이런 것들은 모두가 무상하고 무아이다.

322 『대반열반경』「성행품」(대정장12, 687b), "善男子. 我觀諸行, 悉皆無常. 云何知耶, 以因緣故."

323 『중론』「관연품」 게송의 이곳저곳에서 인용한 것이다.

324 규봉이 활동하던 당나라 시대에는 '자생(自生)'·'타생(他生)'·'무생(無生)' 등의 문제를 소재로 유·도·불 3교의 교섭과 논쟁이 활발했다. 당시의 논쟁에 대해서는 다음의 논문 참조. 신규탁, 「中國佛敎의 道家批判에 관한 考察-吉藏·澄觀·宗密을 중심으로-」『동양철학』(28집), 서울: 한국동양철학회, 2008.

두고 나는 이를 공하다”[325]고 했다. 역시 “이를 가명이다”[326]고 했고, 또 이를 “중도의 뜻이다”[327]고 했다. <네 구절은 순서대로 앞의 (1), (2), (3), (4)와 대응한다.> 『열반경』에서도 “성문·연각·보살·불 등의 네 품류의 깨달음은 모두 이것(=12인연)을 관찰해서 획득하는 것이기 때문이다”[328]고 했으니, 부처님의 가르침[佛敎]에서 ‘으뜸으로 삼는 것[宗]’은 ‘인연(因緣)’에 모두 수렴된다.

然有四重하니 一은 因緣故로 生死成壞라 涅槃云하시되 我觀諸行하니 生滅無常이라 云何知耶오 以因緣故라 하리니라 二는 因緣故로 卽空이니 謂不自他共生等이라 故로 無生也라 三은 因緣故로 卽假이니 如鏡像水月之流이니 緣會하면 不得不現이라 四는 因緣故로 卽中이니 若言不從因緣이면 卽是定有定無이니 斷常二過일새 故로 中論云하되 因緣所生法을 我說卽是空이라 하며 亦謂是假名이라 하며 亦是中道義라 하니라 <四句는 如次配前四重이니라> 涅槃亦說하되 聲聞等四品菩提가 皆由觀之하여 而得故일새 佛敎之宗은 因緣收盡이니라

---

325 『중론』(대정장30, 33b), “衆因緣生法, 我說卽是空. 何以故, 衆緣具足和合而物生.”

326 『중론』(대정장30, 13a), “答曰. 是業從衆緣生, 假名爲有, 無有決定.”

327 『중론』「관사제품」(대정장30, 33b).

328 『열반경』의 곳곳에서 설하신다.

2) 불멸 후 5종(宗)으로 분열

그런데 만약 부처님이 열반하신 뒤에 성현과 제자들이 서로 배워 익혀 전했던 것을 기준으로 하면, 대승과 소승을 통틀어 종(宗)의 갈래에 다섯이 있다.

然이나 **約佛涅槃後**의 **賢聖弟子**의 **相承傳習**하면 **通大小乘**에 **宗途有五**하니라

가) 수상법집종(隨相法執宗)

첫째는 수상법집종(隨相法執宗)이다. 즉 소승의 여러 논사들이 『아함경』 등의 경전에서 주장하는 것에 의지하여 여러 논을 저술하였다. 그 중에 셋이 있다.

一은 **隨相法執宗**이니 **卽小乘諸師**가 **依阿含等經**의 **所立**하여 **以造諸論**하니 **於中**에 **又三**하니라

① 아법구유종(我法俱有宗)

첫째는 아법구유종(我法俱有宗)이다. <독자부 등이 여기에 속한다.> 5법장(法藏)[329]을 세우니, 이를테면 3세는 무위이고 나아가 아(我)가 있다고 주장한다. 다른 부

329 5법장(法藏): 독자부에서 설하는 ①과거장, ②미래장, ③현재장, ④무위장, ⑤불가설장.

(部)[330]에서는 (이들을) '불법에 붙어있는 외도'라고 부른다.

一은 我法俱有宗이니 <犢子部等이라> 立五法藏하니 謂三世無爲及我라 餘部呼爲하되 附佛法外道라 하니라

② 무아인연종(無我因緣宗)

둘째는 무아인연종(無我因緣宗)이다. <첫째의 수상법집종과 셋째의 유식법상종을 제하고, 남은 여러 부파가 여기에 해당한다.> 일체의 모든 법은 색법과 심법을 벗어나지 않는다. 생멸은 인연을 따라서 생기는 것으로 본래 아(我)란 없다. 그 가운데에 3세와 무위를 주장하기도 하며, 혹은 5류(類)를 나누기도 하고, 혹은 과거와 미래는 없고 오직 현재만 있다 하기도 하고, 혹은 현재 중에도 5온(蘊)만이 실답고 12처(處)와 18계(界)는 허망하다고 하기도 하고, 혹

330 부(部): 석존 입멸 후 ①상좌부와 ②대중부로 교단이 2분 된다. 그 후 ②대중부에서는 다시 일설부, 설출세부, 계윤부, 다문부, 설가부, 제다산부, 서산주부, 북산주부 등 8부로 분열. ①상좌부에서는 다시 설일체유부, 설산부, 독자부, 법상부, 현주부, 정량부, 밀림산부, 화지부, 법장부, 음광부, 경량부 등 10부로 분열. 처음의 상좌부와 대중부 2부와 그 각각에서 분열된 18부를 합쳐서 20부가 된다. 재래의 강원에서는 『이부종륜론(異部宗輪論)』으로 이들의 학설을 암기시켰다.

은 세속은 가립(假立)된 것이고 출세간만이 진실(眞實)이라고 하기도 한다. 그런데 이들의 주장은 모두 아견(我見)이나 사인(邪因)이나 무인(無因)의 오류는 없다. 그러므로 외도들의 주장과는 다르다.

二는 無我因緣宗이라 <除一及三所論諸部이라> 一切諸法은 不離色心이라 生滅은 從緣이니 本無有我라 於中에 或立三世無爲하며 或分五類하며 或無過未唯有現在하며 或現在中에 在蘊爲實하고 在處界假하며 或世俗是假이고 出世爲實이라 하니라 然이나 皆離我及邪因無因일새 故로 異外道니라

③ 인연단명종(因緣但名宗)

셋째는 인연단명종(因緣但名宗)이다. <일설부 등이 여기에 해당한다.> 일체 아(我)와 법(法)은 다만 명목만 있을 뿐이라고 주장한다. 왜냐하면 인연을 쫓아서 생겼기 때문에, 결정된 실체가 없기 때문이다. 예를 들면 쇠의 강한 성질이 불을 만나면 녹는 거와 같으며, 또 물의 유연한 성질이 추위를 만나면 단단해지는 거와 같다. '연(緣)'을 따르면 고정된 실체가 없음을 분명하게 알겠다. 이는 나아가 출세간의 법(法) 또한 역시 가명(假名)일 뿐이다.

三은 因緣但名宗이라 <一說部等이라> 立一切我法은 但有假名이라 由從緣故로 無定實體이니 如鐵之剛이 遇火하면 卽鎔인듯하며 如水之柔가 遇寒하면 卽堅인듯하니라 明知하라 從緣하면 則無定性이라 此는 乃出世도 亦假名耳니라

나) 진공무상종(眞空無相宗)

둘째는 진공무상종(眞空無相宗)이다. 즉 용수와 제파 등이 반야부 등의 경전에 의거하여 세운 것으로, 『중관론』 등의 논을 지었다.

二는 眞空無相宗이니 卽龍樹提婆가 依般若等經하여 所立이니 以造中觀等論이라

다) 유식법상종(唯識法相宗)

셋째는 유식법상종(唯識法相宗)이다. 즉 무착과 천친 등이 『해심밀경』 등에 의지하여 세운 것으로, 『유식론』 등의 논을 지었다.

三은 唯識法相宗이니 卽無著天親이 依解深密等經하여 所立이니 以造唯識等論이라

라) 여래장연기종(如來藏緣起宗)

넷째는 여래장연기종(如來藏緣起宗)이다. 즉 마명과 견혜 등이 『능가경』 등의 『경』에 의지하여 세운 것으로, 『대승기신론』 등의 논을 지었다. 그 가운데에 다시 두 의미가 있다.

四는 **如來藏緣起宗**이니 **卽馬鳴堅慧**가 **依楞伽等經**하여 **所立**이니 **以造起信等論**이라 **於中**에 **復有二義**하니라

(1) 첫째는 '중생의 기능[衆生相]'이 완전히 사라지면 오직 법신만이 남는다. 참으로 정식(情識)이란 본래 공하여서 명·상(名相)이 싹 사라지면, 어느 한 명의 중생도 생사에 유전하는 경우를 볼 수가 없다. 중생이 적멸해지면 즉 이것이 법신이기 때문이다. <『정명경』에서 "일체 중생이 곧 적멸상이다"[331]고 하셨고, 또 "모두 진여이다"고 하셨다. 『열반경』에서 "12인연이 곧 불성이다"[332]고 하셨다. 『기신론』에서 "염상(念想)을 떠난 것이 곧 평등한 법신이다"[333]고 한 것 등이다. 이 경우와 앞의 종파와 비교해서 다른 점은 생략하니 생각해 보면 알 수 있을 것이다.>

---

331 『정명경』(대정장14, 542a), "所以者何. 一切衆生, 卽菩提相. 若彌勒得滅度者, 一切衆生, 亦應滅度."

332 『대반열반경』(대정장12, 803a).

333 『기신론』(대정장32, 576a24).

初는 **衆生相**이 **盡**하면 **唯是法身**이라 **良以情識本空**하여 **名相已盡**하면 **未嘗見一衆生流轉生死**니라 **衆生**이 **寂滅**하면 **卽法身故**니라 <淨名에 云하시되 一切衆生이 卽寂滅相이라 하시며 又云하되 皆如也라 하며 涅槃에 云하시되 十二因緣이 卽是佛性이라 하시며 論에 云하되 離念相者가 卽是平等法身이라 하는 等이라 此與前宗異者는 云云可知리라>

(2) 둘째는 법신이 연기하는 것이 온전히 그대로 중생이다. 이를테면 중생과 부처가 모두 생·멸(生滅)과 유·무(有無)와 선·악(善惡)으로 (드러난 일종의) '대상경계[境]'이다. 참으로 '알음알이[情識]'는 파괴될 수 없으니, 식에 의해서 드러난 내용은 부처가 중생과 같기 때문이다. <『능가경』에서 "여래장이 선과 악의 원인이니 능히 일체의 모든 갈래의 중생들을 두루 일으킨다"[334]고 하셨으며, 『열반경』에서 "불성이 중생의 부류에 따라 가지가지 다른 맛을 이룬다"[335]고 하며, 『부증불멸경』에서 "법신이 5도(道)에 유전하는 것을 이름 하여 중생이다"[336]고 하셨다.>

실로 여래장이란 법신이 번뇌 속에 있는 것을 두고 명칭을 붙인 것이기 때문이다. 만약 번뇌 속

334 『대승입능가경』(대정장16, 619b).

335 『열반경』.

336 『부증불멸경』의 다음의 구절에서 등취한 듯하다. "舍利弗. 卽此法身, 過於恒沙, 無邊煩惱所纏從, 無始世來, 隨順世間, 波浪漂流, 往來生死, 名爲衆生."『부증불멸경』(대정장16, 467b).

에 있는 것과 법신을 기준으로 해서 설명하면, 이 둘(=번뇌와 법신)은 '벗겨짐과-뒤덮임[反覆]'과 '갈마들임과 흩어버림[互奪]'의 관계로서 이 둘(=번뇌와 법신)의 관계를 잘 성립시킨다. <비록 이렇게 두 의미가 있으나, 반드시 둘은 서로를 견주어 알아야 한다. 그러지 않으면 파상종[空宗]이나 법상종[相宗]의 주장과 같아진다. 단 그 가운데에 서로 다른 점만 숭상하기 때문에 둘을 설한다.>

後는 法身緣起가 全是衆生이라 謂衆生及佛이 皆是生滅有無善惡의 境界니라 良以情識은 不破이니 識의 所現은 佛同衆生故일새라 <楞伽에 云하시되 如來藏이 是善不善因이니 能遍興造一切趣生이라 하시며 涅槃에 云하시되 佛性이 隨流하여 成別味라 하시며 不增不減經에 云하시되 法身이 流轉五道를 名曰衆生이라 하시니라> 良由如來藏은 是法身의 在纏之稱일새 故로 約在纏과 及法身하면 反覆互奪하여 曲成此二하니라 <雖有二義이나 必互相知하라 若互不知하면 便同無相及法相宗也하니라 但由於中에 崇尙各異일새 故說二矣하니라>

이 『원각경』은 첫째(=(1))를 종지로 삼으면서, <'오염의 기능[染相]'이 본래 공적하기 때문에 각성의 본원을 획득한다. 그 '속성[義]'은 다른 종(宗)의 설과 같음.> 동시에 둘째(=(2))도 겸한다.

此經은 宗於前門하며 <良由染相은 本寂일새 故得覺性本圓이라 義如別宗說하니라> 兼之後義하니라

마) 원융구덕종(圓融具德宗)

다섯째는 원융구덕종(圓融具德宗)이다. 이를테면 사사무애(事事無礙), 주반구족(主伴具足), 중중무진(重重無盡) 등을 주장하는 것이니, 『화엄경』이 (종지로 삼는 것)이다.

그런데 이 5종(宗)을 앞의 5교(敎)와 대조하면 서로 간에 부족하고 남음이 있다. 이를테면 한 종지[宗]가 여러 교(敎)를 수용하기도 하고, 한 교(敎)가 여러 종지[宗]를 수용하기도 하기 때문이다. 또 교(敎)는 부처님의 뜻을 기준으로 삼았기 때문에 '권교'와 '실교'의 차이가 있게 되었고, 종지[宗]는 중생들의 마음에 맞추다보니 숭상하는 것에 차별이 있기 때문이다. 그래서 '종(宗)'과 '교(敎)'가 서로 그 의미가 같지 않다.[337]

五는 **圓融具德宗**이니 **謂事事無礙**와 **主伴具足**과 **重重無盡**이니 **卽華嚴經**이니라 **然**이나 **此五宗**을 **對前五教**하면 **互有寬狹**하니 **謂一宗**이 **容有多教**하기도 하며 **一教**가 **容具多宗故**일새니라 **又教**는 **約佛意**하여 **權實有殊**하며 **宗**은 **就人心**하여 **所尙差別**일새 **故宗與教**가 **其旨不同**하니라

337 이 부분은 '종(宗)'과 '교(敎)'에 대한 교학적 정의를 보여주는 대목이다.

2. 『원각경』에 국한한 종취론

1) 총 론

『원각경』은 심(心)과 경(境)이 공적하고, 각(覺)과 성(性)이 원만하고, 범부와 성인이 평등한 것을 '종지[宗]'로 삼으며, 수행자로 하여금 '알음알이[情識]'을 잊고 부처와 동등해져서 관행(觀行)을 속히 완성시키는 것으로 '취지[趣]'를 삼는다.

이를테면 마음이 전도되어 경계를 잘못 인식하는 것이, 마치 '흔들리는 것이 귀신인 줄 알고[杌鬼]', '새끼줄이 뱀인 줄 아는 것[繩蛇]'과 같아서, (그것들은) 원래 공적하여 실체가 없는 것이지 (그것들을) 소멸 제거하는 작용을 만나서 비로소 (그것들이) 소멸되는 것이 아니다. <(『원각경』의) 본문에서 "작(作)하여 없어지는 것이 아니다"[338]고 말씀하시는 등이다.> (또, 그것들은) '타자에 의존해서 생긴 것[依他]'으로, 물속의 달이나 거울에 맺힌 영상이다. (또, 그것들은) 전체가 그대로 '원성실성'이다. <"4대(大)가 변함없으므로 '깨달음의 성품[覺性]'도 평등하여 변함이 없다"[339]는 등등이다.>

그러므로 범부와 성인의 영각진심(靈覺眞心)이 본래

338 「문수장」의 「3) 잘못을 고쳐주심」(29쪽) 참조.
339 「보안장」의 「(1) 진공절상관」(56~59쪽) 참조.

청정원만하다. <"원각이 밝기 때문에 …… 나아가서는 근과 진과 4대가 법계에 두루 가득하다"[340]는 것 등이다.> 수행자가 이와 같이 알아 깨치면, 자연 자기를 잊고 <"이것이 허공 꽃인 줄을 '알아차리기'만 하면 곧 바로 윤회에서 벗어난다"[341]는 등의 이야기와, 또 "무상한 육신이 소멸하기 때문에 무상한 마음도 소멸한다"[342]는 등의 이야기가 그것이다.> '알음알이[情識]'를 잊는다. <즉 매이거나 벗어나는 등등의 여덟 가지의 경우[343]를 잊는다.[344]> '알음알이[情識]'가 사라지면 부처의 마음과 동등해지니, 부처와 같아지는 것으로 '참된 관행(觀行)'을 삼는다. <즉 보안관(普眼觀)[345]이 완성되면 부처와 같아진다.>

또한 앞의 이야기를 쇠사슬처럼 연결하여 세 겹[重]의 종·취(宗趣)를 구성할 수 있다. 이를테면 ① 이상에서 말한 것을 종지[宗]로 삼아, 수행자에게 '알음알이

---

340 「보안장」의 「(2) 이사무애법계관」(60~61쪽) 참조.
341 「문수장」「3) 잘못을 고쳐주심」(29쪽) 참조.
342 「보안장」의 「(b) 법공을 밝힘」(51쪽) 참조.
343 법에 매이지도 않고, 법에서 벗어나길 바라지도 않고, 생사를 싫어하지도 않고, 열반을 좋아하지도 않고, 계율 지킴을 공경하지도 않고, 계율 어기는 것을 미워하지도 않고, 오래 수행한 것을 중히 여기지도 않고, 초학자를 가벼이 여기지도 않는다.
344 「보안장」의 「가) 마음 씀씀이가 같아짐」(62쪽) 참조.
345 보안관(普眼觀): 「보안장」(45~67쪽)에서 수행의 점차에 답하신 내용 자체를 하나의 관법이다.

[情識]'를 잊고 부처와 같아지는 것을 취지[趣]로 삼게 한다. ② 다음, '알음알이[情識]'를 잊고 부처와 같아지는 것을 종지[宗]로 삼아, 관행(觀行)을 속히 완성하는 것으로 취지[趣]를 삼는다. ③ 다음, 앞의 취지[趣]를 종지[宗]로 삼아, 혹(惑)과 업(業)이 소멸하여 <"몸과 마음의 객진 번뇌가 이로 인해 영원히 소멸한다"[346]는 등이다.> 윤회를 영원히 끊어 <"이것이 허공 꽃인 줄 '알아차리기'만 하면 곧 바로 윤회에서 벗어난다"[347]는 등이다.> 위대한 신통 묘용을 일으켜 <"처음에는 한 몸을 청정하게 하여 나중에 온 세계에 이르며, 깨침[覺] 또한 그와 같다"[348]는 등이다.> 안락하고 <"문득 마음이 편안하고 안정되고 거뜬해짐이 생긴다"[349]는 등이며, 또 "세 가지 일을 빠짐없이 증득하기 때문에 궁극적인 열반이라 한다."[350]> 자유자재함을 <"장애와 장애 없는 경계를 완전히 초월한다. …… 번뇌에도 열반에도 어디에도 걸림이 없다."[351]> 취지[趣]로 <이상의 활주에서 인용한 내용은 모두 관법(觀法)의 완성과 그것의 효능을 말하는 등과 관련된 본문이다.> 삼는다.

---

346 「위덕장」의 「가) 사마타[寂靜]」(114~115쪽) 참조.
347 「문수장」의 「3) 잘못을 고쳐주심」(29쪽) 참조
348 「보안장」의 「(1) 진공절상관」(54~59쪽) 참조.
349 「위덕장」의 「가) 사마타[寂靜]」(115쪽) 참조.
350 「위덕장」의 「5. 게송으로 요약하심」(122쪽) 참조.
351 「위덕장」의 「다) 선나[寂滅]」(118~119쪽) 참조.

後는 別明此經者라 又有總別하니 總以心境이 空寂하고 覺性이 圓滿하여 凡聖平等으로 爲宗하며 令修行者로 忘情等佛케하여 觀行速成으로 爲趣하니라 謂倒心妄境은 如杌鬼繩蛇인듯하여 元自空無이요 不待除滅이니라 <文에 云하되 非作故無等이라> 依他는 水月鏡像인듯하며 全體는 卽是圓成이라 <四大不動故로 覺性不動等이라> 故凡聖의 靈覺眞心은 本來로 淸淨圓滿하니라 <覺圓明故로 乃至根塵四大가 遍滿法界等이니라> 行者가 如斯了悟하면 自然喪己하며 <知是空華하면 卽無輪轉等이라 又幻身이 滅故로 幻心이 亦滅하니라> 忘情하니라 <卽縛脫等의 八不이라> 情忘하면 卽等佛心하니 等佛을 爲眞觀行이라 하니라 <卽普眼觀成하면 同佛이니라> 亦可鉤鎖前文하여 成三重宗趣하니 謂如上을 爲宗하고 令修行者로 忘情等佛을 爲趣하며 又忘情等佛을 爲宗하고 令觀行으로 速成爲趣하며 又前趣로 爲宗하고 令惑業이 消滅하여 <身心客塵이 從此로 永滅하니라 等이라> 永絶輪迴하고 <知彼如空華하면 卽免流轉하니라 等이라> 起大神用하여 <初에 淨一身으로 至一世界하니 覺亦如是하니라 等이라> 安樂과 <便能內發寂滅輕安하니라 等이며 又云하되 三事圓證故로 名究竟涅槃也하니라> 自在로 <永得超過礙無礙境하여 煩惱와 涅槃이 不相留礙하니라> 爲趣하니라 <上에 所注引은 皆觀成功用等文이라>

2) 각 론

다섯 '쌍[對]'으로 설명할 수 있다. (1) 첫째는 교(敎: sāsana) 와 의(義: artha)의 쌍이다. 교설(敎說)이 '종지

[宗]'가 되고 의의(義意)가 '취지[趣]'가 된다. (2) 둘째는 사(事)와 리(理)의 쌍이다. 사(事)를 거론하는 것으로 '종지[宗]'로 삼고 리(理)를 드러내는 것으로 '취지[趣]'로 삼는다. (3) 셋째는 '경(境)'과 '행(行)'의 쌍이다. '리경(理境)'을 '종지[宗]'로 삼고 '관행(觀行)'을 '취지[趣]'로 삼는다. (4) 넷째는 '행(行)'과 '적(寂)'의 쌍이다. '관행(觀行)'을 '종지[宗]'로 삼고 '관행을 끊어버림[絶觀]'을 '취지[趣]'로 삼는다. (5) 다섯째는 '적(寂)'과 '용(用)'의 쌍이다. '관행을 끊어버림[絶觀]'과 '마음을 공적하게 함[心寂]'을 '종지[宗]'로 삼고, 크고 '신묘한 큰 작용'을 '취지[趣]'로 삼는다. 이 다섯 쌍 또한 앞의 쌍으로 말미암아 뒤의 쌍이 일어나면서 점점 서로 말미암게 된다.

別者는 有五對하니 一은 敎義對이니 敎說이 爲宗이요 義意가 爲趣니라 二는 事理對니 擧事가 爲宗이요 顯理가 爲趣니라 三은 境行對이니 理境이 爲宗이요 觀行이 爲趣니라 四는 行寂對이니 觀行이 爲宗이요 絶觀이 爲趣라 五는 寂用對이니 絶觀心寂이 爲宗이요 起大神用이 爲趣니라 此五도 亦是從前起後하여 漸漸相由矣니라

제8문 수행해서 체험하는 단계의 차이

1. 수행과 체험

여덟 번째는 수행해서 체험하는 단계의 차이를 논하는 부분이다. 이를테면 만약 '가르침의 문헌[教文]'만을 기준으로 하면, 그저 '이론적인 해석[義解]'만 낳을 뿐이다. 말이나 글자를 털어버리고 수행하는 데에도 역시 방법이 있다.

八은 修證階差者라 謂若但約教文하면 唯生義解어니와 忘詮修證에 復有其門하니

1) 선종 조사의 경우[352]

그러므로 마음에서 마음으로 전하여 대대로 끊이지 않았다. 부처님께서 가섭에게 유촉하신 이래로 지금에 이르도록 등불과 등불이 전해 내려와 밝고 밝아 다함이 없었다.[353]

그런데 처음의 다섯 스승들[354]은 3장(藏)을 겸했으나, 우바국다 뒤로는 율(律)에 관한 가르침은 별도로 유행했고[355], 계빈 삼장[356] 이래로는 그저 심지(心地) 법

---

352 당나라 시대의 선종에 관한 규봉 종밀의 저술로는 『중화전심지선문사자승습도(中華傳心地禪門師資承襲圖)』가 있다. 이 책은 『화엄과 선』(신규탁 편역, 서울: 정우서적, 2013 재판) 속에 한글로 역주(譯註)되어 있다.

353 서천의 28조: 여러 설이 있지만, 규봉 종밀은 『대소초』(신찬속장9, 531a~532c)에서 『부법장전(付法藏傳)』을 인용하여 다음과 같이 소개하고 있다. 제1조 마하가섭→제2조 아난→제3조 상나화수→제4조 우바국다→제5조 제다가→제6조 미차가→제7조 불타난제→제8조 불타밀다→제9조 협 존자→제10조 부나야사→제11조 마명대사→제12조 비라존자→제13조 용수보살→제14조 가나제바→제15조 라후라→제16조 승가난제→제17조 승가야사→제18조 구마라다→제19조 사야다→제20조 바수반두→제21조 마노라→제22조 학륵나야차→제23조 사자비구→제24조 사나파사→제25조 우바굴→제26조 바수밀→제27조 승가나차→제28조 달마다라.

354 처음의 다섯 스승들: 제1조에서 제5조 까지.

355 제5조 제다가로 부터 제23조 사자에 이르기 까지는 단지 선문(禪門)과 대승경론만 전수되었다.

문만 전하였고, 황매 문하에 남북이 또 갈라졌다.[357] 비록 전하는 사람은 한 명이지만 옆에서 나오는 계통이 자주 있었다.

(저들의 가르침이) '한맛[一味]'에 이르게 하지만, (각각의) 주장에 따라 종파가 많다. 이제 그것을 간략하게 서술하여 <단, 근기에 따라 활용할 수 있는 수행법만을 서술하고, 삿되고 편벽한 부류는 서술하지 않는다.> '원각'에로 회통하겠다. <이『경』이 처음과 끝에서 '수행해서 체험하는 것[修證]'에 대해서만 밝히시겠다고 했기 때문에, 여러 선종만을 서술하여 그것을('원각' 속으로) 회통함.>

故로 以心傳心이 歷代不絕하니 自佛이 囑迦葉하심으로 展轉于今하여 燈燈相承하여 明明無盡하니 然이나 初五師는 兼之三藏하고 鞠多之後는 律教別行하여 罽賓已來로 唯傳心地하고 黃梅門下에 南北又分하니 雖繼之一人이나 而屢有傍出이라 致令一味케하나 隨計多宗이라 今略敘之하여 <但敘隨機可用者하고 不敘邪辟之流也라> 會通圓覺하리라 <由此經首末에 偏明修證할새 故로 敘諸禪宗以會之하리라>

---

356 계빈 삼장: 제23조 사자 비구.

357 중국의 7조: 초조달마→제2조 혜가→제3조 승찬→제4조 도신→제5조 홍인→제6조 혜능→제7조 신회. 이 중에서 황매산의 홍인 문하에서 남북이 갈려, 신수는 북종을, 혜능은 남종을 전승시킨다.

(신수 등 북종[358]에서는) 혹은 번뇌를 털어 청정함을 살피고, 방편으로 경전을 연구하기도 하며, (지선의 정중종[359]에서는) 무억(無憶)·무념(無念)·막망(莫妄)하라고 하고, 마음씀씀이 그대로가 계(戒)·정(定)·혜(慧) 3학(學)이라고 하며, (노안의 보당종[360]에서는) 교학이나 수행에 구애됨이 없고[361] '알음알이[識]'를 없애라[362] 하기도 하고, (마조의 홍주종[363]에서는) 부딪치는 대상마다 모두

358 신수(神秀: 606~706) 등 북종(北宗): 북종의 선사상에 대해서 규봉 종밀은 『습유문』(신찬속장63, 33a)에서는 '磨拂昏塵: 마음의 때를 닦고 턴다'로, 『도서』(대정장48, 402c)에서는 '息忘修心: 번뇌를 쉬고 마음을 닦는다'로 각각 소개하고 있다.

359 지선(智詵: 609~702)의 정중종(淨衆宗): 5조 홍인에게 수학. 제자로 처적(處寂)이 있고, 그 제자에 익주의 김 화상(金和尙)이 있다. 김 화상은 성도 정중사(淨衆寺)에서 선법을 날렸다.

360 노안(老安)의 보당종(保唐宗): 노안은 5조 홍인의 방계 제자. 노안의 제자로 진초장(속인)이 있고, 그의 제자에 보당사의 무주(無住)가 있다.

361 교학이나 수행에 구애됨이 없고: 삭발하자마자 '7조(條) 가사'를 수하고 금계를 지키지 않는다. 예참이나 독경이나 사불(寫佛) 등 일체의 의식을 거부한다.

362 '알음알이[識]'를 없애라: 이들은 생사윤회는 모두 마음을 쓰기 때문이라고 한다. 마음을 쓰지 않아야 참이고, 무분별이 진정한 도라고 한다.

363 마조(馬祖: 709~788)의 홍주종(洪州宗): 혜능의 방계 제자에 남악 회양이 있고, 회양의 제자에 마조가 있다. 뒷날 장안을 중심으로 하는 하택종이 몰락하면서 홍주종은 남종의 정통이 되었다. 이들의 선사상에 대해 규봉 종밀은 '任心: 마음에 내맡김', '任運自在: 마음 내키는 대로 함' 그리고 '天眞自然: 있

가 진리[道]라고 하여 마음대로 내맡기기도 하고, (법융의 우두종[364]은) 본래 일삼을 것이 없으니 그저 '알음알이[情]'만을 없애라 하기도 하고, (선습의 남산 염불 선종[365]에서는) 향불을 전하는 (참회 의식)을 바탕으로 '불상(佛像)을 마음에 담게[存想]' 하기도 하고, (신회의 하택종[366]에서는) '고요한 인지 작용[寂知]'이 '본바탕[體]'임을 천명하여 '무념(無念)'을 으뜸으로 삼기도 한다.

(이런 등등의 수행법에 대해 나 종밀이 생각하건대) 앞의 잘못을 두루두루 버리고 통합하여 수용하면 (어떤 부

는 그대로 함'이라고 비평한다.

364 법융(法融: 594~657)의 우두종(牛頭宗): 4조 도신의 제자로 남경의 우두산을 근거지로 삼아 선풍을 드날림. 종밀은 우두종의 선사상을 『습유문』에서는 '喪己忘情'으로, 『도서』에서는 '泯絶無寄'라고 소개한다.

365 선습(宣什)의 남산 염불 선종(南山念佛禪宗): 선습(宣什)은 5조 홍인의 제자.

366 신회(神會: 670~762)의 하택종(荷澤宗): 6조 대통 신수를 제치고 혜능을 선종의 6대 조사로 만든 장본인. 20세기 초 중국 돈황에서 선문헌이 발굴되면서 그의 저서가 세상에 알려진다. 규봉 종밀에 따르면 하택종에서는 '공적지심(空寂之心), 영지불매(靈知不昧)', '적지(寂知)', '영지지심(靈知之心)' 등을 긍정의 논법으로 중생의 마음을 정확하게 밝혀주기 때문에, 선종의 정통이라고 한다. 『남양화상돈교해탈선문직료단어』, 『남양화상문답잡징의』, 『보리달마남종정시비론』 등이 있다. 이것들이 다음의 한 책에 소개되어 열람을 편하게 한다. 楊曾文 編校, 『神會和尚禪話錄』, 北京: 中華書局出版, 1996年.

류의 수행이던) 모두 다 옳다. <코끼리의 몸을 더듬는 비유와 같다.>

有拂塵看淨하여 方便通經하며 有三句用心하니 謂戒定慧이며 有教行不拘하여 而滅識하며 有觸類是道하여 而任心하며 有本無事하여 而忘情하며 有籍傳香하여 而存佛하며 有寂知指體하여 無念爲宗하니 遍離前非하여 統收하면 俱是이라 <象體라>

2) 수행의 요점을 서술

가) 수행의 핵심을 서술

위의 여러 주장은 '정(定)-혜(慧)', '오(悟)-수(修)', '돈(頓)-점(漸)'의 (범주를) 벗어나지 않는다.

上之諸宗이 不出定慧와 悟修와 頓漸하니

나) '정-혜'의 짝으로 서술

'선정[定]'도 없고 '지혜[慧]'도 없으면, 이는 미친 것이고 어리석은 것이다. (정과 혜의) 어느 한쪽만을 닦으면 무명이 되거나 사견이 된다. 이 둘을 양쪽 모두 실천해야 둘을 모두 만족한 존귀한 존재가 된다. 그러므로 천태의 수행법은 지(止)와 관(觀)을 으뜸[宗]으로 삼았다.

無定無慧하면 **是狂是愚**이오 **偏修一門**하면 **無明邪見**이리니 **此二**를 **雙運**하여야 **成兩足尊**일새 **故**로 **天台修行**이 **宗於止觀**하니라

다) '돈-점'과 '수-증'의 짝으로 서술[367]

'돈(頓)-점(漸)'과 '오(悟)-수(修)'의 짝을 보자.

돈오-<태양의 떠오름. 어린애의 태어남.> 점수에서의 <서리가 녹는 것. 어린애가 성장하는 것.> (깨달음[悟]은) '이론적 깨달음[解悟]'이다. 점수-돈오와, <벌목하는 일. 성곽 안으로 들어가는 것.> 돈수-점오와, <(청동) 거울을 가는 것. 활 쏘는 일을 배우는 것.> 점수-점오에서의 (깨달음[悟]은) <9층의 누각을 (한 층 한 층) 오르는 것 같다. 점점 높이 올라갈수록 점차 멀리 보인다.> 모두 '체험적 깨달음[證悟]'이다.

만약 돈오-돈수를 <한 타래의 실을 단칼에 베어버리는 것. 한 타래의 실을 (통째로) 물들이니 온 가닥의 실이 전부

---

367 모두 아홉 짝으로 이루어진 조합으로 예부터 <9대돈점(九對頓漸)>이라 불러왔다. 이 책에 소개된 순서에 따라 각 조 별로 살펴보기로 한다. ①돈오점수(이 경우의 悟는 解悟), ②점수돈오(이 경우의 悟는 證悟), ③돈수돈오(이 경우의 悟는 證悟), ④점수점오(이 경우의 悟는 證悟), ⑤돈오돈수(先悟後修의 경우는 解悟), ⑥돈오돈수(先修後悟의 경우는 證悟), ⑦돈오돈수(悟와 修를 동시에 하면 解悟·證悟 모두에 해당), ⑧오수일체(悟와 修를 동시에 하면 解悟·證悟 모두에 해당), ⑨『능가경』의 4돈 4점(이 경우의 悟는 證悟).

물드는 것.> 말할 것 같으면, 세 뜻에 모두 통한다. 이를테면 먼저 깨닫고 <분명하게 깨달음> 뒤에 수행하는 경우는 <깨달아서 도와 분명하게 합일이 됨> 해오(解悟)이고, 먼저 수행하고 <약을 먹으니> 뒤에 깨달으면 <병이 치료되는 것.> 증오(證悟)이다. 수행과 <무심. 비춘다는 생각도 없음.> 깨달음이 <고요한 지혜를 마음 가는대로 움직인다.> 동시(同時)이면 해오(解悟)와 증오(證悟)에 모두 통한다.

만약 일체 모든 부처의 덕을 본래부터 간직한 것을 '깨달음[悟]'이라고 명명(命名)하면, <넓은 바닷물을 마시는 것과 같음> 한 생각 속에서 만 가지 수행을 다 하는 것도 <모든 강물의 맛을 맛볼 수 있음> '수행[修]'이라고 할 수 있다. 이 경우는 해오(解悟)와 증오(證悟)에 모두 통한다.

만약 『능가경』[368]에서 10지(地) 이전의 <10信, 10住, 10行, 10回向으로 올라가는> 네 가지 '점차적인 것[漸]'과, <암마라 열매가 익는 것과, 도자기가 완성되는 것과, 땅에서 (식물이) 자라는 것과, 기예를 점점 배워가는 것 등이다.> 성인 지위의 <초지, 8지. 보신, 법신 지위의 획득 등.> 네 가지 '단박에 하는 것[頓]'을 <깨끗한 거울에 물상이 비치고,

---

368 『능가경』(대정장16, 485c).

해와 달이 물체의 모양과 색깔을 비추고, 아뢰야식이 대상을 인식하고, 부처의 광명이 밝게 비추는 것 등.> 기준으로 하면, 수행은 '점차적인 것[漸]'이 되고, 이치를 깨닫는 것은 '단박에 하는 것[頓]'이라고 명명(命名)할 수 있다.

其頓漸悟修者는 頓悟 <日出과 孩生이라> 漸修는 <霜消와 孩長이라> 爲解悟이오 漸修頓悟와 <伐木과 入都라> 頓修漸悟와 <磨鏡과 學射라> 漸修漸悟는 <如登九層之臺하여 足履가 漸高하면 所鑒이 漸遠하니라> 並爲證悟이니 若云頓悟頓修는 <斬染綟絲> 則通三義하니 謂先悟 <廓然頓了> 後修는 <不著不證해서 曠然合道이라> 爲解悟이오 先修 <服藥> 後悟는 <病除> 爲證悟이오 修 <無心忘照> 悟 <任運寂知> 一時는 卽通解證하니라 若云本具一切佛德으로 爲悟하고 <如飮大海> 一念萬行으로 爲修하여도 <得百川味> 亦通解證하니라 若約楞伽地前 <信住行向>의 四漸과 <菴羅熟과 陶器成과 大地生과 習藝就이라> 聖位의 <初地와 八地와 報身과 法身이라> 四頓하면 <明鏡現物과 日月照色과 藏識知境과 佛光然曜라> 則修行은 爲漸이오 證理는 名頓이라

3) 『원각경』으로 수행과 체험의 문제를 회통

이 『원각경』은 앞의 여러 설을 갖추고 있다. 이를테면 「문수장」은 '단박에 이론적으로 깨닫는 것[頓解悟]'이며, 「보안장」에서의 관행(觀行)의 성취는 '단박에 체험적으로 깨닫는 것[頓證悟]'이고, 3관(觀)의 근본<「위

덕장」.>과 지말<「변음장」.>은 '점차적으로 체험적으로 깨닫는 것[漸證悟]'이다. 또 「보안장」의 관행(觀行)은 '이론적인 깨달음[解悟]'과 '체험적인 깨달음[證悟]'에 모두 해당한다. 또 3관을 설하실 때에 매번 처음에 청정한 원각을 깨칠 것을 표방하시고, 다음에 행상을 밝히시고, 뒤에 공덕의 완성을 드러내셨다. 처음과 가운데를 짝지으면 이는 '돈오-점수'이며, 가운데와 뒤를 짝지으면 이는 '점수-돈오'이다. <또 「보안장」의 관행에서는 '점수-돈오'를 보여주심.> 3기(期) 도량 수행은 '점수-점오'이다. 「보현장」의 뒷 문단[369]은 '돈오-돈수'이다. <또 「청정혜장」에 마음을 쉬어 단박에 체험한다고 하신 것.> 다시 그밖에 나머지 부분은 자세하게 설명하지는 않겠다.

此圓覺經이 **備前諸說**하니 **謂文殊一章**은 **是頓解悟**요 **普眼觀成**은 **是頓證悟**이요 **三觀本**<威德章>**末**<辨音章>은 **是漸證悟**이라 **又普眼觀**은 **通於解證**하고 **又三觀**에 **一一首標悟淨圓覺**하시고 **次明行相**하시고 **後顯成功**하시니 **初中爲對**하면 **是**는 **頓悟漸修**요 **中後爲對**하면 **是**는 **漸修頓悟**이니라 <又普眼觀示漸修頓悟> **三期道場**은 **是**는 **漸修漸悟**이요 **普賢後段**은 **是**는 **頓悟頓修**니라 <又淸淨慧章有忘心頓證> **更有餘文**은 **不能繁述**하니

369 「보현장」의 「4) 돈오하면 될 뿐 점수는 필요 없음」(42~43쪽) 참조.

2. 오해의 요소를 제거

이런 등의 '돈-점'은 모두 (깨침과 닦음에 대한) '마음 씀씀이[用心]'를 말한 것이다. 이것은 앞 (=「제3문 권교와 실교의 비교 분석」)과 다르다.[370] 거기서는 교상(敎相)을 판석(判釋)한 것이다.

此等頓漸은 **皆語用心**이라 **不同前門**하니 **但是判教**이니라

3. 수행을 권함

참으로 그 뜻을 알기만하면 모두 '정(定)-혜(慧)'를 완성할 수 있다. 그러지 않고 만약 뜻을 잃으면 ('정-혜'를) 완성하지 못해 망상이 되어 곧 무기(無記)에 빠진다. 모든 수행자들이 잘 살펴서 수행하기를 바란다.

苟得其意하면 **皆成定慧**하고 **如其失旨**면 **不成妄想**하니 **卽墮無記**리니 **冀諸學者**가 **審而修之**니라

---

370 작금의 한국 불교학계에서 '돈교' 또는 '점교'라는 용어를 사용하고 있는데, 이는 어디까지나 수행에 국한한 개념임을 분명히 해야 한다. 같은 '教' 자를 사용했더라도 ①소승교 ②대승시교 ③대승종교 ④돈교 ⑤일승원교 중의 하나인 '④돈교'와는 구별해야 한다는 규봉 종밀의 주문이다.

제9문 이 『경』의 번역과 주석의 역사

1. 『원각경』의 번역
2. 『원각경』의 주석

1. 『원각경』의 번역

아홉 번째는 과거에 이 『원각경』을 번역한 사람들에 대해 논하는 부분이다. 『개원석교록』[371]의 목록에 "사문 불타다라(Buddhatāra)는 중국어로 하면 '각구(覺救)[372]'이다. 북인도 계빈국[373] 사람이다. 동도(東都)[374]

371 『개원석교록』(대정장55, 564c): 지승(智昇) 스님이 당나라 개원 18년(730) 편집한 불경 목록집으로 총 20권. 후한 효 명제 영평 10년(67)에서 개원 18년에 이르는 약 664년에 걸쳐서 한역된 3장과 고승의 저서 목록과 번역자에 관한 기록인데, 총 2,278부 7,046권을 거론하고 있다. 지승은 이것을 다시 4권으로 요약하여 『개원석교록약출』을 편찬했는데, 당시 유통되던 경·율·론과 여러 승려들의 문집 등 이 책에 5,048권을 소개하고 거기에 천자문으로 순번을 매겼다. 이것이 대장경 수효를 처음 정한 것으로, 이것을 계기로 이후 '대장경 5천권' 또는 '5,000축(軸)'이라는 용어가 통용되기 시작했다.

372 각구(覺救): 규봉 종밀은 『대소초』에 이렇게 풀이하고 있다. "진여법계를 깨쳐 터득하여, 세상의 여러 어리석은 중생을 구제하시는 분."

373 계빈: 겁빈(劫賓) 갈빈(羯賓) 등으로 번역. 가습미라(迦濕彌羅: Kaśmīra)의 옛 이름. 북인도 건타라국의 동북 산중에 있는 왕

백마사에서 이 『경』을 번역했는데, 번역한 연월일을 기재하지 않았다"[375]고 한다. 『속고금역경도기(續古今譯經圖記)』[376]도 위의 기록과 역시 동일하다.

북도(北都) 장해사 도전(道詮) 법사[377]의 『소(疏)』에서 "카슈미르[羯濕彌羅] 삼장 법사 불타다라는 (측천무후가 집권하던) 장수(長壽) 2년 용집 계사년(693년)에 범본을 가지고 마침내 신도(神都: 낙양)에 도착하여, 백마사에서 번역을 했는데 4월 8일에 마쳤다. 그 과정에서 도어(度語)와 필수(筆受)와 증의(證義)와 윤문을 담당한 여러 대덕들의 이름은 『별록(別錄)』[378]에 모두 갖추어져 있다"고 했다. 그런데 이런 주장이 어떤 문헌[379]에 근

국으로 지금의 카슈미르 지방. 아육왕이 보낸 포교사가 처음으로 이곳에 불교를 펼쳤다. 이곳은 『대비바사론』을 편찬한 곳으로도 유명하다.

374 동도(東都): 낙양.

375 『개원석교록』(대정장55, 564c), "大方廣圓覺修多羅了義經一卷. 右一部一卷. 其本見在. 沙門佛陀多羅, 唐云覺救, 北印度罽賓人也. 於東都白馬寺, 譯圓覺了義經一部. 此經近出, 不委何年. 且弘道爲懷, 務甄詐妄. 但眞詮不謬, 豈假具知年月耶."

376 『속고금역경도기(續古今譯經圖記)』: 당 현종 개원 18년(730) 『개원석교록』을 지은 서숭복사 사문 지승(智昇)이 편찬한 것. 이 책은 정매(靖邁)가 지은 『고금역경도기(古今譯經圖記)』를 이어서 현장 법사 이후의 번역에 관한 것을 기록한다.

377 도전 법사: 미상.

378 『별록(別錄)』: 규봉 종밀도 이 책에 대해서는 잘 알지 못하니, 뒷날 다시 조사해보겠다고 한다.

거해서 기록을 소박하게 했는지는 알 수 없지만, 도전 법사의 배움은 넓고 도가 높아 결코 맹랑하지 않을 것이다.

혹은 응당 나라 이름은 다른 게 아닌데 다만 그저 범어의 음가만 다른 것인지? 다시 뿌리 깊게 찾아본 뒤에 이어서 마땅히 기재하리라. 그런데 대장경에 입

---

379 『원각경』이 인도에서 찬술된 것인지 아니면 중국에서 찬술된 것인지에 대해 당나라 시대에도 말이 많았다. 규봉 종밀도 이 점에 주목하고 있다. 규봉 종밀이 『원각경』을 처음 본 것은, 사천성 수주 임관(任灌)이라는 관리 집에 재 청승 때였다. 이 때의 종밀 선사의 나이는 27~29세 사이였으니 서기 806~808년 쯤 된다. 그 후 다시 종밀이 남쪽을 유력하다가 풍덕사의 여러 경전 무더기 속에서 이 『경』을 보았다고 한다. 당시 종밀은 43세, 때는 822년. 이미 이 당시에도 이 『경』은 벌레가 많이 먹어서 뒷장의 두 세 장만이 겨우 읽을 수 있을 정도였는데, 그 끝자락에 다음과 쓰여 있다고 한다. "정관 21년(647) 정미세 7월 을유삭 15일 기해일에 담주(潭州) 보운도량(寶運道場)에서 번역을 마침. 번어(翻語) 사문 라후담건(羅睺曇揵). 집필(執筆) 제자 강둔각(姜遁恪, 혹은 姜道俗). 증의(證義) 대덕 지희(智晞), 주굉(註紘, 혹은 法紘), 혜전(慧全, 혹은 慧今), 보증(寶證), 도의(道義)." 이에 대해, 규봉 종밀은 그 진위에 대해서는 잘 모르겠다고 하면서 이렇게 말하고 있다. "그렇지 않으면 혹은 아마도 이전에 번역되었었는데, 다만 알려지지 않아서 이 『경』이 남방에서만 유행해서 북쪽 지방의 대장경에 입장되지 않은 것일 것이다. 그렇지 않으면 이는 오류이다." 자세한 것은 『약소초』(신찬속장9, 867b)와 『대소초』(신찬속장9, 537c) 참조.

장(入藏)[380]되는 여러 경전들 중에는 혹 번역자를 잃어 버리거나 번역 연대가 없는 경우도 역시 많이 있다. 예부터 여러 대덕들께서도 다만 속에 담긴 '내용의 핵심[義宗]'으로 불경의 진위를 결정했다.

九는 敘昔翻傳者라 開元釋教目錄에 云호대 沙門佛陀多羅는 唐言覺救이니 北印度罽賓人也이니 於東都白馬寺에 譯이라하고 不載年月하엿나니 續古今譯經圖記도 亦同此文하니라 北都藏海寺道詮法師의 疏에 又云하되 羯濕彌羅三藏法師佛陀多羅가 長壽二年龍集癸巳에 持于梵本하여 方至神都하여 於白馬寺에 翻譯四月八日畢하니 其度語와 筆受와 證義와 潤文[381]과의 諸德은 具如別錄이라 하니라 不知케라 此說이 本約何文하여 素承함을 此人은 學廣道高하니 不合孟浪이리라 或應國名無別이나 但梵音之殊이니 待更根尋하여 續當記載하리라 然이나 入藏諸經에 或失譯主하고 或無年代者亦多하니 古來諸德은 皆但以所詮義宗으로 定其眞僞矣하니라

---

380 입장(入藏): 일체장경의 편제 속으로 편입하는 것.

381 潤文: 「언해본」에는 '潤文'의 2자가 더 있다. 본 번역은 「언해본」을 따른다.

2. 『원각경』의 주석

이 『경』을 주해했던 분들로, 장안 보국사의 유곡(惟愨) 법사[382]가 계셨고, 선천사 오실(悟實) 선사[383]가 계셨고, 천복사 견지(堅志) 법사[384]가 계셨고, 아울러 북경 도전(道詮) 법사 등 모두 네 분이 계신다. 이 주석서들은 모두 일찍이 활계(活計)를 갖추어서 각각 그 장점이 있다. 유곡 법사의 경우는 『경』의 본문을 아득하게 했지만 간결해서 열람하기 좋고, 오실 법사의 경우는 논리적으로[理性] 서술하여 분명하여 종을 잡을 수 있고, 도전 법사는 타인의 설을 많이 연구하여 여러 사람들에게 이롭게 하려고 했다.

그렇지만 이상의 주해에는, 『원각경』이 근본으로 삼는 '원돈(圓頓)' 사상을 밝혀 분석한 점을 찾아볼 수 없고, 성(性)과 상(相)에 관한 여러 논의들에는 관여하지 못했다. 지금 (『원각경』을 주해) 하는 데는 그것들

382 유곡 법사: 『능엄경』에 주석을 붙인 법사라 하는데, 자세하지 않다.

383 오실 선사: 어려서 출가를 했는데, 일찍이 하택사의 신회 법사의 법을 이었다. 절개가 높고 도 닦는 데만 전념했고 계행이 엄정했다. 오래 동안 동도에 주석했는데, 어느 날 황명에 의해 입궐하여 선천사(先天寺)에 주석. 80세에 입적하니 다비를 하자 사리 수백과가 나왔다고 한다.

384 견지 법사: 오실 법사의 제자.

에 의존하지는 않았다. 내가 의존했던 자료들은 이미 「서문」[385]의 말미에 밝혀놓았다.

前後造疏解者는 京報國寺의 惟慤法師와 先天寺의 悟實禪師와 薦福寺의 堅志法師와 弁北京의 詮法師하여 總有其四하니 皆曾備計하여 各有其長하니 慤은 邈經文이나 簡而可覽하며 實은 述理性하여 顯而有宗하며 詮은 多専於他詞하여 志可利於群俗이라 然이나 圓頓經宗은 未見開析하며 性相諸論은 迢然不關[386]일새 故로 今所爲에 俱不依也라 其所依者는 已伸於序末이라

385 「서문」: 「『대방광원각경대소』 본서」(211~229쪽)를 지칭.
386 關: 「속장본」에는 '闕' 자로 표기. 여기서는 「금릉본」을 따라 '關'으로 교감한다.

제10문 제목 해설[387]

1. 제목 해설
   1) 경명을 총체적으로 설명
      가) 경명이 성립된 내력
      나) 경명을 얻게 된 이유
      다) 경명을 취사선택한 이유
   2) 경명을 '본질[法]'과 '속성[義]'에 배당
   3) 경명을 모두 해석
      가) 대·방·광·원·각에 대한 해석
         ① 대·방·광의 세 자로 원·각의 두 자를 해석
         ② 대·방·광·원의 네 자로 '각'의 한 자를 해석
      나) 수다라·요의·경에 대한 배속과 해석
2. 본문 해설

열 번째는 본문을 따라가면서 해석하는 부분이다. 그 가운데 둘이 있다. 첫째는 제목을 해석하는 부분이고, 둘째는 본문을 해석하는 부분이다.

十은 隨文解釋라 於中에 二하니 初는 解題目이요 後는 釋本文이라

387 원문대로라면 제목을 「본문을 좇아가면서 내용을 해설」로 해야 마땅하나, 본 번역서에서는 「현담」만 번역했기 때문에, 한 단계 낮은 하위 과목을 대용했다.

1. 제목 해설

제목을 해석하는 부분은 다시 세 부분으로 나뉜다. 1) 첫째는 경명을 총체적으로 설명하는 부분이고, 2) 둘째는 『원각경』의 명칭을 '본질[法: dharma]'과 '속성[義: artha]'에 배당하여 설명하는 부분이고, 3) 셋째는 경명을 모두 해석하는 부분이다.

題中에 **文三**하니 **一**은 **總辨名**이요 **二**는 **配法義**이요 **三**은 **具解釋**이라

1) 경명을 총체적으로 설명

첫째의 경명을 총체적으로 설명하는 부분은 다시 셋으로 나뉘는데, 가) 첫째는 경명이 성립되는 내력을 서술하는 부분이고, 나) 둘째는 경명을 얻게 된 이유를 드러내는 부분이고, 다) 셋째는 경명을 취사선택한 이유를 밝히는 부분이다.

初中에 **三**하니 **一**은 **敍立名**이요 **二**는 **顯得名**이요 **三**은 **明取捨**니라

가) 경명이 성립된 내력

【經】

대방광원각수다라요의경

【疏】

첫째, 경명이 붙여진 내력을 설명한다. 그런데 모든 경전의 가르침이, 혹은 부처님께서 설법하실 적에 자연스럽게 이름이 붙은 경우가 있으니, 예를 들면 『법화경』이나 『금강경』과 같은 부류이다. 혹은 부처님께서 멸도하신 뒤에 결집하는 자가 붙인 경우도 있으니, 예를 들면 『아미타경』이나 『입능가경』과 같은 부류이다. 그런데 지금 이 『원각경』의 제목은 부처님께서 친히 다섯 가지의 경명을 붙이셨다. 유통분 속의 본문[388]에서 "이 『경』은 『대방광원각다라니』라 하며, 또는 『수다라요의』라 하며, 또는 『비밀왕삼매』라 하며, 또는 『여래결정경계』라 하며, 또는 『여래장자성차별』이라 하나니"라고 하셨다.

388 본문: 「현선수품」의 「2) 이 『경』의 이름과 공덕 등에 대한 말씀」(190쪽) 참조.

【經】

大方廣圓覺修多羅了義經이라

【疏】

然이나 諸經教가 或佛說時에 便自立名하니 如法華金剛之類이요 或佛滅後에 結集者가 立하니 如阿彌陀와 入楞伽之類라 今此經目은 是佛自立五種名也시니 流通分中文에 云하시대 此經은 名大方廣圓覺陀羅尼며 亦名修多羅了義며 亦名秘密王三昧며 亦名如來決定境界며 亦名如來藏自性差別이라 하시니라

나) 경명을 얻게 된 이유

둘째, 경명을 얻게 된 이유를 서술한다. 여러 경전마다 제목을 붙이는 방법이 다양하다. 혹은 '사람[人]'으로 제목을 삼기도 하고, 혹은 '가르침[法]'으로 제목을 삼기도 한다.

'사람'으로 제목을 삼는 경우에도, 청하는 사람으로 하느냐와 설하는 사람으로 하느냐의 차이가 있다. '가르침[法]'으로 제목을 삼는 경우에도, '주장[法]'으로 하느냐 '비유[喩]'로 하느냐의 구별이 있고, 혹은 '본바탕[體]'으로 하느냐 '작용[用]'으로 하느냐가 있으며, 혹은 '결과[果]'로 하느냐 '원인[因]'으로 하느냐가 있고,

혹은 '능전(能詮)하는 교법'으로 하느냐 '소전(所詮)되는 의미'로 하느냐가 있으며, 혹은 '진(眞)'으로 하느냐 '망(妄)'으로 하느냐가 있고, 혹은 '대상경계[境]'로 하느냐 '지혜[智]'로 하느냐가 있으며, 혹은 홑으로 하느냐 중첩해서 하느냐가 있으니, 그 종류가 같지 않다.

지금 『원각경』의 다섯 이름에는 이미 여러 종류의 경우를 포함하고 있다. '대(大)'는 '본바탕[體]'이고 '방(方)'은 '작용[用]'이며, '원각(圓覺)'은 '결과(果)'이고 『비밀왕삼매(祕密王三昧)』는 '원인[因]'이며, 또 '왕(王)'은 '비유[喩]'이고 '삼매(三昧)'는 '주장[法]'이며, 『수다라요의(修多羅了義)』는 '능전(能詮)하는 교법'을 찬탄한 것이고 나머지[389]는 '소전(所詮)되는 의미'이며, (『여래결정경계(如來決定境界)』에서의) '여래(如來)'는 체험한 당사자 즉 그 '지혜[智]'에 해당하고, '결정경계(決定境界)'는 '대상경계[境]'에 해당한다. 그리고 그 밖의 것들[390]은 모두 '본질[法]'에 해당한다.

'여래장(如來藏)'이란 (진여가) 번뇌 속에 들어있을 경우에 붙이는 명칭으로, 즉 진(眞)과 망(妄)의 화합이다.

---

389 나머지: 『경』의 이름 다섯 종류 중에서 『수다라요의』를 뺀 네 종류를 지칭.

390 그 밖의 것들: 『대방광원각다라니』, 『여래장자성차별』 등.

여기(=여래장)에는 '사람[人]'과 '가르침[法]' 모두 드러났으며, '주장[法]'과 '비유[喩]'가 모두 거론되었으며, '본바탕[體]'도 갖추었고 '작용[用]'도 갖추었으며, '결과[果]'도 있고 '원인[因]'도 있으며, '능전(能詮)하는 교법'과 '소전(所詮)되는 의미'를 쌍으로 제목 붙였으며, '진(眞)'과 '망(妄)'이 모두 드러났다. 그리하여 마침내 여러 『경』의 제목이 여기에서 다 구비되지 않음이 없다. 요의(了義)라는 명칭은 훤하게 의미가 드러났다.

한편, (경명에 사용된) 각 글자마다 그 명칭을 얻게 된 이유를 개별적으로 해석하는 일은, 이하에서 설명하는 것과 같다.

二者라 諸經得名에 有其多種하니 或以人爲目하고 或以法爲名하니 人에도 有請說等이 殊하고 法에도 有法喩等이 別하니라 或體或用하며 或果或因하며 或能詮所詮하며 或眞妄境智하며 乍單乍複하니 其類不同이라 今經은 五名이 已含多種하니 大者는 是體이요 方廣은 是用이요 圓覺은 是果이요 祕密王三昧는 是因이니라 又王은 是喩이요 三昧는 是法이요 修多羅了義는 是歎能詮이요 餘는 皆所詮이니라 如來는 是能證人이니 卽當其智이요 決定境界는 是境이요 兼餘는 皆法이니라 如來藏은 是在纏之名이니 卽眞妄和合이라 斯는 則人法總彰하고 法喩皆擧하며 具體具用하고 有果有因하며 詮旨雙題하고 眞妄俱顯하니 方諸經目이 莫備於斯이며 了義之名이 照然義

現하니 **其每字別**로 **釋得名**은 **如下所辨**이니라

다) 경명을 취사선택한 이유

셋째, 경명을 취사선택한 이유를 밝힌다. 본문 속에 비록 다섯 종의 경명을 말씀하셨지만, 우두머리로 삼을만한 제목은 오직 둘[391] 뿐이다. 참으로, (이 『경』에서) '종으로 삼는 근본[宗本]'의 '본바탕[體]'과 '작용[用]'은 '본질[法]'과 '속성[義]'을 설명하는 뚜렷한 핵심이며, '의미를 설명하신 말씀[詮旨]'의 효능[功能]은 언어나 표상을 분별하는 밝은 거울이기 때문이다.[392] 사(事)가 두루 하고 이(理)가 충만하려면, 반드시 다섯 이름을 모두 세워야 할 것이다. 그런데 간략하고 요점적인 것을

391 둘: 『대방광원각다라니』와 『수다라요의』.

392 원문은 '言象之皎鏡'이다. 이 문장은 해석이 난해하다. 『대소초』(신찬속장9, 538c)에 나오는 규봉 자신의 해석을 번역하여 소개한다. "『소』에서 내가 말한 '종으로 삼는 근본[宗本]'이란 원각(圓覺)을 지칭한다. '원각'은 '본질의 바탕[法體]'이다. (이것의) '작용[用]'은 즉 '대'하고 '방'하고 '광'하다. '대·방·광'은 '속성[義]'이다. 그래서 '본질과 속성을 설명하는 뚜렷한 핵심'이라고 했다." 또 "'설명하신 말씀[詮]'이란 '수다라'이니 즉 언어나 문자로 표현한 말씀이다. 그리고 '의미[旨]' 및 '효능[功能]'은 '요의'이며, '요의'는 즉 표상이다. '요의'를 드러내시는 말씀은 간결하기가 다든 경전보다 빼어나기 때문이다. '빛나는 거울[皎鏡]'에서의 '빛남[皎]'은 '밝음[明]'의 뜻이고, 거울[鏡]은 곱고 밉고 좋고 나쁨을 변별할 수 있다."

제목으로 드러내어, 이에 두 명호[393]만을 『경』의 제목으로 남겼다.

三은 明取捨者라 文中雖五이나 首題는 唯二니 良以宗本體用은 是法義之宏綱이요 詮旨功能은 是言象之皎鏡이니 事周하며 理盡함엔 須建五名이어니와 簡要標題하여 且存兩號이니라

2) 경명을 '본질[法]'과 '속성[義]'에 배당

무릇 요의경(了義經)이나 요의론(了義論)을 해석하려면, 먼저 '본질[法: dharma]'과 '속성[義: artha]'을 반드시 분명히 알아야 한다. '본질[法]'에 의지하여 '속성[義]'을 해석해야 '속성[義]'이 분명해지며, '속성[義]'을 가지고 '본질[法]'을 비춰야 '법[法: dharma]'이 드러난다. 그러므로 『대승기신론』에서 대승의 깊고 은밀한 성(性)과 상(相)의 도리를 드러내려고 먼저 '본질[法]'과 '속성[義]'을 열었던 것이다.

『대승기신론』에서 "마하연[대승]을 설명하는 데, 요약하면 두 종류가 있다. 첫째는 '본질[法]'이고 둘째는 '속성[義]'이다"[394]고 했다. '본질[法]'은 '일심(一心)'을 지칭하고, '속성[義]'에는 (체대와 상대와 용대의) 3대(大)가

393 두 명호: 『대방광원각다라니』와 『수다라요의』.
394 『대승기신론』(대정장32, 575c).

있다. 저런 이치는 이곳 『원각경』에서도 똑 같다. '일심(一心)'이란 '여래장심'이니 즉 '원각'이 번뇌 속에 얽혀있는 경우를 두고 붙인 이름이다. '속성[義]'이란 말하자면 '체대(體大)'와 '상대(相大)'과 '용대(用大)'이니, 순서대로 '대', '방', '광'에 해당한다.[395]

『대승기신론』의 본문에서는 중생들이 대승에 대한 믿음의 뿌리를 일으키게 하려고 했기 때문에, 범부의 처지에서 '원각'을 지목하여 '중생심'이라고 했다. 그런데 지금 이 『원각경』의 제목 11자 중에 '원·각' 두 글자는 바로 '본질[法]'이고, '대·방·광' 세 글자는 '원각'의 '체대'와 '상대'과 '용대'로서 '속성[義]'에 해당한다. 마지막으로 '『경』'이라는 한 글자는 '능전하는 문자'이고, '수다라요의' 다섯 자는 '능전하는 문자'에 간직된 수승한 공능인 '속성[義]'을 찬탄한 것이다.

그러므로 정종분의 첫머리에서 부처님께서 몸소 근본을 표하여 오직 '원각'만을 세우셨다. 그리고는 중간 곳곳에서, 앞에서 하신 말씀을 요약하시고 다음에 하실 말씀을 밝히시며, 결론을 내리시면서 조목조목 진술하셨으나, 어느 경우나 모두 그저 '원각'이라고만 말

395 '대'는 '체대(體大)'이고, '방'은 '상대(相大)'이고 '광'은 '용대(用大)'에 각각 해당한다는 뜻이다.

씀하셨지, '대방광'을 말씀하시지는 않으셨다.

혹은 '각(覺)'이라는 한 글자만이 '본질[法]'이고, 나머지 네 글자(='대'·'방'·'광'·'원')를 모두 '속성[義]'으로 분류할 수도 있다. 그러므로 『경』의 본문 속에서 다만 혹은 그저 '각(覺)'이라고 말씀하시기도 하셨고, 혹은 '정각', '대각', '묘각', '각성', '각심', '각상' 등이라고 하시기도 하셨다. '능전하는 교법[能詮]'의 '본질[法]'과 '속성[義]'을 여기에 짝지어 보면 알 수 있다. 이는 즉 위의 다섯 글자는 모두 '소전되는 의미[所詮]'에 속하고, 아래의 다섯 글자는 모두 '능전하는 교법[能詮]'에 속한다.

二는 配法義者라 凡欲解了義經論인댄 先須明識法義이니 依法解義하면 義卽分明하며 以義照法하면 法卽顯著하니 故로 論中에 欲顯大乘深隱性相道理코자 先開此二하니라 論云호대 摩訶衍者에 略有二種하니 一者法이요 二者義라 하니 法指一心하고 義開三大이니 正同此也니라 心은 是如來藏心이니 卽圓覺在纏之名이며 義는 謂體相用이니 卽如次是大方廣이니라 論文은 爲欲發起衆生大乘信根일새 故로 就凡夫位中하여 目此圓覺하여 爲衆生心也이라 하며 今經題目의 十一字中에 圓覺兩字는 正是其法이요 大方廣三字는 是圓覺體用之義이며 經之一字는 正是能詮敎法이요 修多羅了義五字는 歎敎法勝能之義이니 故로 正宗之初에 佛自標本하심에 唯立圓覺하시며

中間處處에 牒前起後하사 標結指陳에 一一只言圓覺하시고 不言大方廣也라 하시니라 或唯覺之一字는 是法이고 餘四는 皆義이니 故로 文中에 或但云하대 覺이라 하시며 或淨覺이라 하시며 大覺이라 하시며 妙覺이라 하시며 覺性이라 하시며 覺心이라 하시며 覺相이라 하시는 等이라 能詮法義를 配此하면 可知리니 是則上五字는 總屬所詮하고 下六字는 總屬能詮矣이니라

3) 경명을 모두 해석

셋째로 경명을 모두 해석하는 부분인데, 여기에 다시 둘로 나뉜다. 첫째는 '소전되는 의미[所詮]'(='대'·'방'·'광'·'원'·'각')로 풀이하고, 다음은 '능전하는 문자[能詮]'(='수드라'·'요의'·'경')로 풀이하는 부분이다.

三은 具解釋者라 於中에 分二라 初는 釋所詮이요 後는 釋能詮이라

가) '대·방·광·원·각'에 대한 해석

첫째는 '소전(所詮)되는 의미'를 풀이하는 부분이다. 다섯 글자(=대·방·광·원·각)를 간략하게 두 방식으로 풀이할 수 있다. 첫째는 ('大'와 '方'과 '廣'의) 세 자를 가지고 ('圓'과 '覺')의 두 자를 해석하는 방식이고, 둘째는 ('大'와 '方'과 '廣'과 '圓'의) 네 글자를 가지고 ('覺'의) 한

글자를 해석하는 방식이다.

且初는 **所詮**이라 **五字**를 **略爲二釋**하노니 **一**은 **以三字**로 **對兩字**이요 **二**는 **以四字**로 **對一字**니라

① '대·방·광'의 세 자로 '원·각'의 두 자를 해석

첫째 (대·방·광의 세 자로 원·각 두 자를) 해석하는 방식 중에, ('大'와 '方'과 '廣'의) 세 글자는 차례대로 '원각(圓覺)'의 '체성(體性)'과 '덕상(德相)'과 '업용(業用)'에 해당한다. <(체·상·용) 3대(大)이다.>

그런데 여기에도 각각 두 종의 의미가 있다. '대(大)'란 (원각의) '본바탕에 입각[當體]해서' 명칭[名]을 붙인 것으로, '(시간적으로) 영원함[常]'과 '(공간적으로) 무한함[遍]'을 그 '속성[義]'으로 한다. '본바탕에 입각[當體]함'이란, 저들 법상종의 주장처럼 '소(小)'를 배제한 '대(大)'와는 다르다.[396] '대(大)' 밖으로 배제된 '소(小)'가 존재한다면, 오히려 이런 '대(大)'는 아직 쪼개진 한계[分限]가 있으니, 어찌 '절대적인 대[至大]'이겠는가? 이제 『원

396 법상종에서는 5성의 차별 입장에서 불도를 이룰 수 없는 '무성(無性)'을 제외시키기 때문이다. 「미륵장」의 「나) 윤회하는 중생의 다섯 종류」(88쪽 각주 96) 참조.

각경』에서는 '원각'의 '본바탕[體]'이야말로 끝이 없고 헤아릴 수 없어서, 어떤 쪼갬도 셈도 할 수 없지만 억지로 '대(大)'라고 이름 붙일 뿐이다. <유곡(瑴) 법사는 "대(大)는 마음의 신령함이 이루 셀 수 없음을 표현한 것이다"고 했다.>

'(시간적으로) 영원[常]하고 (공간적으로) 무한하다[遍]고 한 말 중에서, '(시간적으로) 영원함[常]'이란 '세로'로 과거·현재·미래의 3세(三世)에 통한다는 뜻이고, '(공간적으로) 무한함[遍]'이란 '가로로' 시방(十方)을 포괄한다는 뜻이다. '세로'란 과거로 거슬러 올라가도 시원을 찾을 수 없고, 미래로 가더라도 끝이 없어, 어떤 법(法)도 이보다 앞선 것이 하나도 없고, 오직 이것만이 모든 법에 우선하기 때문에, 그래서 '대(大)'라고 이름을 붙였다. 그러므로 『열반경』에서 "대(大)란 (시간적인) 영원함을 말한다"[397]고 하셨다. '가로'란 시방을 둘러보아도 끝이 없으니, 『열반경』에서 또 "대(大)란 그 본성이 넓고 넓어서 마치 허공과 같다"[398]고 하셨다.

前對中에 **三字者**는 **如次是圓覺**의 **體性**과 **德相**과 **業用**과이니 <三大라> **然**이나 **各二義**하니 **大者**는 **當體**하여 **得名**하고 **常遍**으로

397 『열반경』(대정장12, 384c).
398 『열반경』(대정장12, 391b).

爲義하니 當體者는 不同法相宗의 揀小之大하니 大外에 有小可揀이면 猶是分限이어니 豈爲至大이리오 今以圓覺이 體無邊涯하여 絶諸分量할새 强名大也이라 <慤云하되 大者는 敍心靈之絶量이라 하니라> 常遍者는 常則竪通三世이요 遍則橫該十方이니 竪者는 過去無始하며 未來無終하여 無有一法이라도 先之요 唯此가 先於諸法故로 名大也이니 故로 涅槃經云하시대 所言大者를 名之爲常이라 하시니라 橫者는 十方窮之하여도 無有涯畔하니 涅槃又云하시되 所言大者는 其性이 廣博하여 猶如虛空이라 하시니라

‘방(方)’이란, (원각의) ‘본질[法]’에 입각해서 이름을 붙였고, <방(方)이란 ‘본질[法]’이다.> ‘일정하게 간직하는 기능’으로 ‘속성[義]’을 삼다. (‘본질[法]’은) (중생들로 하여금) 항상 견해[物解]를 내게 하며, (‘본질[法]’은) 자성을 간직하고 있다.

‘자성을 간직함’이란 일체 중생이 모두 ‘본래적인 깨달음[本覺]’을 가지고 있어서 비록 6도에 유랑하여 갖가지의 몸을 받더라도 이 ‘깨달음의 본성[覺性]’만은 전혀 사라지거나 소멸되지 않는다는 뜻이다.

‘견해를 냄’이란, 중생들이 (‘본래적인 깨달음[本覺]’을) 깨쳐 거기로 들어가는 지견(知見)이 비록 선우(善友)의 가르침 때문에 생기지만, 그 ‘지혜로운 견해[智解]’가

'깨달음의 본성[覺性]'으로부터 생겨나는 것이, 마치 흙이나 물의 축축함에서 곡식이 자라날 경우 새싹은 종자에서 생긴 것이지 흙이나 물에서 생긴 게 아닌 것과 같다. 그러므로 『원각경』 본문에서 "원각에서 깨달음과 열반과 바라밀들을 흘려보내어 보살을 가르친다"[399]고 하셨다.

方者는 就法하여 得名하고 <方是法也라> 軌持로 爲義하니 軌生物解하며 任持自性할새니 持自性者는 一切衆生이 皆有本覺할새 雖流浪六道하여 受種種身하여도 而此覺性은 不曾失滅할새라 生解者는 衆生의 悟入知見이 雖因善友의 開示이나 然이나 其智解는 從覺性生함이 如水土之潤生穀等에 芽芽가 從種生하고 不從水土하니 故로 文에 云하시되 圓覺이 流出菩提涅槃과 及波羅蜜하여 敎授菩薩이라 하시니라

'광(廣)'이란 (원각의) '작용[用]'을 따라서 이름을 붙였고, '광다(廣多)함'과 '광박(廣博)함'으로 그 '속성[義]'을 삼았다. '광다(廣多)함이란, 이 원각의 성품이 본래부터 티끌 수의 모래알 보다 더 많은 오묘한 작용을 갖추어서 (중생들에게) 은근하고 쉼 없고 끝없이 은근하게 일어나고 비밀스레 감응하기 때문이다. '광박(廣博)함'이

399 「문수장」의 「1) 핵심을 대답하심」(26~27쪽) 참조.

란, 이런 다함이 없는 작용 하나하나가 모두 '원각의 성품'과 동일하여 끝이 없으며, 쪼개짐이나 한정됨이 없기 때문이다.

그러므로 『원각경』 본문에 "마땅히 알아라. 6근이 온 법계에 두루 가득하며 이와 같이 나아가서는 8만 4천 다라니 문이 법계에 두루 가득하다"[400]고 하셨다.

廣者는 從用하여 得名하고 廣多廣博으로 爲義하니 廣多者는 此圓覺性이 本有過塵沙之妙用하여 潛興密應하며 無有休息하며 無有窮盡하니라 廣博者는 此無盡之用이 一一同於覺性하여 無有邊際하며 無有分限故로 文에 云하시되 覺性이 遍滿하여 圓無際故로 當知하라 六根이 遍滿法界하며 如是乃至八萬四千陀羅尼門이 遍滿法界라 하시니

질문: 『대방광불화엄경』의 제목도 역시 '대방광'이라 했는데, (『대방광원각수다라요의경』의 '대방광'과) 이것을 비교했을 경우 같습니까? 다릅니까?

대답: 3대(大)에 배속하면 서로 같고, 의미를 풀이하여 주장[宗]을 따르면 서로 다르다. 『화엄경소』에서 '대(大)'를 해석하여 "일체의 상(相)과

---

400 「보안장」의 「(2) 이사무애법계관」(60~61쪽) 참조.

용(用)이 모두 진성(眞性)과 동일하여 '항상[常]' 하고 '두루[遍]' 가득하기 때문이다"[401]라고 했다.

'자성을 간직함'이란 즉 성(性)과 상(相)을 겹으로 간직하여 10현문(玄門)[402]을 구비한다는 뜻이며, '견해를 냄'이란 즉 일체의 모든 법(法: dharma) 하나하나 모두가 견해를 낸다는 뜻이다. 일체의 모든 법(法: dharma)을 관찰하는 사례는 『백문의해』[403] 등에 보인다. '광(廣)'하면 즉 (일체를) 포괄하고 (일체에) 두루 가득하며, 서로서로 즉(卽)하고 입(入)하며, 겹겹으로 다함이 없으니, 하나하나 대비해보면 어디가 다르고 어디가 같은 지 알 수 있다.

---

401 『화엄경소』(35, 524b).

402 10현문(玄門): 현수 법장의 『탐현기』에 다음과 같이 소개된다. ①동시구족상응문(同時具足相應門). ②일다상용부동문(一多相容不同門). ③제법상즉자재문(諸法相卽自在門). ④인다라망경계문(因陀羅網境界門). ⑤미세상용안립문(微細相容安立門). ⑥비밀은현구성문(秘密隱顯俱成門). ⑦제장순잡구덕문(諸藏純雜具德門). ⑧십세격법이성문(十世隔法異成門). ⑨유심회전선성문(唯心廻轉善成門). ⑩탁사현법생해문(托事顯法生解門).

403 『화엄경의해백문』(대정장45).

問이라 華嚴經題에도 亦云하시되 大方廣이라 하시니 與此同異이까 答이라 配屬三大하면 則同하고 釋義隨宗하면 則異니라 華嚴疏에 釋大하여 云하되 一切相用이 皆同眞性하여 而常遍故라 하니 持는 則雙持性相하여 具十玄門하며 軌는 則一切諸法이 一一皆能生解이라 如觀一切는 見百門義等이라 廣은 則能包能遍하고 相卽相入하여 重重無盡하니 一一對此하면 同異를 可知리라

'원각'이란 '법의 본바탕[法體]'을 곧바로 지칭하신 것이다. 만약 (법의) '본바탕'을 콕 집어서 표시하여 손가락질 해 주지 않으면, 향후 어떤 법이 '크다'고 설하시는지, 어떤 법이 '넓다'고 설하시는지 (듣는 이들이) 알 수 없을 것이다.

'원각'에서의 '원' 자는 모든 것을 만족하고 두루 갖추어서 거기에 포함되지 않은 법은 결코 하나도 없다는 뜻이고, '각'이란 '텅 비었으면서도 밝고 신령하면서도 비추어서' 일체 분별하는 염상(念想)이 없음을 뜻한다. 그러므로 『대승기신론』에서 "이른바 '각의 기능[覺義]'이란 이를테면 마음의 본바탕에 일체의 염상(念想)이 없는 것을 말하니, 염상이 사라진 상태는 허공계와 같다"[404]고 한 것 등이다. 이것은 여래장의 '심생

404 『대승기신론』(대정장32, 576a).

멸문' 속에 있는 '본각(本覺)'을 설명하는 문장이다. 그러므로 이 '각'이란 범부에게는 없고 성인에게만 있는 것도 아니며, 대상 경계에는 없고 마음에만 있는 것도 아닌 줄을 알아야 한다. 마음과 대상경계, 범부와 성인, 이 모두가 공하여서 그저 '신령한 각'일 뿐이기 때문에, '원'이라고 말씀하셨다. 그러므로 『원각경』 본문에서 "그러므로 중생은 본래 부처였고 생사와 열반이 마치 지난밤의 꿈과 같은 줄을 비로소 안다"[405]고 하셨으며, 또 "모든 것이 '깨달음[覺]'이기 때문이다"[406]고 하셨으며, 또 "허망함이 사라지면 '깨달음[覺]'은 분명하게 남는다"[407]고 하셨다.

圓覺者는 直指法體하시니 若不剋[408]體標指하시면 則不知向來에 說何法大하시며 說何法廣하리라 圓者는 滿足周備하여 此外更無一法이오 覺者는 虛明靈照하여 無諸分別念想이니 故로 論에 云하되 所言覺義者는 謂心體가 離念이니 離念相者는 等虛空界等이라 하니 此는 是釋如來藏心生滅門中의 本覺之文이니 故知하라 此覺은 非離凡局聖이며 非離境局心임을 心境凡聖이 本空하여 唯是靈覺이니 故言圓也니라 故로 下

405 「보안장」의 「나) 보는 경계가 같아짐」(63~64쪽) 참조.
406 「보안장」의 「가) 마음 씀씀이가 같아짐」(62쪽) 참조.
407 「보현장」의 「5. 게송으로 요약하심」(44쪽) 참조.
408 剋: 「언해본」에는 '克' 자로 표기.

文에 說하시되 涅槃도 昨夢이오 世界도 空華이며 衆生이 本成佛道라 하시며 又云하시되 一切覺故이라 하시며 又云하시되 幻滅하면 覺圓滿이라 하시니라

그런데 이 '원각'의 명칭은 여러 경전 속에서 '기준 잡은 것[宗]'에 따라 이름이 다르다.

『열반경』에서는 다만 범부의 몸속에 이런 본성이 본래 갖추어져서 이것을 깨치면 반드시 부처가 된다는 점을 기준으로 잡아, 그래서 '불성'이라 이름 했다.

『법화경』에서는 이 '한 법'을 찬탄하여 중생을 보배가 있는 곳으로 실어 나르는 데에는 여타의 승(乘)[409]은 불가능하고 다른 법은 모두 하열하다는 점을 기준으로 잡아, 그래서 '일승묘법'이라 이름 했다.

『정명경』에서는 이 본성에 머무는 자는 신통변화가 한이 없어서 입으로 말할 수도 없고 마음으로 생각할 수도 없는 점을 기준으로 잡아, 그래서 '불가사의 해탈'이라고 이름 했다.

『금강경』에서는 이 본성이 드러나면 번뇌를 깨부수는 점을 기준으로 잡아, 그래서 '반야'라고 이름 했다. 그 밖의 부류들은 짐작할 수 있을 것이다.

---

409 여타의 승(乘): 2승 또는 3승.

그러나 이런 것들은 모두 '원각' 속에 들어있는 차별적 의미일 뿐이다. 참으로 결정적으로 드러내지는 못했다. 무명이란 본래 없고 중생이 본래 부처이니, 그러므로 비록 신령한 작용이 매우 넓고 빼어난 덕이 끝이 없지만 부득이하여 제목을 뽑고 곧장 이름 붙여 '원각'이라 했다.

선종 문하에서 말하는 '망념을 떨쳐라'니 또는 '망념을 없애라'니 하는 것도, 이 『원각경』 법문 속에서 설하신 자취를 털고 허물을 막는 의미에 불과하다. 그러니 마음에서 마음으로 전하고 비밀한 뜻을 손가락질하여 전수하는 것은 이제와서 새삼 간독(簡牘)[410]에서 논한 것은 아니다. 외형적으로 드러난 말씀을 기준으로 해서 이것에 대비해서 변별한 것이다.

然이나 此圓覺이 於諸經中에 隨宗名別하니 涅槃經은 但約凡夫身中에 本有此性하니 悟之하면 決定成佛일새 故名佛性이라 하며 法華는 約稱讚唯此一法하여 運載衆生하여 至於寶所함에 餘乘不能이며 餘法皆劣일새 故名一乘妙法이라 하며 淨名은 但約住此性者는 神變難量하여 非口可議이며 非心可思일새 故名不可思議解脫이라 하며 金剛은 但約此性이 顯

410 간독(簡牘): 종이가 발견되기 전에는 문서를 '대나무'나 '나무' 쪽에 기록했다. 여기서는 선종에서 스승 제자가 주고받는 밀지(密旨)를 적은 물건을 지칭한다.

發하면 能破煩惱일새 故名般若라 하니 餘類可知이나 皆是圓覺門中의 差別之義니라 良由未決定的顯이니 無明本無하고 衆生本佛일새 故로 雖神用繁廣하고 勝德無邊이나 不得標題하여 直名圓覺이라 禪門의 離念無念도 亦是此中의 拂跡遮過之意이나 然이나 以心傳心하고 密意指授함은 非今簡牘所論이니 且約形言하여 對此辨矣니라

② '대·방·광·원'의 네 자로 '각'의 한 자를 해석

다음 ('대·방·광·원') 네 글자를 가지고 ('각'이라는) 한 글자를 해석하는 방식이란, 오직 '각' 한 자만이 '본질[法]'을 지칭하고 나머지는 모두 그 '속성[義]'을 풀이한 것이다. 이렇게 한 의도는, 『원각경』에서 말하는 '각(覺)'에는, '넓음[廣]'과 '큼[大]'의 '속성'이 들어있고, '바름[方]'과 '꽉참[圓]'의 '속성'이 들어있음을 말하며, '넓음[廣]'으로 '큼[大]'에 대비하고 '바름[方]'으로 '꽉참[圓]'에 대비한 것이다. 이를테면 '본바탕[體]'은 '크[大]'면서도 '작용[用]'이 '넓으며[廣]', '이치[理]'는 '바르[方]'면서도 '의미[義]'는 '꽉찼[圓]'다. '바름[方]'은 정직하여 치우지지도 않고 <소(小)를 가려냄.> 삿되지 않다는 것이며, <외도의 설을 가려냄.> '꽉참[圓]'은 모든 것을 다 구족하여 이지러지거나 모자람이 없다는 것이다. <여러 보살들을 가

려냄.[411]>

또한 '대·방'은 '본바탕[體]'이고 <큰 동그라미는 모퉁이가 없음.> '광·원'은 '작용[用]'이라고 해도 된다. <유곡 법사가 말하기를 "'넓기[廣]'는 티끌처럼 많은 항하강의 모래알 수를 뛰어 넘고, '꽉 차서[圓]' 틈이나 결함이 없다"고 했음.>, 이를테면 '본바탕[體]'은 '대'하면서도 '방'하고 '정'하여 치우침이 없으며, '작용[用]'은 '광'하면서도 '꽉 차서[圓]' 모자람이 없다. 그러므로 다시 '방'으로 '대'를 연결하고, '원'으로 '광'을 연결한다.

또 네 자 중에서 앞의 세 자는 개별적인 것이고, 뒤의 '원' 자는 총체적인 것이니, 이렇게 한 의도는 여기어서 말하는 '각'이 체·상·용 3대(大)의 덕을 갖추고 있기 때문에 이름 하여 '원'이라고 했음을 밝히려는 것이다. 이것은 즉 총체적 또는 개별적 공덕의 양상을 모두 드러냈으며, '본질[法]'과 '속성[義]'의 각 부분을 둘 다 지시했기 때문에, 이름 하여 '대·방·광·원·각'이라고 했다.

411 여러 보살을 가려냄: 이 『원각경』은 '성문'·'연각'·'보살'의 3승 중에서, '보살승'을 최고로 치는 경전이 아니다. 이 『경』은 '일승(一乘)'을 지향한다. 이 점은 『화엄경』도 마찬가지이다. 법성의 교학에서는 '일승'을 지향하지, 보살승을 지향하는 것이 아니다. 그래서 '보살을 가려냄'이라 했다.

後는 四字로 對一字釋者라 唯覺之一字는 指法이오 餘四는 盡是釋義니 意言此覺이 有廣大義하며 有方圓義하니 以廣對大하고 以方對圓하니 謂體는 大而用廣하며 理는 方而義圓하니 方은 是正直하여 不遍 <揀小> 不邪이오 <揀外> 圓은 是滿足하여 無虧無缺이라 <揀諸菩薩> 亦可大方은 是體요 <大方無隅> 廣圓은 是用이니 <懿云하되 廣은 越塵沙요 圓은 無間缺이라 하니라> 謂體는 大而方正不偏하며 用은 廣而圓滿無缺이니 故로 復以方으로 連大하고 以圓으로 連廣하니라 又四字中에 上三字는 是別이오 圓字는 是總이니 意明此覺이 具足三大之德故로 名圓也이니 是則總別之德을 具彰하시며 法義之門을 雙指故로 名大方廣圓覺이라

나) '수다라·요의·경'에 대한 배속과 해석

① 배속

다음은 능전(能詮)의 문자 (='수다라'·'요의'·'경') 여섯 글자에 대한 설명이다. 그 가운데 먼저 배속하고 다음에 의미를 해석하겠다. 여섯 자를 배속하면, '수다라' 세 자는 모든 경전에 모두 (부처님께서 그렇게 이름을) 붙이셨지만, '요의' 두 자는『원각경』한 권을 찬탄하신 것이다.『원각경』한 권이 모든 경전을 완결한다는 의미이다. 그러므로『원각경』끝머리에서 "12부 경전

의 청정한 안목이다"[412]라고 하셨다. '『경』'의 한 자는 '원각'을 능히 설명하는 문자의 본바탕이다.

後는 能詮六字者라 於中에 先配하고 後釋하리라 配者는 修多羅三字는 總指諸經하시고 了義兩字는 歎此一卷하시니 此一卷은 是諸經決了之義也이니 故로 下文에 云하시되 是十二部經의 淸淨眼目이라 하시니라 經之一字는 正是此圓覺能詮之體니라

② 해석

(ㄱ) '수다라'의 의미

다음으로 ('수다라'·'요의'·'경'의) 의미 해석인데, '수다라'의 의미는 이미 앞에서 해석한 것[413]과 같다.

後는 釋者라 修多羅之義는 已如前釋이오

(ㄴ) '요의'의 의미

'요의'란 '궁극적인 곳까지 모두 해결하여 드러내신 말씀'이어서, 복상(覆相)·밀의(密意)·함은(含隱)한 말

412 「현선장」의 「1) 이 『경』을 설하신 분과 옹호하는 자」(189쪽) 참조.

413 「제2문 장·승·분에 의한 불경의 분류」 중에서 「1) 장을 셋으로 나누는 경우」(251~254쪽) 참조.

씀이 아니라는 뜻이다. 그러면 여러 경전 속에서 어떤 것이 요의이며 어떤 것이 불요의인가?

청량 국사는 당나라 순종 황제(재위: 805년 1월~8월)께서 여러 경전의 요의를 하문하자, "부처님 일생의 가르침이란, 만약 본래는 일대사인연(一大事因緣)이셨다는 것을 기준으로 잡으면, 8만으로 '(중생) 제도'를 하시는 모든 법문이 요의가 아닌 것이 없으며, 만약 '완전한 근기[圓器]'가 법을 받는 것을 기준으로 하면, 모든 법이 원만하지 않은 것이 없습니다. 얻는 것은 사람으로 말미암기 때문에, 역시 모두가 요의입니다"[414]고 했다. 이 답변에서는 요의와 불요의를 완전하게 골라내어 구별하지 않았다.

了義者는 **決擇究竟顯了之說**이니라 **非覆相密意含隱之談**이니라 **然**이면 **諸經中**에 **何者**가 **了義**이며 **何者**가 **不了義**오 **清涼**이 **答順宗皇帝所問諸經了義**하여 **云**하되 **佛一代教**가 **若約本爲一事**컨댄 **則八萬度門**이 **莫非了義**이며 **若圓器受法**하면 **無法不圓**커니와 **得之**는 **由人**이니 **亦皆了義**라 하니 **此二**는 **不足揀別**이어니와

414 이 내용은 『화엄심요법문주』(신찬속장58, 426a)에 나오는 "語證不可示人, 說理非證不了."를 풀어서 정리한 것이다. 청량 징관의 『답순종심요법문』에 대해 규봉 종밀이 주를 붙인 것이 『華嚴心要法門註』이다.

그런데 이제 (『원각경』에서) 방편의 법문을 여시어 진실한 모습을 보이는 것을 기준으로 하면, 요의도 있고 불요의도 있다. 그러므로 『정명경』과 『열반경』과 『보적경』 등에서 "요의경에 의지하고 불요의경에 의지하지 말라"고 하셨다. (이 경우에) 불요의경이란 '소승의 교'를 말하고 요의경은 '대승의 교'를 말한다.

今에 **約開方便門**하사 **示眞實相**하면 **則有了不了**하니 **故**로 **淨名**과 **涅槃**과 **寶積等經**에 **皆云**하시되 **依了義經**하고 **不依不了義經**이라 하시니 **不了義經者**는 **謂小乘教**이요 **了義經者**는 **謂大乘教**니라

'대승의 가르침[大乘教]'에도 다시 '요의'와 '불요의'가 있다. 이를테면 어떤 '대승의 가르침'에서, 거기에서 비록 6바라밀의 비지(悲智)를 겸수하지만, 3승이 동일하지 않다고 확정적으로 설하시면 역시 이는 '요의'가 아니다. 그런데 만약 하나의 궁극으로 귀착하는 말씀이 있어, 현묘한 풀무로 뭇 형상을 녹이며 지혜의 바다에 온갖 물길을 수용하여, 2승도 없고 3승도 없다고 하시며, (어떤 중생도) 성불하지 못하는 이가 없다고 하시어, 중도(中道)의 이관(理觀)은 성문승이나 연각승은 공유하지 못하니 마침내 '요의'가 된다.

大乘教[415]에 復有了不了하니 謂有大乘이 雖六度悲智를 兼修하나 而定說三乘不一이 亦非了義어니와 若有會歸一極하여 以玄鑪로 陶於群像하며 智海로 總乎萬流하여 無二無三하며 無不成佛하여 中道理觀이 不共二乘하여야 方爲了義니라

또 『대보적경』에서 "사리불이 부처님께 여쭈었다. '어떤 『경』 가운데서는 요의라 하시고, 어떤 『경』 가운데서는 불요의라 하십니까?' 부처님께서 사리불에게 고하셨다. '만약 여러 『경』 가운데 세속제를 잘 설명하시면, 이것을 이름 하여 불요의라 하고, <소승의 모든 경전에서는 오직 속제만을 설하신다. 비록 4성제의 법을 설하시지만, 진여의 측면에서 바라보면 이것은 도리어 세속제가 되고 만다. 법상종의 경론에서도 역시 세속제를 많이 말씀하시고 승의제는 적게 말씀하신다.> 승의제를 잘 설하시면 이름 하여 요의라 하며, <승의제를 콕 찍어서 말씀하셔야 비로소 이것이 오직 진제이고 속제가 아니니, 즉 『원각경』이 그렇다. 『원각경』 본문에서 "원각에서 일체의 청정한 진여와 열반을 흘려 내보낸다"[416]고 하셨으니, 거기에서 흘러나온 것도 역시 '진여'라고 '이름 붙일 수[安立]' 있다. 이것에 상대되면 도리어 속제가 된다.> 만약 여러 『경』 가운데 업과 번뇌를 짓는 것을 잘 설하시면 이를 두고

415 敎: 「언해본」에는 '敎' 자 없다.
416 「문수장」의 「1) 핵심을 대답하심」(26~27쪽) 참조.

불요의라고 이름 하고, <업과 번뇌 등은 법상교에서 널리 밝히고 있다. 진성(眞性)에 대해서 설하는 곳은 100분의 1도 안 된다. 그래서 많이 말씀하신 것을 따라서 불요의교에 배치한다.> 번뇌의 업이 완전히 사라짐에 대하여 잘 설하시면 이를 요의라 이름하며, <『원각경』의 본문에서 "영원히 무명을 끊는다"[417]고 하셨고, 또 "이 무명이란 실체가 정말로 있는 것이 아니다"[418]고 하셨고, 또 "이것이 허공꽃인 줄 알아차리기만 하면 바로 윤회도 없다"[419]고 하셨으며, 또 "또한 몸과 마음이 생사의 고통을 받지도 않는다"[420]고 하셨다.> 만약 여러 『경』 가운데 생사(윤회)를 싫어하여 떨쳐버려 열반을 추구하도록 잘 설하시면 이를 불요의라 이름하고, 생사와 열반이 둘도 아니고 다른 것도 아님을 잘 말씀하시면 이를 두고 요의라 이름 하며, <"'열반' 및 '갖가지 허깨비'가 이미 원각의 마음에서 나온 것이다. 즉 이 두 법(='열반'과 갖가지 허깨비)은 근원이 같아서, 결코 다르지 않다." 또 "생사와 열반이 꿈과 같고 나아가 싫어할 것도 없다"[421]고 하신 것 등이다.> 만약 여러 『경』 가운데 갖가지 문구의 차별을 잘 설하시면 이를

417 「문수장」의 「1) 핵심을 대답하심」(27쪽) 참조.
418 「문수장」의 「2) 어디에서 잘못이 생겼나」(28쪽) 참조.
419 「문수장」의 「3) 잘못을 고쳐주심」(29쪽) 참조.
420 「문수장」의 「3) 잘못을 고쳐주심」(29쪽) 참조.
421 「보안장」의 「나) 보는 경계가 같아짐」(63~64쪽) 참조.

두고 불요의라 이름하고, <법상종에서는 번뇌를 말하더라도 영원한 번뇌를 말하며, 인위 또는 무위 일체 법을 철저하게 구별한다.> 매우 깊고 깊어 보기도 어렵고 깨치기도 어렵다고 잘 말씀하시면 <차별이 곧 그대로 무차별이라고 한다.> 이를 두고 요의라고 이름 한다'고 하셨다."[422] <『원각경』에서 "사유의 마음으로 원각을 알려고 하는 것은 마치 반딧불을 가지고 수미산을 태우려는 것과 같아서 끝내 태울 수 없다"[423]고 하셨다.>

又大寶積經에 **云**하시되 **舍利弗**이 **問佛**[424]하되 **何等經中**에 **名爲了義**이며 **何等經中**에 **名不了義**오 하니 **佛告舍利弗**하시되 **若諸經中**에 **宣說世俗**은 **名不了義**오 <小乘一藏은 唯說俗諦하시니라 雖云四眞諦하여 望於眞如이나 還成世俗하니라 法相一宗經論도 亦多說世俗하시고 少說勝義하시니라> **宣說勝義**는 **名爲了義**며 <的指勝義하야사 方是唯眞不俗이니 卽圓覺也라 下文云하사대 圓覺이 出一切淸淨眞如涅槃라 하시니 故로 所流出者도 亦是安立眞如이니 對此하면 還成世俗하니라> **若諸經中**에 **宣說作業煩惱**는 **名不了義**오 <業煩惱等은 相敎廣明하니 說眞性處는 百分無一이라 從多而說하여 屬不了義하노라> **宣說煩惱業盡**은 **名爲了義**며 <下文云하시되 永斷無明이라 하시고 又云하시되 此無明者는 非實有體라 하시고 又云하시되

422 『대보적경』(대정장11, 304b).

423 「금강장」의 「나) 잘못된 생각」(77쪽) 참조.

424 問: 「언해본」에는 '問' 자 없다. 『대보적경』(대정장11, 304b)에 따르면, 부처님이 사리자에게 '징(徵)'하신 것이기 때문에, '問佛'로 하는 것이 적합하다 할 수 있다.

知是空華이면 卽無輪轉이며 亦無身心受彼生死라 하시니라> **若諸經中**에 **宣說厭離生死**하고 **趣求涅槃**은 **名不了義**오 **宣說生死涅槃**이 **無[425]二無別**은 **名爲了義**이며 <涅槃及種種幻化가 旣出於覺心하니 卽二法同源이오 正是無二也니라 又云하시되 生死涅槃如夢이며 及不厭愛等하시니라> **若諸經中**에 **宣說種種文句差別**은 **名不了義**오 <法相宗은 漏定漏와 爲無爲의 一切를 定別하니라> **宣說甚深難見難覺**은 <差別이 卽無差別이니라> **名爲了義**라 하시니라 <下云하시되 有思惟心으로 測度圓覺하면 如取螢火하여 燒須彌山인듯하여 終不能著이라 하시니라>

해석하여 말하노라. 위에서 요의의 행상(行相)을 말한 것에 의거하건대, 이것들은 모두 『원각경』에 해당한다. 부처님께서 친히 '변별하여 가려[料揀]' 주셨으니 참으로 의혹이 없다. 비록 여러 『경』 가운데에 또한 요의의 설이 있지만, 구절마다 시종일관하지는 않기 때문에 저마다 개별적 의미만을 따른다.

오직 이 '원각'만을 제목에 표시하시어 (『경』의 본문에서) 처음부터 끝까지 차별된 현상을 곧장 논파하는 것을 드러내셨고, 5성으로 분류되는 중생들이 번뇌를 끊고[斷] 보리를 체험[證]하는 것을 모두 윤회에 귀속시켜 요의의 종지를 완전하게 완성시키셨다. 그래서 (이

425 無: 「신찬속장본」에는 없다. 『약소초』에 의해 보충.

『원각경』의 제목에) '요의'라고 특별하게 표시를 하신 것이다. 이것은 마치 『묘법연화경』이 한 『경』만이 경명에 '묘'라는 이름을 받은 것과 같다.

釋曰호되 據上說了義行相컨댄 皆與圓覺과 相當하니 佛自料揀이시니 固應無惑이니라 雖諸經中에 亦有了義之說이나 然非句句始終일새 故各隨別義하니라 標題唯此圓覺하여 首末顯了直破差別之相하시며 五性斷證을 總屬輪迴하심은 全成了義宗旨일새 故特標了義라 如法華一部가 獨受妙名이라

(ㄷ) '경'의 의미

'경'이란 '계경'이니 역시 위에서 해석한 것[426]과 같으니, 편리함을 따르고 간결함을 좇아 '계' 자를 생략한 것이다.

經者는 契經이니 亦如上釋하니 逐便從簡하여 又略契字하니라

질문: '수다라'와 '경'은 하나는 인도 말이고 하나는 당나라 말로서 서로 다른데, 이제 제목에 이 둘을 나란히 두시니 번거롭고 중복되는 것이 아닌가?

426 「제2문 장·승·분에 의한 불경의 분류」 중에서 「가) 수다라장」(251~254쪽) 참조.

대답: ('수다라'·'경'에서) 앞의 (수다라)는 (일체장경의) 모든 부질(部帙)를 총체적으로 지시한 것이고, 뒤의 ('경'은) 오직 이 『원각경』만을 지목한 것이니, 총체적인 것에 대비하여 개별적인 것을 찬탄했기 때문에 중복은 아니다.[427] 역시 『대방등수다라왕경』의 경우와도 같으니, 이 또한 '수·다·라·왕' 네 자로 여러 부(部)[428]를 총체적으로 지시하시어 이 『경』을 찬탄하신 것이 아니겠는가!

또 예컨대 『법화경』을 이르시되 모든 『경』 가운데 왕이라 하시니, 만약 범어를 겸칭하여 찬탄하는 글을 둔다면, 제목을 표하는 사람이 응당 『묘법연화경제수다라왕경』이라 해야 할 것이다. 이와 비교해보면 다를 것이 없다. 『법화경』에서는 범어를 겸하지 않고, 『원각경』에서 범어를 겸했으니, 이것은 각각

427 수많은 '수라라' 중에서도 '요의'에 해당하기 때문에 '수다라요의경'이라고 경명을 붙였다는 해석이다. 그러니 중복된 것이 아니다.

428 여러 부(部): 12분교를 말한다. 이에 대해서는 「제2문 장·승·분에 의한 불경의 분류」 중에서 「3. 분을 기준으로 불전을 분류할 경우」(276~280쪽) 참조.

『경』을 번역하는 사람의 의도일 뿐이다.

問이라 修多羅와 與經이 但唐梵文이 異커늘 今에 雙置題目하니 豈非繁重이리오 答이라 上은 則總指諸部이오 此는 則唯目當經이니 對總하여 歎別故로 非重也이니 亦如大方等修多羅王經하여 豈不亦修多羅王四字가 是總指諸部하사 以歎其經耶이시리오 又如法華을 歎云諸經之王이라 하시니 若存梵語兼稱歎之文하면 標題目者가 應云妙法蓮華諸修多羅王經이리니 卽與此無異라 彼不兼之이나 此乃兼者는 各是譯人之意耳니라

이상으로 제목으로 제시된 두 종류의 호칭에 대해서 해석해 마친다. 나머지 『비밀왕삼매(秘密王三昧)』 등 세 종류의 호칭[429]은 유통분 속에 있으니, 본문을 해석하는 곳[430]에 가서 해석하겠다.

429 유통분에 해당하는 「현선장」의 「2) 이 『경』의 이름과 공덕 등에 대한 말씀」에 나오는 『비밀왕삼매(秘密王三昧)』, 『여래결정경계(如來決定境界)』, 『여래장자성차별(如來藏自性差別)』 등 세 종류의 『경』의 명을 지칭.

430 본문을 해석하는 곳: 규봉 종밀은 「현선장」의 본문에 나오는 5종의 경명을 『대소』(신찬속장9, 416c)에서 자세하게 풀이고 있다. 그러나 본 번역은 『원각경』의 본문만을 역주했기 때문에, 이 대목에서 간략하게 대신 설명하기로 한다. ①첫째는 『비밀왕삼매(秘密王三昧)』인데, 들을만한 근기가 아니면 듣지 못하기 때문에 '비'라고 했고, 근기에 따라 달리 듣기 때문에 '밀'이라 했고, '삼매'의 명칭은 그 수가 무량하지만 '원각삼매'가 모든 삼매의 근원이기 때문에 '왕' 자를 붙여 '왕삼매'라 했

上來總釋首題中二名竟이라 餘祕密王等三號는 住流通分中에 至文當解하리라

다. ②다음으로 『여래결정경계(如來決定境界)』란 궁극적인 깨침의 경지라는 뜻이다. ③다음으로 『여래장자성차별(如來藏自性差別)』을 보자. '여래장'이란 원각이 번뇌 속에 얽혀있을 경우를 지칭한다. 어떤 '허망'도 그것을 변질시킬 수 없기 때문에 '자성'이라 했고, 인연에 따라 '허망'을 일으키므로 '차별'이라 했다. 또 '공여래장(空如來藏)'과 '불공여래장(不空如來藏)'의 차별이 있기 때문에 '차별'이라 했다.

부 록

‖삼천대천세계 및 세계 구상도‖

수미산을 중심으로 하여 그 주위에 4대주가 있고, 그 주변에 9산 8해가 있는데 이것을 모두 합쳐 1소세계라 한다. 소세계가 1,000개 모이면 소천세계(小千世界)를 이룬다. 소천세계가 1,000개 모이면 중천세계(中千世界)를 이룬다. 중천세계(中千世界)가 1,000개 모이면 대천세계(大千世界)를 이룬다. 이렇게 1,000이 세 번 곱해졌다고 해서 '삼천대천세계'라 한다. '삼천대천세계'는 10억 개의 태양계로 이루어졌다. '삼천대천세계'를 1불국(佛國)이라고도 하는데, 1불국에는 한 분의 부처님이 계셔서 교화를 담당한다.

불경에서는 이런 불국이 무수하게 많다고 한다. 지금 우리가 살고 있는 세계는 '사바(娑婆: sahā)' 세계라 한다. 이 '사바세계의 교화의 주인[娑婆教主]'은 석가모니이시다. 대한민국은 사바세계 중에서도 4대주의 남쪽에 위치한 '염부제주'에 속하고, 그중에서도 '해동'에 속한다. 축원할 때에 많이 들을 수 있는 소리이다.

<table>
<tr><td rowspan="9">천상
天上</td><td rowspan="7">공거천
空居天</td><td>무색계
無色界</td><td>4공천
四空天</td><td colspan="3">비상비비상처천
무소유천
식무변처천
공무변처천</td><td></td><td rowspan="10">천상계</td></tr>
<tr><td rowspan="5">색계
色界</td><td>정범지
淨梵地</td><td colspan="3">색구경천
선 견 천
선 현 천
무 열 천
무 번 천
무 상 천</td><td></td></tr>
<tr><td>4선천
四禪天</td><td colspan="3">광 과 천
복 생 천
무 운 천</td><td></td></tr>
<tr><td>3선천
三禪天</td><td colspan="3">변 정 천
무량정천
소 정 천</td><td></td></tr>
<tr><td>2선천
二禪天</td><td colspan="3">광 음 천
무량광천
소 광 천</td><td></td></tr>
<tr><td>초선천
初禪天</td><td colspan="3">대 범 천
범 보 천
범 중 천</td><td></td></tr>
<tr><td rowspan="4">욕계
欲界</td><td rowspan="3">6욕천
六欲天</td><td colspan="3">타화자재천
화 락 천
도 솔 천
야 마 천</td><td></td></tr>
<tr><td rowspan="2">지거천
地居天</td><td>도리천</td><td rowspan="2">꼭대기
중 턱
1. 수미산</td><td>도리천</td><td rowspan="3">9산(山)
8해(海)

* 수미산을 중심으로 7금산(金山)이 둘러있고, 그 산 안쪽마다</td></tr>
<tr><td>4천왕천

동: 지국천
북: 다문천</td><td>4천왕천

남: 증장천
서: 광목천</td></tr>
<tr><td colspan="2"></td><td colspan="4">2. 지쌍산
3. 지축산</td></tr>
</table>

<table>
<tr><td rowspan="3">지 상
地 上</td><td rowspan="5"></td><td rowspan="5"></td><td colspan="2">4. 담목산
5. 선견산
6. 마이산
7. 상비산
8. 지지산</td><td rowspan="3">바다가 있어 7해(海)를 이룬다.</td><td></td></tr>
<tr><td colspan="2">4대주
동－승신주　남－섬부주
북－구로주　서－우화주</td><td>인간계
축생계
아귀계</td></tr>
<tr><td colspan="2">9. 철위산</td><td>아수라계</td></tr>
<tr><td rowspan="6">지 하
地 下</td><td>8열 지옥</td><td>8한 지옥</td><td rowspan="2"></td><td rowspan="2">지옥계</td></tr>
<tr><td>등활지옥
흑승지옥
중합지옥
호규지옥
대규지옥
염열지옥
극열지옥
아비지옥</td><td>알부타지옥
니랄부타지옥
알석타지옥
학학파지옥
호호파지옥
온발라지옥
발특마지옥
마하발특마지옥</td></tr>
<tr><td colspan="6">지　륜 (地 輪)</td></tr>
<tr><td colspan="6">수　륜 (水 輪)</td></tr>
<tr><td colspan="6">화　륜 (火 輪)</td></tr>
<tr><td colspan="6">풍　륜 (風 輪)</td></tr>
</table>

‖해 제‖

1. 중국 찬술 경전의 출현

일본에서 활동하는 중국 불교 연구자들은 참으로 '묘한 시각'이 있다. 그것을 이곳에서 다 말할 수는 없지만, 한 가지만 꼭 찍어서 말하면 그들은 일본 불교의 시각에서 중국의 불교를 논한다. 또 송나라 시대의 불교 관점에서 당나라 시대의 불교를 비평한다. '중국학'의 일환으로 중국의 불교를 연구하는 필자로서는 이런 시각이 참으로 묘하게만 느껴졌다. 중국을 중국으로 보고, 또 역사적인 맥락에서 사상을 이해하고, 그러고 나서 그것을 바탕으로 주변 지역과 또는 다른 시대와의 관계 속에서 중국 불교를 연구하려는 태도를 시야에 넣어야 할 것이다. 저들은 중국의 불교를 논하면서, 그와 관련된 일본 승려의 저술을 논하는 것이 너무나도 익숙하다. 그것도 아무런 반성이나 비판적 검토도 없이 말이다.

『원각경』만해도 그렇다. 이 『경』이 세상에 처음 알려진 것은 한자로 된 경전이다. 그리고 이 『경』에 대하여 각종 주석서를 처음 내놓은 것도 중국 땅에서였다. 그런데 일본에서 활동하는 연구자들은 『원각경』을 번역하거나 논하면서도 의례 자기네들 역사 속 승려들의 이야기를 첫머리에 거론한다.

이때에 거론되는 인물이 바로 일본 조동종의 개산조 도우겐(道元: 1200~1253) 선사이다. 도우겐 선사는 1223년 당시 송나라 명주산에 있는 여정(如淨: 1163~1228) 선사를 방문한다. 방문 길에 도우겐은 여정에게 묻는다. 『수능엄경』과 『원각경』은 하찮은 경전인데 젊은이들이 거기에 매료됩니다. 어찌 보면 6사외도의 설과도 같은데, 여정 선사께서는 어찌 생각하십니까? 여정 선사는 그렇다고 맞장구친다. 이런 이야기가 『보경기(寶慶記)』(1권)에 실려 있다. 이런 대화 속에는 당시의 시대적 지역적 상황이 전제되어 있다. 일본의 경우는 천태의 본각사상을 비판하려는 조동종의 '종학(宗學)'이 깔려있고, 중국의 경우는 화엄 교학을 비판하려는 남종선의 '종파 의식'이 깔려있다. 이 점을 간과해서는 안 된다.

이런 태도는 특히 종문(宗門) 언저리에서 학문을 시작한 교수들에게 특히 두드러진다. 그 대표적인 인물 중의 한 사람이 야나기다 세이잔(柳田聖山) 교수이다. 이미 고인이 되셨지만, 필자는 유학생 시절 조심스레 필자의 평소 생각을 말씀 드린 적도 있다. 돌이켜보면

『조당집』을 문헌적으로 어떻게 취급해야 할 지를 토론하던 끝에 나왔던 이야기이다. 1990년에 야나기다 교수는 동경에 있는 중앙공론사(中央公論社)에서 『조당집』(대승불전 중국·일본편 제13권)을 막 출간한 뒤였다. 고려와 조선에서 우리 선조들이 『조당집』을 주목하지 않은 것은 그 가치를 몰라서가 아니고, 이 땅에서는 『경덕전등록』이 오랫동안 선종의 교과서로 쓰였기 때문이다. 『조당집』 판목(板木)을 해인사에 두고도 몰랐던 것이, 자신에 의해서 세계 학계에 알려졌다는 뽐냄도 그리 좋게 보이지만은 않았다. 연세대학교 사학과의 민영규(閔泳珪) 교수와 대만 국립중앙연구원의 호적(胡適) 사이에 이미 사진판을 교류하고 있던 것을, 야나기다 교수가 모를 일도 아니었을 텐데 말이다.

이미 고인이 된 연구자를 거론하는 이유는, 야나기다의 설이 국내에서는 전혀 걸러지지 않은 채로 통용되기 때문이다. 야나기다 교수의 학문적 공적은 『語錄の歷史-禪文獻の成立史的硏究』(京都: 京都大學人文科學硏究所, 1985)에서 정점을 찍는다. 이 책은 『東方學報』(第57冊)의 별쇄본으로 간행된 것인데, 이 책 이후 야나기다 교수의 연구는 '정감(情感)'이 과해서 '엄밀성'을 잃는다. 적어도 선 사상 연구에 있어서는 그렇다고 생각한다. 『원각경』을 중국 찬술의 '선경(禪經)'이라고 단정하는 것도 그렇다. 중국 찬술 경전일 수는 있다. 이 이야기는 어제 오늘의 이야기는 아니다. 필자도 그럴 가능성을 배제하지는 않는다. 그러나 그것이 '선경(禪經)'이라는 점에는 동의할 수 없다. 교판을 모르는 사람들이라면 그렇게 생각할 수도 있다. 『원각경』이 아무리 '돈교대승(頓教大乘)'을 표방한다고 하더라도, 『원각경』에 나오는 '돈-점'을 그것과 혼동해서는 안 된다. 이 점에 대하여 규봉 종밀도 일찍이 지적하고 있다. (이 책의 442쪽의 각주 370 참조) 「정업장」에서 '선병'을 언급한다고 해서 이것을 '선불교'의 범주에 넣을 필요는 없다.

사람들은 인도 찬술 경전을 '진경(眞經)'이라 하고, 중국 찬술 경전을 '위경(僞經)'이라고 부른다. 그러나 필자는 「역자 서문」에서도 밝혔듯이, 경전의 가치는 만들어진 지역 등등에 의해서 구별되는 것이 아니라, '경험 가능한 효과성'의 있고 없음으로 논해야 한다. 그럼에도 불구하고 당나라 때부터 『원각경』이나 『능엄경』이나 『금강삼매경(金剛三昧經)』 등은 인도에서 찬술된 것이 아니고 중국에서 찬술된 위경(僞經)이라고 '의심'해왔다. 물론 배척하기 위해서 말이다.

급기야는 근대 이후 일본의 불교 학자들은 '의심'을 넘어 위경이라고 '확정'을 지었다. 그리고 더 나아가 누가 위경을 만들었는지를 연구하기 시작했다. 이런 과

정 속에서 일본의 불교연구자들은 이 『경』들이 선불교의 흥기와 관계있음을 주장하기 시작했다. 야나기다 세이잔(柳田聖山) 교수는 이 『경』들을 '선경(禪經)'으로 간주하고, 이 『경』은 선불교의 돈오(頓悟) 사상과 맥을 같이한다는 설을 내었다.

이런 작금의 연구들에 대해 필자는 위에서도 말했듯이 그것들이 중국 찬술 경전일 가능성을 배제하지는 않지만, 이 경전들이 '선불교의 출현과 관련된' 위경이라는 주장은 수용할 수 없다. 이 두 경전들이 중국 땅에서 찬술된 것일 수는 있겠지만, 그 배경을 선불교와 엮을 필요는 없다.

한문(漢文)으로 기록된 경전 중에는 '인도 찬술' 경전도 있고 '중국 찬술' 경전도 있다. 물론 '조선 찬술'도 있다. 어느 지역에서 만들어진 경전이건 관계없이 모든 경전은 '부처'가 설하는 형식으로 이루어져 있다. 그리고 한자로 된 경전들은 그것의 원본이 인도(서역을 포함)에서 유래한 것임을 보여주기 위하여, 번역자의 출신지와 이름을 넣었다. 예를 들어 『원각경』 같으면, '중국 당나라 시대 카슈미르 출신 삼장 법사 불타다라 번역'이라고 말이다. 그리고 중국에서는 일찍이 한역불전의 목록(目錄)을 작성하는 과정에서, 중국에서 찬술된 경전을 '위경(僞經)'으로 분류하기도 했다. 이러한 정황은 이 책의 「제9문 이 『경』의 번역과 주석의 역사」(443~448쪽)에서도 확인할 수 있다.

'위경'으로 분류된 경전 중 유명한 경전으로 『원각경』, 『수능엄경』, 『인왕반야경』, 『범망경』, 『관무량수경』, 남북 2본 『열반경』, 『금강삼매경』 등을 들 수 있다. 이들 경전 중에서 『원각경』, 『수능엄경』, 『금강삼매경』은 선불교 출현과 관련하여 논하여져왔다. 일본의 불교학자들이 말이다. 선불교와 이들 세 경전을 관계 지어 논의했던 이유에 대하여 필자는 이렇게 생각한다. 역사적으로 보면 중국 땅에는 여러 종파가 있었는데 대부분의 종파들은 그 사상적 기원이 인도에 있다. 그런데 유독 선불교만은 그렇지 않다. 여기서 필자가 말하는 '선불교'는 달마를 초조로 하는 동산법문(東山法門) 계통을 지칭한다. 선불교는 중국에서 생산된 독특한 불교이다. 그러다 보니 자연 '중국에서 생산된 선불교'와 '중국에서 찬술된 경전'들과의 사이에 어떤 일치성을 찾게 되었다.

선불교와 중국 찬술 경전 사이의 모종의 일치성에 제일 먼저 주목한 사람은 당나라의 규봉 종밀(780~841년) 선사이다. 그렇다고 이 말은 종밀 선사가 『금강삼매경』과 『원각경』을 중국 찬술 경전으로 '인정'했다는 것은 아니다. 다만 종밀 선사는 특히 『원각경』과 선불교와의 일치성에 주목했고, 선사의 사승관계가 보여주듯이(이 책의 203~204쪽과 223~226쪽 참조) 규봉은 화엄교학과 남종선과의 '화회(和會)'의 틀[1]을 제시했다. 종밀 선사는 『원각경』을 근본으로 삼은 다음, 한 손에는 화엄교학을 다른 한 손에는 선불교를 거머쥐고 불교 전체를 '교통정리'하고 있다.

다음으로 현대에 들어서 선불교와 중국 찬술 경전 사이의 일치성에 주목한 사람으로는 미즈노 코겐(水野弘元) 교수이다. 미즈노 교수에 따르면, 『금강삼매경』의 '이입(理入)'과 '사입(事入)'에 관한 사상은 달마의 『이입사행론(理入事行論)』으로부터 영향을 받아 찬술되었다[2]고 주장한다. 미즈노 교수의 이런 주장은 『금강삼매경』을 소재로 달마의 '이입사행설'이 만들어졌다는 종래의 견해를 뒤집는 지경에 까지 이르게 했다. 다음으로 초기 선종사의 연구자로 알려진 야나기다 교수도 상당기간 미즈노 교수의 이런 입장을 수용했었다.[3]

1 『화엄원인론』에서는 교종을 체계화 하고, 『법집별행록』에서는 선종을 체계화 한다. 이 둘을 회통하는 '틀'은 『선원제전집도서』에 드러난다. 앞의 두 편의 논문은 다음의 책으로 한글 역주되었다. 신규탁, 『화엄과 선』, 서울: 정우서적, 2013, 제2쇄.

2 水野弘元, 「菩提達摩の理入事行說と『金剛三昧經』」, 東京: 『印度學佛教學研究』6, 昭和 30年.

3 柳田聖山, 「解題」, 『中國撰述經典一 圓覺經』, 東京: 筑摩書房, 昭和 61年.

그런데 훗날 야나기다 교수는 이런 입장을 버리고, 다음과 같은 주장을 하기에 이르렀다. "『금강삼매경』을 근거로 해서 『속고승전』의 텍스트가 생기고, 『능가사자기(楞伽師資記)』의 「약변대승입도사행(略辨大乘入道事行)」(제자 담림 서(弟子曇林序)가 이루어진다. 이러한 역사적 추이에 주목하고 싶다. 적어도 텍스트의 순위는 『금강삼매경』을 최고(最古)로 할 수 있을 것이다."[4] 즉 미즈노 교수의 입장을 수정한 한 것이다.

이상이 선불교와 관련하여 『금강삼매경』의 '제작 배경'을 논한 것이라면, 한국의 남동신 교수는 『금강삼매경』의 '내적 사상'을 '반야 공관' 사상에 귀속시킨다. 남 교수는 이렇게 말한다. "반야공관 사상을 주장하는 일파가 자파의 학설을 중심으로 구역(舊譯) 불교의 주요 사상을 끌어들이고 여기에 석가모니 설법이라는 권위를 부여해서 만든 경전이 바로 『금강삼매경』이었다." 그리고 "뒷날 중국선종의 성립사에서는 선경(禪經)의 하나로 지대한 영향을 끼쳤다."[5] 이렇게 남 교수는 『경』이 후세에 끼친 영향까지도 언급한다. 그런데 남 교수의 이런 주장에 대해서는 아직 이렇다할만한 반론이나

4 柳田聖山, 최유진 역, 「金剛三昧經の硏究」, 『백련불교논집』3집, 경남, 장경각, 1993, 475쪽.

5 남동신, 『원효』, 서울: 새누리, 1999년, 201~211쪽.

또는 찬론이 학계에 보고 된 바는 없다.

그런데 여기서 또 주목해야 할 사안이 하나있다. 동국역경원에서 『한글대장경 155』로 번역 발간한 『금강삼매경』의 「해제」에서도 언급했다시피,[6] 『금강삼매경』 안에는 대승의 공(空) 사상도 깔려있고, 화엄의 교리로는 52위 지위설도 들어있고, 재가(在家)의 가치를 존중하는 부분도 있고, 『법화경』에 등장하는 비유도 보이고, 대승의 『열반경』과 관련된 부분도 보이고, 정토사상, 참회사상, 유식사상 등도 보인다.

그런데 위에서 언급한 내용들은 『원각경』과도 일치한다. 『원각경』과 『금강삼매경』 사이에는 유사한 점이 많기 때문이다. 이 두 경전은 찬술의 배경이나, 또는 그 찬술을 담당한 지역이나 학파에 있어 불가분의 관계에 있는 듯하다.

2. 선불교와의 관계

미즈노 교수와 야나기다 교수에 의해서 제기되었던 『이입사행론』과 『금강삼매경』의 선후 관계 논증을 바탕으로, 일본 학계에서는 일단 『금강삼매경』을 중국 찬술의 '위경'으로 간주했고, 이 『경』에 그다지 주목하

6 『한글대장경 155·금강삼매경』, 서울: 동국역경원, 1975, 23쪽.

지 않았다. 그러나 아라키 겐고(荒木見悟) 교수와 야나기다 교수 등은 '중국불교사상연구'라는 사상사의 지평위에서, 위경 연구의 중요성을 재확인하고 『금강삼매경』과 『수능엄경』과 『원각경』등 중국 찬술 경전에 주목하기도 하였다.[7] 그들은 특히 선불교 사상과 관련하여 이들 경전에 주목하였는데, 이들의 주장은 별다른 저항을 받지 않고 학계에 통용되고 있다. 그러나 이런 설은 좀 더 검증되어야 할 여지가 남아있다.

그런데, 이 점에 대하여 동국대학교의 고(故) 고익진 교수는 짤막하지만 매우 의미있는 코멘트를 하고 있다. "'이입(사행)설'과 '존삼수일설(存三守一說)(一心如)'이 『금강삼매경』의 「제5 입실제품(入實際品)」에 나온다는 점에서 볼 때에 동산계(東山系)로 보기는 어려울 것 같다. 왜 그러냐면, 『금강삼매경』에서 제5품은 구경의 경지가 아니며, 『경』 자체에서도 그것을 여래선(如來禪)이라 했고, 진정한 선의 경지는 「제6 진성공품(眞性空品)」에서 가서 설하고 있기 때문이다. 동산 계통에서 찬술되었다면 '수진심(守眞心)'의 선(禪)을 스스로 격하할 까닭이 있겠는가?"[8]

---

7 荒木見悟, 『佛敎と儒敎-中國思想を形成するもの』, 京都: 平樂寺書店, 1972; 아라키 겐고(荒木見悟) 지음, 심경호 옮김, 『佛敎와 儒敎-성리학 유교의 옷을 입은 불교』, 서울: 예문서원, 2000.

이 인용문에서 고익진 교수가 전하려는 논점은, '이십사행설(二入四行說)'과 '존삼수일설(存三守一說)' 등이 선종에서 중요한 수행 방법으로 받아들여지고 있는데, 그것은 『금강삼매경』에서 주장하는 최상의 수행법은 아니라는 것이다. 이렇게 말하는 고 교수의 주장 근저에는 「입실제품」보다 「진성공품」이 더 궁극적인 수행법이라는 생각이 깔려있다. 그러나 이것은 고 교수의 '해석'이지, 실제로 '『경』의 의도'는 아니다. 이 점에 한해서 필자는 고 교수의 입장에 동의하지 않는다. 예컨대 원효 대사도 말했다시피, 「무상법품」에서 「여래장품」에 이르는 여섯 품(品)은 삼매(三昧) 수행의 방법을 분류하여 나열했을 뿐, 결코 삼매 수행이 깊어가는 것을 점진적으로 보여주는 것은 아니기 때문이다. 즉 『금강삼매경』의 의도에 따르면, 이들의 관계는 병렬적 나열이지 향상적 승진은 아니기 때문이다. 고 교수의 주장에는 동의하지만, 그 근거 대기에는 동의할 수 없다.

아무튼, 이(理)와 사(事)가 모두 무상하다고 관찰하라는 것은 당시 화엄의 교학은 물론 천태의 교학에서도 나오는 것이므로, 선종과 특별히 결부시킬 근거는 없

8 고익진, 『한국고대불교사상사』, 서울: 동국대출판부, 1989. 217쪽의 각주.

다. 동산계의 선사상과 『금강삼매경』을 연결 짓는 것은 무리가 있다. 이런 고 교수의 입장에 힘을 실어주는 야나기다 교수의 논문이 있는데, 「金剛三昧經の硏究」(1993)가 그것이다. 이 논문에서 야나기다 교수는 "보리달마에게 이입사행설이 있었다는 것과 돈황 사본 『보리달마이입사행론』을 그 텍스트로 한다는 것과는 반드시 같은 것은 아니다"고 전제를 하면서, "내용과 형식 면에서 뛰어난 돈황 사본 『보리달마이입사행론』이 『금강삼매경』 이전에 있었고, 그것이 선종의 초조 달마의 작품으로 되어있었다면 새삼스럽게 『금강삼매경』과 같은 불설의 권위를 빌릴 필요는 없었다."고 한다. 결론적으로 야나기다 교수는 "오히려 돈황 사본 『보리달마이입사행론』이 『금강삼매경』과 『속고승전』을 받아들여 새로이 집대성했다고 보고 싶다"[9]고 결론을 짓는다. 입장이 또 바뀐 것이다. 아무튼 『금강삼매경』의 출현을 선종의 승려들과 연결 짓는 것은 무리가 있다.

더 나아가 우리는 『금강삼매경』의 제작이 동산(東山) 법문의 교설에 기인한다는 주장도 검토할 필요가 있다. 일본에서 제기된 이런 학설이 국내에서도 무비판적으로 전해지는 현실을 생각하면 더욱 그러하다. 정

9 柳田聖山, 최유진 역, 「金剛三昧經の硏究」, 『백련불교논집』3집, 경남: 장경각, 1993, 485쪽.

성본 교수는 『중국선종의 성립사 연구』에서 "水野弘元의 연구에 의해 밝혀진 바와 같이 達摩의 『理入事行論』과 東山法門의 교설을 중심으로 만들어진 『금강삼매경』의 출현은 649~665년의 사이로 도선(道宣)이 자료에 주목한 시기였다"[10]고 쓰고 있다. 그러면서 정 교수는 『금강삼매경』 제작 기반을 동산법문에 두는 설을 수용한다. 그러면 과연 동산법문의 내용이 『금강삼매경』의 내용과 관계가 있는가? 필자가 보기에 아니다.

동산법문은 도신(道信)에서 시작되어, 홍인(弘忍: 601~674)이 쌍봉산의 동봉(東峯)인 빙무산(馮茂山)에 이주하면서 성행한다. 단적으로 말해서 동산법문은 4조 도신과 5조 홍인의 선 사상에 기인한다. 도신과 홍인의 사상은 『능가사자기』「도신장」과 돈황본 『수심요론(修心要論)』에 의해서 알 수 있다. 그 중 돈황본 『수심요론』은 조선에서는 『선문촬요(禪門撮要)』 속에 「최상승론(最上乘論)」이라는 편명으로 수록되어 읽혀져 왔다. 이들의 선사상을 말해보면 전자는 ① 제불심제일(諸佛心第一)과 ② 일행삼매(一行三昧)로, 후자는 ③ 수심(守心)으로 각각 요약할 수 있다. ①은 원래는 4권본 『능가경』의 「불어심품(佛語心品)」에서 유래하는데, 그 『경』에서

10 정성본, 『중국선종의 성립사 연구』, 서울: 민족사, 1991, 54쪽.

의 '심(心)'은 '핵심', '중심'의 뜻인데, 능가의 수도사들이 이것을 곡해하여[11] '정신통일'의 의미로 사용한 것이고, 도신 선사도 그 연장선에서 '내증공부(內證工夫)'의 하나로 이해한 것이다. ②는 조용한 장소에 앉아서 어떤 형상이나 모양에도 집착하지 않고 오직 마음을 한 '부처'에 집중하여 '부처'의 이름을 불러 삼매에 몰입하는 것이다. 그리고 ③은 「최상승론」 전체에 흐르는 사상으로, 자성(自性)이 원만하고 본래 청정한 마음을 지키는 수행법이다. 마음을 한 곳에 집중하여 산란한 마음을 제어하는 것이다.[12]

그런데 『금강삼매경』은 '소관(所觀)의 경(境)'과 '능관(能觀)의 식(識)'이 모두 무상(無常)하고 공(空)함을 관찰하는 것으로 일관되어 있다. 위에서 약술한 바와 같은 동산법문과는 그 입장을 달리한다. 동산법문에서는 '자성청정심'의 상주불멸을 강조하고, 이런 사상은 6조 혜능 선사와 마조-백장-임제 선사에 이르면서는 '자기(自己)', '자심(自心)', '자성(自性)', '주인공(主人公)' 등으로 내면화되어 갔다. 그리하여 이들 선불교에서는 '자성청정

11 潘桂明, 『中國禪宗思想歷程』, 北京: 今日中國出版社, 1992, 47쪽. 이 주장은 중국의 일찍이 요찡(呂澂) 선생이 한 것이다.
12 『楞伽師資記』「道信章」(대정장85, 1288b); 『수심요론』(대정장48, 377c).

심'을 무매개적으로 인식하는 이른바 '돈오(頓悟)' 수행을 하나의 전통으로 이어갔다. 이점에 대해 필자는 일찍이 "당나라 시대 선어록에 나타난 지식 이론은 '진여연기론(眞如緣起論)'에 입각한 '불성사상(佛性思想)'이고, 그들의 수행 이론은 '돈오무심(頓悟無心)' 사상임"을 변론한 적[13]이 있다.

'진여연기론'에 입각한 '불성사상'이란 화엄의 5종판(宗判) 중 '여래장연기종(如來藏緣起宗)'(이 책의 423~425쪽 참조)에 해당하는 사상으로, 진여를 기본으로 하는 연기 사상을 두고 하는 말이고, 한편 '돈오사상'이란 자신의 자성청정심을 단박에 자각하여 무심하게 그 본래성에 내맡겨 사량분별이나 언어조작을 거부하는 사상이다. 진여가 무명을 만나 삼라만상으로 전개하는 기틀을 아리아식이라고 하는데, 법상종 계통에서는 이 아리야식을 생멸하는 '망식(妄識)'으로 간주하지만, 진여연기론을 주장하는 법성종 계통에서는 '진망화합식(眞妄和合識)'으로 정의한다. 진여에는 인연과 결합하여 변하는 작용과, 어느 경우에도 변하지 않는 작용이 있다. 인연과 결합하여 변화하는 진여의 작용에 의해 중생들의 번뇌의 차별상이 현실화되어 나타난다. 그러나 불변하

13 신규탁, 「선과 정토사상」, 『불교신행의 이해』, 서울: 능인불교연구소, 1999.

는 진여의 작용성은 불생불멸한다. 이 불생불멸하는 진여의 작용성을 단박에 자각하는 것이 선불교의 용심법(用心法)인 돈오사상이다.

그리고 진여를 장애하는 번뇌는 인연에 의해서 만들어졌으므로 그 자체는 무상하다. 그것은 결코 실체가 아니기 때문에 공(空)하다. 선종은 이 두 가지, 즉 진리론으로는 '진여연기론'을, 수행론으로는 '돈오무심'을, 양 축으로 해서 전개된다. 선불교는 물론 수나라와 당나라 이후 중국불교는 진여연기론에 입각한 지식 이론을 공유한다. 진여의 실재성을 인정하는 이런 태도는 여타의 불교권에서 볼 수 없는 독특한 형태로 비판의 표적이 되기도 하였다.[14]

진여(眞如: tathatā)의 말뜻은 '있는 그대로의 그 무엇'이다.[15] 매우 난해한 말이지만, 이것은 언어나 사유로 그리고 행위를 매개로 하여 뭐라고 규정하기 이전에 우리 앞에 즉자적(卽自的)으로 주어지는 '있는 그대로의 그 무엇'을 말한다. 이것은 말을 바꾸면, 행위·언어·사유의 규정 방식에 따라 우리에게 인지되는 것이기 때문에, 그것은 절대타자(絶待他者)라기 보다는 연기에

14 袴谷憲昭, 「禪宗批判」, 『駒澤大學 禪研究所年報』 創刊號, 東京: 駒澤大學禪研究所, 1990, 62~82쪽.

15 中村 元 外編, 『岩波佛教辭典』, 東京: 岩波書店, 1989, 469쪽.

의해서 우리에게 드러나는 것이다. 단적으로 말하면 규정 방식에 매개되어 자신을 드러낸다. 그런데 규정 방식이 무수한 만큼 진여가 드러나는 양태도 무수하다. 이 점을 잘 알고 있는 중국의 학승들은 진여를 몸소 '체험'할 것을 강조한다. 동시에 수행의 당사자가 자기만의 주체적 행위·언어·사유로 그 것을 손상 없이 '표현'할 것을 요구한다.

진여도 이와 마찬가지이다. 진여는 있기는 있지만, 수행자의 체험과 그 체험을 '표현'하는 방식에 따라 다르게 드러난다. 진여에는 수연성(隨緣性)과 불변성(不變性)이 공존한다. 이것을 『대승기신론』에서는 '심진여(心眞如)'와 '심생멸(心生滅)'로 나누어 설명하는데, 여기서 말한 '심(心)'은 곧 다름 아닌 '중생의 마음[衆生心]'을 지칭한다.[16] 『화엄경』에서는 '일심(一心)'이라고 하고, 『원각경』에서는 '원각(圓覺)'으로 표현한다. 지시하는 사태는 동일하다.

인간의 마음에 표상되는 '진여'(=있는 그대로의 그 무엇)를 생멸변화를 속성으로 하는 무상한 행위·언어·

16 『대승기신론』의 이 부분에 대한 설명은 전통적인 화엄교가인 현수 법장에 의해 잘 정리되었고, 우리말 번역에 이 점을 잘 살린 것은 다음의 책이다. 김월운 강화, 『대승기신론강화』, 경기: 불천, 1993년, 27~35.

사유[身·口·意]로 표현하라는 것이다. 그것도 반드시 당사자가 몸소 하라는 것이다. 이 세상은 각자의 체험을 통해 표현하는 만큼 실재한다. 선사들의 기상천외의 행동이나 언어도 이러한 그들의 지식이론에 기반을 둔다.

후세에 전개된 선불교의 수행론을 보더라도 알 수 있듯이 선불교와, 『원각경』 및 『금강삼매경』의 사상과는 적잖은 거리가 있음을 알 수 있다. 『금강삼매경』은 '이입(理入)'과 '사입(事入)'을 말하는데, 이것은 보살들이 본각(本覺)의 이익에 들어가 중생을 제도하는 '태도'를 설하는 맥락에서 나온다.[17] 원효 대사도 그렇게 주석을 붙이듯이, 이 대목은 보살이 중생 제도를 위해 세속에 들어갈 경우 그 '들어감'의 의미를 밝히는 부분이다. 한마디로 말하면 '티 없이 무심하게' 중생을 제도하라는 것이다. 선불교의 '2입(入)' 즉 '이입(理入)'과 '사입(事入)'과는 내용상 거리가 멀다.

3. 수행법에 관한 강요서의 출현

여기에서 우리는 눈을 돌려 '삼매(三昧)'에 관련된 중

17 『한글대장경 155·금강삼매경론』「입실제품」, 서울: 동국역경원, 1975년, 298~299쪽.

국 불교의 상황을 볼 필요가 있다. 중국에 유행된 불교는 대부분이 대승불교이고, 각 대승경전은 설주(說主)가 삼매에서 출정(出定)하여 설하는 형식으로 되어있다. 『반야경』의 경우는 '등지삼매(等持三昧)'가, 『법화경』은 무량삼매(無量三昧)가, 『열반경』은 부동삼매(不動三昧)가 설정되어 있다. 그리고 『화엄경』은 해인삼매(海印三昧)를 근본 삼매로 하여 각 회(會)마다 특수한 삼매가 시설된다.[18] 물론 원시 경전에도 선(禪: dhyāna)과 정(定: samādhi) 등이 설해지고, 이것들은 부파불교시대를 거치면서 한층 체계화된다. 그러나 중국 불교계에 영향을 미친 것은 대승경전에 나오는 각 종의 선정(禪定)이다. 대승의 각종 선정 명칭이 '한자불교문화권'에 소개되면서, 이 지역의 수행자들은 각 종 수행 지침서를 찬술하게 되었다. 이 과정에서 처음에는 '구술'이나 '저술'의 형태로 수행법을 전개하다가, 일정한 시기를 지나면서 '게경(契經)'의 형식을 취하게 되었다. 전자에

18 제1회 적멸도량회에는 여래정장삼매, 제2회 보광법당회에서는 신위(信位)이므로 아직 삼매에 들지 못했고, 제3회 도리천궁회에서는 보살무량방편삼매, 제4회 야마천궁회에는 선복삼매, 제5회 도솔천궁회에서는 명지삼매, 제6회 자재천궁회에서는 대지혜광명삼매, 제7회 보광법당회에서는 불자재찰라제삼매, 제8회 보광법당회에서는 화엄삼매, 제9회 서다림회에서는 여래사자분신삼매가 시설된다.

해당하는 대표적인 것으로 우리는 천태 지의(天台智顗: 538~597)의 지관(止觀)에 관한 각종 구술과 저술을 비롯하여, 두순(杜順: 557~640)의 『화엄법계관문』 등을 들 수 있다. 후자의 것으로 『원각경』과 『능엄경』과 『금강삼매경』을 들 수 있다. 이 『경』들은 기본적으로는 반야의 '공사상'에 기초를 두면서 진성(眞性) 혹은 본각진심(本覺眞心)을 체험하게 하려는 것을 주 목적으로 하고 있다.

이렇게 수당 시대의 불교가 수행체계가 확립되어가는 과정에서, 천태의 '지관'도 출현했고, 두순의 '법계관'도 출현했고, 그리고 『원각경』과 『능엄경』과 『금강삼매경』 등의 중국 찬술 '경전'도 출현했다는 가설을 제시한다. 이하에서는 『원각경』과 『금강삼매경』을 대비하면서 이 두 경전의 유사성을 살펴보면서 이 가설을 변증해 보기로 한다.

4. 『원각경』과 『금강삼매경』과의 관계

『원각경』과 『금강삼매경』은 그 내용에 있어서 유사성이 많다. 일본의 중국 불교 연구자들은 이 두 경전을 선경(禪經)으로 확정짓기도 했지만, 그렇게만 볼 수 없음은 위에서 살펴 본 대로이다. 야나기다 교수는 『원각경』의 「보각장」에서 '선병(禪病)' 설해줄 것을 청하는 대목(이 책의 166~169쪽)을 들어, 『원각경』이야말로 선불교가 유행하던 시기에 만들어진 것이라고 한다. 그러나 여기서 말하는 '선병'은 구체적으로는 '작(作)', '임(任)', '지(止)', '멸(滅)'의 4상(相)의 병통을 말하는 것으로, 이하에서 다룰 「4) 여래장은 생주이멸하지 않는다」와 상통하는 것이다. '선병(禪病)'과 선불교와는 전혀 무관하다.

이 두 경전이 중국 찬술 경전이 확실하다면, 이 경전들은 전(全) 불교의 '수행 방법'을 체계화 하려는 노력에서 나온 산물이다. 초기 선불교의 각종 문헌들도 이 과정에서 나온 것이다. 초기 선종의 문헌이나, 천태 대사와 두순 대사의 관법(觀法)에 관한 언설이나, 『원각경』이나 『금강삼매경』 모두 중국인들이 인도 불교를 소화하여 자신들의 방식으로 수행법을 체계화 하는 과정에서 나온 '동일선상의 산물'이다. 이들 사이에 생산시기에 따르는 시간적인 선후관계는 있지만, '모자관계(母子關係)'로 볼 수는 없다. 『원각경』과 『금강삼매경』은 그 내용이 매우 유사하며, 거기에는 수나라 시대 즈음 까지 중국 불교계에서 거론되었던 거의 모든 교리와 학설이 총 망라되어 있다. 이하에서는 두 『경』의 전반부만을 실험적으로 대조해 보기로 한다. 그러면

이 두 『경』이 얼마나 밀접한지를 알게 될 것이다.

1) 몸과 마음이 공(空)한 줄을 알면 불도가 완성된다.

『원각경』:

"일체 여래들께서 하신 근본적인 수행은 모두가 다 이 청정한 원각의 기능을 총체적으로 관조하는 방법에 의지한다. 이런 수행을 해서 무명을 영원히 끊어야 마침내 불도를 이룬다. 무명이란 무엇인가? …… 4대가 제 몸인 줄로 잘못 알고, 6진의 그림자가 제 마음인 줄로 잘못 아는 것이다."(이 책의 27~28쪽)

『금강삼매경』:

"저 중생들로 하여금 법집과 아집을 떠나게 해야 하는 것이니, 모든 법과 나(我)는 공적한 것이다. 만약 마음이 공하게 되면 마음이 헛되이 변화하지 않을 것이요, 환상과 변화가 없어지면 생멸 없음을 얻을 것이니, 생멸 없는 마음이 환화 없는 그곳에 있다."(『한글대장경 155·금강삼매경론』「무상법품」, 서울: 동국역경원, 1975년, 81~82쪽)

위 본문에 대하여 종밀 선사는 『원각경대소』에서 '진종을 표시하다[標示眞宗]'로 과목을 붙이고, 원효 대사는 '바른 관법을 밝히다[明正觀]'로 과목(科目)을 붙인다. 이렇게 과목을 붙인 이면에는 두 스님 모두 몸과 마음이 무상함을 바로 관(觀)하는 것이야말로, 각각 『경』이 제시하는 바른 관찰로 이해하고 있음을 보여준다. 이 두 경전 모두는 중생들이 몸과 마음에 대한 집착을 깨치기만 하면 곧 여래의 경지를 얻을 수 있다고 한다. 『원각경』에서는 "무명을 영원 끊는다" 는 표현을 썼고, 『금강삼매경』에서는 "아집과 법집을 떠난다"는 표현을 썼으나, 그 지시하는 내용은 같다.

『금강삼매경』에서는 '소관(所觀)의 법(法)'은 물론 '능관(能觀)의 행(行)'도 모두 무상함을 관찰할 것을 요구한다. 이렇게 의식의 활동성이나 감각소여의 무상성에 대한 관찰은 중관 사상으로 전승되는 전통 교학 이론으로, 선불교뿐만 아니라 교학의 중요한 요소 중의 하나이다. 화엄 교학에서는 이 문제를 집요하게 거론하고 있다. 화엄 초조로 불리는 두순 스님의 작품으로 『화엄법계관문』이 전해지고 있다. 이 글에서는 '진공관'이라는 개념을 빌려 '이법계'의 공함을 서술하고 있다. '소관(所觀)의 법(法)'인 '사법계'가 공함은 더 말할 나위도 없고, 그 '사법계'가 드러나 움직이는 그 곳에 즉하여 '이법계'가 드러나는데, 그 '이법계'도 역시 공하다는 것이다. 이런 점에 주목한 학담 스님은, 청량 징관 국사가 『오온관』을 집필한 의도를 이렇게[19] 설명하고 있다.

이런 등으로 미루어 보더라도 『원각경』과 『금강삼매경』의 저작 의도를 선불교와 연관지어 논하는 것은 옳지 않다. 이 경전은 교학의 전통에서 논의되는 '공사상'과 '본각사상'이 결합되어 반영되어 있다. 이런 사상은 수행의 방법에도 직결된다. 다음 조항에도 그것이 잘 드러난다.

2) 공적한 마음으로 어떻게 닦아 익힐 수 있을까?

『원각경』:

보현보살이 부처님께 여쭈었다.

"실은 허망함을 아는 제 자신의 몸과 마음도 허망한데 어떻게 허망한 주체가 허망한 대상을 닦아 없앨 수 있습니까? 또 허망한 성품이 다 없어졌다면 곧 마음이라고 할 것도 없을 것입니다. 그렇다면 수행의 주체는

19 학담, 『화엄종관행문』, 서울: 조계종출판사, 2001, 433쪽. "곧 5온인 사법계에서 5온이 이루어 내는 어떤 것의 자기 모습이 공할 뿐만 아니라 5온마저 공한 줄 알 때, 5온 그대로 참된 공인[眞空] 이법계가 현전한다. 그리고 5온설에서 5온이 이루어낸 존재의 자기 모습과 5온이 모두 공하되 그 공도 공한 줄을 알 때 다시 공 그대로의 묘한 있음인 존재의 자기 모습과 5온이 현전하니, 이것이 화엄의 이사무애법계이다."

누구이기에 도리어 '일체가 허망하다고 알아차리는 수행'을 하라고 하십니까?"

세존께서 말씀하셨다.

"한편 (허망한 대상을) 멀리 여의려는 마음을 강하게 집착하면 안 되기 때문에 그런 허망한 마음도 또한 멀리 여의어야 한다. 나아가 멀리 여의려는 것도 허망한 것이니 그런 생각마저도 멀리 여의어서 더 여읠 것이 없게 되면 모든 허망이 사라진다."(이 책의 41~42쪽)

『금강삼매경』:

해탈보살이 부처님께 아뢰었다.

"존자시여, 중생의 마음은 성(性)이 본래 공적하고 공적한 마음은 체에 색상이 없는데 어떻게 수습(修習)하여야 공(空)한 마음을 얻을 수 있습니까? 원하옵건대 부처님의 자비로 저희를 위하여 말씀하여 주업소서."

부처님께서 말씀하시었다.

"보살아, 온갖 마음의 모습은 본래부터 근본이 없으며 근본 자리가 없으므로 공적하여 생함이 없다. 마음에 생함이 없으면 곧 공적에 드는 것이요, 공적한 마음 바탕에서 마음의 공적함이 얻어진다."(『한글대장경 155·금강삼매경론』「무상법품」, 서울: 동국역경원, 1975년, 85~87쪽)

두 경전 모두 마음은 무상(無常)한 것이니 그저 무심(無心)하면 되는 것이지 다른 마음을 내어서는 안 된다고 한다. 『원각경』에서는 본문에서 "허망한 줄을 알아차리면 곧 허망함은 사라진다. (허망을) 없애기 위한 조작이 필요 없다. 허망함만 사라지면 그게 바로 부처이니 점차적인 과정이 있을 수 없다."(이 책의 42쪽)라고 명료하게 설해져 있다. 한편 원효 대사는 이런 상태를 "생(生)을 얻지 아니할 때에 능관(能觀)하는 마음도 또한 생김이 없으니, 이때에 곧 본래의 공적(空寂)에로 들어가는 것이다"[20]고 주석을 하고 있다.

물론 우리는 이상과 같은 '깨치면 번뇌는 사라진다'는 태도 때문에, 위에서 인용한 두 경전이 선경(禪經)의 범주에서 논의되곤 하는 것도 알고 있다. 이렇게 말하는 이들은 이 부분을 '돈오(頓悟)'라는 용어를 사용하여 설명하려고 한다. 그러나 우리가 분명히 알아야 할 것은 이런 돈오 사상은 선종의 전유물은 아니다. 바른 인식이 드러나는 곳에 바른 지혜가 제 기능을 발휘한다. 인도의 초기 불교 경전에서 소개되는 각종 관법이 말해주듯이, 무상한 것을 무상한 것인 줄 모르는 데서 집착이 생긴다. 미혹이 업(業)을 형성하게 하고, 업이 고

20 『한글대장경 155·금강삼매경론』「무상법품」, 서울: 동국역경원, 1975년, 89쪽.

의 결과를 낳는다. 이것은 불교 교학의 근본적인 논법이다. 이런 논법을 바탕으로 다음과 같은 구체적인 수행의 방법이 제시된다.

3) 무명 번뇌를 치료하는 방법에 대하여

『원각경』:

보안보살이 부처님께 말씀드렸다.

"대자대비하신 세존이시여! 이 법회의 모든 보살과 말세 중생들을 위하여 보살이 수행하는 순서를 말씀해주십시오. 어떻게 명상하며 어떻게 닦아 익혀야합니까?"

이때 세존께서 보안보살에게 말씀하셨다.

"우선 무엇보다 여래께서 일러준 (마음을 고요하게 하는) 사마타 수행에 의지하여 범해서는 안 될 계율을 단단히 지키고, 도반들과 함께 살면서, 고요한 방에 조용히 앉아서 다음과 같이 생각하거라. 즉, 지금 나의 이 몸은 흙·물·불·바람의 '네가지 성질을 가진 요소[四大]'가 모여서 만들어진 것이다. …… 이런 '네 가지 요소'가 각각 분리되면 지금의 허망한 몸은 어디에 있는가? 이렇게 말이다. 다음의 사실을 알아라. 이 몸은 결국 실체가 없고 (그런 요소들이) 화합해서 형상이 이루어진 것이니 참으로 환상이나 허깨비와 같다."(이 책의

48~49쪽)

『금강삼매경』:

해탈보살이 부처님께 아뢰었다.

"존자여, 일체 중생 가운데 아집에 사로잡힌 자와 법집에 사로잡힌 자를 무슨 법으로 깨닫게 하며 그 중생들로 하여금 그 결박된 상태에서 벗어나게 하리이까?"

부처님께서 말씀하셨다.

"선남자야, 아집에 사로잡힌 자에게는 12인연을 관하게 하라. 12인연은 본래 인과를 따라 나는 것이며, 인과가 일어나는 것은 마음과 행동에서 비롯된다. 그런데 마음이 도무지 있지 아니하니 어찌 몸이 있을 것인가. 내가 있노라 하는 집착에 사로잡힌 이라면 유견(有見)을 없애게 하라. 또 내가 없노라 하는 집착에 사로잡힌 이에게는 무견(無見)을 없애게 하라."(『한글대장경 155·금강삼매경론』「무상법품」, 서울: 동국역경원, 1975년, 92쪽)

이 두 경전 모두 집착에서 벗어나려면, 일체가 모두 연기이고 무상이고 공이라고 관(觀)하라는 것이다. 이것은 요약하면 5온(五蘊)이 무상함을 관찰하라는 것이다. 중국의 교학승들은 여러 각도에서 일체가 '허공 꽃[空華]'처럼 무상한 것임을 여러 측면에서 거론하고 있다.

청량 징관의 『오온관』은 물론 그의 스승 벌인 현수 법장, 그리고 천태종의 천태 지의 대사 등도 이런 입장을 가지고 있다. 학담 스님은 『화엄종관행문』에서 여러 가지 문헌적인 근거를 가지고 이 점을 밝히고 있다.[21] 그것에 따르면, 천태 대사의 경우는 『법계차제초문』에서 온(蘊)·처(處)·계(界) 등 연기한 것은 모두가 자성이 없음을 밝혀서, 공관(空觀)을 통해 중도관(中道觀)에 나아가도록 하는 데에 그 뜻이 있다고 한다.

현수 법장은 『반야심경약소』에서 위와 같은 작업을 했고, 유식의 문헌인 『대승백법명문론』에서도, 그리고 『화엄경』의 「광명각품」, 「보살문명품」, 「승수미산정품」, 「승야마천궁품」, 「승도솔궁중게찬품」, 「십회향품」 등의 게송에서도 5온으로 대표되는 일체의 존재가 모두 무상하고 공한 것임을 관찰하게 했다.

그런데 이런 무상성을 설하는 점은 반야부의 여러 경전과 일치하면서도, 다만 '여래장'을 논하는 점에 있어서 『원각경』과 『금강삼매경』은 반야부의 경전들과 입장을 달리한다. 다음에서 그 단적인 사례를 들어 보기로 한다.

---

21 학담, 『화엄종관행문』 서울: 조계종출판사, 2001, 444~472쪽.

4) 여래장은 생주이멸하지 않는다

『원각경』:

"선남자여, 여래가 최초로 마음 먹은 수행의 방법에 의해 원각을 수행하는 사람이 만일 이것이 허공 꽃[空華]인줄 '알아차리기'만 하면 바로 윤회에서 벗어나고, 몸과 마음이 생사의 고통을 받지도 않는다. 그런데 그 고통이란 인위적으로 없애서 사라지는 게 아니다. 왜냐하면 (생사에 윤회하는 고통은) 본성이 없기 때문이다. …… 있다느니 없다느니 하는 생각을 둘 다 버릴 때 청한한 원각과 하나가 된다. 왜 그런가? 원각은 허공처럼 본성이 없기 때문이며, 항상 움직이지 않기 때문이다. 여래장 속에는 생성과 소멸이 없기 때문이고,"(이 책의 29~31쪽)

『금강삼매경』:

해탈보살이 부처님께 아뢰었다.

"존자여, 마음에 주(住)함이 없는데 무슨 수학(修學)이 있겠습니까? 유학(有學)이라야 합니까? 무학(無學)이라야 합니까?"

부처님께서 말씀하시었다.

"보살아 생(生)함이 없는 마음은 나왔다 들어갔다 하는 마음이 아니다. 본래 여래장(如來藏)이므로 그 성(性)

이 고요하고 부동(不動)하다. 무학(無學)도 아니고 유학(有學)도 아니다.”(『한글대장경 155·금강삼매경론』「무상법품」, 서울: 동국역경원, 1975년, 105~107쪽)

종밀 선사는 이 대목을 ‘전전불적(展轉拂迹)’이라고 과목명을 달았고, 원효 대사는 이 단락을 ‘심무주(心無住)’라고 과목명을 달았다. 그러면 여래장성(如來藏性)이 고요하여 ‘움직이지 않음[不動]’이란 무슨 뜻인가? 이에 대하여 『금강삼매경론』 본문에서는 “여래장(如來藏)이란 생멸하는 분별망상의 모습이 이(理)를 숨겨, 드러나 있지 않음을 말한다. 그 성(性)은 고요하고 움직이지 않는다”[22]라고 설하고 있다. 두 경전 모두 무상관을 주장하는 점에서도 공통적이고, 나아가 생성소멸의 운동이나 변화의 영향을 받지 않는 이른바 ‘무생(無生)의 법인(法印)’을 바탕에 깔고 있는 점도 공통적이다. 이 두 경전에서는 그 구조를 모두 ‘여래장(如來藏)’이라는 개념을 수용하여 설명하고 있다.

이 여래장은 누구에게나 본래부터 있는 것이고, 다만 번뇌와 망상으로 인해 그것을 드러내지 못할 뿐이라고 한다. 그리고 이 여래장을 체험하기 위해 『원각

---

22 『한글대장경 155·금강삼매경론』「무상법품」, 서울: 동국역경원, 1975년, 119쪽.

경』에서는 '체험'이라는 용어 대신 '수순(隨順)'이라는 용어를 사용하는데, 사유나 언어를 사용해서는 절대 안 된다는 것이다. 그렇다고 수행을 안 해서도 안 된다. 수행을 안 하면 영원히 범부에서 벗어날 길이 없다. 그래서 수행을 하기는 해야 하는데, 그것이 바로 '삼매(三昧)'라는 관찰 수행[觀行]다. 『원각경』과 『금강삼매경』 모두 이 '삼매'의 수행법을 설하는 경전이다.

그러면 단적으로 말해 '삼매'란 무엇인가? 이 말은 'samādhi'에서 유래한 것으로 중국에서는 '정(定)' 또는 '선정(禪定)'으로 번역되었다. 각 경전이나 논서마다 용례가 다양하기 때문에 일률적으로 정의하는 것은 쉽지 않다. 『금강삼매경』 본문 자체에서는 이 말뜻을 따로 정의하거나 설명하지는 않았다. 이 용어에 대한 원효대사의 '해석'을 소개하면 이렇다.

> "옛 스승이 말씀하기를 '그 이름을 삼매라고 함은 정사(正思)라는 뜻이다'고 했는데, 지금도 이것을 말하는 것은 문의(文義)에 합당하기 때문이다. 말하자면 정(定)에 들었을 때에, 관계되는 경계[所緣境]를 깊이 살피고 바르게 생각하는 까닭에 정사(正思)라고 한다. 『유가사지론』에서 말씀한 바와 같이 삼마지(三摩地)란 '관련되는 것[所緣]'에 대하여 자세히 그리고 바르게 관찰하여 마음이 하나의 경계에 집중된 성품을 가리킨다."[23]

이와 같이 원효 대사는 『금강삼매경』에서 나온 '삼매'의 뜻을 정의하고 있다. 그리하여 한자의 번역어인 '정사(正思)'라는 표기법을 수용하고, 그 내용은 『유가사지론』의 입장을 수용하였다. 그리고 이렇게 보는 것이 『금강삼매경』의 뜻에 부합한다고 이해했다. 다시 말하면 삼매(三昧)란 수행자가 명상에 들었을 때에 나타나는 경계 대상들을 깊이 살피고 바르게 생각하는 것을 말한다. 규봉 선사는 『원각경』「서분」에 나오는 '삼매(三昧)'의 용어를 풀이하면서 원효 대사의 이 대목을 인용하고 있다.(이 책의 21쪽의 주4) 그러면 여기서 말하는 '깊이 살피고 바르게 생각하는 것'이란 무엇인가? 그것을 『원각경』과 『금강삼매경』에서는 인식대상[境]과 인식주관[識]이 모두 무상하고 공하고 환상이라는 사실을 명확하게 관찰하는 것이라고 한다. 언어나 사량 분별을 개입하지 말고 무심하게 관찰하라는 것이다.

그 과정을 『금강삼매경』의 각 품(品)에서 전개해간 것이다. 즉 「무상법품」에서는 모든 형상은 실체가 없음을 관찰하게 했고, 「무생행품」에서는 관찰하는 행위가 실체가 없음을 관찰하게 했고, 「본각리품」에서는 중생교화라는 행위를 함에 있어 본각의 이익으로 실천

---

23 『한글대장경 155·금강삼매경론』「무상법품」, 서울: 동국역경원, 1975년, 44쪽.

함으로 해서 '일심(一心)' 속에서 생멸을 관찰하게 했고, 「입실제품」에서는 중생 자신이 '일심(一心)' 속에 있는 진실한 마음속으로 들어감을 관찰하게 했고, 「진성공품」에서는 참된 성품은 결국은 공(空)한 이치 속에서 생성되는 것임을 관찰하게 했고, 「여래장품」에서는 유위를 비롯한 무위의 일체법이 모두 여래장 안으로 포섭됨을 관찰하게 했다. 그런가하면 『원각경』의 경우는 「보안장」에서는 '보안관'을, 「위덕장」에서 '3관 수행'을, 그리고 「변음장」에서는 '25륜'의 수행법을 각각 제시한다.

5. 제안과 가행독서(加行讀書)

법화행자들에게 애용되는 천태 지의의 『마하지관』이나 『동몽지관』을 비롯하여, 화엄교가들에게 애용되었던 『화엄법계관문』과 『화엄망진환원관』 등이 앞 시대의 수행 이론을 집대성한 것이라면, 수나라 시대에는 경론에 대한 주석적 연구와는 축을 달리하여 자유로운 형태의 저술 활동이 있었다.

『원각경』과 『금강삼매경』 모두 '능관(能觀)의 심(心)'과 '소관(所觀)의 법(法)'이 모두 공(空)하고 무상(無相)임을 설하는 점에서는 동일함도 살펴보았다. 그런데 『원각경』은 『경』의 후반부에 가서는 하근기 중생들을 위한 참회(懺悔)에 관한 것이라든가 마사(魔事)에 관한 것을 언급하는데, 이런 등은 등은 『금강삼매경』에서는 볼 수 없는 특징들이다. 이상이 논의를 바탕으로 필자는 『원각경』과 『금강삼매경』의 학파 소속성에 관해 다음과 같이 결론을 내본다.

『금강삼매경』은 화엄계통의 관법(觀行)으로 애용되는 『화엄법계관문』과 『화엄망진환원관』 계열과 관련이 많고, 반면 『원각경』은 『마하지관』이나 『동몽지관』 계열과 연관이 많다. 사실, 규봉 종밀 선사가 『원각경대소』와 『원각경대소초』를 저술하는 속에 천태의 사상을 특히 지관 수행에 관한 부분을 거의 그대로 필사해 놓는다. 이 점 또한 의미하는 점이 많다. 관법에 관한 이상의 저서를 생산해낸 '지식사회'가 '경전'이라는 글쓰기 방식으로 세상에 내놓은 것이 바로 『원각경』과 『금강삼매경』이라고 생각한다. 종밀 선사가 『원각경』을 주석하는 과정에서 원효의 『금강삼매경론』을 많이 인용하는 것도, 이 두 문헌이 무관하지 않음을 보여주는 사례이다. 이 두 경전을 선불교적 범주에 가두어 둘 이유는 없다.

끝으로 『원각경』에 대한 주석을 비롯한 번역서를 소개하여 가행독서(加行讀書)의 밑천을 제공해면서 해제를 마치려 한다. 이하의 목록은 『中國撰述經典 一: 圓覺經』(柳田聖山, 東京: 筑摩書房, 1987)의 「解題」에 실린 것을 바탕으로, 필자가 더 보충한 것이다. 이 중에서 단연코 우선 순위로 꼽히는 저술은 규봉 종밀의 주석들이다. 고대 한어로 되어 있어 독해에 한계는 있지만 우리나라의 강원에서는 지금도 읽히고 있으니 근심할 바는 아니다. 그리고 「<5> 현대의 번역서(한국어로 번역된 것만)」 중에서는, 봉선사 김월운 강백의 (33)을 우선으로 추천할만하다. 만약에 형편이 된다면 (36)도 옆에 두고 보면 더 없이 좋을 것이다. 그리고 (31)의 경우는 근대적 의미의 경전 번역이라는 점에서 그 가치가 크다. 그리고 만약 일본어가 된다면 『中國撰述經典 一: 圓覺經』(柳田聖山, 東京: 筑摩書房, 1987)이 좋겠고, 한편 현대 중국어가 된다면 『圓覺經略說』(南懷瑾 講述, 北京: 北京師範大學出版部, 1993)이 읽을만하다.

<1> 규봉 종밀의 주석

1. 『圓覺經大疏』(12卷) (唐 宗密 述, 新纂卍續藏 9卷)
2. 『圓覺經大疏鈔』(26卷) (唐 宗密 述, 新纂卍續藏 9卷)
3. 『圓覺經略疏』(4卷) (唐 宗密 述, 新纂卍續藏 9卷)
4. 『圓覺經若疏鈔』(12卷) (唐 宗密 述, 新纂卍續藏 9卷)
5. 『圓覺經道場修證儀』(18卷) (唐 宗密 述, 新纂卍續藏 74卷)

6. 『大方廣圓覺大疏鈔科』(2券) (唐 宗密 製, 新纂卍續藏 9卷)

<2> 고대 중국에서의 주석

7. 『圓覺經道場略本修證儀』(1卷) (宋 淨源 錄, 新纂卍續藏 74卷)
8. 『圓覺經疏鈔辨疑誤』(2卷) (宋 觀復 撰, 新纂卍續藏 10卷)
9. 『圓覺經類解』(8卷) (宋 行霆 解, 新纂卍續藏 10卷)
10. 『御注圓覺經』(2卷) (宋 孝宗帝 註, 新纂卍續藏 10卷)
11. 『圓覺經疏鈔隨聞要解』(12卷) (宋 淸遠 述, 新纂卍續藏 10卷)
12. 『大方廣圓覺修多羅了義經集註』(2卷) (宋 元粹 述, 新纂卍續藏 10卷)
13. 『圓覺經心經』(6卷) (宋 智聰 述, 新纂卍續藏 10卷)
14. 『大方廣圓覺修多羅了義經夾頌集講義』(12卷) (宋, 周琪 述, 新纂卍續藏 10卷)
15. 『圓覺經序注』(1卷) (宋, 如山 註序, 新纂卍續藏 10卷)
16. 『圓覺經略疏序注』(1卷) (宋, 如山 注, 新纂卍續藏 10卷)
17. 『大方廣圓覺修多羅了義經近釋』(6卷) (明 通潤 述, 新纂卍續藏 10卷)
18. 『大方廣圓覺修多羅了義經直解』(2卷) (明 德淸 解, 新纂卍續藏 10卷)
19. 『圓覺經要解』(2卷) (明 寂正 要解, 新纂卍續藏 10卷)
20. 『圓覺經精解評林』(2卷) (明 焦竑 纂, 新纂卍續藏 10卷)
21. 『圓覺經連珠』(1卷) (淸 淨挺 著, 新纂卍續藏 10卷)

22. 『圓覺經句釋正白』(6卷) (淸 弘麗 著, 新纂卍續藏 10卷)
23. 『圓覺經折義疏』(4卷) (淸 通理 述, 新纂卍續藏 10卷)
24. 『圓覺經聞記』(2卷) (民國, 諦閑 撰 未詳)

<3> 고대 한국에서의 주석

25. 『大方廣圓覺經解』(3卷) (朝鮮 涵虛 撰, 甘露社)
26. 『御定口訣圓覺經諺解』(10卷) (朝鮮, 世祖 御撰, 安心寺)
27. 『圓覺經光明記』(筆寫本) (仁嶽義沾, 奉先寺楞嚴學林 淨書)

<4> 고대 일본에서의 주석

28. 『大方廣圓覺修多羅了義經集註日本訣』(3卷) (日本大藏經 華 嚴部章疏餘)
29. 『大方廣圓覺修多羅了義經義疏』(1卷) (上同)
30. 『圓覺經圭峰疏講義』(4卷) (未詳)

<5> 현대의 번역서(한국어로 번역된 것만)

31. 『大方廣圓覺經』(白相圭 講義, 京城府: 三藏譯會, 1924)
32. 『대방광원각경』(신소천 역, 서울: 법보원, 1964)
33. 『圓覺經註解』(金月雲, 서울: 동국역경원, 1974)
34. 『원각경관심석』(법성 역해, 서울: 도서출판 큰수레, 1995)
35. 『승만경·원각경』(전해주 역, 서울: 민족사, 1996)
36. 『역주 원각경언해』(1~10권) (세종대왕기념사업회, 서울: 2002~2008)

37. 『한글 원각경』(원순 역, 서울: 법공양, 2000)
38. 『원각경강해』(김흥호, 서울: 도서출판 사색, 2003)
39. 『원각경』(신규탁 역, 서울: 도서출판 깃발, 2008)
40. 『완전한 깨달음』(이제열 강의, 서울: 민족사, 2010)

‖ 찾아보기 ‖

※ 용어·인명·지명·서명을 중심으로

수경게
收經偈

금문성법의활연
今聞聖法意豁然

시지본월잉재천
始知本月仍在天

종자불의생애로
從茲不疑生涯路

원사견지상현전
願使堅持常現前

말씀듣자 마음열려
부처인줄 알았으니
일생토록 의심않고
시시때때 활용하리

‖ 필자소개 ‖

脫空 居士 辛奎卓

1994년 동경대학 중국철학과에서 「圭峰宗密の'本覺眞心'思想硏究」로 문학박사 학위를 받고 연세대 철학과 교수로 부임하여, 화엄철학, 선불교, 도가사상, 중국철학사 등을 강의한다. 저서로는 『선학사전』(공저), 『선사들이 가려는 세상』, 『규봉종밀과 법성교학』, 『선문답의 일지미』, 『때 묻은 옷을 걸치고』, 『한국 근현대 불교사상 탐구』 등이 있고, 번역서로는 『벽암록』, 『선과 문학』, 『원각경』, 『화엄과 선』, 『선문수경』, 『화엄경 보현행원품소』 등이 있다. 『화엄종주 경운원기 대선사 산고집』, 『월운당 가리사』, 『못다 갚을 은혜; 월운당 도중사』등을 편집 번역하기도 했다. 불교평론상, 청송학술상, 연세대 공헌교수상을 수상했고, 한국정토학회장, 한국선학회장, 한국동양철학회장을 역임했다. e메일: ananda@yonsei.ac.kr

원각경·현담

탈공 신규탁 역주

2013년 1월 30일 초판
2023년 8월 30일 개정판

발행인 : 신규탁
발행처 : 운당문고
등 록 : 제 2020-000223
보급처 : 화엄학연구소
주 소 : 경기도 고양시 일산동구 호수로 640, 1508호
ananda@yonsei.ac.kr

값: 25,000원
ISBN 979-11-972912-27(93220)